Nordeste 1817

EDIÇÕES SESC SÃO PAULO
Rua Serra da Bocaina, 570 – 11º andar
03174-000 São Paulo SP Brasil
Tel.: 55 11 2607-9400
edicoes@sescsp.org.br
sescsp.org.br/edicoes
/edicoessescsp

Carlos Guilherme Mota

NORDESTE 1817

ESTRUTURAS E ARGUMENTOS

Prefácio
ANTÔNIO JORGE SIQUEIRA

PERSPECTIVA

edições Sesc

diversos 22
projetos memórias conexões

Coleção Estudos
Dirigida por J. Guinsburg
(*in memoriam*)

Coordenação de texto Luiz Henrique Soares e Elen Durando
Edição Margarida Goldsztajn
Revisão Marcio Honorio de Godoy
Capa Sergio Kon
Produção Ricardo W. Neves e Sergio Kon.

CIP-Brasil. Catalogação-na-Fonte
Sindicato Nacional dos Editores de Livros, RJ

M871n
Mota, Carlos Guilherme, 1941-
Nordeste 1817 : estruturas e argumentos / Carlos Guilherme Mota. - 2. ed., rev. - São Paulo : Perspectiva : Edições SESC, 2022.
320 p. : il. ; 23 cm. (Estudos ; 8)

Inclui bibliografia
ISBN 978-65-5505-098-1 [Perspectiva]
ISBN 978-65-86111-77-4 [Edições Sesc]

1. Brasil - História - Revolução pernambucana, 1817. I. Título. II. Série.

22-75941 CDD: 981.033
CDU: 94(81).037

Meri Gleice Rodrigues de Souza - Bibliotecária - CRB-7/6439
08/02/2022 14/02/2022

3ª edição revista

EDITORA PERSPECTIVA LTDA.
R. Augusta, 2445, cj. 1
01413-100 São Paulo SP Brasil
Tel.: (11) 3885-8388
www.editoraperspectiva.com.br

2022

Sumário

para Gigi, que sabe
"de quantos possíveis se faz uma tarefa
e quantos impossíveis a constelam".

para Francisco Iglésias,
amigo "de mil datas minerais"
para Amélia e Deusdá,
meus pais.

para meus alunos.

Se vem por círculos na viagem
Pernambuco -Todos-os-Foras.
Se vem numa espiral da coisa à sua memória.

Ao entrar no Recife,
Não pensem que entro só.
Entra comigo a gente
que comigo baixou
por essa velha estrada
que vem do interior;
entram comigo rios
a quem o mar chamou,
entra comigo a gente
que com o mar sonhou,
e também retirantes
em quem só o suor não secou;
e entra essa gente triste,
a mais triste que já baixou,
a gente que a usina,
depois de mastigar, largou.

JOÃO CABRAL DE MELO NETO,
De um Avião e *O Rio*

Ao Mestre, Com Carinho

Vou ao encontro das estantes de minha modesta biblioteca. E, buscando pela ordem alfabética dos autores, lá está Carlos Guilherme Mota e o seu *Nordeste 1817: Estruturas e Argumentos*, volume 8 da coleção Estudos da editora Perspectiva. Viro a capa verde, branco e preta daquela surrada edição, datada de 1972 e, na primeira folha do livro, deparo com minha assinatura, onde também anotei: São Paulo, 1977. É um encontro de tempos, do ontem com o hoje. E, inopinadamente, dei-me conta de que estava folheando página por página, cheias de rabiscos e anotações de minha primeira leitura. Compaginando aqueles apontamentos de ontem, senti que outros e muitos foram os meus achados, diferentes dessa leitura de agora. Sim, as leituras bem que poderiam ser diferentes e, de fato, elas o foram e são. Mas confesso que o leitor é o mesmo, nutrindo o sentimento e o prazer únicos e quase indizíveis de quem ontem foi e hoje ainda continua sendo aluno, discípulo, aprendiz e permanente leitor de um baita mestre do saber historiográfico, que é o Carlos Guilherme.

Explico-me melhor. Em 1977, na qualidade de professor da UFPE, iniciei meu doutorado na USP, na área de História Social, sob orientação de minha dileta amiga, professora Maria Regina Simões Rodrigues de Paula. Saído do Recife, tinha todo o apoio de minha família, migrantes do Nordeste, que fincaram raízes na Zona Leste de São Paulo, digo: Ipiranga/Vila Carioca (como aconteceu com Lula) e, logo depois, Vila Ema. Tempos difíceis politicamente, em plena ditadura civil-militar, na capital paulista, com a resistência dos estudantes aos ataques violentos do delegado Antonio Erasmo Dias. Inicialmente, foi muito difícil cursar o meu doutoramento, dado à distância entre a minha moradia na Zona Leste e o campus universitário da USP, tendo que tomar duas conduções para ida e volta, com mais de duas horas de duração em cada trajeto, além do difícil clima de São Paulo, com chuvas torrenciais do verão e o frio e a garoa na época de inverno, especialmente para quem chega do Nordeste. Sobrava, então, pouco tempo para as aulas, para as leituras e para a pesquisa. Sem falar do longo tempo longe do Recife, onde deixara minha família, esposa e filho. Tudo isso foi superado no momento em que passei a residir na rua Theodoro Sampaio, a meio caminho da USP e com a generosa anuência dos meus professores de História, que flexibilizaram meu tempo, permitindo fechar os créditos e dedicar mais tempo à minha pesquisa e às leituras; algo que eu pude fazer no Recife, convivendo com minha família. Como era meu desejo estudar a participação e envolvimento do clero na Revolução Pernambucana de 1817, o livro de Carlos Guilherme, naquele período um dos mais celebrados docentes da USP – ao lado de outras e outros como Fernando Novais, Maria de Lourdes Janotti, José Jobson, Sueli Robles – caiu em minhas mãos como luva. E tornar-se-ia o meu livro de cabeceira para a tese de doutorado, que viria a ser defendida em 1981, ocasião em que tive a honra de ter, entre outras e outros, o citado professor Guilherme Mota como arguidor da minha tese. Como o leitor poderá depreender, foi nessas circunstâncias que li este precioso livro *Nordeste 1817* com o brilho nos olhos de quem era um jovem professor e o insuspeito aprendiz de um já renomado mestre de gerações.

Nordeste 1817: Estruturas e Argumentos é um livro incisivo e inovador em suas páginas e argumentos contra as incertezas e dúvidas do seu tempo, no campo da historiografia. E elas eram múltiplas e complexas naquele início dos anos 1970, especialmente na crítica aos estreitos e limitados aspectos metodológicos da história política, cultural e social da América Latina, mormente do Brasil. Basta ver a trajetória de análise preconceituosa, conservadora e sobretudo faciosa da maneira como a historiografia dos primeiros anos do IHGB – Instituto Histórico e Geográfico Brasileiro olhou, anotou, analisou e narrou a insurreição de 1817. Essa história registra o que Francisco Adolfo Varnhagen, o nosso visconde de Porto Seguro, afirmava sobre a insurreição pernambucana, que teria sido "uma grande calamidade, um crime, em que só tomaram parte homens de inteligência estreita ou de caráter pouco elevado". Aliás, foi esse mesmo visconde que classificou a Inconfidência Mineira como um "conluio" e a baiana como um "cataclisma". Não seria novidade, portanto, que, no caso de Pernambuco, ele sepultasse no desvão do esquecimento o mais importante dos levantes descolonizadores, ao afirmar que "não acreditava que o Brasil perdesse em glórias, deixando de catalogar, como tais, as da insurreição de Pernambuco em 1817". Precisaríamos, pois, esperar pela publicação da *História da Revolução de 1817*, do insurgente e capitão de guerrilhas padre Muniz Tavares, em 1840 e, no centenário da Revolução, em 1917, pelo Prefácio e as Notas de Oliveira Lima sobre essa obra de Muniz Tavares para que, e apenas a partir daí, um novo olhar historiográfico isento, atento e ao mesmo tempo generoso, tanto quanto simpático e insuspeito, ensejasse novas narrativas acerca desse fato histórico por parte de uma nova memória da historiografia nacional. Oliveira Lima, de fato, refere-se à revolução pernambucana como "a mais espontânea, a menos desorganizada e a mais simpática de nossas numerosas revoluções". Segundo ele, "a única revolução brasileira digna deste nome", contrapondo-se a Varnhagen e ao sinistro silêncio da memória que ele decretara. Afinal, conclui Oliveira Lima, "ela foi revolucionária porque foi instrutiva pelas correntes de opinião, que no seu alcance se desenharam, atraente pelas peripécias, simpática pelos caracteres e tocante pelo desenlace". Uma avaliação que, ao nosso ver, faz jus, no mínimo, ao sacrifício, ao sangue e à memória heroica dos seus líderes, que tanto clamavam por um veredicto isento da historiografia nacional. Em 1939, no Recife, Amaro Soares Quintas defende a tese para concurso de professor catedrático, no Ginásio Pernambucano. Nessa ocasião, defende a tese *Gênese do Espírito Republicano em Pernambuco e a Revolução de 1817* que, logo após, seria publicada como livro, onde utiliza o conceito de "revolução", corrigindo a tendência histórica vigente de caracterizar como "sedição separatista" o que fora 1817, em Pernambuco. Segundo ele, a província tinha uma tradição libertária, desde os tempos iniciais da colonização, e seria desdenhar desse traço de irredentismo do nativo pernambucano rotular a rebelião de 1817 como intentona separatista, sem levar em conta a crise e as fissuras do sistema colonial luso-brasileiro no período.

Em tais circunstâncias, no final dos anos 1960 e início da década de 1970, o tema da Revolução de 1817, em Pernambuco, passa a ser objeto de estudo para a tese de doutorado de Carlos Guilherme Mota, na USP, tese essa que será defendida em 1970 e, em 1972, publicada com o título *Nordeste 1817: Estruturas e Argumentos.* O livro, na minha avaliação, marcará uma inflexão na historiografia dedicada a 1817 em Pernambuco e no país, lançando luzes sobre as incertezas e dúvidas da historiografia em relação ao tema e a seus problemas correlatos. A obra, entre outras qualidades, aventura-se nos escaninhos da história das ideologias e mentalidades tão cara aos luminares dos *Annales,* como convém, de igual modo, à historiografia da USP, simpática à tradição francesa e a um bom livro, diga-se de passagem.

Na primeira leitura em tela, chamou minha atenção o fato de o título do livro grafar apenas a data "1817", escondendo aquilo a que estávamos acostumados e que mais lhe dava sentido, até então, ou seja, o epíteto "revolução". E, mais que isso, também estampava a palavra "Nordeste", que, na minha leitura, sonegava ou simplesmente escondia aquela outra palavra que nos acostumamos a ler, ou seja, "Pernambuco", tão cara a Muniz Tavares, a Oliveira Lima, Amaro Quintas e aos novos historiadores, pós Adolfo Varnhagen e João Manoel P. Silva. Bem recentemente, em minha releitura do livro, cheguei à conclusão daquilo que seriam as "boas intenções" do jovem historiador paulista. E posso estar enganado. Cabe aos leitores confirmarem ou não minhas impressões. No meu entendimento, Carlos Guilherme simplesmente pretendia "despernambucanizar" a insurreição ao escrever "Nordeste" e, aliado a isso, pretendia discutir, pôr à prova, passar a limpo, debater, problematizar o conceito de "revolução", anotando o ano de "1817", tempos decisivos de um contexto colonial absolutista, escravocrata, estamental e em profunda crise econômica cultural e política. O livro, portanto, trata de um debate teórico e metodológico que não nega nem o caráter inovador, social e político da insurreição, muito menos o mérito do protagonismo pernambucano. Por isso mesmo, a obra é um convite ao debate, na medida em que propõe argumentos, colige palavras, desloca vocábulos, desvenda sentidos, busca conotações, imprime semântica. Sugiro ao leitor ler as p. 117-125, onde o autor debruça-se sobre um momento impar da experiência dos presos, na masmorra baiana, ocasião em que verbalizam com imensas tergiversações o seu lugar e consciência social, na estrutura de uma sociedade estamental.

Como Carlos Guilherme consegue com méritos trabalhar os registros das mentalidades e dos pensamentos "ajustados" e "desajustados", "convergentes" e "divergentes", "reformistas" e "revolucionários", "patriotas" e "realistas", "livres" e "dominados" de maneira a se fazer claro aos leitores quanto ao seu percurso racional e metodológico? Pode-se responder que o livro exala clareza quanto ao uso dos conceitos e procedimentos metodológicos e analíticos adotados. Aí está, entre outros, o mérito da obra, que consiste num belo e habilidoso trabalho do autor em dialogar permanentemente com a documentação historiográfica e sua tese inicial, como recomenda Paul Ricoeur. Nesse aspecto, o autor faz questão de ser repetitivo, contanto que fique claro o que ele identifica como estrutura de ordens, de estamentos sociais e de supostas "classes" – o que hoje chamaríamos de "segmentos sociais" –, não necessariamente provenientes da divisão do trabalho, mas de diferentes ocupações da sociedade da época que, de fato, naquela estrutura colonial de propriedade e de serviços, eram quase que reduzidas aos proprietários escravocratas e aos comerciantes nativos e reinóis. Já eram então sentidas as dores provenientes das fissuras e contradições do sistema colonizador em alguns desses segmentos do mundo da produção e do comércio, em várias províncias do que hoje chamamos Nordeste. É nítida a preocupação de Carlos Guilherme em decifrar e codificar no seio da estrutura social da época as mentalidades, as nuances e níveis de percepção desses "conflitos" e dessas "contradições". E quando elas irrompem como desajustes, rebeldia e consciência de mudança, como é o caso de 1817, mesmo que não lhes coubesse o nome de "revolução", essas sublevações ao absolutismo monárquico não deveriam ser classificadas tão pouco como meras escaramuças reformistas e, sim, como "luta" que se concebe como fidelidade ou traição no contexto maior de uma consciência "descolonizadora". Afinal, mesmo demonstrando simpatia pelo fim da escravidão, os insurgentes esbarravam nos interesses dos que se diziam leais ao rei e dos grandes proprietários que, mesmo insatisfeitos com a ordem monárquica absolutista e colonizadora, via o escravo como mercadoria e o príncipe como encarnação do divino. O próprio Carlos Guilherme resume em palavras densas as feições dessa busca irrequieta e caleidoscópica: "as ideias de nação, revolução e contrarrevolução, liberalismo, democracia, reforma, liberdade, sociedade civil tornar-se-iam então mais nítidas, ou menos obscuras".

É importante, nesta altura, chamar a atenção do leitor para a aguda percepção que o autor de *Nordeste 1817* tem da crise generalizada que atinge não apenas Pernambuco como centro dinâmico da economia regional, mas toda a região Nordeste, especialmente as províncias vizinhas, Paraíba, Rio Grande do Norte, Ceará e a comarca que se tornará, após o fracasso da insurreição, na província de Alagoas. Todos aliados de primeira hora nas hostes insurgentes. De certo modo, "despernambucanizando" a insurreição, o autor se antecipa, assim, àquilo que Francisco Oliveira, anos depois, chamará de "Questão Regional", ou seja, mesmo na plenitude da dominação reinol e imperial, o Brasil já se mostrava desigual, especialmente nos impasses fiscais e da propriedade escrava, tal como sucedeu entre o Nordeste dos séculos XVII e XVIII e as Minas Gerais, no ciclo da mineração. Igualmente, "desrevolucionando" 1817, o livro tem o mérito de abrir um fértil debate em torno das lutas e rebeldias de uma região, decifrando-as através de uma rica e farta documentação oficial que são os Autos de Devassa da rebelião, transcritos em dez volumes pela iniciativa de José Honório Rodrigues, então diretor da Biblioteca Nacional. Compulsando essa documentação, o autor enxerga o protagonismo de uma sociedade estamental composta de padres, comerciantes – alguns nitidamente "letrados" e "ilustrados" –, militares e senhores de engenho e de escravos por aquilo que, no futuro, será o Brasil descolonizado e nação independente, com isso indo além do estudo que leva apenas em consideração o protagonismo antecipatório de algumas lideranças ilustradas que tinham condições de antever o Brasil além da descolonização. Como exemplo desse paradigma analítico empregado por Carlos

Guilherme Mota, verifica-se seu aprofundamento nas peças de defesa elaboradas cuidadosamente pelos advogados dos réus, caso concreto do advogado baiano Aragão e Vasconcelos. O importante é que o autor não se furta apenas a identificar as causas do conflito; indo além, identifica as marcas e os limites do tempo e o peso das contradições na fissura do sistema colonial e como elas moldam as consciências, mentalidades, modos de pensar, cultura. Trata-se de marcas que se configuram mais consistentes que qualquer dimensão ideológica. Elas se travestem de argumentos de autoridade e de feições sobrenaturais, numa palavra, divinas. Uma das relevantes contribuições do livro consiste no trabalho de desconstrução da demonização dos sublevados de 1817 como "separatistas"; não existe o termo "separatismo" neste trabalho de Carlos Guilherme. A historiografia de *Nordeste 1817* estava vacinada contra o vírus do separatismo que uma história capenga impingiu sobre os sonhos e as dores de toda uma região e de lideranças sublevadas contra a qual Amaro Quintas já havia advertido. O nome dessa vacina era "descolonização" – palavra familiar aos pernambucanos – mediante a qual o Brasil aprendeu a ser Brasil e apenas Brasil.

Gostaria de me dirigir respeitosamente ao Carlos Guilherme para dizer-lhe duas coisas que me parecem muito oportunas. A primeira delas é falar do reconhecimento dos aprendizes de história de minha geração – seus alunos, sempre – pelas desconstruções várias que ele operou em sua tese e livro sobre a Revolução de 1817. Dentre elas, como já sinalizei, "despernambucanizando" o fato histórico, "nordestinizando-o". É o que dizem e comprovam os documentos, correto. Mas o mérito foi e continua sendo seu, demonstrando documentalmente que o sonho dos sublevados pernambucanos era expandir a novidade, unir as forças, juntar os propósitos, somar os interesses, congregar os patriotas em torno da liberdade e da nova entidade que chamavam de pátria. "Despernambucanizar" a Revolução Pernambucana de 1817 não será demérito para Pernambuco e nem para os pernambucanos. Afinal, ela foi gestada e concebida dentro da tradição de luta e resistência que carimba a "pernambucanidade".

A segunda coisa a lhe confessar é que você nos instigou e nos estimulou, muito antes do seu polêmico livro sobre a cultura brasileira, a "desrevolucionar" a natureza sociológica e histórica das lutas então descolonizadoras, ampliando-as, correlacionando-as ao contexto maior da dominação colonial e dos limites políticos do absolutismo, mesmo que ilustrado. É o caso de 1817, que emerge numa estrutura social marcada por relações sociais absolutamente conservadoras e reacionárias, anticivilizatórias e em descompasso com os propósitos liberais que irrompiam no mundo, menos na casa grande e menos ainda nas senzalas escuras de uma aristocracia renitente e retrógrada. Tratava-se de uma estrutura social desmilinguida, obcecada pelo medo da revolta dos escravos, dividida pelos ganhos oriundos do comércio, das exportações, cada vez mais minguantes, repito. E isso evidenciava crise e conflito que são fundamentais para se entender o caráter convulsivo da estrutura social, da sociedade e até das sociabilidades. Nesse cenário explode o levante na cidade do Recife. Não há um cabeça, um único líder. Há, sim, uma Junta, com várias lideranças que responde pelo governo e que pouco sabe daquilo que muito se quer. A isso pode-se chamar de "insurreição", de "levante", de "sedição", de "revolta". Mas, se bem leio *Nordeste 1817*, não se trata de "revolução social", como se percebia nas modernas formações sociais do mundo capitalista industrializado do período. Nós, no Brasil, ainda éramos colônia. Aqui, a nossa revolução tinha uma forte conotação de lutas e resistências, especialmente aquelas que o autor chama de "descolonizadoras". Nesse sentido, Carlos Guilherme debate o problema em várias páginas do livro, aprofunda a natureza da crise, valendo-se de sóbrias estatísticas, utiliza-se dos limites e dos alcances conceituais, sem aviltar a luta dos resistentes, sem jamais idealizar o alcance da sublevação. É a isso que chamo de desconstrução do conceito de revolução e tarefa de "desrevolucionarização" de 1817, com a devida vênia pelo palavrão! Lembraria ainda que esse viés de luta descolonizadora calha bem com a estrutura de sociabilidades e tradição de luta que o Nordeste já praticava, especialmente em Pernambuco, na medida em que, novamente, e apenas sete anos depois, em 1824, explode uma nova sublevação – Confederação do Equador –, em que novamente encontramos vários dos mesmos insurgentes de 1817. Uma luta que se redefinia pela descentralização do poder monárquico, unindo forças, ideais, sonhos, experiência e coragem de inúmeros patriotas de várias províncias do Nordeste. Sinal de que a Revolução de 1817 não morrera com a carnificina violenta da repressão, ocasionando a morte e o infortúnio de vários dos seus seguidores e não apenas de um só líder. As masmorras da Bahia serviram de escola, além das correntes e dos maus tratos.

De maneira provocativa, como bom pernambucano, perguntaria, finalmente, ao Carlos Guilherme se, nas trilhas das celebrações dos recentes duzentos anos da Revolução Pernambucana de 1817, não seria oportuno que, seguindo suas lições de desconstruções historiográficas, nós nos juntássemos para, além de "despernambucanizar" e "desnordestinizar", aí, sim, "nacionalizarmos" a Revolução de 1817. Afinal, lendo o seu livro, aprendemos que ela foi a luta mais significativa para a constituição de nossa identidade nacional e, apesar de ter ocorrido em Pernambuco e no Nordeste, ela tem um significado e uma simbologia para além do provincial e do regional, ou seja: um pertencimento de "nacionalidade". Ali, em 1817, nascia o Brasil independente como pátria, como nação, como país, como estado, como república. Assim fazendo, além de corrigirmos os preconceitos de uma historiografia pobre, colonialista, cortesã, provinciana, nativista e regionalista que formatou as narrativas de 1817, faríamos justiça aos ideais dos que se aventuraram nas lutas, sofreram nas masmorras, foram vítimas dos cadafalsos, das espingardas e das lâminas, na carnificina violenta que o poder absolutista impôs aos cabeças da insurreição. E, mais ainda, honraríamos os que lutaram pela instituição da pátria e da nação como antídoto ao estatuto colonizador. Como afirmei, é uma pergunta e não uma permissão que é solicitada ao autor do livro. Coisa de leitores. Até porque acho que a pergunta tem relação direta com a tese e a fertilidade narrativa e analítica do autor de *Nordeste 1817*. Espero também que os leitores me deem razão.

Antônio Jorge Siqueira
Professor emérito da Universidade
Federal de Pernambuco (UFPE)

1. O Tema, a Documentação e o Método

O TEMA

O objetivo central da investigação é saber o que os insurgentes nordestinos de 1817 pensavam de sua "revolução". Descobrir as variáveis que interferiram nos diagnósticos realizados naquele momento privilegiado para o estudo da mentalidade nordestina e, em certa medida, brasileira, eis a meta a ser atingida. Não seria incorreto, nessa perspectiva, dizer que o trabalho proposto procura ajudar a compreender as maneiras de percepcionar dos homens que assistiram à Independência de 1822 no Nordeste. Trata-se de um estudo de história da consciência social, em suma.

O trabalho situa-se na mesma perspectiva de investigação de *Atitudes de Inovação no Brasil: 1789-1801*, em que procuramos indicar algumas balizas mentais do período imediatamente anterior, marcado por quatro importantes inconfidências[1]. Saber quais as ideias de revolução ocorrentes, quais os modelos externos adotados, quais os setores da sociedade envolvidos e quais os "empréstimos" bibliográficos, eram os principais objetivos daquela sondagem. Agora, já não estamos em face de simples conjura. O ano de 1817 registra para o Nordeste um amplo movimento insurrecional – não ousaríamos dizer revolucionário –, ao qual não estiveram indiferentes as massas populares. Não se trata mais, também, de movimentos circunscritos aos núcleos urbanos, ou às elites insatisfeitas com o peso da tributação. Um projeto revolucionário foi esboçado e tentou-se a desarticulação da ordem escravocrata, sem êxito: o poder foi tomado a 6 de março e, em Recife, polo dinamizador de vasta hinterlândia, os insurgentes permaneceram 74 dias na direção da "república", operando no núcleo dos encadeamentos em curso.

Na história do mundo luso-brasileiro, o movimento de 1817 representa o primeiro traço realmente significativo de descolonização acelerada e radical, e, por isso mesmo, constitui-se em movimento privilegiado para estudo de formas de pensamento. Quais os problemas enfrentados pelos insurgentes? Quais os modelos externos invocados para a solução da crise? Em que níveis devem ser pesquisadas as "influências" externas? Em que medida os interesses externos estiveram ou não em sintonia com os alvos dos "revolucionários"? Quais os entraves estruturais para o sucesso da revolução? Qual o instrumental conceitual das lideranças, utilizado nos "diagnósticos das situações enfrentadas? Quais os limites da consciência social no período? E, sobretudo, qual a natureza da "revolução" e da sociedade em que ela ocorreu? Eis alguns dos problemas aos quais procuramos encaminhar as soluções. As respostas a essas questões serão procuradas em diversos níveis; o alvo principal, entretanto, será sempre o estudo das formas de pensamento – ideológicas ou utópicas – dos agentes do processo[2].

Embora o traço distintivo da insurreição tenha sido a emergência exacerbada de comportamentos nativistas anticolonialistas, revelada na lusofobia e no combate à "trabucação" dos "monopolistas", bem como na atitude revolucionária do governo provisório em relação à Companhia de Pernambuco, não se pode deixar de apontar a existência de antagonismo agudo entre senhores e escravos. Aristocracia rural nativa *versus* mercadores portugueses, senhores *versus* escravos, eis, em síntese, os dois principais antagonismos básicos. Mas, seria reduzir demasiado o quadro de antagonismos sociais, sobretudo se se lembrar que uma população livre e pobre começava a provocar tensões de natureza mais complexa: nessa perspectiva, e tendo em vista que não se trata de sociedade de *classes*, os antagonismos sociais não podem ser explicados por meio de esquemas simplistas. Está-se, antes, em face de sociedade do tipo *estamental-escravista*, e as determinações essenciais desse tipo de organização marcaram o sistema social em todos os seus níveis, inclusive o das ideologias. Se a sociedade não era de classes, ilógica se torna a explicação da insurreição pela via cômoda de um esquema do tipo "luta de classes". Conflitos entre estamentos senhoriais e casta, ou entre estamentos senhoriais e a camada dos mercadores coloniais; essa a linha da sistematização mais provável para a explicação dos eventos das primeiras décadas do século XIX[3]. As implicações desse esquema organizatório no plano da mentalidade dominante evidentemente revelar-se-ão no transcorrer do estudo, propiciando-se que sejam alcançadas as características básicas dos modos de pensar dos nordestinos às vésperas de 1822. O estudo do vocabulário dará conta das maneiras de percepcionar as realidades sociais vividas, permitindo aproximar uma resposta ao problema da existência ou não de uma *consciência política* nacional antes da Independência.

Se a revolução não triunfou, em contrapartida, os zeladores do regime não conseguiram o retorno pacífico ao *statu quo ante*. Por entre os limites estreitos do pensamento revolucionário e do contrarrevolucionário, emergia o "liberalismo" no Brasil, um pouco importado, um pouco postiço, servindo como "disfarce", para retomar as palavras de Florestan Fernandes,

> para ocultar as metamorfoses dos laços de dependência colonial, para racionalizar a persistência da escravidão e das formas correlatas de dominação patrimonialista, bem como para justificar a extrema e intensa concentração de privilégios econômicos, sociais e políticos na aristocracia agrária e na *sociedade civil*, que lhe servia de suporte político e vicejava à sua sombra[4].

A DOCUMENTAÇÃO

O núcleo documental extremamente rico concentrado por José Honório Rodrigues nos *Documentos Históricos*[5] da Biblioteca Nacional do Rio de Janeiro, constituiu o ponto de apoio básico para essa investigação. Cuidadosamente publicados entre os anos de 1953 a 1955, até hoje não foram utilizados sistematicamente pela nossa historiografia. A edição foi feita a partir de cópias dos originais do processo de 1817 existentes no Arquivo Nacional. Na época, o referido arquivo era dirigido pelo doutor Vilhena de Morais, que dificultava o acesso aos originais.

Embora o conjunto de documentos forneça os elementos empíricos fundamentais da pesquisa encetada, utilizamos como referência permanente a farta documentação organizada por Rodolfo Garcia nos sete volumes dos *Autos de Devassa da Inconfidência Mineira*, bem como os volumes dos *Autos de Devassa do Levantamento e Sedição Intentados na Bahia, em 1798*. Na medida em que esta pesquisa se preocupa com o problema das durações e das mudanças, não faria sentido recorrer apenas à documentação referente a 1817: não somente as modificações nas formas de pensamento e no universo semântico ocorrem entre 1789 e 1817, como também diferenças de estilos de repressão e reações do sistema tornam-se melhor avaliáveis. Em suma, a compreensão de 1817 exigiu por vezes *recuos* para que o estudo ganhasse profundidade não apenas vertical, mas também horizontal.

No estabelecimento de um *background* para os eventos de 1817, foram de utilidade as pesquisas realizadas no Arquivo Histórico Ultramarino de Lisboa, onde, nos "Papéis Avulsos"[6], foram encontradas indicações preciosas para o estudo geral das capitanias do Nordeste, Pernambuco em especial. Na Biblioteca Nacional de Lisboa (Reservados) existe documentação de importância para a compreensão da conspiração de Gomes Freire de Andrade, além de outras ocorrentes à mesma época, como a da Ilha da Madeira[7], bem como de ofícios, depoimentos, acusações e censuras de grande expressividade para o entendimento dos processos em curso no Reino Unido[8]. O *Diário das Cortes Portuguezas*, o *Correio Braziliense*, editado em Londres por Hipólito José da Costa de 1808 a 1822, e a *Collecção de Legislação Portugueza das Cortes de 1821 a 1823* foram, naturalmente, de grande valia, ao lado dos textos integrais dos debates realizados no primeiro Parlamento português (1821) sobre a liberdade de pensamento e expressão, organizados por Augusto da Costa Dias em sua obra *Discursos Sobre a Liberdade de Imprensa*, úteis para a compreensão da atmosfera mental e política no mundo luso-brasileiro.

Subsidiariamente, foram compulsados documentos existentes na Biblioteca da Ajuda (Lisboa) e no Instituto de Estudos Brasileiros da Universidade de São Paulo (MS Lamego), concernentes à repressão da insurreição de 6 de março de 1817. Da mesma forma, não passaram despercebidos documentos esparsos publicados na *Revista do Instituto Arqueológico, Histórico e Geográfico Pernambucano*[9].

No que se refere aos participantes da insurreição, avulta a obra de Francisco Muniz Tavares (1793-1876), *História da Revolução de Pernambuco em 1817*, cuja terceira edição, comemorativa do centenário, contém comentários de Oliveira Lima, de erudição insuperada[10]. Foram compulsados, também, escritos de frei Joaquim do Amor Divino Caneca, participante das insurreições de 1817 e 1824, e talvez a figura mais flamejante do século XIX brasileiro[11], além do *Diccionário da Lingua Portugueza*[12], escrito pelo conselheiro do governo provisório de Pernambuco – *malgré lui* – Antônio de Morais e Silva, senhor do engenho da Muribeca. As memórias do general Luís do Rego Barreto, governador de Pernambuco de 1817 a 1821, e do advogado dos insurgentes, Antônio Luís de Brito Aragão e Vasconcelos, também foram de grande valia para a compreensão dos diagnósticos elaborados às vésperas da Independência[13].

Louis-François de Tollenare foi a testemunha estrangeira principal[14] no que diz respeito às descrições dos episódios de 6 de março a 19 de maio. Mas, para o estudo das condições do Nordeste às vésperas da insurreição, a leitura da *Travels in Brazil* (*Viagens ao Nordeste do Brasil*), de Henry Koster, é incomparavelmente mais gratificadora.

Na Biblioteca do Congresso (Washington, D.C.) há dois textos de grande interesse para a compreensão do papel dos Estados Unidos em relação ao Nordeste e à independência da colônia portuguesa. O autor de um deles permaneceu no anonimato, tendo se referido especificamente à insurreição de 1817[15], ao passo que o outro, Henry Marie Brackenridge, foi secretário de missão governamental à América do Sul, tendo realizado observações que fornecem visão do conjunto dos processos em curso naquele período[16].

Para o conhecimento das bases geográficas e, em menor escala, das demográficas – ausentes neste trabalho, tendo em vista o ângulo de abordagem proposto –, podem ser consultadas a *Coreografia Brasílica*, de Aires de Casal, presbítero secular do Gran-Priorado do Crato, e a *Descrição Hidrográfica e Roteiro de*

Cabotagem da Costa do Brasil Desde o Cabo de Santo Agostinho Até a Bahia da Traição[17].

É de lamentar, finalmente, a ausência de documentação do tipo "literatura de cordel" que daria, por certo, medida mais expressiva das maneiras de pensar no Nordeste no período considerado. Por conseguinte, o estudo da consciência social ainda estará forçosamente limitado ao nível das camadas dominantes.

O MÉTODO

Embora não seja nossa intenção dedicar capítulo especial a considerações de ordem metodológica, uma vez que se estará a cada passo *problematizando* a exposição, algumas observações iniciais se impõem.

A primeira delas diz respeito à natureza mesma da história das mentalidades. O pressuposto desta investigação, segundo o qual não é difícil saber a posição que os indivíduos ocupavam na sociedade por suas produções mentais, reponta a cada passo. Nessa perspectiva, o estudo das mentalidades configura uma modalidade da história social; a rigor, não há história das mentalidades que não seja, ao mesmo tempo, história social.

Norteou a realização desta pesquisa a preocupação de selecionar na documentação conceitos-chave e expressões significativas de estados mentais – *formas de pensamento*, para retomar vocabulário de Karl Mannheim ou de Johan Huizinga. No plano dos conceitos, optamos pelo termo "classe", uma vez que outros (como "revolução", "política", "sociedade" etc.) configuravam-se demasiado genéricos e fluidos. Demais, o uso cada vez mais frequente do referido termo indica que, seguramente, uma *viragem mental* acompanhava o processo da descolonização portuguesa no Brasil. Se se tomar como referência a Inconfidência Mineira, pelos *Autos de Devassa*, verificar-se-á pouca ocorrência do termo mencionado. Quando aparece, seu sentido é classificatório, geral, quantificante[18]. No Nordeste, à época da insurreição, pelo contrário, há frequência que, sem chegar a ser abundante, pode ser considerada expressiva se comparada ao período mais intenso das inconfidências (1789-1801). Tomando-se por base os documentos reunidos nos *Documentos Históricos*, verifica-se expressiva *mudança* no uso do termo: além do sentido geral classificatório (classe de delitos ou de idades, por exemplo), observa-se que o sentido mais frequente é o de *camada social*. Qualitativo, portanto. Anteriormente, a acepção mais comum do termo "classe" era relativa à organização dos homens por idades[19]. Em 1817, embora continuassem persistindo ocorrências de emprego em caráter quantitativo, o uso qualitativo se impunha como realidade nova ineludível: o vocábulo "classe" passava a ter conotação social em termos de hierarquização de indivíduos.

Além disso, expressões indicativas de estados mentais também foram selecionadas, para devida apreciação, por meio de análise de conteúdo, tendo sido possível realizar uma distinção – nem sempre rígida, como não poderia deixar de ser – entre formas de pensamento revolucionário e formas de pensamento ajustado.

A essa questão está naturalmente ligado o problema da importação de conceitos e utilização de modelos externos. Quando os agentes do processo procuraram explicar sua "revolução", ou dar soluções aos problemas por ela colocados, recorreram a modelos externos, veiculados pela farta bibliografia importada. A força do exemplo das ex-colônias inglesas da América do Norte parece indicar que aos proprietários nordestinos pesava demasiado a situação colonial: dada a aproximação relativa entre os dois movimentos, não é de estranhar a divulgação acentuada dos eventos da América do Norte nessas partes do Brasil. Por outro lado, o problema não era apenas *colonial*, mas também *social*: nessa medida, era natural que os setores menos aristocráticos continuassem estimulados pelo exemplo francês. E, como a sociedade permanecia organizada em base escravista, o exemplo haitiano rebatia nos setores mais diretamente ligados ao mundo do trabalho.

A segunda observação: tendo em vista que, nas páginas que se seguem, descrição, interpretação e problematização frequentemente se confundem, far-se-á "falar o documento" sempre que possível, com o fito de evitar assim excessos "metodologizantes", tão em voga na historiografia contemporânea.

A terceira e última observação diz respeito ao problema da "revolução". Dever-se-á, para bem compreender a natureza dos processos mentais dos inícios do século XIX, distinguir entre revolução "pensada" e revolução "realizada".

Como se verificará, a insurreição de 1817 configura uma revolução falhada. Mas, já disse Hobsbawm, em estudo sobre movimentos de rebeldia em sociedades ainda não configuradas plenamente capitalistas:

> houve algumas revoluções que mudaram profundamente a sociedade, embora não se desembocasse forçosamente naquilo que se haviam proposto os revolucionários, nem fosse a transformação tão radical, tão completa nem tão acabada como haviam eles desejado. Mas o reconhecer que se dão na sociedade mutações profundas e fundamentais não depende de que se tenha a convicção de que a utopia seja realizável[20].

Neste trabalho, utilizaremos os termos "revolução" e "insurreição" para designar *processos e visões de processos por parte dos agentes*. Podemos esquematizar os usos da seguinte forma:

a. O movimento de 1817 no Nordeste, visto em seus resultados e no plano da história *événementielle*, não será conceituado como revolução, mas sim como *insurreição*.
b. Os insurretos chamavam de "revolução" o movimento por eles vivido; nesses casos, estaremos retomando seu próprio vocabulário, na tentativa de apreender algumas características de suas maneiras de pensar.
c. No plano da história das mentalidades, por vezes utilizaremos a palavra "revolução", entendida como revolução mental as "mutações profundas e fundamentais" de que fala Hobsbawm, numa linha que talvez possa ser aproximada à de Lucien Febvre: ou seja, revolução entendida como viragem mental. Viragem que pode ser acompanhada pela análise de vocabulário e das formas de pensamento.
d. No sentido, finalmente, de "processo revolucionário mais amplo" (*grosso modo*, 1789-1848), ou a "era das revoluções", para retomar as coordenadas de Eric Hobsbawm.

Para esta investigação, em que procurei apresentar e discutir alguns traços da história das mentalidades no Nordeste às vésperas da Independência de 1822, e que foi apresentada na Universidade de São Paulo como tese de doutoramento em novembro de 1970, revelaram-se de grande valia os reparos feitos pela Banca

Examinadora, composta pelos professores Albert Soboul, José Honório Rodrigues, Francisco Iglésias, Sônia Aparecida Siqueira e Eduardo d'Oliveira França. Giselda Mota (Gigi) releu capítulos e passagens várias vezes, ajudando a definir e precisar o objeto do trabalho: ela esteve presente em todas as etapas, da escolha do tema à defesa. Beneficiei-me muito, ainda, das observações críticas feitas por meu companheiro de trabalho Adalberto Marson. Não posso deixar de mencionar o auxílio que me prestaram nas diversas etapas do trabalho minhas ex-alunas Maria Stella M. Bresciani (que fez reparos ao texto original, inclusive), Marlene Suano, Alice Aguiar de Barros Fontes, Maria Cecília Mendía, nem meus colegas da Universidade de São Paulo Antonio Galvão Novaes, Nelson La Corte, Vincenzo Bocchichio e Reynaldo Xavier Pessoa. Quero deixar aqui, finalmente, meus agradecimentos aos professores dr. Eurípedes Simões de Paula (diretor da Faculdade de Filosofia, Letras e Ciências Humanas da USP), Vitorino Magalhães Godinho (Lisboa), Jacques Godechot (da Universidade de Toulouse), Albert Soboul (da Sorbonne) e J. Guinsburg (da editora Perspectiva), pelos incentivos concretos que ofereceram.

São Paulo, novembro de 1971.

2. O Nordeste Brasileiro, da Descolonização Portuguesa à Dependência Inglesa

O NORDESTE E A CONJUNTURA ATLÂNTICA

A insurreição nordestina de 1817 ocorreu na confluência de dois processos distintos, porém complementares: o de descolonização portuguesa[1] e o de penetração inglesa na economia brasileira[2]. Tais processos, que atingiram o clímax apenas no segundo quartel do século XIX[3], já podiam ser entrevistos nas revoltas que anunciavam a independência política de 1822.

Observada a história econômica do Brasil na primeira metade do século XIX, ressalta-se a tendência à baixa relativa dos preços das exportações. Segundo Celso Furtado, as províncias do Norte – sobretudo Bahia, Pernambuco e Maranhão – atravessaram nesse período sérias dificuldades. "Os preços do açúcar caem persistentemente na primeira metade do século e os do algodão ainda mais acentuadamente."[4] E tal declínio repercutiu por certo na renda *per capita* dessas regiões, aumentando os índices de pauperização.

O movimento eclodido em 1817 no Nordeste brasileiro está situado numa fase de recessão generalizada, cujas manifestações mais visíveis podem ser surpreendidas no nível das flutuações dos preços dos principais gêneros exportados. A segunda década

Alcantara
MARANHÃO
20-7-1819
Caxias ou Aldeas altas
3-6-1819
Campo Mayor
S. Alegre
15-6-1819
Oeiras
Joaseiro
JACOBINA
Chapada
Urubu
Pilão Arcado

ÁREA ABRANGIDA PELA INSURREIÇÃO EM 1817

do século assistiu à entrada no processo recessivo (anos-base: 1812/1815). As cotações do açúcar brasileiro na Bolsa de Amsterdã, bem como o preço do algodão, passaram a registrar tal ocorrência[5], em termos globais; e, em particular, os preços do algodão e do açúcar nordestino indicavam a natureza da crise enfrentada pela ampla região polarizada por Recife. De fato, se se observar a cotação da produção algodoeira fornecida pelo *Correio Braziliense*, de 1814 a 1821, verificar-se-á que o principal gênero de grande exportação daquela área sofreu queda sensível e permanente no mercado inglês (ver gráfico A na p. 15).

Essas ocorrências, caracterizadoras de crise e verificáveis nos grandes termômetros financeiros das praças de Londres e Amsterdã, não se manifestavam apenas no nível da história dos preços. Amaro Quintas, em capítulo inserido na *História Geral da Civilização Brasileira* (HGCB), fornece dados que permitem verificar que, na esfera da produção, as coisas não iam melhor: às vésperas da insurreição, a produção algodoeira – depois de registrar relativo desenvolvimento devido à guerra anglo-estadunidense de 1812-1813 – era inferior à dos anos de 1805 e 1807[6]. Não é de desprezar, ainda, a competição que outras áreas do Brasil impunham à economia centrada em Pernambuco e Paraíba: se se notar, por exemplo, que no Maranhão a tendência à exportação de algodão aumentou constantemente nos anos que mediaram 1812 e 1820[7], poder-se-á concluir que não só fatores externos intervieram na crise, como também disputas inter-regionais[8]. O Maranhão, de fato, vira aumentada sua produção algodoeira, sendo que a maior parte era exportada para atender às necessidades – como ocorria em Pernambuco e Paraíba – da Revolução Industrial inglesa[9].

Os acontecimentos nordestinos acelerados em 1817 não podem ser entendidos fora de seu contexto mais amplo: constituíam a primeira manifestação mais significativa de uma série de rebeliões que iriam marcar o trânsito do Brasil do Antigo Sistema Colonial português para os quadros do imperialismo da potência mais industrializada da época (datas de referência: 1810 e 1827). Os motins de 1821, que atingiram Maranhão, Pernambuco, Bahia, Minas Gerais, bem como os levantes de 1822 no Pará, no Rio Grande do Norte e em Pernambuco, criaram o ambiente para o Fico e anunciaram a eclosão das guerras de

PREÇOS DO ALGODÃO DE PERNAMBUCO E MARANHÃO (1813-1821): COTAÇÃO EM LONDRES

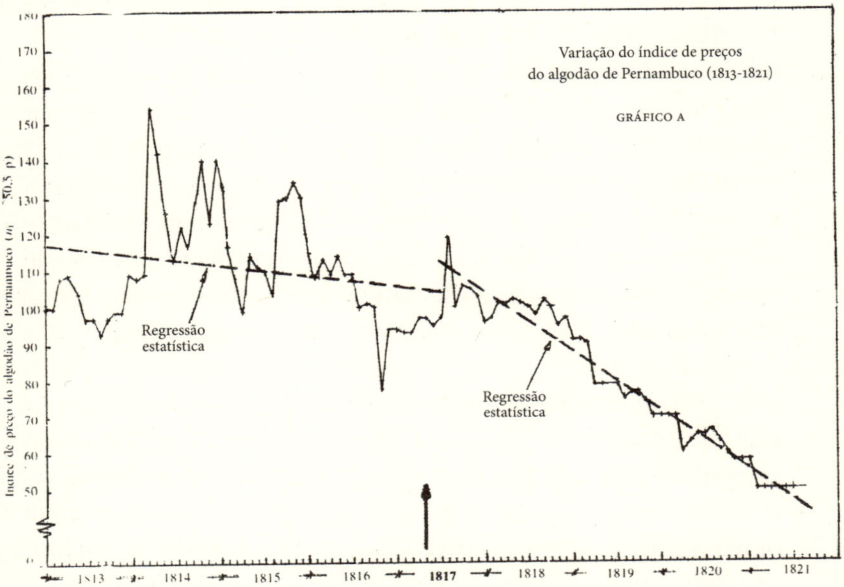

Obs.: Foi efetuada uma análise de regressão da variação dos preços do algodão no período de 1813 a 1821, mês a mês. A análise foi dividida em duas etapas, a primeira indo de janeiro de 1813 a junho de 1817 e, a segunda, de julho de 1817 a junho de 1821.

Conforme indicam os Gráficos A e B, há uma variação bastante sensível na taxa média de redução mensal dos preços do algodão. Para Pernambuco, a taxa média de redução do preço do produto era de 0,24 pence por mês, ou 2,88 pence por ano, no primeiro período, contra 1,36 pence por mês, ou 16,32 pence por ano, no segundo período (!) Para o algodão do Maranhão, a queda média no preço do produto era de 0,35 pence por mês, ou 4,2 pence por ano, no primeiro período, contra 1,29 pence por mês, ou 15,48 pence por ano, no segundo período.

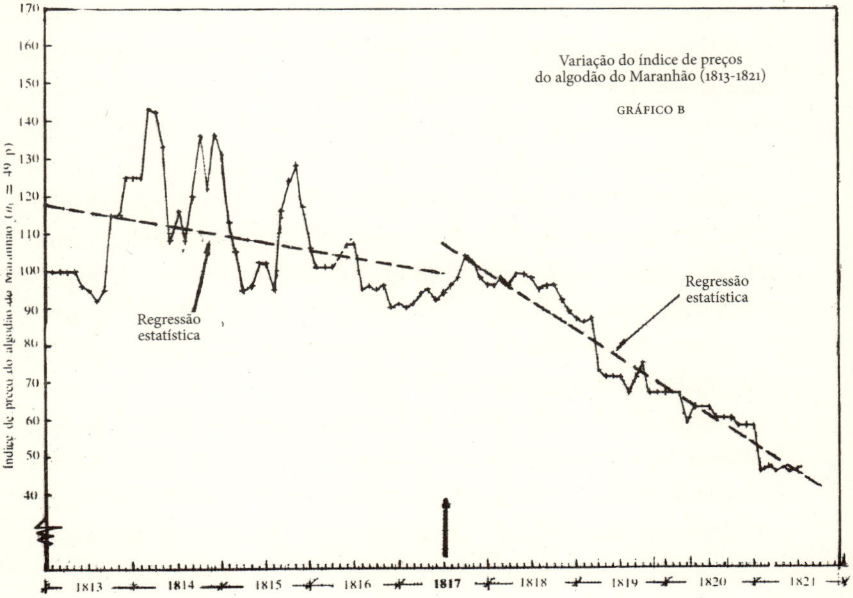

independência. As dificuldades para o abafamento dos levantes regionais, após a Declaração de Independência, foram superadas com o auxílio inglês, sendo que em Pernambuco acabou por surgir a contestação mais séria ao poder central, controlado por Pedro I: a Confederação do Equador, movimento que aglutinava as províncias do Nordeste numa mesma organização política suprarregional (1824). Esse movimento, de cunho republicanista e separatista, e que configura um desdobramento da insurreição de 1817, foi abafado pelos representantes do absolutismo unificador de Pedro I, encerrando-se assim a primeira vaga de convulsões do século XIX.

Numa perspectiva mais ampla, o estudo do movimento de 1817 não pode deixar de lado a compreensão do conjunto em que se produziu. Na verdade, trata-se de processo concomitante ao levantamento de Gomes Freire de Andrade, no Porto[10]. Os dois movimentos revelam as duas faces de uma mesma realidade: a tentativa portuguesa de desvencilhar-se dos laços de dependência com a Inglaterra, indicando com nitidez a natureza das relações entre Portugal e essa potência; o ensaio revolucionário brasileiro, por seu lado, demonstrando o esforço descolonizador de uma primeira camada dirigente nativa, que procurou o auxílio da Inglaterra (e dos Estados Unidos), em sua tentativa de libertação do jugo português[11]. Os dois movimentos estavam circunscritos à área de dominação econômica inglesa e em relação a ela é que procuravam definir-se. No caso do Brasil, após a ocupação do reino português pelas tropas de Junot, a penetração inglesa – que vinha se verificando de maneira acentuada desde o último quartel do século anterior – obtivera a formalização de suas atividades pelos tratados de 1810, caracterizando-se assim o estatuto de potência privilegiada, com direitos de extraterritorialidade e tarifas preferenciais a níveis extremamente baixos, como bem mostrou Celso Furtado. No caso metropolitano, a expulsão das tropas francesas só se tornara possível com o concurso de capitais e armamentos ingleses, os quais, de resto, saberiam cobrar altos juros no plano político.

Assim, dentro dos quadros do nascente imperialismo inglês, ligado à Revolução Industrial, é que se pode compreender a dinâmica dos dois movimentos insurrecionais. As velhas linhas legadas pelo monopólio comercial, ainda atuantes no Nordeste, não interessavam nem aos ingleses, nem aos representantes da grande lavoura e de uma incipiente burguesia comercial[12] e, nesse sentido, é que se observou a convergência de interesses da aristocracia agrária e dos agentes ingleses. Ademais, no caso do Brasil, bastaria lembrar que os eventos que se cristalizaram no Nordeste às vésperas da independência política se passaram após os tratados decisivos de 1810. As necessidades poderosas do capitalismo industrial inglês imporiam as linhas de desenvolvimento da política agressiva nos anos posteriores, no sentido de organizar os fatores imprescindíveis à economia em mais franca expansão do período. Com o instrumento precioso elaborado depois da transferência da Corte (1807-1808), condição mesma para a sobrevivência política de Portugal, a Inglaterra conseguiria modelar o futuro da ex-colônia portuguesa, tornando-a exemplo clássico de persistência no século XIX de área dependente, especializada na agricultura de exportação e cultivada por mão de obra escrava[13].

Não será demasiado notar, nessa perspectiva, que alguns eventos ocidentais, notadamente a Restauração em 1815 e a Revolução Portuguesa de 1820, imprimiram suas marcas nos processos ocorridos no Nordeste. A rigor, a insurreição de 1817 desencadeou-se num momento *ambíguo*, em termos de conjuntura política internacional. Por um lado, a Europa e suas colônias procuravam se reorganizar, buscando as coordenadas do Antigo Regime; por outro, o mundo luso-brasileiro tendia à liberalização, que culminaria na revolução metropolitana de 24 de agosto de 1820 – revolução liberal que em pouco tempo mostrou seu caráter igualmente ambíguo, ao se revelar recolonizadora[14]. Em suma, foi num meio tempo entre um momento de reação absolutista europeia e uma tendência à liberalização no sistema luso-brasileiro que ocorreu o movimento nordestino. Basta ainda notar, no plano internacional, que a uma Europa tumultuada, oscilando entre a liberalização e o autoritarismo, correspondia uma fase de relativa elaboração democrática nos Estados Unidos da América do Norte: tal contraste, associado aos nascentes interesses comerciais estadunidenses em relação à América do Sul[15], acabou por se projetar nas consciências das lideranças revolucionárias nordestinas, carentes que andavam de modelos externos para orientar suas ações.

Num plano regional, Pernambuco ocupava posição dominante em relação aos vizinhos. Ceará, Rio Grande do Norte, Paraíba, Alagoas e Sergipe eram áreas articuladas por meio do polo dinamizador localizado no porto de Recife (ver mapa p. 12-13). As hinterlândias dessas capitanias estavam, direta ou indiretamente, subordinadas aos estímulos e movimentos de conjuntura que se faziam sentir no porto principal da região, que funcionava como escoadouro das produções de algodão, açúcar e, em menor escala, couros, pau-brasil, aguardente, mel e arroz[16].

A persistência de velhos conflitos de natureza econômica e social nessa vasta área oferece clara demonstração de que nenhuma mudança substancial ocorrera no Nordeste com a chegada da Corte em 1808. De um lado, os monopolistas e atravessadores continuavam a operar desbragadamente; de outro, a Junta da Real Fazenda prosseguia na inábil política de recorrer aos empréstimos públicos, provocando desgaste sensível junto à informe opinião pública nascente, para sanar os desacertos provocados pela "corrupção e venalidade" de que tanto se queixava o bispo Azeredo Coutinho. O resultado era a acentuação do quadro de tensões que, por vezes, degeneravam em conflito aberto. Por sua vez, os problemas oriundos da esfera de subsistência não eram poucos, dada a natureza mesma da economia baseada na agricultura de exportação, que continuava predominante; à escassez da produção de gêneros de primeira necessidade somavam-se as mazelas advindas com as secas, que periodicamente assolavam a região[17].

Se, pela extensão geográfica e pelas peculiaridades climáticas, ficava-se à mercê da natureza, não seria correto atribuir apenas a esse fator as marcas mais visíveis produzidas no processo histórico do período. Na verdade, cumpre avaliar o peso das relações sociais desenvolvidas – e agravadas – nas duas primeiras décadas do século XIX, para que se percebam as motivações da ampla insurreição havida em 1817, aprofundada em 1821 e 1824. Em primeiro lugar, torna-se imprescindível lembrar que tais relações sociais se produziam em área de colonização baseada na grande propriedade e na utilização da mão de obra escrava. O centro dinâmico dessa formação econômico-social permanecia externo, e assistia-se, numa perspectiva propriamente social, à revitalização do regime estamental[18]. Os antigos senhores rurais, que dominavam a história do período anterior, transmudavam-se numa "aristocracia agrária" e, nesse sentido, procuravam afirmar-se em 1817; isto é, na qualidade de camada dominante e – exceção feita a uma minoria que não conseguiu impor seus pontos de vista sobre a organização do trabalho livre – escravista. "Observo que dos grandes filhos do país não houve um só nas duas comarcas do Recife e Olinda que não fosse rebelde, com mais ou menos entusiasmo", escrevia o desembargador Osório de Castro a Tomás Antônio Vila Nova Portugal em 1818[19], mostrando com clareza as linhas mais fortes do processo social em que estava envolvido o Nordeste às vésperas da independência política de 1822. Na verdade, o que se observava era uma degradação paulatina nas relações entre a aristocracia nativa e os antigos mercadores que faziam as articulações do sistema colonial português. Na base de tal degradação, colocava-se o problema da propriedade: à propriedade dos "grandes filhos do país" contrapunham-se os "bens dos europeus, cuja maior porção constitui a massa mais opulenta do comércio"[20].

Tais conflitos, que atingiram o ponto de saturação em 1817, não eram recentes. Arthur Cezar Ferreira Reis, analisando o papel das companhias de comércio pombalinas, mostrou com eficácia que, a despeito do relativo desenvolvimento experimentado nos vinte anos durante os quais operou a de Pernambuco e Paraíba, não só vários óbices foram criados ao sistema de liberdade de comércio como muitos senhores de engenho se levantaram contra a instituição, chegando as câmaras de Olinda, Recife e Paraíba a endereçar reclamações à "Sua Majestade concluindo por solicitar a extinção da companhia"[21]. Mas tal instrumento de colonização não foi extinto abruptamente: a junta liquidatária permaneceria vigendo ainda no século XIX, embora inativa de 1807 a 1821. Nessa data, em que avultam as reclamações dos acionistas, eles obtêm das Cortes, pela lei de 11 de outubro de 1821, a exoneração daquela junta, ficando confiada à junta local da Companhia do Grão Pará e Maranhão a administração e liquidação dos seus fundos[22]. O caráter de tal instituição fica bem explicitado quando se lembra que, após a Independência, a portaria de d. Pedro, de 22 de janeiro de 1824, autorizava José Antonio Soares Leal a fazer a cobrança das dívidas no Brasil. Dentro dessa perspectiva, não será difícil compreender que um dos atos revolucionários em 1817 tenha sido a união da administração dos fundos da Companhia de Pernambuco ao Erário, realizada por grupo liderado pelo comerciante brasileiro Gervásio Pires Ferreira[23].

Francisco Muniz Tavares, que participou da insurreição de 1817 e escreveu na década de 1830 a obra clássica sobre o processo por ele vivido[24], não deixou de reservar papel de destaque à espoliação que a companhia levava adiante na economia da ex-colônia. Os mecanismos pelos quais a Metrópole continuava expropriando as riquezas do Nordeste ficam aí claramente explicitados e serão analisados em detalhe quando apresentarmos as linhas básicas do pensamento do ex-capitão de guerrilhas e futuro liberal[25]. Importa reter, neste passo, como bem indica Tavares que, após o encerramento do prazo de duração do comércio exclusivo[26], "o monopólio de poucos se tornou o monopólio de muitos, pois que os Portugueses eram os únicos concorrentes ao mercado do Brasil"[27]. Em suma, os limites estreitos em que o monopolismo metropolitano mantinha os grandes proprietários nordestinos foram ampliados, mas nem por isso representavam a inclusão da economia daquela área no mercado mundial.

Nessa medida, os monopólios continuaram dominando de fato a economia nordestina, num momento em que o comércio de contrabando – sobretudo inglês – estava em franca penetração[28]. "O grande excesso do monopólio", "a cobiça dos monopolistas", eis os objetos da crítica da aristocracia nativa e da massa – já ponderável, segundo Koster[29] – de indivíduos livres.

De fato, a ação dos "monopolistas" europeus afetava profundamente as atividades dos grandes produtores agrícolas. A comercialização do produto era por eles controlada e, segundo Muniz Tavares, os preços dos gêneros por eles importados eram sempre altíssimos, oferecendo em contrapartida preços muito baixos pelos exportados. Esses últimos, escrevia o monsenhor, "não equivaliam às despesas da produção". Tal balança provocava endividamento progressivo, agravado pelos juros que "continuavam a aumentar de tal sorte que os devedores nem ao menos sabiam precisamente a importância total das suas dívidas"[30]. E não apenas no setor da comercialização dos produtos agrícolas se notava a dependência dos grandes proprietários: também na aquisição de mão de obra escrava eram dependentes, sofrendo a imposição de preços que se tornavam altíssimos pela interposição de atravessadores. Chegavam os agricultores em alguns casos a adquirir seus escravos de quarta mão, pelo que se depreende de queixas que por vezes ultrapassavam os limites de simples tensão[31].

O papel das câmaras nesses conflitos entre colonizadores e colonizados está longe de ser bem conhecido. Se algumas vezes se podem observar câmaras zelosas no combate aos "monopolistas e atravessadores", como refere Azeredo Coutinho em ofício a d. Rodrigo, em 19 de junho de 1799[32], procurando extinguir os primeiros e combater violentamente os últimos, outras vezes querem elas preservar a taxação sobre certos gêneros de primeira necessidade, a todo custo[33]. Em qualquer hipótese, não parece haver dúvida quanto à tendência antipopular de tais instituições. Pelo que se depreende da iniciativa do almotacé João Carneiro Monteiro, nesse mesmo ano de 1799, que em último recurso resolveu escrever diretamente ao príncipe regente denunciando nominalmente alguns monopolistas de Recife bem como a câmara conivente, a câmara nem sempre representou os interesses de toda a comunidade, ainda que livre e branca. De fato, seria errôneo supor que a ação dos "monopolistas" afetasse tão somente a atividade dos grandes produtores agrícolas; também a massa livre e pobre sofria, na esfera da subsistência, os efeitos negativos da ação comercial e financeira daqueles setores:

> A condição deste Continente é tal, escrevia a 30 de dezembro de 1799 o almotacé, que não havendo nele negociação, mas Monopólio sobre Monopólio, ainda se não vira que Monopolista algum fosse, não dizemos castigado, mas nem ainda espantado, de sorte que, por esta razão, o Monopólio neste País é tido por trabucação, que passa de lícita a louvável, e tão louvável que neste País são os Monopolistas os mais atendidos.[34]

Na perspectiva do almotacé, a câmara representava o interesse dos homens daquela "classe"[35], uma vez que a taxação sobre certos gêneros de primeira necessidade era por ela controlada. A manifestação mais aguda de tal situação se fazia sentir na subida de preços dos produtos vendidos pelos "retalheiros", os quais, por sua vez, compravam aos "monopolistas". Assim, *no nível da consciência popular*, surgiam os retalhistas – via de regra, recém-imigrados da metrópole – como os primeiros responsáveis pelas mazelas do sistema. Os choques de nacionalidades, que marcaram o processo de formação de consciência social no período, chegaram a cristalizar alguns tipos de comportamento que persistiriam no transcorrer do século XIX, revelando o caráter popular da lusofobia.

A especulação alcançava altos índices, provocando resistências nos setores mais duramente atingidos. Em nome desses setores é que reclamava o almotacé referido:

> Pernambuco, senhor, não é como Lisboa, porque além de se achar muito longe das preservativas vistas de Vossa Alteza Real, e por se achar tão longe Delas vive sujeito a tantas, tão grandes e tão repetidas e continuadas injúrias, não tem a afluente e atropelada importação de víveres que Lisboa gosa. As suas importações são quase de ano a ano, importações que por si mesmas oferecem aos Monopolistas ocasião para que abarquem e enceleirem tudo quanto entre, e para que os retalheiros revendam o mesmo hoje por 5, amanhã por 10, e depois por 15.[36]

O problema ia atingindo amplas proporções, a ponto de, em 1800, ser necessária a expedição de ofícios de Souza Chichorro às câmaras da capitania de Pernambuco, no sentido de denunciar as articulações entre os opulentos da praça, que se associavam para a compra de "todo o gado" destinado à subsistência, podendo dessa forma impor os preços que lhes aprouvesse[37]. Tais articulações iam se tornando claras em sua dimensão social e acabariam por provocar as reflexões do bispo Azeredo Coutinho no ano seguinte, reflexões que soaram como pesada denúncia ao estado de coisas que tornava tensa a vida na capitania: para ele, as origens dos males de Pernambuco não deveriam ser procuradas nas intempéries, nas cheias ou secas, mas sim na "conjuração de mãos dadas entre homens ricos e poderosos, para tirar todo o partido possível da miséria do Povo"[38].

Os problemas postos pela crise do sistema colonial começavam a perpassar todas as esferas da vida social. Nem mesmo o clero escapava a essa regra. Desacertos nas hierarquias manifestavam-se com regular frequência: a levarmos em consideração as queixas do governador Caetano Pinto ao visconde de Anadia[39], já em 1807, o frei Caneca se iniciava em diatribes com seu provincial, o frei Manoel do Monte Carmelo. Os desacertos apontados não se restringiam à esfera da vida religiosa, propriamente: "Os

Carmelitas", escrevia Caetano Pinto no mesmo ofício, "não têm dado as melhores provas no Brasil; e esta Província da Reforma de Pernambuco, que bem pouca reforma tem, parece-me que devia ser reformada por uma vez..."[40]

O fato que levava Caetano Pinto a escrever ao visconde de Anadia não estava situado, entretanto, no nível do que ele mesmo qualificava de "intrigas fradescas". O que fazia era chamar a atenção dos representantes da Coroa para a grande habilidade dos carmelitas em seu esforço de adquirir propriedades, burlando as leis de amortização[41]. Se se atentar para o desenvolvimento observado por Koster por volta de 1815 nas propriedades dos frades carmelitas – como, por exemplo, o engenho Camaçari[42] –, não será difícil entender a participação intensa dessa Ordem na insurreição de 1817. Participavam das vicissitudes da camada dos grandes proprietários rurais e, como tal, sofriam as limitações impostas pelas linhas do monopólio metropolitano.

Nesse quadro de tensões, ressaltava, por um lado, a degradação das relações entre a aristocracia nativa escravocrata e a camada dos mercadores. De outro lado, como consequência da ação dos últimos, a "carestia" progressiva a que se referia Souza Chichorro acelerava os mecanismos profundos que levaram ao desencadeamento dos conflitos abertos de 1817. A carestia estava na base do movimento de massa que envolveu área nordestina considerável[43]. Embora se pretenda aqui indicar em suas linhas mais gerais apenas os antagonismos sociais básicos que conduziram à eclosão de 1817, o quadro traçado ficaria incompleto se não fosse mencionado o fato de já se esboçar em Recife a formação de uma incipiente camada de comerciantes nacionais, cujos elementos mais dinâmicos e prestigiosos participaram dos eventos de 1817, no sentido de eliminar as linhas monopolistas portuguesas[44].

Tal quadro de tensões e de carestia ficava substancialmente agravado com os recursos frequentes de que o sistema (por meio de seus organismos, como as câmaras e a Junta da Real Fazenda) lançava mão para suprir as deficiências financeiras. Não apenas recorria a "empréstimos públicos" – que recaiam sobre os grandes proprietários[45] – como também se utilizava abusivamente dos mecanismos de tributação – que encareciam ainda mais os gêneros de primeira necessidade, atingindo a população livre e não proprietária. Sobre o último recurso, especialmente odioso pareceu à população o alvará de 20 de outubro de 1812, a ponto de ter sido revogado pelo governo insurgente apenas três dias após a tomada do poder. Em decreto datado da Casa do Governo, em Recife, a 9 de março de 1817, ficou considerada "contrária aos princípios de economia pública e pesada ao povo a imposição do alvará de 20 de outubro de 1812 sobre lojas de fazendas e molhados, embarcações, canoas etc." Da mesma forma, declarava ser o subsídio militar sobre a carne extremamente pesado, "além de tornar desigual a sorte dos habitantes do mesmo país" e tendente a "encarecer sobremaneira um gênero de primeira necessidade e estorvar a criação de gado tão necessária à subsistência dos povos", terminando tal decreto por abolir totalmente os referidos tributos[46].

Essa medida radical, de caráter revolucionário, permite vislumbrar as desigualdades sociais que iam se ampliando na segunda década do Oitocentos e que o governo provisório procurou contornar. E permite observar com nitidez que os problemas básicos do Nordeste se manifestavam, em primeira instância, na esfera da subsistência. O desencadeamento do processo insurrecional em 1817 – o qual, de qualquer forma, vinha sendo esperado para o dia 16 de março[47] – por certo se deveu muito à forte seca de 1816, ocorrida num momento desfavorável da conjuntura econômica em que estava inserido o Nordeste. O grau das tensões sociais, que há muito vinham se desenvolvendo, fez com que os eventos de 6 de março ultrapassassem os limites de simples motim militar[48].

OS INTERESSES EXTERNOS E A INSURREIÇÃO: OS NOVOS LAÇOS DE DEPENDÊNCIA

Na década em que eclodiu a insurreição, operavam forças externas no sentido de acelerar ainda mais o processo de deterioração das relações entre a aristocracia nativa e os antigos mercadores coloniais. Tais forças podiam ser pressentidas no Nordeste pela ação de agentes comerciais, militares ou consulares das três potências mais ativas no período: Inglaterra, Estados Unidos e França[49]. Observado globalmente, tal processo acompanhava a integração das "economias" brasileiras no mercado mundial.

Nessa segunda década, foram intensificados os esforços das mencionadas potências para a internacionalização do Brasil[50], em tendência semelhante àquela verificável para o resto da América Latina[51].

Embora essas potências continuassem a competir umas com as outras, a dependência em relação à Inglaterra estava definida de maneira irreversível, por meio dos tratados de 1810. Essa data, de fato, representa o momento mais significativo de toda a história das relações internacionais em que o Brasil se vira envolvido durante a primeira metade do século XIX. Tal momento configura o início do predomínio inglês – que iria atingir o clímax em 1827 – e o primeiro abalo mais significativo nas relações entre a colônia e a Metrópole portuguesa. A partir de então, a decorrência natural e irreprimível será a *convergência* de interesses entre a economia inglesa e os grandes proprietários rurais. Não foi por acaso que algumas das articulações de maior vulto entre revolucionários do mundo ibero-americano se verificaram em Londres, onde poderiam contar com apoio financeiro e militar[52], além do auxílio de bem organizadas instituições supranacionais acobertadas pela maçonaria[53].

Os estímulos advindos da nova situação econômica davam alento a velhos padrões de comportamento nas elites dos estamentos senhoriais. Pelo que se depreende do exemplo de Francisco de Paula Albuquerque Maranhão, senhor de engenho e dono de fazendas de gado no sertão, revolucionário preso em Salvador após a repressão ao movimento de 6 de março, todo o esforço de seu advogado ia no sentido de caracterizá-lo como "descendente da primeira e maior nobreza de Pernambuco"[54].

Nessa nova situação, a antiga Metrópole ia perdendo significado para os elementos da aristocracia nativa, que se orientavam em suas atividades no sentido de fortalecer o regime de dominação patrimonialista do qual se beneficiavam. A soma de poderes que iam paulatinamente acumulando era ponderável, a ponto de poderem mobilizar suas clientelas, isto é, seus dependentes. Nesse sentido, escapavam à possibilidade de controle dentro dos quadros jurídico-militares do regime: na carta de Manuel Inácio de Sampaio ao conde da Barca, escrita no Ceará em 14 de julho de 1817, pode-se observar a inquietação suscitada pelos "Magnatas do sertão da Paraíba, que são os que por meio de sugestões e ameaças levaram os povos à rebelião" e possuem condições para provocar "nova revolução"[55]. Como não ver em tais manifestações de poder local hipertrofiado as raízes do coronelismo?

Paralelamente à emergência dessa situação interna, localizada na linha de desenvolvimento da crise da colonização portuguesa[56], operavam fatores que nem sempre estiveram ligados às transformações internas do sistema. A intensa importação de ideias da França a partir de meados do século XVIII, a ponderável infiltração de comerciantes do Noroeste europeu e dos Estados Unidos da América, bem como a indução dos movimentos emancipacionistas da América Espanhola[57], acabaram por acelerar as contradições que se expressavam em tensões, conflitos e insurreições que bem davam a medida de quanto a mentalidade dos povos da ex-colônia portuguesa estava mudando. Louis-François de Tollenare, aliás, vivendo e comerciando em Recife num momento crítico do processo de descolonização, notava a 6 de julho de 1817 que "em todo o reino unido há gente que tem o prurido de experimentar mudanças, descontentes, intrigantes, ambiciosos..."[58]

Quando tal processo começou a atingir seus pontos mais fundos do Nordeste, a aristocracia nativa procurou *modelos* e contatos externos, e sobretudo o dos Estados Unidos foi objeto inclusive de grande preocupação por parte dos dirigentes portugueses: o próprio conde dos Arcos não deixara de observar, na perspectiva do sistema, que o "governo dos Estados Unidos da América tem dado muitas provas de perspicácia ante o mundo todo para que seja lícito suspeitar que há de proteger o mais vil dos crimes perpetrados por meia dúzia de bandidos"[59].

No momento em que a colonização portuguesa estava se desarticulando e em que o imperialismo inglês *ainda* não se estabelecera em toda a plenitude, a discussão da presença *francesa* ganha em expressividade: além de ser mais antiga que a inglesa e a estadunidense, sempre fora mais intensa e persistente. Como se sabe, a França funcionou como centro irradiador de uma revolução bibliográfica[60] que veio a fornecer, nos momentos de tensão ou conflitos, um completo instrumental conceitual para os nossos revolucionários. Raynal, Mably, Rousseau, Morelly, Volney, Voltaire, Montesquieu, Turgot e Brissot, entre muitos outros, eram lidos – e às vezes decorados – em Minas Gerais, à época da Inconfidência de 1789. No porto do Rio de Janeiro, em 1794, Raynal, Mably e Rousseau eram discutidos, entre outros. No porto de Salvador[61], em 1798, Rousseau e Volney eram parcialmente transcritos nos cadernos de preces dos revolucionários. Não é de estranhar, tendo em vista as peculiaridades da sociedade colonial brasileira, que, em meio a todo um ambiente impregnado de religiosidade, se encontrem, em 1798, por exemplo, no caderno de preces do revolucionário baiano Luís Gonzaga das Virgens, mulato e por isso mesmo com dificuldades de ascensão na hierarquia social, queixas contra a ordem estabelecida e a cópia de um violento trecho do filósofo francês Volney contra a religião[62]. Não é de estranhar também a existência de um cônego Luís Vieira da Silva, nas Minas Gerais, no século XVIII, sabendo de cor passagens de Raynal. Tollenare, por sua vez, anota para a Biblioteca Pública da Bahia, na administração do conde dos Arcos, um acervo de 4.000 volumes bem selecionados e observa, a 28 de setembro de 1817, que é "assaz lisonjeiro para um francês verificar que pelo menos 3.000 volumes são escritos na sua língua"[63].

Nessa atmosfera mental informada pela cultura francesa, não será difícil explicar o tom nitidamente jacobino de certas intervenções revolucionárias no porto de Recife. Mais do que isso, podem-se surpreender alguns notórios *galicismos* em documento assinado pelo padre João Ribeiro, por José Luís de Mendonça, Domingos José Martins e Manoel Corrêa de Araújo. A esse respeito, mencione-se a célebre conclamação do chefe do Regimento de Cavalaria de Goiana, datada de 12 de março de 1817, onde se encontram termos de inspiração francesa: "nós juramos *delivrar* a nossa Pátria"[64]. Ou então, na carta de Manoel Inácio de Sampaio ao conde da Barca, narrando os episódios de 6 de março: "Julguei, portanto, dever imediatamente recorrer às últimas *ressurças*."[65]

A presença francesa poderá ser indicada de maneira mais precisa e direta se atentarmos para o fato de que, em Recife de 1817, as constituições de 1791, 1793 e 1795 estiveram nas mãos dos revolucionários[66]. Poderá ser indicada se verificarmos que foram frequentes as formulações marcadamente jacobinas durante março e abril, ouvidas nas praças e escritas nas paredes de Recife (Tollenare se irritava com o "cinismo jacobino" adotado por Martins nas suas vestes, nas suas maneiras e nos seus discursos)[67]. A presença francesa poderá ser assinalada na persistência dos valores da ilustração francesa, que continuaram a ser veiculados após a repressão: bastará lembrar o grande número de oficiais de Luís do Rego Barreto que falavam correntemente o francês[68]. A presença francesa poderá ser discutida, sobretudo, quando se lembrar que desembarcaram no Rio Grande do Norte, vindos numa escuna estadunidense, quatro franceses bonapartistas emigrados nos Estados Unidos e ligados a José Bonaparte, para articular o retorno de Napoleão (preso em Santa Helena) à grande política europeia. Esse episódio da história de Napoleão, que parece ter escapado aos seus biógrafos, não escapou ao agente da repressão Luís do Rego Barreto[69].

Finalmente, a presença francesa poderá ser avaliada em termos econômicos, se se observarem as dificuldades de integração experimentadas pela aflita "colônia" francesa que vivia em Recife na segunda década do século XIX. Ligada a interesses de mercados para a França, que iniciava timidamente os primeiros passos no caminho de sua lenta Revolução Industrial, tal "colônia" de franceses enfrentava a dura competição inglesa. Afinal, não era o próprio Tollenare, experiente e calculista, quem se queixava da "concorrência dos fabricantes ingleses"?[70] Os ingleses vinham impulsionados pelo poderoso processo de acumulação de capitais industriais, que transferiam seus estímulos para a etapa da comercialização; a indústria francesa, pelo contrário, não propiciava grandes investimentos no setor comercial. Nessa perspectiva é que se pode entender a melancólica formulação de Tollenare: "Duvido que um estrangeiro de recursos limitados possa prosperar na cidade: os capitais são ali demasiado abundantes."[71]

Em suma, a disputa internacional de mercados entre Inglaterra e França tem uma de suas frentes no porto de Recife. A 15 de junho de 1817, pouco tempo depois da restauração de Pernambuco, Tollenare observa: "Quer-se um armazém; mas, é preciso sorti-lo de mercadorias inglesas, porque são quase as únicas que se consomem. Como suportar a concorrência de fabricantes ingleses que as enviam por conta própria?"[72]

Assim, se a cultura francesa continuava mantendo sua primazia nos setores cultivados da sociedade recifense, o mesmo não acontecia com as condições concretas de vida da "colônia" de franceses em Recife. Mais do que melancólicas, por vezes trágicas, são as agruras de vida enfrentadas pelos elementos da "colônia" francesa: Tollenare, nas suas anotações do dia 15 de junho de 1817, faz um levantamento de todos seus principais compatriotas e suas discutíveis condições de vida. Ou estavam eles em dura competição com os ingleses, ou estavam "na dependência dos senhores de engenho"[73]. Tollenare diz dos franceses: "Só se ouve queixas. Um só trabalhador, marceneiro de Nantes, chamado Berenger, parece ir arranjando a vida."[74]

A tendência, a médio prazo, como se sabe, será a da definição da preeminência inglesa, controlando o setor exportador e eliminando os competidores franceses e estadunidenses.

Não obstante, interesses comerciais *estadunidenses* relativos ao Brasil começaram a se esboçar desde começos do século XIX. No ambiente nordestino, já trabalhado pelas ideias da Ilustração e da Revolução, marcado por antagonismos sociais crescentes, o modelo estadunidense polarizava algumas consciências progressistas. A começar pelo próprio líder revolucionário padre João Ribeiro, discípulo dileto de Arruda Câmara, que oscilava entre a leitura de Condorcet e o estudo da Constituição dos Estados Unidos, chegando mesmo a procurar um revolucionário esclarecido para fazer com que "fosse o seu Franklin"[75]. Os principais protagonistas da história da independência das colônias inglesas eram revividos na imaginação dos pernambucanos, a ponto de José Maria de Vasconcelos Bourbon, conselheiro do governo provisório, ter "a vaidade de se não assinar mais senão Wasthon", segundo um observador português[76].

A imagem dos Estados Unidos, de resto, vinha se formando a partir da presença de representantes comerciais nos principais portos brasileiros. A clareza com que chegaram a formular o escopo de suas atividades não deixa margem a dúvidas: para eles, o problema era o de criação de mercados para seus produtos. Representantes das vanguardas comerciais estadunidenses, como Henri Hill, procuravam modernizar as emperradas estruturas legadas pela colonização ibérica. Segundo Hill, "velhos hábitos e preconceitos devem dar lugar a novas ideias, que necessariamente precisam de tempo para se imporem com vantagens, e novos mercados precisam ser abertos"[77].

Os interesses dos estadunidenses e dos brasileiros convergiam, pois, no sentido de eliminar as linhas de dependência com

Portugal e com os centros de controle sediados no Rio de Janeiro. Os insurretos de 1817 tiveram por medida importante não só a carta ao presidente dos Estados Unidos, oferecendo "liberdade absoluta de comércio convosco"[78] e lembrando da "vossa brilhante revolução que procuramos imitar"[79], como ainda o envio àquele país do "mulato Cabugá", com o fito de "pedir auxílio e oferecer aos comerciantes americanos por 20 anos os gêneros de Pernambuco livres de direitos"[80].

Não parece improvável que algum comércio estadunidense já se desenvolvesse regularmente no Nordeste, uma vez que, restaurado o governo absolutista, vários ingleses e estadunidenses foram chamados pelos zeladores do sistema, a fim de saldar "direitos que deixaram de satisfazer" à Fazenda Real durante a insurreição, relativos a tributos incidentes sobre "fazendas e mercadorias"[81]. Ademais, devido ao monopólio do comércio, "navios estrangeiros não podem comerciar no Brasil de um porto para outro", segundo Bernardo Teixeira escrevia a Tomás Antônio Vila Nova Portugal em 1818, relatando problema havido nesse sentido com embarcação estadunidense[82] aprisionada após a restauração. O fluxo de estadunidenses aumentava com o desenvolvimento comercial, provocando as apreensões dos representantes da Coroa: sete deles chegaram a ser detidos e recolhidos como "presos de Estado" na cadeia de Recife a 22 de abril de 1818[83].

Na Paraíba, idêntico processo se desenvolvia. Os portos foram abertos a 18 de março de 1817 pelo governo provisório, tendo à testa Inácio Leopoldo de Albuquerque Maranhão. Por meio de decreto específico, nacionais e estrangeiros ficavam considerados no mesmo nível, do ponto de vista alfandegário. "Metade somente dos direitos que dantes se cobrava", essa a solução encontrada pelos revolucionários desejosos de "ampliar o comércio"[84].

Dessa forma, iam as elites dirigentes nordestinas tomando as primeiras medidas de âmbito internacional. Medidas que chegaram a alimentar as ilusões – falsa consciência? – de um anônimo Patriota alagoano: "As duas Américas inglesa e brasileira estão de mãos dadas, contra nós nada pode haver."[85]

Também no Ceará chegava o boato de que "em Pernambuco se trabalhava efetivamente na construção de fortaleza a que ajudavam os ingleses americanos com oitenta velas em uma armada"[86], em atoarda que bem ilustra o quanto a imagem estadunidense se desenvolvia na consciência popular. Não seria correto, entretanto, deixar de mostrar que tal imagem nem sempre era positiva para o vulgo. Escrevendo para Luís do Rego Barreto a 13 de setembro de 1817, o capitão Macedo e Vasconcelos, a bordo de bergantim estacionado na Baía Formosa (Rio Grande do Norte), dizia de seus esforços para "tranquilizar esta pobre gente"[87] aturdida pelos rumores de desembarque de estadunidenses.

De qualquer forma, após a vitória fugaz da contrarrevolução (os ânimos se reacenderiam em 1821), os Estados Unidos continuavam significando lugar seguro para muitos revolucionários ou figuras comprometidas em 1817. Não só Cabugá ali permaneceu exilado, como também o ex-secretário José Carlos Mayrink da Silva Ferrão – o tio de Marília de Dirceu – para lá fugiu, fixando residência em 1818[88].

Em contrapartida, o movimento de insurreição nordestina atingiu a opinião pública estadunidense, tendo sido aplaudido pela imprensa[89]. Contra aqueles que tenderam a negar o valor do acontecimento, levantaram-se vozes, por vezes sob a proteção do anonimato, para justificar o direito à rebeldia. As comparações com as insurreições da América Espanhola chegaram a provocar posições negativas, propensas a minimizar o levante de 6 de março: o argumento básico era de que se tratava de simples rebelião de província isolada. A essa posição apresentaram-se outras, incandescidas, segundo as quais não fazia sentido que "os Pernambucanos e todo o Brasil ficassem eternamente sujeitos aos desejos de seu atual monarca arbitrário"[90]. Um elemento simpatizante da causa revolucionária chegou mesmo a responder a um escritor que negara validade ao auxílio americano no processo: "Pretendendo desacreditar o que aconteceu naquela província, você objeta que foi apenas uma revolução parcial. Mas esquece que esta é a condição de quase todos os tumultos nacionais?"[91]

Prosseguindo na argumentação, o autor anônimo comparava o movimento de Pernambuco ao da Boston revolucionária: "Naquela (revolução) que se passou nos Estados Unidos, Boston foi a primeira que deu o sinal para todo o resto, quando sua população não era ainda igual à de Pernambuco."[92]

Para além dos ideais revolucionários, todavia, os interesses comerciais apresentavam-se mais claros. Ao mostrar que os revolucionários nordestinos de 6 de março de 1817 pensavam imitar os bostonianos de 1774, conduzindo assim sua revolução em direção aos interesses dos Estados Unidos, contrapunha-os o autor ao "déspota" (dom João VI) que "fechava os portos ao seu comércio e acusava-os de serem rebeldes, traidores e criminosos"[93].

No final de contas, por trás dos ideais libertários das ex-colônias inglesas, escondia-se o problema maior, situado no nível do mercado sul-americano.

Apesar dos intensos estímulos franceses e estadunidenses atuando no nível das consciências das elites revolucionárias, foram os *ingleses* que progressivamente ganharam o mercado brasileiro no plano da competição internacional. Sua presença, aliás, já se configurara dominante quando da transferência da Família Real para o Brasil nos anos críticos de 1807 e 1808, protegendo a Coroa da tempestade napoleônica[94]: os tratados de 1810 faziam ressaltar no plano econômico a dependência que a Inglaterra imporia a Portugal e ao Brasil nos anos que se seguiram. Essa situação, inaugurando o sistema mundial de dependências, tipificador do século XIX, obedecia aos imperiosos ritmos impostos pela aceleração das relações de produção com polo na Inglaterra, a que se convencionou chamar Revolução Industrial. A participação de ingleses auxiliando a descolonização portuguesa será consequência natural desse estado de coisas, constituindo-se o "insurgente Cochrane" em exemplo significativo do tipo de ação desenvolvida.

Nessa perspectiva, não será difícil compreender que Londres se transformava em ponto de encontro de revolucionários latino-americanos e ibéricos. Como já indicamos, parece muito provável o encontro havido de Miranda com Domingos José Martins e Gomes Freire de Andrade na capital inglesa. Em Londres, ainda, atuava o brilhante jornalista Hipólito José da Costa Pereira Furtado de Mendonça, aonde chegara em 1805 fugindo da Inquisição portuguesa, fundando poucos anos depois o *Correio Braziliense* (1808-1822), provavelmente o periódico mais importante do mundo luso-brasileiro àquela época[95]. Proveniente de Londres, finalmente, chegava a Recife, em 1814, o comerciante de origem capixaba Domingos José Martins, que se tornaria um dos líderes da insurreição de 1817.

Vaga significativa de comerciantes, militares e estudiosos produzia-se, pois, atingindo o Brasil, e trazendo em seu bojo

Charles Waterton, Maria Graham, Sidney Smith, John Luccock, Henry Koster (o abrasileirado "Henrique da Costa") e outros, que deixaram anotações preciosas para a compreensão da sociedade brasileira no período. Alguns deles eram portadores de cultura sofisticada, o que lhes permitia penetrar com maior eficácia nas realidades observadas[96]. Koster, por exemplo, viera orientado pelas instruções e "vasta biblioteca" de Robert Southey; e Maria Graham, depois Maria Calcott, famosa pelos seus diários de viagens, escrevera esboço da história da Espanha, bem como ensaios sobre a história da pintura e sobre Shakespeare.

Em Pernambuco, já existia cônsul inglês estabelecido, John Lempriere, zeloso dos interesses comerciais dos súditos britânicos. Que as relações eram intensas, atestam-no os cinco navios daquela nação estacionados no porto de Recife quando da eclosão do movimento em 1817. Oliveira Lima, apoiado em papéis do *Foreign Office* existentes no *Public Record Office*, indica com precisão a linha política adotada pelo cônsul em face da insurreição.

Lempriere participara de reunião com o governo provisório, oportunidade em que apresentou a carta patente do soberano inglês nomeando-o cônsul naquela província – "a qual foi lida e traduzida pelo ouvidor de Olinda", – que era Antônio Carlos. Ao consultar os revolucionários se o confirmariam naquela posição, responderam que esse era "o mais ardente desejo do governo provisório", oferecendo todos os símbolos de "deferência a S.M. Britânica e à nação britânica". Escrevendo ao lorde Castlereagh, o cônsul não deixou de dar ênfase ao problema dos interesses comerciais da "colônia" em Recife; tornava-se necessário manter boas relações com os revolucionários para "que os súditos de S.M. tivessem uma aparência de proteção e lhes fosse proporcionado o ensejo de cobrarem dívidas, que receio subam muito, e de exportarem suas mercadorias..."[97] Pelo que se percebe, não só os negócios ingleses se desenvolviam bem, como guardavam característica indisfarçável do imperialismo nascente e ligado à grande indústria: endividamento – e, portanto, dependência – dos setores produtores nacionais de matéria-prima.

Que a Revolução Industrial ia abrindo brechas nas linhas de organização do comércio ainda dominado pelos antigos mercadores coloniais portugueses não padecem dúvidas. Basta que se mencione o episódio da captura de um obscuro revolucionário de 1817, José Apolinário de Faria, no momento da contrarrevolução: numa investida policial, fora ele encontrado na residência do cônsul estadunidense em Recife. Ao ser interrogado, declarou que "vivia de vender fazendas para o mato, que certos ingleses lhe fiavam"[98].

Não só pelo dinamismo da economia em franca expansão a que estava ligada, mas também pelo caráter mais "democrático" (entenda-se: na medida em que facilitava que maiores contingentes de população livre e não proprietária se integrassem na produção) de sua organização, a produção algodoeira sobrepujou a do açúcar, atingindo proporções até então desconhecidas em qualquer outro setor[99]. A essa mudança estiveram os ingleses vivamente atentos.

Em outro nível, e ligado em parte ainda às determinações impostas pelo modo de produção que se ia estabelecendo na Inglaterra, impunha a diplomacia inglesa a abolição da escravatura no mundo luso-brasileiro. Embora encoberta por argumentação de "ordem filantrópica", "humanitária" etc., argumentação que se constituía de resto num dos traços característicos da ideologia liberal emergente, a questão que se colocava para a economia inglesa era a do desenvolvimento de mercados que fossem ao mesmo tempo *integrados* – daí o auxílio inglês no abafamento às guerras de independência, as quais configuravam perigosas tendências separatistas – e *consumidores* – o que implicava a abolição do tráfico e consequente criação de população com renda *per capita* mais alta e, portanto, melhor consumidora dos produtos ingleses. A pressão exercida pela Inglaterra nesse sentido não se restringiu apenas à esfera da diplomacia[100]: o general Luís do Rego Barreto não poucas vezes foi inquietado com a presença de cruzeiros ingleses nas costas nordestinas, sem possuir condições para repelir as fiscalizações. A 4 de abril de 1818, desolado escrevia a Tomás Antônio Vila Nova Portugal: como "não podia suprir essa falta, julguei melhor não saber de tal fato"[101].

Num plano mais concreto, no qual talvez se possa configurar a existência de falsa consciência dos revolucionários, o que se esperava da Inglaterra era a posição de "mediação" por parte da Coroa britânica para conservar o povo "no gozo dos direitos e liberdades que adquiriu no glorioso dia seis de março"[102]. O certo é que o envio de pólvora e armas de Londres para Pernambuco chegou a ocorrer[103], embora obedecendo a interesses menos da diplomacia que da indústria. Nessa trama, não estiveram ausentes os tentáculos internacionais da maçonaria, referida aliás pelo governo provisório a Castlereagh: os insurretos sempre se predispuseram favoravelmente aos estrangeiros a ponto de, menciona um observador, quando algum ia a negócio na sede do Erário, era sufocado em abraços e saudado por sinais maçônicos[104].

Mas seria simplificar demasiadamente uma realidade que foi rica e matizada, atribuir apenas à industrialização inglesa a abertura de brechas no sistema econômico-social luso-brasileiro. No plano das ideias, era de Londres ainda que provinham as críticas do principal publicista em língua portuguesa da década. Se no plano propriamente econômico a ação inglesa operava no sentido de minar e destruir as linhas do monopólio português, Hipólito José da Costa, liberal que era, pugnava pela derrubada do "monopólio" no plano político, para que se concedesse maior participação aos nacionais no governo:

> Os lugares do Governo são uma espécie de Monopólio. Os naturais do Brasil, quando vinham a Portugal, eram olhados como estrangeiros pelo Governo, e como macacos pela plebe: agora está o Governo no Brasil; e pela mesma razão podiam os naturais do país olhar os Europeus como estrangeiros; mas nem um só dos compatriotas do Brasil tem sido promovido ao Conselho de Estado do país; estrangeiros em sua casa, e estrangeiros fora dela; isto prova não só o monopólio de que falamos; mas até a falta de senso comum nesses monopolistas; porque ao menos para adoçar a boca dos povos do Brasil, poderiam ter nomeado um dos seus naturais para o Conselho, escolhendo algum adulador, e parasita, de que o Brasil abunda tanto como qualquer outro país do Mundo; mas nem isto se tem feito; e vai em três anos, que os estrangeiros ali foram buscar abrigo; e qualquer que seja a opinião dos Europeus sobre a falta de talento, e de energia dos naturais do país, todos devem confessar, que os Brasilianos não são cegos; e basta ter vista para conhecer a injustiça deste proceder; principalmente observando as circunstâncias atuais, entre a Espanha e suas colônias.[105]

A convergência de esforços políticos nacionais e ingleses ia propiciando, dessa forma, a inclusão do Brasil no mercado mundial. Eclodido o movimento insurrecional, as lideranças pernambucanas não se esqueceram da posição de destaque ocupada por Hipólito em Londres. Afinal, também ele era crítico das persistências das estruturas coloniais. Quiseram fazê-lo embaixador, mas o publicista não enfrentaria o governo britânico, então orientado pelo conservador Castlereagh[106].

Nesse processo, a tutela militar propiciada pela armada não era estranha à política portuguesa, desde pelo menos o auxílio decisivo emprestado à transmigração da Corte para o Brasil, agenciada por Strangford. A atenção com que eram seguidos os eventos revolucionários na América portuguesa pelos chefes de esquadra impressiona o observador: é evidente a importância que assumira para a economia britânica e para sua posição no equilíbrio político atlântico esta parte da América do Sul. Escrevendo do Rio de Janeiro a 4 de abril de 1817 (a bordo da embarcação Amphion), o comodoro William Bowles – que em breve se casaria com uma irmã do lorde Palmerston – registrava em mensagem a Londres a eclosão da "revolta" em Pernambuco, quando autoridades europeias foram depostas e expulsas. Acusava ainda recebimento de narrativa dos eventos enviada pelo cônsul em Pernambuco (Lempriere). O que surpreendia Bowles, entretanto, era o "sucesso tão facilmente obtido", lembrando que também na Bahia e no Maranhão era grande a tensão. "Sendo as forças armadas dessas regiões quase exclusivamente compostas de milícias, ou seja, de Brasileiros, não se pode nelas apoiar para lealdade ou resistência aos revoltosos."[107] Sua preocupação maior voltava-se para a eventualidade de ser obrigado a dar proteção aos súditos da Sua Majestade Britânica, e para o perigo de a "insurreição se espalhar desafortunadamente para outras regiões onde fortes prejuízos são alimentados contra nós (que é particularmente o caso da Bahia)"[108].

O espectro de São Domingos ainda rondava as consciências dos brancos às margens do Atlântico, e Bowles não escapava à regra. Escrevendo de Buenos Aires a 26 de maio de 1817, em comunicação dirigida ao lorde Fitzharris, expressa seu desejo de ver terminadas as hostilidades, que talvez pudessem continuar e até se estender, "como a insurreição de Pernambuco nos dá motivos para pensar tal, uma vez que poderia resultar na expulsão de todos os brancos deste continente e no estabelecimento de uma segunda São Domingos nos territórios brasileiros"[109].

Para o estudo da presença inglesa no Nordeste brasileiro às vésperas da Independência, as memórias de Henry Koster continuam sendo a fonte de informação mais gratificadora. Sua adaptação e atitude de simpatia para as coisas do Brasil, por um lado, e a crença na eficácia dos tratados de 1810, por outro, conferem-lhe posição exemplar de indivíduo ajustado ao sistema de dependência anglo-brasileira em fase de caracterização. Era com otimismo que ia observando as transformações do Nordeste:

> Antigamente, quero dizer, antes de iniciar-se o comércio direto com a Inglaterra, os dois sexos vestiam tecidos rústicos de algodão, feitos no próprio país, e as saias eram tingidas com uma cor vermelha que se obtinha da casca da árvore coipuna [...] Nesse tempo os panos comuns, tecidos nas fábricas portuguesas ou inglesas custavam oito a doze mil réis, cerca de dois a três guinéus, devido o monopólio do tráfico entregue aos comerciantes do Recife que punham um preço arbitrário nessas mercadorias, e tudo o mais seguia a proporção. Com esses preços dos mercados, os artigos de rouparia europeus só as pessoas ricas podiam adquiri-los. Contudo, abertos os portos do Brasil ao comércio estrangeiro, as mercadorias inglesas fizeram seu caminho por todo país e os negociantes são numerosos.[110]

Com olhos de súdito de potência industrial é que Koster enxergava as realidades do Nordeste e do Norte do Brasil. Referindo-se ao Maranhão, escrevia:

> Grandes quantidades de mercadorias vieram da Grã-Bretanha depois que se abriu o tráfego para o porto principal e outros na costa, mas o saldo das vendas não foi satisfatório. A província do Maranhão não pode sofrer confronto com a de Pernambuco. Ainda está numa idade infantil. Existem índios bravios e as plantações do continente estão sob o perigo de assaltos. A proporção das pessoas livres é pequena. Os escravos têm muita preponderância, mas essa classe necessita de pouca cousa, no tocante aos gastos, quando o clima dispensa o luxo.[111]

A importância e necessidade de população livre para a expansão da economia baseada na grande indústria ressaltam na formulação acima, dispensando maiores comentários. Pode-se notar, todavia, que em Pernambuco a estrutura básica da sociedade, embora permanecesse inalterada em suas determinações essenciais, isto é, organizada em função da utilização da mão de obra escrava, já ia sofrendo diferenciação, dando origem a contingentes livres, embora não proprietários.

Koster, amigo de João Ribeiro, atento observador da mentalidade dos homens do Nordeste, não deixaria de notar as diferenças entre os representantes da aristocracia nativa em contraposição às atitudes dos portugueses. Escrevendo sobre Francisco de Paula Cavalcanti de Albuquerque, envolvido em conspiração em 1801, lembrava que, estando em Lisboa quando da denúncia, vira-se obrigado a fugir para Londres, onde foi bem recebido. Este último fazia com que procurasse posteriormente ocasiões de testemunhar reconhecimento às pessoas daquela nação. Que pertencia à elite modernizante, não padece dúvida[112]: "Quando chegou ao Rio Grande do Norte raras eram as pessoas que se vestiam bem, mas ele conseguiu persuadir uma família a mandar comprar no Recife tecidos manufaturados na Inglaterra. Uma vez introduzidas, essas mercadorias fizeram sucesso, e como ninguém queria ser excedido por outro, no curso de dois anos, o uso se tornou geral."[113]

Também no Ceará, o viajante pôde testemunhar a estima das elites locais pelos seus compatriotas. Luís Barba Alardo de Menezes – que, segundo conjetura, o barão de Studart teria aderido posteriormente à independência – exercia o governo e fizera sentir a Koster que apreciava os ingleses e desejava que se estabelecessem naquela Capitania[114]. Em paralelo, estimulava exportação de produtos diretamente para a Inglaterra, beneficiando o grande comerciante Lourenço da Costa Dourado, o qual, segundo informa Luís da Câmara Cascudo, possuía em Londres uma firma comercial, Martins e Dourado, depois ampliada para importação de gêneros brasileiros na capital britânica e Liverpool[115].

A facilidade de penetração da economia inglesa era favorecida pelos esforços de modernização já existentes no país. O padre Pedro de Souza Tenório, por exemplo, da paróquia de Itamaracá, empenhava-se em explicar aos agricultores "a utilidade dos novos métodos de agricultura, os novos maquinismos para os engenhos de açúcar, e muitas alterações na espécie, que são conhecidos e praticados com sucesso nas colônias de outras nações"[116].

O padre Tenório, mais tarde gravemente implicado na insurreição, desdobrava-se para arrancar os velhos hábitos de muitos agricultores. Parece ter desenvolvido esforços no sentido de polarizar os interesses das camadas dominantes, embora fosse "amável para com os pobres"[117].

Assim, os interesses da indústria inglesa acabavam por se beneficiar com as disputas existentes entre as áreas coloniais ligadas à grande agricultura de exportação. Na medida em que o

Nordeste sofria concorrência de outra região onde a introdução de técnicas industriais alterava a fisionomia do processo produtivo – era o caso das Antilhas –, necessário se fazia importar implementos para enfrentar a competição. Que o processo de infiltração inglesa se deu também nessa frente de especulação, atesta-o Francisco de Sierra y Mariscal, em suas *Ideas Geraes Sobre a Revolução no Brasil e Suas Consequências*[118]. E se beneficiavam também, certamente, das diferenças entre os portugueses (sobretudo os recém-chegados) e os antigos proprietários já abrasileirados. Referindo-se àqueles, Koster não deixará de registrar a impermeabilidade às inovações que os peculiarizava: "É entre essa parte da população, que deixou seu país para fazer fortuna no Brasil, que a introdução de melhoramentos é quase impossível."[119]

A presença inglesa ia impondo-se nos diversos níveis da vida do Nordeste. Os símbolos de autoridade dos zeladores do regime pouco significavam aos súditos do rei da Inglaterra: vale a pena, para demonstrá-lo, registrar o episódio ocorrido "pouco depois de ser aberto o porto aos navios britânicos". Koster narra que três ingleses recusaram se descobrir quando do encontro com patrulha. Koster, na perspectiva de súdito inglês, encerra a narrativa dizendo que seus compatriotas "recusaram aceitar essa humilhante demonstração de submissão ao poder militar, e os portugueses, posteriormente, abandonaram o hábito"[120].

Viajando pelo interior nordestino, teve oportunidade de sentir as diferenças entre a mentalidade capitalista e a mentalidade rústica dos sertanejos. Ao chegar a Santa Luzia (Assu, do Rio Grande do Norte), querendo pagar pelo leite de cabra que solicitara a alguns sertanejos, foi asperamente interpelado se pretendia insultá-los, ao oferecer pagamento. Desculpou-se pelo engano, dizendo que "pertencia a um país onde tudo se pagava, até areia para esfregar a soalhos"[121]. Nessa medida, e através de episódios dessa natureza, é que se verifica como a introdução lenta de padrões de comportamento do capitalismo industrial ia se desenvolvendo na região, de maneira descompassada e irregular. Seria errôneo, todavia, imaginar tal processo como realidade exclusivamente econômica. Pelo contrário, não foram poucas as vezes em que fatores extraeconômicos interferiram no bloqueio à expansão do desenvolvimento das articulações comerciais orientadas pela Inglaterra. A começar pelos traços mesmos da mentalidade global das "classes baixas", cuja credulidade estava "acima de qualquer juízo"[122], a religião dominava o universo mental do sertanejo, atravessando as consciências rústicas e, em certo sentido, colocava-as num plano pré-político. Ao lado da Igreja oficial e da religião católica – "liame que prende todo esse povo e o sustenta, no fio das ideias recebidas, juntos às populações maiores de outros distritos"[123] –, desenvolviam-se crenças vindas das costas africanas, cultivadas sobretudo pelos mandingueiros nagôs, imprimindo fortes marcas na consciência social. A essas estruturas mentais certamente Koster e os ingleses permaneceriam estrangeiros, como criaturas que não viram "esse tempo de maravilhas"[124].

Não obstante, e a despeito dos choques culturais, da religiosidade e do estádio pré-político de amplos segmentos sociais, a presença inglesa ia se definindo em todos os seus termos, "devido aos grandes pedidos de algodão desta província para as vizinhas e para os mercados britânicos"[125]. Na prática, muitos foram os negociantes que se beneficiaram da abertura dos portos e dos tratados de 1810. E a esse processo correspondia modernização das elites nativas, "na alta classe do povo", para retomar as palavras do viajante. Na prática, a baixa nos preços de todos os artigos de tecidos, de porcelanas, cutelaria, favorecia a imagem que se fazia dos ingleses entre nós. O "aparecimento de um novo povo entre eles, a esperança de melhor situação para todos, a de ver o país tomar vulto, reanimando em muitas pessoas as ideias que dormiam há tempos, desejando mostrar o que possuíam" significavam, na *perspectiva do inglês*, uma revolução nas estruturas da sociedade e das relações internacionais em que se ia envolvendo o Nordeste? Não, por certo. A passagem da dependência portuguesa à dependência inglesa não implicaria em revolução, mas em *reformas*. Koster certamente exprimia os anseios das vagas sucessivas de comerciantes impulsionados pela Revolução Industrial na década que antecedeu a independência, ao escrever que "esperava, sinceramente, que o Supremo Governo veja a necessidade de reformar e que o povo não espere demasiado, considerando, porém, que são preferíveis as privações a uma geração de sangue, confusão e miséria. A comunicação com outras nações tem sido útil ao país e os benefícios auferidos irão aumentando"[126].

Escrevendo suas memórias durante os anos de 1815 e 1816, na biblioteca de Southey, na Inglaterra, Koster dava-se conta da atmosfera revolucionária vivida no Brasil. No ano seguinte ocorreria a maior insurreição havida no mundo luso-brasileiro até então, abrangendo quase todo o Nordeste.

A INSURREIÇÃO

Louvar uma rebelião feita e completada não é bom.

O advogado ARAGÃO E VASCONCELOS, em 1818.

Uma cronologia da insurreição? Não. Até porque a insurreição de 1817 transcende seus próprios limites cronológicos (6 de março-19 de maio).

A rigor, já na inconfidência dos Cavalcanti e Albuquerque (Suassuna), em 1801, era possível entrever a vaga insurrecional que se ampliaria nos anos de 1817-1824. Em 1817, à época das apurações das "culpas", João Nepomuceno Carneiro da Cunha era acusado de haver pregado a revolução anteriormente, em dezembro de 1815, na presença de Antônio Carlos, em Igarassu[127]. Carneiro da Cunha, aliás, não constituía exemplo isolado: a saturação das consciências revolucionárias se acentuaria no transcorrer da segunda década e, dessa forma, pode-se dizer que as ideias de revolução iam se espalhando pelo litoral e povoações interioranas atingidas pelos mesmos movimentos de conjuntura e alterações climáticas.

Torna-se possível entender, nessa perspectiva, que muito antes do motim militar de 6 de março, a fermentação revolucionária já se desenvolvera a passos largos. O vigário de Recife, padre Antônio Jácome Bezerra, por exemplo, detido a 22 de maio de 1817, era acusado de tratar da revolução há sete anos[128]. Da mesma maneira, os padres Muniz Tavares, Albuquerque Cavalcanti e Lins, João Ribeiro (que "aliciava a mocidade à sua aula", no seminário de Olinda) e Antônio Ferreira de Albuquerque eram clérigos que, à sombra da maçonaria, vinham tratando há tempo de projetos revolucionários. E a atmosfera se condensara a tal ponto que não era raro ser dispensado, anos antes da eclosão, o tratamento de "Patriota" nas manifestações de sociabilidade[129]. O acirramento de ânimos passava, assim, a se manifestar no nível do vocabulário político: indício de descolonização das consciências.

Em contrapartida, não se pode dizer categoricamente que a entrada do almirante Rodrigo Lobo a 19 de maio em Recife tenha *acabado* com a insurreição. Da mesma forma, toda a gestão do governador general Luís do Rego Barreto, até sua expulsão em 1821, foi caracterizada por trepidações que bem mostravam ser impossível o retorno pura e simplesmente ao *statu quo ante*. Não só Rego Barreto, como também André Álvares Pereira Ribeiro Cirne chegaram a falar no perigo de "nova revolução", sendo que o revolucionário David Targini, mais alguns companheiros guerrilheiros, continuaram atuando por muito tempo após o refluxo, na serra dos Martins, no interior do Rio Grande do Norte. Que a ordem não voltou a ser restabelecida prontamente nos antigos termos, prova-o a carta do desembargador Osório de Castro a Tomás Antônio Vila Nova Portugal, a 15 de janeiro de 1818: "Enquanto os ânimos não estiverem em toda quietação, será sempre útil conservar dois batalhões a mais de europeus para contrabalançar a tropa da terra, e nestas oficiais sempre europeus, havendo um meio de transplantar os do país..."[130]

Para responder aos problemas criados com insurreição tão ampla (ver mapa, p. 12-13), Osório de Castro contrapunha um reforço no nível militar. Visão demasiado estreita para as dimensões do problema. Nem mesmo os esforços de acomodação de Luís do Rego, no momento liberal ditado pela Revolução de 1820, conseguiriam conter o processo de descolonização. Nessa medida, a volta ao poder a 26 de outubro de 1821 do ex-réu Gervásio Pires Ferreira, o mesmo que em ato revolucionário e público juntara os cofres da Companhia do Comércio aos do Erário em 1817, configura o ápice do movimento nacional e liberal descolonizador, quase um ano antes da Independência de 1822.

Nessa perspectiva, as ocorrências de 1821[131], 1824[132], 1831[133] e 1848[134] se configuram desdobramentos de um mesmo processo manifestado pela primeira vez em 1817, qual seja, o de afirmação de uma primeira camada dirigente nacional. Algumas formas de pensamento produzidas no transcorrer do processo revolucionário voltariam a emergir nos movimentos posteriores, bem como nas reflexões daqueles que procuraram explicar o universo social nordestino, como Muniz Tavares e Joaquim Nabuco[135]. Se se quiser, uma certa maneira de enxergar o Nordeste foi então gerada, calcada na perspectiva da camada dominante das elites estamentais, mais precisamente.

No plano das ideologias, que nos interessa em especial, torna-se difícil indicar quando termina o processo. O certo é que em Montpellier, onde, no final do século XVIII, estudara Arruda Câmara, posteriormente orientador do padre João Ribeiro, ainda existia, em 1831, a Sociedade Luso-Brasiliense, núcleo em que continuavam a ser cultivados os valores de 1817 e 1821[136]. Nesse sentido, não será eficaz estabelecer o ano de 1888 como marco final, data em que – pelo menos oficialmente – haveria as profundas alterações na organização do trabalho preconizadas por Arruda Câmara e agitadas pelos seus discípulos em 1817 e 1824?

No nível dos eventos pode-se firmar que o projeto revolucionário vinha sendo articulado com zelo e eficácia. De outra forma, como explicar a rapidez com que vieram a público proclamações tão bem elaboradas? Da mesma maneira, como se admitiria a rápida instituição do governo provisório em Recife, em que os interesses das diversas categorias (agrícolas, comerciais, militares e eclesiásticas) se vissem tão prontamente ajustados?[137]

Ademais, tudo leva a crer que a data da eclosão estava marcada para o dia 16 de março daquele ano[138], sendo que denúncia dada ao desembargador José da Cruz Ferreira no dia 1º do mesmo mês alertava os zeladores do regime[139]. Tal denúncia precipitara a repressão, a qual começara na Fortaleza das Cinco Pontas: o motim militar que resultou na morte do brigadeiro português Barbosa de Castro e do seu ajudante de ordens tenente-coronel Alexandre Tomás antecipou o desenvolvimento do processo. "A tentativa da revolução fora imprudente e prematura", dissera no patíbulo o jovem revolucionário Antônio Henriques[140]. "Prematura", portanto, *projetada*.

Na verdade, fora convocado para o dia 6 na Fortaleza das Cinco Pontas, em Recife, um Conselho de Guerra. Paralelamente, eram detidas as lideranças civis por um marechal, o que foi feito sem dificuldades. Do motim militar que resultou na morte do brigadeiro, surgiram líderes os capitães José de Barros Lima (vulgo "Leão Coroado") e Pedro da Silva Pedroso, bem como os tenentes Antônio Henriques e José Marino de Albuquerque e Cavalcanti. Tendo notícia desses acontecimentos, o governador se refugiou na Fortaleza do Brum, onde capitularia pouco depois, sem oferecer resistência.

"O Governador Caetano Pinto não foi obrigado a depor a sua autoridade, assinar o *ultimatum* e entregar a Fortaleza do Brum por alguma ordem do governo porque quando o fez ainda não havia governo", sustentava o advogado baiano Aragão e Vasconcelos, na Defesa Geral[141]. No dia seguinte, o golpe se consolidava com a constituição de um governo provisório. Manuel Correia de Araújo, representante da agricultura; Domingos José Martins, do comércio; padre João Ribeiro, do clero; José Luís de Mendonça, da magistratura (autor do célebre *Preciso*); e Domingos Teotônio Jorge, das forças armadas, compunham o primeiro governo nacional brasileiro, secretariado pelo padre Miguelinho e assessorado por um Conselho de Estado (verdadeira expressão da *intelligentsia* nativa) composto por Antônio de Morais e Silva; José Pereira Caldas (o "Franklin" de João Ribeiro); deão Bernardo Luís Ferreira Portugal; Gervásio Pires Ferreira; e pelo Ouvidor de Olinda, o então radical Antônio Carlos Ribeiro de Andrada. O mineiro José Carlos Mayrink da Silva Ferrão, tio da Marília de Dirceu, ficara convocado para ajudar o padre Miguelinho, uma vez que exercera semelhante cargo no governo de Caetano Pinto.

O governo assim constituído estava longe de ser homogêneo: a tendência moderada de José Luís de Mendonça[142] era suplantada pelo radicalismo do comerciante Domingos José Martins e do mulato Pedro da Silva Pedroso, o qual inquietara anteriormente o próprio deão e voltaria, em 1822 e 1823, à cena política pernambucana, tentando implantar o haitianismo.

O sistema republicanista era a meta do governo revolucionário. Nova bandeira, novos tratamentos e novos costumes deveriam ser implantados. Os termos "patriota" e "vós", à maneira francesa, foram adotados. Domingos José Martins, jacobino rústico, casara-se com a filha de um dos mais importantes nativos (Maria Teodora, filha de Bento José da Costa), em cerimônia oficiada pelo padre João Ribeiro. Em seguida, num simbolismo digno de registro, fazia-a cortar os cabelos à francesa.

O governo provisório enviou a todas as câmaras das comarcas "que formavam a antiga capitania" uma lei orgânica, documento fundamental para compreender os alvos da revolução intentada. Nesse texto[143], ficavam delimitados os poderes do governo provisório da República de Pernambuco, vigentes enquanto não se conhecesse a Constituição do Estado elaborada por Assembleia Constituinte, a ser posteriormente convocada. Da mesma forma, era fixada a estrutura do governo revolucionário, bem como alguns princípios para administração da justiça. O trânsito da velha ordem à nova

O comerciante capixaba Domingos José Martins, amigo de Miranda e líder em 1817.

ordem era calculado, pelo que se observa no artigo 21º: "As leis até agora em vigor e que não estão, ou forem ab-rogadas, continuarão a ter a mesma autoridade enquanto lhes não for sub-rogado um código nacional e apropriado às novas circunstâncias e precisões."[144]

O esforço de adequação do arcabouço jurídico às peculiaridades do ambiente fica patente em tal artigo. Da mesma forma, vale ressaltar que a ideia de *nacionalidade* surgia explícita no primeiro texto jurídico revolucionário.

Dentre os princípios estabelecidos, são expressivos o de liberdade de consciência ("É proibido a todos os Patriotas o inquietar e perseguir alguém por motivos de consciência", no art. 23) e de liberdade de imprensa (sendo proibidos, entretanto, os ataques à Religião, à constituição etc.; art. 25). A religião do Estado era a Católica Romana, sendo as outras "toleradas"; os ministros católicos, contudo, passavam a ser "assalariados pelo governo" (art. 24).

Os "europeus naturalizados e estabelecidos" que dessem prova de adesão ao "partido da regeneração e liberdade" seriam considerados "Patriotas" (art. 26). Por "europeus", no caso, deve-se entender "português", uma vez que no artigo 27 o mesmo critério para "estrangeiro de qualquer país" era estatuído, desde que naturalizado e de comunhão cristã.

O último artigo (28), finalmente, delimitava o período de vigência do governo provisório. Funcionaria ele enquanto não ultimasse a Constituição do Estado. Não fosse convocada a Assembleia Constituinte dentro de um ano, ou não fosse "concluída a Constituição no espaço de três anos", ficaria anulado o provisório. Nesse caso, entraria "o povo no exercício da soberania para o delegar a quem melhor cumpra os fins da sua delegação"[145].

Outra importante medida revolucionária configurava a abolição do alvará de 20 de outubro de 1812, decidida pelo governo provisório a 9 de março de 1817: incidia aquele alvará na esfera da tributação, sobretudo da carne, de loja de fazendas e molhados, embarcações etc., "tornando desigual a sorte dos habitantes do mesmo país"[146].

Na Paraíba, medidas de caráter igualmente revolucionário foram adotadas no primeiro mês, dentre elas: a abolição da Ouvidoria e câmaras, bem como dos tributos sobre a carne verde, lojas e tavernas; supressão das insígnias reais; regulamentação do tratamento entre os Patriotas; estabelecimento de igualdade nos direitos aduaneiros entre as nações estrangeiras; proibição de detenção por simples denúncia; remoção do gado para o interior em favor da agricultura (a linha divisória no sentido norte-sul passando por Campina Grande); isenção para o algodão de metade dos direitos de exportação[147]; e, a 5 de março de 1817, a cunhagem de nova moeda[148].

No final do primeiro mês revolucionário, ante o perigo de desconjuntamento da revolução em Pernambuco e na Paraíba, João Ribeiro escrevia sobre a necessidade de melhor articulação entre as duas ex-capitanias e Rio Grande do Norte e Ceará, "que deveriam formar uma só República, devendo-se edificar uma cidade central para capital"[149]. O ideal *federalista* insinuava-se, dessa forma, nas palavras do discípulo de Arruda Câmara.

Na Paraíba, o movimento começou por ser deflagrado em Itabaiana, sob a liderança de Amaro Gomes Coutinho (a cujo nome depois se agregou, por decreto revolucionário, o de "Vieira"). A 16 de março atingiu a capital.

No Rio Grande do Norte, o movimento só se configurou em 28 de março, sob a liderança do senhor de engenho André de Albuquerque Maranhão.

Dois emissários de importância foram enviados ao Ceará e à Bahia: o padre José Martiniano de Alencar incumbiu-se da primeira (foi detido posteriormente, no Crato, e enviado a Salvador); e o padre José Inácio de Abreu e Lima (o padre Roma) encarregou-se da segunda, sendo detido pela polícia do conde dos Arcos, antes de atingir seus objetivos. Levava sessenta cartas para serem entregues a patriotas baianos, assinadas por Domingos José Martins e pelo governo provisório[150]. Foi fuzilado.

Que a insurreição teve seus emissários menores, não padece dúvida. Basta referir, para se entender a irradiação do processo, que os caminhos do gado veicularam e auxiliaram a difusão para o interior. Por exemplo, da Paraíba para o Ceará, na linha das migrações do Aracati para os mercados, muitas ideias foram veiculadas. Dizia um delator: "Um comprador de gados vindo da Paraíba foi àcasa do próprio sargento-mor, o qual na verdade nada lhe quis vender, mas sempre ficou com o manifesto da insurreição da Paraíba, que vi..."[151]

No plano exterior, foram enviados emissários aos Estados Unidos (Antônio Gonçalves da Cruz, o Cabugá, e Domingos Pires Ferreira, parente de Gervásio), a Buenos Aires (Félix Tavares de

Lima) e à Inglaterra (com a intenção de articular Hipólito José da Costa, antigo conhecido de Domingos José Martins).

À euforia do movimento contribuíram boatos que aumentavam o radicalismo do processo. O padre José Inácio de Brito, por exemplo, festejava o levante simultâneo de Minas Gerais, do Rio Grande do Sul e de "outras partes do Brasil"[152]. Em tal ambiente, tornava-se possível vigorar o boato da morte do conde dos Arcos, tendo "sido passado a fio de espada o 19º Batalhão de Infantaria denominado dos Úteis"[153]; na Bahia, com essa falsa notícia, iluminou-se a cidade e foram repicados os sinos.

Na Bahia, entretanto, d. Marcos de Noronha e Brito, o conde dos Arcos, tão logo soubera do levantamento, passara a organizar a repressão: por terra era enviada tropa comandada pelo marechal Cogominho de Lacerda, e por mar um brigue, uma corveta e uma escuna, sob o comando do capitão Rufino Pires Batista, com a finalidade de bloquear Recife e portos adjacentes nas mãos dos rebeldes. Observando a organização da reação, a bordo do Amphion, brigue ancorado no porto do Rio de Janeiro, escrevia o comodoro inglês Bowles a 4 de abril de 1817:

> A esquadra, preparada rapidamente, partiu anteontem sob as ordens do Comandante Rodrigo Lobo (recém-chegado do Rio da Prata no Vasco da Gama), e consiste na Thetis, 36 canhões, acompanhada de Aurora e Benjamin, corvetas de 20 canhões e Maria Thereza (escuna) de 12. Juntar-se-lhe-ão na Bahia dois brigues com 16 canhões cada, e em Pernambuco alguns pequenos vasos que o governador da Bahia despachara imediatamente após a notícia da revolta.[154]

E prosseguia o comodoro: "Uma força de 900 homens já partiu por terra da Bahia, e grandes dotações são aqui coletadas para equipar um corpo de tropas que será brevemente despachado no Rainha de Portugal e Vasco da Gama, com 74 canhões cada, em algumas grandes barcas transportadoras."[155]

A 28 de abril de 1817, ainda no Rio de Janeiro, o comodoro Bowles informava:

> Pernambuco continua no mesmo estado de revolta, mas em Alagoas (um pouco mais ao sul), onde também a insurreição eclodiu, os leais habitantes vizinhos foram capazes de arregimentar sozinhos forças para recuperar a cidade e dispersar os rebeldes. Obteve-se vantagem importante, não apenas do ponto de vista de repercussão na opinião pública,

mas também porque Alagoas foi o ponto fixado para o desembarque de tropas procedentes daqui e da Bahia contra Pernambuco.[156]

Segundo o comodoro, o rei superintendia pessoalmente todo o preparo das tropas a serem comandadas pelo coronel Luís do Rego Barreto, futuro governador de Pernambuco (1817 a 1821). As forças do general Luís do Rego consistiram, ainda segundo a mesma fonte, em cerca de 2.500 homens, às quais se somariam igual número na Bahia.

Sobre a atmosfera revolucionária existente em todo o Brasil, Bowles informava, na mesma carta aos centros de controle da South American Station, ter feito algumas descobertas importantes, concernentes particularmente ao "revolutionary spirit" que prevaleceria no território brasileiro. Para ele, parecia muito claramente que as ramificações da conspiração contra a Família Real e seu governo estavam muito amplamente desenvolvidas. E seu fracasso (caso ocorresse) seria atribuído "menos à explosão *prematura* em Pernambuco que a alguma lealdade ou boa disposição entre brasileiros, os quais estão profunda e geralmente implicados"[157].

A contrarrevolução ia se estabelecendo paralelamente às medidas dos zeladores do sistema. Alagoas, inicialmente, seguida de vilas do interior pernambucano e paraibano: Vitória de Santo Antão, Pau-d'Alho, Brejo da Areia, Mamanguape, Alagoa Grande, Bananeira, Campina Grande e Guarabira estiveram no rastilho revolucionário e contrarrevolucionário. Alguns núcleos resistiram intensamente, como é o caso de Mamanguape (Paraíba), que se rendeu apenas a 6 de maio. Núcleos de resistência muitas vezes se recolheram em pontos de difícil acesso, como é o exemplo dos rebeldes da serra da Raiz, que se entregaram apenas a 30 de maio.

Múltiplas escaramuças revelaram o despreparo do exército revolucionário. Dissensões entre os membros do governo provisório revelaram as diferenças de linhas entre um Francisco de Paula Cavalcanti de Albuquerque e um Domingos José Martins, redundando na falta de coesão da elite dirigente[158]. Ademais, como bem nota Amaro Quintas, não foram aproveitados pela elite dirigente os esforços do mulato capitão Pedro da Silva Pedroso, elemento radical que esboçara um "arremedo do Terror"[159].

Nesse ínterim, era assassinado no Rio Grande do Norte o senhor de engenho André de Albuquerque Maranhão e, na Paraíba, aprisionava-se o governo revolucionário.

Bloqueado o porto de Recife, organizou-se o governo revolucionário sob a forma de ditadura: plenos poderes ficavam confiados a Domingos Teotônio Jorge. Comandando o bloqueio com o almirante Rodrigo Lobo, o capitão José Maria Monteiro lançou proclamação aos habitantes de Pernambuco, da qual vale a pena ressaltar algumas passagens significativas:

Habitantes de Pernambuco! Chegando a notícia aos Governadores do Reino de Portugal e dos Algarves, do horroroso atentado cometido nesta Capitania nos dias seis e seguintes de Março do presente ano, viram com a dor e indignação de que estão penetrados todos os bons Portugueses, que um bando de facciosos, e revolucionários, comprimindo momentaneamente pela força os sentimentos de honra, e fidelidade, de que tendes dado tão decisivas provas, apresentaram à Europa espantada o primeiro exemplo entre os Portugueses de deslealdade a seu natural e legítimo Soberano... Que segurança pode ter contra a força do poder colocado em tais mãos o Capitalista opulento, cujas riquezas estão desafiando todos os dias a sede ardente de ouro que os domina?

Infelizmente as fatais Cenas da Revolução Francesa, cujos princípios eles proclamam, devem abrir os olhos a toda a casta de Proprietários, e aos mesmos povos, de quem aqueles revolucionários se serviram como instrumentos, e que conheceram à sua custa, mas já tarde, que a lisonja com que iludiram até as últimas classes da Nação não era mais que um veneno sutilmente preparado, que veio a degenerar para todos no mais tirânico despotismo e insuportável miséria.

Se tais vêm a ser indispensavelmente os efeitos, que os princípios revolucionários modernos devem produzir, e realmente produziram na Europa, que incalculáveis males não ameaçam o Brasil no seu estado atual? O exemplo da Ilha de São Domingos é tão horroroso, e está ainda tão recente, que ele só será bastante para aterrar os Proprietários deste Continente... Os Governadores do Reino de Portugal e dos Algarves, informados deste sacrílego atentado contra a soberania do nosso Augusto Rei, e Senhor, e a violência com que o chamado Governo Provisório detém a propriedade dos Portugueses, que provavelmente roubar, para com ela se pôr em salvo; e persuadindo-se que em semelhante crise todos os Vassalos de Sua Majestade devem acudir sem demora a destruir no berço uma rebelião que se ganhasse forças faria nadar em sangue este delicioso País:...

(Ass.) *José Maria Monteiro*, Capitão de Fragata.[160]

Pelo que se pode perceber, o capitão dirigia-se aos proprietários, acenando com o perigo de repetição dos eventos de São Domingos. Mas não deixava de se referir às propriedades dos portugueses em mãos do governo provisório. Um antagonismo básico ficava assim explicitado entre colonizadores e colonizados; o outro consistia no perigo que representava para os proprietários (fossem portugueses ou brasileiros) a "enchente escrava", simbolizada no exemplo de São Domingos.

Condiçõès de rendição foram oferecidas ao comandante do bloqueio, por duas vezes. A primeira é enviada por intermédio do inglês Koster e do mineiro José Carlos Mayrink, a segunda pelo desembargador José da Cruz Ferreira. Os textos das *Insinuações, ou Condições Oferecidas...* pelos revolucionários, bem como as respostas de Rodrigo Lobo são os seguintes:

> Os Patriotas à testa do Partido da Independência entregaram ao Comandante do Bloqueio por parte de S.M.F. os cofres públicos, e munições, e mais efeitos pertencentes outrora à Coroa, no estado em que atualmente se acham. A Vila do Recife, Santo Antonio, Boa Vista não sofrerão dano algum por parte do partido Independente. Os prisioneiros que se acham por ordem das autoridades em razão das suas opiniões políticas não sofrerão dano algum, ou insulto, antes serão relaxados da prisão. S.M.F. concederá anistia geral a todos os implicados na presente Revolução: haverá perfeito esquecimento de todos os atos perpetrados até hoje, como se nunca tivessem existido, e não poderá ninguém ser por ele perseguido. Será permitido a qualquer que se quiser retirar deste Porto, o fazê-lo com a sua família, dando-se-lhe o preciso passaporte; podendo livremente dispor de todos os bens que possuir quer de raiz, quer móveis. Para verificação e entrega que deve fazer o partido Independente, mandará o Comandante do Bloqueio um emissário seu que à vista dos respectivos Livros do Cofre será entregue o que existir. Feita a entrega, levantará o Comandante o Bloqueio a fim de deixar passar o vaso ou vasos neutros que levarem os que se quiserem retirar. Deverá o Comandante do Bloqueio expedir incontinente ordens ao Comandante do Exército de S.M.F. para que não avance contra esta Praça enquanto se não ultimar a presente Negociação.
>
> Assinados:
> *Domingos Teotônio Jorge*, Govern. das Armas
> *Pe. João Ribeiro Pessoa*, Gov. Provisório.
> *Miguel Joaquim de Almeida Castro*, Secretário Interior.
> *Francisco de Paula Cavalcanti e Albuquerque* (Gal. de Divisão).
> *José Pereira Caldas*, Conselheiro.
> *Antonio Carlos Ribeiro de Andrada*, Conselheiro.
> *Pedro Souza Tenório, Secretário Ajudante.*[161]

A resposta de Rodrigo Lobo foi a seguinte:

Condições pelas quais devo entrar em Pernambuco: eu tenho em meu favor a razão, a Lei as forças armadas, tanto terrestre como marítima, para poder entrar no Recife com a espada na mão a fim de castigar muito à minha vontade a todo e qualquer indivíduo Patriota, ou infiel vassalo, que são sinônimos, por terem atropelado o sagrado das Leis del Rei Nosso Senhor. Portanto eu não posso admitir condições indignas como as que se propõem; e só sim mandando à terra um ou mais oficiais e Tropa para tomar o comando das Fortalezas, retirando-se das suas Guarnições e entrar aquelas que eu eleger e da mesma forma as Embarcações armadas, arvorando-se logo as Reais Bandeiras em toda parte, salvando as ditas fortalezas, gritando sete vezes Viva El Rei N.S., e toda a Família Real e os Corpos Militares em armas dando três descargas e no fim delas dando os mesmos vivas, a que deverão responder a minha Esquadra e então saltar eu em terra a tomar o Governo de toda a Capitania, ficando em curto dia todos os Membros do Governo e os Chefes dos Corpos, o Comandante da Fortaleza, até que S.M. haja por bem determinar a sua conduta sobre a revolta acontecida em Pernambuco. Devendo eu assinar debaixo da minha palavra a todos os senhores referidos que pedirei ao amável soberano a segurança das suas vidas. Devendo mandar por terra eu um oficial participar ao Gal. das Tropas que marcha até entrar no Recife, devendo retirar-se os Povos que eu me parecer para suas habitações; e quando eu saltar em terra estará no Cais a Nobreza, e Corpo do Comércio com as Autoridades Civis e Militares para se gritar em alta voz – Viva El Rei N.S. e toda a Família Real – e dali marcharmos para darmos as devidas Graças ao Deus dos Exércitos por tão feliz restauração de tornar aos seus limites o Sagrado das Leis com que somos regidos pelo melhor dos soberanos, e depois recolher-me à Casa da habitação dos Generais, aonde estará a Guarda que me compete e como Capitão General continuar dali por diante a felicidade dos Povos fieis vassalos del Rei N.S. A bordo da Fragata Thetis, surta em franquia defronte de Pernambuco em 18 de maio de 1817.

Assinado: *Rodrigo José Ferreira Lobo.*
Chefe de Divisão Comandante

Ao que responderam os insurgentes:

Intimação última ao Comandante do Bloqueio das Forças de S.M.F. defronte de Pernambuco: Eu abaixo assinado, Supremo Governador Civil e Militar do Partido da Independência em Pernambuco pela dissolução do Governo Provisório, em resposta das condições referidas pelo Comandante das Forças Navais de S.M.F. estanciadas defronte de Pernambuco respondo que são irreceptíveis no todo as ditas condições como declararam o Povo, e o Exército junto, e para esse efeito. Agradeço ao dito Comandante a palavra que dá de segurança de vida dos ditos membros do Governo Provisório, que não pediram, nem aceitam, e declaram que tomam a Deus por testemunha de que ele é responsável por todos os horrores que se vão praticar. Amanhã de 19 do corrente, assim que não chegar resposta do dito Comandante até ao meio dia, serão passados à espada os presos tanto oficiais Generais no Serviço de S.M.F. como os mais prisioneiros por opiniões realistas. O Recife, Santo Antonio, Boa Vista, serão arrasados e incendiados e todos os Europeus de nascimento serão passados à espada. Estas promessas serão executadas, apesar da repugnância que tenho de usar de medidas rigorosas. O Governo de Pernambuco, que ora eu só represento, creio tem dado sobejas provas da sua generosidade, salvando os seus mais encarniçados inimigos como melhor pode dizer o mesmo Agente empregado nesta Missão. Este é o meu ultimatum, se o Comandante do Bloqueio não acordar às justas condições oferecidas e apontadas ontem.

Quartel do Governo Civil e Militar. 18 maio 1817.

O Patriota Domingos Teotônio Jorge.
Gov. Civil e Militar.

A última resposta do comandante do bloqueio não tardou:

Última decisão minha: Tendo-me sido apresentada a determinação em que diz estar o Governador ora existente no Recife, tenho a participar-lhe que em nada me atemorizam as suas ameaças. Porém rogado pelo fiel vassalo de S.M.F. Desembargador José da Cruz Ferreira, nomeado Ouvidor da Comarca do Certão, convenho que haja um Armistício até que o dito Desembargador possa chegar ao Rio de Janeiro a rogar a S.M. perdoe aos Rebeldes que atropelaram o Sagrado das suas sábias Leis, pois que não é possível que um vassalo esteja autorizado para perdoar tão atrozes delitos e nem é do meu modo de pensar. Portanto pode o Governador aprontar uma embarcação da que tem no Porto para o sobredito Desembargador ir orar a El Rei N.S. por todo o Povo de Recife. Esta embarcação sairá em Lastro, que seja bastante para reger a vela; e logo que saia para a Esquadra, eu lhe porei um Comandante e parte de Guarnição trazendo aquela com que sair, e os mantimentos para a viagem, e pelo que pertence ao Exército de terra, não posso embaraçar que ele se aproxime ao Recife, pois que obra debaixo de outras ordens; e o mais que eu posso fazer é participar-lhe esta minha determinação que não duvido que aceite; contudo não fico pelo resultado. E caso que o Governador, com a sua Mobília, se queira retirar à Corte do Rio de Janeiro, convenho que não haja a menor vingança com os desgraçados em prisão; e eu tome o comando da Capitania como já disse.

A bordo da Fragata Thetis, de fronte de Pernambuco em 18 de maio 1817.
Assinado: *Rodrigo José Ferreira Lobo.*
Chefe e Comandante.

A 19 de maio, a vila de Recife amanhecia abandonada pelos revolucionários. Há indícios de, a conselho de José Carlos Mayrink, terem querido partir em direção ao interior para constituir uma utópica "república ideal", uma "república de lavradores". Mas, na realidade, a fuga foi atabalhoada, tendo se suicidado o padre João Ribeiro, no engenho Paulista, à semelhança de seu inspirador francês Condorcet.

A violência da repressão marcará os momentos posteriores, nos moldes estabelecidos pelas Ordenações do Reino. Em Salvador, morreram fuzilados Domingos José Martins, José Luís de Mendonça e o padre Miguelinho. Em Recife, a comissão militar presidida pelo general Luís do Rego Barreto mandou enforcar Domingos Teotônio Jorge, José de Barros Lima, o padre Pedro de Souza Tenório, e Antônio Henriques: "Depois de mortos serão cortadas as mãos, e decepadas as cabeças do 1º réu na Soledade, as mãos no quartel, a cabeça do 2º em Olinda, as mãos no quartel, e a cabeça do 3º em Itamaracá, e as mãos em Goiana, e os restos de seus cadáveres serão ligados às caudas de cavalos e arrastados até ao cemitério."[162]

Na Paraíba, foram igualmente executados Amaro Gomes Coutinho "Vieira", Inácio Leopoldo de Albuquerque Maranhão, o padre Antônio Pereira de Albuquerque e outros.

À famigerada comissão militar, sucedeu o Tribunal de Alçada, presidido pelo desembargador Bernardo Teixeira, que continuou na linha do mais rígido absolutismo. Luís do Rego Barreto, então governador, começou a adotar linha mais branda em relação aos eventos de 1817, sobretudo porque se dava conta das profundas raízes da insurreição, e nesse sentido passou a desentender-se com o desembargador. Representava o governador a linha da repressão liberal, em contraste com a adotada pelo desembargador, mais aferrado aos valores do *statu quo ante*.

Em fevereiro de 1818, d. João VI ordenava o encerramento da Devassa, sendo libertados então os réus sem culpa formada, enquanto os outros eram enviados para os cárceres baianos[163]. Alguns dos detidos em Salvador obtiveram perdão real; outros lá faleceram, sendo que os restantes foram libertados pelo afrouxamento das estruturas do Reino Unido provocado pela Revolução Constitucionalista de 1820. Das prisões baianas sairia deputado às Cortes portuguesas Muniz Tavares[164], violento inimigo do general Barreto[165] e principal responsável pelo próximo afastamento deste.

Com a revolução metropolitana de 1820, o governador de Pernambuco procurou ajustar-se ao constitucionalismo português, criando no ano seguinte uma Junta Constitucional Governativa sob sua presidência[166] e procedendo à eleição para deputados às Cortes constituintes (a 7 de junho). Sofreu atentado a 21 de julho, uma vez que as tensões não cessaram de manifestar-se, opondo nacionais e portugueses.

Depois de tomar medidas drásticas contra os conspiradores (liderados pela família Souto Maior, envolvida na insurreição de 1817), procurou demitir-se e estabelecer bases para a eleição de outra Junta Governativa, quando foi surpreendido pela organização da Junta de Goiana (29 de agosto). Essa junta, que contava com cerca de dois mil homens em armas, instalou seu quartel-general em Beberibe, opondo-se decididamente às forças de Rego Barreto e do batalhão do Algarve.

Oliveira Lima, baseado no livro manuscrito das sessões da junta, verificou que na primeira sessão em Beberibe (5 de outubro), o governador ficava demitido de seu cargo[167], sendo obrigado pouco depois a retirar-se para seu país. Assim, 5 de outubro de 1821, data da Convenção de Beberibe, marca o fim do domínio português no Nordeste, com a instituição de duas juntas governativas (uma em Recife, outra em Goiana).

Os resultados, entretanto, não foram duradouros. Um aprofundamento do processo verificou-se com a eleição de junta presidida por Gervásio Pires Ferreira[168], comerciante nacional, a 26 de outubro do mesmo ano de 1821. Conseguiu controlar o poder até 17 de setembro do ano seguinte, quando foi deposto e substituído por outra junta interina de cinco membros, presidida por Francisco de Paula Gomes dos Santos, tendo Pedro Pedroso por Governador das Armas[169].

Essa junta não conseguiu firmar-se no poder e em pouco tempo foi eleita outra, presidida por Afonso de Albuquerque Maranhão, sendo o revolucionário de 1817, Francisco Pais Barreto, um dos membros do governo. Segundo Amaro Quintas, esse governo foi alcunhado "Governo dos Matutos", porque sua maioria estava integrada por elementos da aristocracia rural. O processo sofreu ainda outro aprofundamento, e nele Pedroso representou a tendência mais popular e igualitária, tendo sido chefe da "ditadura efêmera" de fevereiro de 1823, em que se tentava repetição dos acontecimentos do Haiti. O movimento populista, porém, surgiu extemporâneo, num período em que Pedro I já fora aclamado imperador em Pernambuco (8 de dezembro de 1822).

Os esforços de centralização monárquica orientados pelo imperador iriam esbarrar, todavia, em novo movimento de caráter republicanista, a Confederação do Equador (1824), em que se destacariam antigos revolucionários de 1817, entre eles Manuel de Carvalho Pais de Andrade e frei Joaquim do Amor Divino Caneca. Mas o governo central conseguiria impor suas regras ao Nordeste separatista e republicanista, não sem o auxílio do inglês Cochrane. Observando-se a curva do processo, não é difícil verificar que os esforços de liberalização dentro do sistema vinham se desenvolvendo num crescendo significativo. A essa tendência não escapariam nem mesmo o antigo governador deposto, Caetano Pinto, e o governador encarregado da repressão, Luís do Rego. E, no ângulo dos revolucionários, vale notar que 1817 representa uma primeira tentativa de ajustamento no nível das camadas dominantes: mercadores nativos, aristocracia rural, militares e clero. A composição do governo provisório de 1817 reflete, pois, com nitidez, os esforços de integração, no sentido de definir-se uma elite liberal e nacional.

Na perspectiva do sistema, nota-se que a política adotada era a de primeiramente abafar com violência (lembre-se a atuação da comissão militar) para, em seguida, se liberalizar, seja na figura de Luís do Rego, seja na do próprio rei. Na perspectiva da revolução, pode-se acompanhar sua marcha a médio prazo: expulso Luís do Rego em 1821, voltariam os diversos componentes daquelas camadas apontadas a tomar o poder. Se, com Gervásio (outubro de 1821), eram os comerciantes nativos que emergiam, com Afonso Albuquerque Maranhão (setembro de 1822) era a aristocracia rural que voltava à tona. O aprofundamento verificado em fevereiro de 1823, com Pedro da Silva Pedroso, representaria o passo seguinte do desenvolvimento revolucionário, com alteração radical nas estruturas que iam sendo modeladas pelas elites estamentais: a reviravolta haitianista, com implicações sociais e raciais a um só tempo.

Tal reviravolta não chegou a caracterizar-se, uma vez que as camadas dominantes já haviam experimentado o poder e sabiam dos limites estreitos pelos quais poderiam transitar.

Um dos momentos decisivos da descolonização no Nordeste: A Convenção de Beberibe, em 1821, vista por Rugendas.

A descolonização em relação a Portugal deveria se fazer sem alterações profundas na estrutura básica da sociedade: a permanência da mão de obra escrava era um requisito estrutural para a descolonização.

Num plano mais geral, finalmente, vale observar que os esforços das lideranças nativas em sua ação descolonizadora eram complementados pela penetração da economia inglesa, beneficiária direta no processo.

3. As Formas de Pensamento Revolucionárias

O povo não sabe lógica.

O advogado ARAGÃO E VASCONCELOS, em 1818.

O PROBLEMA E AS DIFICULDADES

O estudo da história da mentalidade nordestina dos começos do século XIX esbarra em alguns obstáculos de difícil superação. O primeiro deles reside, sem dúvida, na caracterização mesma da sociedade nordestina do primeiro quartel do século XIX. Sabemos, em perspectiva teórica, após Marx, que não se pode compreender com clareza as formas de pensamento enquanto não forem desvendadas suas origens sociais: como indicar, entretanto, a natureza das formas de pensamento se as linhas de estratificação ainda não foram bem definidas pela historiografia? Por outro lado, de um ponto de vista prático, é possível interpretar aquela sociedade como sendo uma *sociedade do tipo estamental-escravista*, e as formas de pensamento então produzidas guardaram em suas determinações essenciais essa característica básica. Nesse sentido, não será correto aplicar para a compreensão da insurreição de 1817 e das formas de pensamento emergentes naquele momento o esquema explicativo do tipo "luta de classes" simplesmente porque a sociedade não era de classes[1]. Por decorrência, também não se poderá indicar a existência de "consciência de classe", no sentido lukacsiano, nos diagnósticos realizados no período pelos agentes do processo.

O problema com o qual nos defrontamos é, assim, ao mesmo tempo de ordem metodológica e histórica: o esforço para a compreensão das formas de pensamento ocorrentes no Nordeste no período que antecedeu à independência política de 1822 deverá orientar-se no sentido da procura de novos caminhos explicativos, eliminando interpretações simplistas em que os fenômenos psicossociais se esclarecem a partir da aceitação do esquema do tipo "luta de classes", válido certamente para áreas onde, à mesma época, ocorreram revoluções burguesas e nacionais.

Para enfrentar o problema proposto, será privilegiado o nível das consciências, no qual se poderão surpreender algumas projeções significativas dos antagonismos sociais básicos, mais visíveis desde fins do século XVIII, porém agravados na segunda década do XIX.

Além do esforço de compreensão das coordenadas do universo rústico, procuraremos indicar interferências de ideias e valores europeus no Nordeste, que deram origem a formulações ideológicas pouco avaliáveis, se se tomarem como modelo as (improváveis) correspondentes em outras áreas em que ocorreram revoluções de cunho liberal. Nesse sentido, esta investigação abandona qualquer possibilidade de transposição rígida de metodologia válida para áreas europeias. E a atitude deriva de uma série de dificuldades que valem a pena serem explicitadas.

Dentre as dificuldades que se apresentam para o estudo das formas de pensamento revolucionário, incluem-se as representadas pela complexidade mesma do universo social em fase de diferenciação relativamente aos padrões gerados no processo de colonização. Não se pode simplificar as realidades sociais e mentais que forneceram a trama singular da insurreição de 1817, da mesma forma que não se deve atribuir as motivações do movimento a tal ou qual fator. A maneira de empobrecer realidades tão ricas e matizadas seria atribuir a determinada categoria social a responsabilidade e a condução do processo insurrecional. Se, na prática, a insurreição de 6 de março beneficiaria o setor social lastreado pela grande propriedade, não se deve inferir daí que sempre houve atuação dos elementos dessa categoria com consciência plena das metas a serem alcançadas. Os descompassos existentes entre as diversas categorias sociais e as várias regiões indicam o quanto estavam distantes os insurgentes de 1817 da unanimidade de opiniões quanto aos alvos a serem atingidos. Demais, os apelos frequentes à participação do setor escravizado acabaram por provocar atropelos e, finalmente, retração nos próprios insurgentes mais opulentos.

Não se pode simplificar tais realidades sociais definindo o universo social nordestino como estruturado apenas por senhores e escravos, quando se observa que, no período considerado, o papel desempenhado pelos "caboclos" já começa a ser marcante. Nem senhores, nem escravos, tais elementos engrossavam essa camada de homens pobres – mas não escravos –, homens que continuavam a girar na esfera de poder da grande propriedade. Extremamente inquietos, sobretudo nos momentos de crises, sem recursos senão os provenientes de recompensa pelos seus trabalhos eventualmente requeridos pelos grandes proprietários, por vezes partiam para a ação direta, sem obedecer aos comandos da elite que se propunha dirigente. "Reduzir os caboclos", eis o problema muitas vezes enfrentado por alguns insurgentes: é o exemplo de José Apolinário de Faria, que trabalhou durante três anos no projeto de revolução, e quase foi morto por eles próprios[2].

Ademais, não se pode considerar tal categoria como sendo integrada por homens totalmente livres. Muitos funcionavam na dependência de grandes proprietários, como é o caso de Miguel Justo, "cabra do Limoeiro", que andou notificando gente para a revolução[3]. Os "cabras da revolução" já se constituem em categoria ponderável, interferindo nos rumos do processo, como grupo de ação direta ou através de seus "cabos da escolta"[4]. Tais "cabras" nem sempre eram apenas mulatos: muitos, pretos e escravos, foram alforriados nos meses da insurreição, para engrossar as tropas sediciosas. Os desacertos provocados – aos olhos dos dirigentes da revolução – não devem ter sido de pouca monta, sobretudo quando se lembra que alguns deles passaram a hostilizar soldados brancos. É o caso, por exemplo, de Joaquim de Santa Ana, ex-cabra-escravo, preso a 7 de maio de 1818. O revolucionário Amaro Coutinho o alforriara, fazendo-o tenente de tropa. Seu comportamento radical logo se manifestou, ao ameaçar "os soldados brancos que lhes havia de cortar a cabeça"[5]. Digno de menção é o fato de Santa Ana ter-se utilizado de sacas de algodão para erguer trincheiras[6].

O engrossamento dessa categoria intermediária com as medidas de alforria certamente pesou no processo insurrecional. A liderança do movimento, entretanto, acabou por permanecer nas mãos da aristocracia rural, único setor da sociedade em condições de diagnosticar os processos em curso, articular o movimento e tentar sua difusão. Da eficácia, aliás, de tais tentativas de difusão, pode-se duvidar. Não se pode duvidar, entretanto, da existência de tentativas de organização suprarregional: os exemplos do padre José Martiniano de Alencar e do padre Roma são bastante conhecidos. Por outro lado, ambientes propícios para o desenvolvimento de ideias revolucionárias nem sempre existiram: basta que se mencione, à guisa de exemplificação, o caso de um certo insurgente cearense, letrado e predisposto à ação, que recebera "uma carta daqueles rebeldes para fazer a revolução, a qual não fizera por não ter forças nem apoio"[7]. O referido cearense, morador na vila do Jardim (perto do Crato), não contava em sua vila com o apoio de clientela ativa e predisposta. Em suma, um insurgente sem condições para fazer a insurreição.

Comportamento bastante parecido com o do mencionado cearense foi o de Luís José da Espectação, comandante de Pitimbu. Esse Patriota, que acabou fugindo, configura o agente do processo que não dispõe de clientela suficiente e engajada para avançar na "Revolução". Desamparado pelos seus, preferiu não dar a vida pela "Pátria"[8].

Mais radicais, entretanto, foram os comportamentos de José de Melo Muniz, paraibano, e de José de Barros Lima, pernambucano. Melo Muniz, comandante rebelde da fortaleza de Cabedelo, foi morto pelos realistas porque, na contrarrevolução, quando gritaram "viva El-Rei ele respondeu viva a pátria, e por isso o mataram"[9]. Barros Lima, diversamente, foi radical ao despedir "as patrulhas que fizeram muitas mortes" em nome da "Revolução"[10]. Pelo que se pode observar, constituem-se em dois exemplos de radicalismo, mas com sentidos diversos: o primeiro, pela insurreição num momento em que a contrainsurreição progredia; o segundo, pela insurreição, mas não tolerando os desregramentos feitos em seu nome.

Radical certamente foi também o já referido Amaro Gomes Coutinho: "não quero o que existe, e toda demora é prejudicial"[11]. As bases para sua ação tornam-se visíveis quando se verifica que ofereceu à causa rebelde um de seus engenhos, além de quarenta escravos e de quarenta bois[12].

Caracterizar tal ambiente social se torna, pois, tarefa arriscada, uma vez que são encontradiços comportamentos pouco avaliáveis em relação aos padrões que se instauraram nos 150 anos posteriores. Valerá a pena, certamente, mencionar mais uma vez o exemplo do próprio Amaro Gomes Coutinho, participante do movimento na Paraíba. Na sua eclosão, no dia 13 de março de 1817, Amaro "passou pela cadeia com uma bandeira branca com muita gente todos dançando"[13]: como manifestação social, tal episódio deixa entrever a riqueza de comportamentos que por certo escapariam a análises menos cuidadosas. Como não deixar de mencionar, da mesma forma, figuras de rebeldes como a do padre Veríssimo Machado Freire, vigário de Maranguape, preso na cadeia de Salvador, que andara por sua paróquia com "espingarda às costas e laço branco no chapéu"?[14]

Enganar-se-ia o analista que pensasse que a sociedade que produziu os eventos revolucionários de março e abril de 1817 possuía, em termos globais, límpida consciência do tempo vivido. A grande maioria da população que se viu engrenada na "revolução" não dispunha de recursos suficientes – intelectuais e materiais – para entender e participar de maneira consciente. Se a adesão por vezes era dada de maneira irrestrita ao movimento desencadeado[15], as reflexões que poderiam fundamentar a ação se revestiam de riqueza surpreendente. Na verbalização das ações vividas, quando a falta de recursos conceituais se fazia notar mesmo nos setores dirigentes[16], as formas de expressão do mundo rústico assumiam suas funções na comunicação entre os contestadores do sistema.

Assim, ao procurar enfocar o universo conceitual da geração que assistira à independência de 1822 no Nordeste, não se estará deixando de considerar a extrema complexidade de tal nível de realidade. As vigorosas interferências da vida rural e da cultura rústica frequentemente chegaram a atingir e envolver os representantes das camadas dominantes e ilustradas, imprimindo marcas profundas nas suas maneiras de percepcionar e expressar. Por outro lado, tendo em vista as importações de ideias – os "empréstimos", diria Fernand Braudel – realizados pelas elites dominantes, não serão raras as ocorrências de fortes vestígios culturais europeus, ou até mesmo estadunidenses. Em suma: ingredientes do mundo sertanejo e da cultura europeia se mesclaram frequentemente nos processos mentais que acompanharam as linhas da descolonização portuguesa no Nordeste. Muitas vezes, ocorrências inusitadas despertarão as atenções do analista, por mostrarem ângulos pouco estudados da história do comportamento social brasileiro[17]. Da mesma maneira, usos de termos ou expressões que estão a indicar a criatividade liberada à época da "revolução" poderão fornecer pistas bastante ricas para a compreensão das maneiras de especular dos homens de 1817[18].

Dessa forma, a análise a ser encetada não repousará apenas na indicação de usos e sentidos de alguns termos mais significativos em vigência nas primeiras décadas do século XIX no Nordeste: se o problema a ser investigado é relativo ao dimensionamento de "estados mentais", será mais eficaz certamente precisar não apenas a ocorrência de *termo-chave* como "classe", delimitando sempre que possível os contextos sociais em que ocorreram, mas sobretudo perscrutar as *formas de pensamento* em que aparecem tais conceitos, em toda sua complexidade, indicando as múltiplas variáveis que interferiram em sua produção. Num certo sentido, o presente estudo terá cunho predominantemente *aproximativo*. Não se reconstituirão em sua totalidade, obviamente, as maneiras de pensar no Brasil dos inícios do século XIX; poderão ser definidas, entretanto, algumas balizas mentais que orientaram a vida no Nordeste nas primeiras décadas do século XIX.

Depois de discutir algumas coordenadas da consciência social nordestina em 1817 e indicar as linhas básicas da contestação do sistema (na busca do equilíbrio perdido), procuraremos demonstrar que o uso cada vez mais frequente do termo "classe" indicava, seguramente, a existência de *viragem mental* acompanhando o processo de descolonização portuguesa no Brasil. Por meio da passagem da utilização quantitativa para a qualitativa é que se verifica como os homens mudaram sua maneira de entender as estruturas sociais pelas quais transitavam. Do uso quantitativo, passa-se ao uso qualitativo: eis o sintoma da viragem mental. Viragem mental que, sob muitos aspectos, configura-se *revolucionária*.

Uma vez realizado esse estudo, torna-se necessário deter a análise na descrição dos usos e sentidos da palavra "classe" no

Nordeste, às vésperas da Independência. Em seguida, verificar-se-á o significado da viragem indicada, ao mostrar-se a mudança de sentido no uso da palavra, das Inconfidências à "Revolução" de 1817. Discutir-se-ão depois as várias implicações de um debate havido entre os revolucionários, presos em Salvador, em torno do referido termo: tal debate registra e define o único momento de que se tem notícia em que os insurgentes acabaram por se referir explicitamente ao universo conceitual de seu tempo. Constitui-se, por isso mesmo, momento excepcional, onde podem ser captadas algumas das inquietações básicas dos insurgentes de 1817.

Finalmente, encaminhar-se-á a análise para a delimitação das coordenadas da consciência social. Numa palavra, tentar-se-á o estabelecimento dos *limites* nos quais esbarravam os diagnósticos realizados à época da insurreição. Assumirá papel decisivo, nesse passo, a consideração da esfera do trabalho, estruturado em moldes escravistas. Como se verá, no universo do trabalho é que se localizava a determinação última da consciência social nordestina em 1817. Em função dessa determinação é que se poderá precisar com maior clareza o sentido social dos diagnósticos realizados pelas oligarquias nativas, bem como de algumas manifestações provenientes dos setores que forneciam mão de obra para as grandes propriedades.

CONSCIÊNCIA SOCIAL: NOVAS DIMENSÕES EM 1817

Sertão místico disparando no exílio da linguagem comum?

CARLOS DRUMMOND DE ANDRADE

O estudo da mentalidade brasileira nos inícios do século XIX oferece campo fecundo para especulações de natureza metodológica, dada a complexidade inusitada das realidades sociais e mentais em fase de diversificação. A descolonização a que se assiste nessas partes do Novo Mundo propicia alterações profundas nos quadros mentais, da mesma forma que nos planos econômico e social. O analista que quiser munir-se de técnicas rígidas de manipulação de informações, ou de esquemas explicativos pré-elaborados, poderá deixar escapar o essencial, ou seja: "o pensar desta gente"[19].

Critérios quantitativos poderão certamente ajudar a dimensionar as maneiras de pensar dos nordestinos brasileiros nas primeiras décadas do século XIX. A maior frequência de certos termos – como "classe", "revolução", "política", "sociedade" – é indicativa de modificações expressivas no plano da consciência social. Tal frequência, todavia, servirá apenas para fornecer indicadores na etapa sintomática da análise[20]. Na etapa seguinte, e mais importante, a da análise ideológica, não serão mais os critérios da etapa anterior que estarão em vigência: a análise *qualitativa* assumirá seu papel, e a seleção das formas de pensamento propiciará a avaliação adequada do conteúdo do material disponível. É claro que as duas etapas não estão dissociadas: a seleção das expressões e formas de pensamento é induzida a partir do levantamento prévio das ocorrências dos termos assinalados. Por serem conceitos-chave, com conotação a um tempo social e política, correspondem a estados mentais específicos. A discussão das determinações básicas desses estados mentais se constitui no objeto central deste estudo.

O método qualitativo, além de ser o mais viável para períodos que *não* dispõem de séries documentais completas, como é o caso da história do Brasil na época em estudo, propicia o desvendamento de algumas realidades pouco tangíveis: nos documentos deixados por alguns participantes de 1817 podem-se surpreender estilos de pensamento rústico, que por certo escapariam a técnicas mais sofisticadas de semântica quantitativa[21]. Requerem tais realidades mentais um despojamento relativo do observador, sob pena de não captar o essencial; isto é, as maneiras de percepcionar dos homens nordestinos às vésperas da Independência e as variáveis que interferiram no processo de sua produção mental.

Muitas dificuldades advêm, além das anteriormente assinaladas, obstando a compreensão mais integrada dos fenômenos mentais do período em questão. O fato de grande parte do acervo documental provir de fontes oficiais, por intermédio de agentes da repressão – e, portanto, do regime ainda absolutista –, condiciona o tipo de informação disponível. De alguma forma, já existe uma triagem no material retido pelo juízo da Inconfidência. O exemplo mais flagrante é o das críticas ao rei: nunca, ou quase nunca, são elas explicitadas nos documentos da Devassa. Documentos que eram, por definição, copiados por escrivães da

Relação. Deviam esses funcionários zelar por seus postos, não se expondo, nem circulando pela área dos "pensamentos perigosos"[22]. Por outro lado, a triagem se manifesta ainda na seleção de "palavras indecentes de se poderem relatar"[23], para retomar as palavras de um escrivão escrupuloso.

Os textos oficiais revelam uma faceta importante do processo, que é a da necessidade da manutenção do sistema e do rei como realidades "puras", intocáveis: num dos momentos em que manifestações mais agressivas vieram à tona no transcorrer do inquérito, os relatores se cobriram de escrúpulos, justificando-se como "vassalos leais" que não podiam publicar as expressões dos revolucionários[24].

Nos inícios do século XIX, o sistema colonial português experimentava fortes abalos, e processos novos ocorriam no Brasil. Processos, de resto, pressentidos por alguns dos espíritos mais sensíveis do século anterior. Os antagonismos de nacionalidades tornavam-se dia a dia mais acentuados. Se Tomás Antônio Gonzaga percebera que o povo português mudara em suas ações, já em 1817, porém, o universo semântico ia se mostrando sensivelmente alterado: as referências de Gonzaga ao "luso povo" não possuíam conotação pejorativa[25], diversamente das ocorrências notadas em documentos do período revolucionário. Alguns revoltosos passam a falar com "descaração", "pública e escandalosamente", "contra os lusos como eles chamam"[26]. Em Gonzaga, algumas indagações poéticas poderiam equivaler a sintomas de tensão, mas, no período em estudo, entretanto, o conflito é aberto: o vocabulário dá conta do agravamento dos conflitos, e a *lusofobia* será sua característica mais notável. Até porque a revolução a que se assiste no Nordeste em 1817, vale repetir, é descolonizadora.

Outras dimensões dos problemas enfrentados pelo analista da história da consciência social nordestina poderão ser indicadas na ocorrência de textos em que o pouco trato com a comunicação escrita se manifesta mais agressivamente. Tal dificuldade, no entanto, fornece dimensão nova para a própria análise, e talvez mais rica: na medida em que as personagens fogem às fórmulas mais literárias de comunicação, quase sempre por falta de instrução e recursos, deixam entrever suas maneiras rústicas de articular pensamentos, inundando as narrativas com expressões nada ilustradas. Numa palavra, manifestações mais populares poderão ser captadas em documentos deixados por homens rústicos, embora seja de considerar que o simples fato de serem minimamente alfabetizados já se constitui por si só num traço relativamente pouco popular.

Nesses documentos, via de regra, a pontuação é falha, a ponto de, por vezes, ser mudado o sentido da mensagem[27]. Torna-se fácil, entretanto, notar as formas de articulação dos pensamentos, bem como apreciar o estilo *desatado* da comunicação. A carta enviada por Manuel da Cunha Pereira ao coronel Alexandre Chaves de Melo, por exemplo, contém indícios expressivos, quer do ponto de vista formal, quer do ponto de vista do conteúdo. Datada do Boqueirão (Ceará) em 2 de maio de 1817, indica a presença de revolucionários ainda atuantes, "furando serras" num momento em que a contrarrevolução já triunfara. É o caso de Manuel Januário, o Cadete, que "foi dizendo máquinas pelo Riacho de Sangue acima"[28]. Habitou durante algum tempo "naquele desgraçado Pernambuco"; "casou há poucos dias no brejo de Bananeira, ao pé da Paraíba", sendo que a seu sogro "mataram com tiro"[29]. Quanto à direção tomada pelo revolucionário, é muito imprecisamente indicada: Cratius[30] ou Campo Grande ou Cabeceiras de Acaracu. Recomenda a construção de um presídio no interior do Ceará, e... perde-se no meio da frase: "por este lugar visto que se acha a vista aqueles mais poderosos fora daquela cidade risco grande"[31]. A busca de um sentido para tais ideias parece difícil, mas não o será dar-se conta das dificuldades da comunicação escrita, dificuldades que não seriam estranhas à grande maioria dos representantes da ordem estabelecida nos sertões nordestinos.

A inquietação despertada pela fuga de revolucionários das cidades litorâneas para os interiores da Paraíba e do Rio Grande do Norte acentuou a comunicação entre os zeladores da ordem estabelecida nos pequenos núcleos como Icó, Souza, Pombal e Pau dos Ferros. No interior do Rio Grande do Norte, a serra dos Martins abrigou por longo tempo fugitivos que ainda resistiam em nome da revolução. O medo de uma "investida que protestam os levantados" chegou a preocupar homens do sistema como Antônio Bezerra de Souza, que escreveu ao capitão Cunha Pereira: "ignorantes como eu, quando pensam que se quebram o nariz [...] mas também sei que o Regulamento do Reino determina que nestas ocasiões os que estiverem fora de licença logo procurem reunir-se aos seus Regimentos"[32].

Orientando seus pensamentos por ditados ajustados a uma visão hierárquica estreita[33], o servidor manifesta-se submisso: está pronto a oferecer a vida, como soldado, embora lhe falte o "natural vigor e inteligência para comandar o Regimento"[34]. Certamente estava desprevenido para o combate aos revolucionários, pois se desfizera até de seu uniforme: "nunca me veio à imaginação a desgraça presente, e por isso que julgava de não carecer mais de farda, tanto assim que estou sem chapa para o talabarte".

O mundo sertanejo desuniformizara esse representante do sistema, tanto no fardamento como no sentido de hierarquia. Assim é que se permitia, rústico que era, escrever ao capitão: "veja se me remedia esta necessidade que o dinheiro está pronto..."[35]

Essas eram algumas formas de expressão que tipificavam os setores compostos da oficialidade dos quartéis e presídios do interior nordestino, um dos poucos setores letrados. De maneira geral, durante a repressão, procuraram zelar por suas posições, combatendo as "malditas liberdades", e o "louco pensamento" dos oponentes à ordem difusamente estabelecida; em carta ao mesmo capitão Cunha Pereira, o comandante do forte da serra dos Martins, o capitão Antônio Ferreira Cavalcanti, irmão do perseguido Cadete, se julgava "capaz de amassar qualquer orgulho" dos "facciosos". O importante era, para ele, mostrar sua "fidelidade para com o nosso Augusto Soberano o Senhor Dom João 6º"[36].

Não obstante, em meio ao conjunto composto pela documentação oficial, podem ser encontrados alguns documentos de expressão para se avaliar a *liberação da imaginação rústica* provocada pelos eventos de 6 de março. A carta de um Patriota de Alagoas dirigida a outro Patriota em 23 de abril de 1817[37], narrando o início do levante ao qual se seguiu a revolução, é portadora de visão ingênua e pouco avaliável em termos dos padrões de consciências revolucionárias de áreas metropolitanas nas quais ocorreram revoluções burguesas. Começa o Patriota por dizer a seu camarada que o dia da revolução "segundo a boa opinião se devia imprimir em caracteres de ouro". A profusão de objetivos inunda a descrição: "memorável", "malvado", "lamentável", "nunca saciável", "orgulhoso" etc. As vítimas do despotismo aparecem como sendo da "nobreza pernambucana"[38] e a revolução é entendida como "restauração"[39]. O motim na fortaleza, ponto de partida da revolução, é descrito com minúcias, não faltando referência à coragem de Barros Lima e Pedroso, nem à maldade do general. O papel da Providência é resguardado através de duas referências explícitas, que com "inescrutáveis princípios" "trabalha pelos restauradores" e "acode" no momento crucial, provocando a morte do "General malvado".

Transbordando sua alegria através de exclamações, lembrava o Patriota que "hoje somos vassalos de um governo social, ou para dizer de todo de nós mesmos". A ideia de *vassalagem*, entretanto, ainda aparece nas formulações do referido revolucionário, pelo que se pode observar. Ao procurar definir a nova ordem social propugnada, a noção de vassalagem permanece como real de referência. Os "vassalos do governo social" permanecerão vassalos, no nível da consciência do mencionado Patriota. Vassalos de *si próprios*, eis a mudança revolucionária; a ideia de vassalagem, eis a permanência.

E que dizer da ideia, também revolucionária, de governo "social"? O termo "social" aparece, nesse contexto turbulento, carregado de significação. Ser "social" significa, por si só, ser revolucionário. E, nesse passo, a mudança está na carga conceitual – semântica, vale dizer – concentrada na palavra. Obviamente, não é nova a utilização do termo "social": *novo é o conteúdo*. Tal mudança de conotação só poderá ser percebida quando se lembra que a sociedade estamental escravocrata está *em emergência*, colocando em xeque as estruturas jurídico-políticas geradas na colonização e, por sua vez, informadas pelas linhas de estratificação da sociedade de ordens. Bastará retomar as palavras do autor da carta de 19 de junho de 1817, para que se constate o que ficou referido: "Esses títulos, essas grandezas imaginárias que enfatuavam o homem desapareceram de todo; a podridão já corrompeu a massa de que se formavam os reis. Essa massa que não tem parentesco com a nossa."[40]

Por outro lado, a aceleração do tempo provocada pela revolução não deixou de ser notada pelo Patriota. "Tudo é prazer tudo felicidade." O transbordamento revolucionário leva-o mesmo a visualizar a associação das "duas Américas inglesa e brasileira", que estariam de "mãos dadas": "contra nós nada pode haver".

O "título de Independência" é por ele entendido como bem natural. E vai mais longe, no passo seguinte, ao fazer críticas às bases religiosas em que se fundamentava o antigo regime: lembrando os exemplos de Espanha, França e "Vultemberg", observa que "Deus consente e não para sempre"; criticando aqueles que se nutrem de genuflexões, prossegue o autor da carta até chegar à questão dominante no momento vivido pelo Brasil no processo de descolonização: "já os nossos suores não se perderão de vista pelas barras fora para abastecer tiranos e esfaimados monstros de ingratidão"[41].

A euforia do autor da carta atinge o clímax, finalmente, em formulações que por certo chocarão pela ingenuidade o leitor pouco afeito às produções desse universo rústico, produções penetradas pelo ambiente rural: o revolucionarismo do Patriota mencionado extravasava-se em apelos do tipo "rasguemos gostosamente os nossos campos", ou "mugi alegres as nossas vacas"[42].

Para além da rusticidade das formulações ocorrentes no Nordeste dos começos do século XIX, uma constatação deverá impor-se ao analista da história da consciência social: a extrema importância dada às palavras pelos agentes do processo histórico. De fato, esse comportamento – que também ocorreu em épocas, locais e circunstâncias outras – indica um dos traços fundamentais de uma civilização em que a comunicação escrita não atingiu índices expressivos de desenvolvimento. A força da palavra oral constitui-se, ainda hoje, numa das permanências mais expressivas do passado colonial: nesse sentido, não se pode dizer que haja diferença radical entre os quadros mentais nordestinos dos começos do XIX e os atuais. Afinal, em se tratando de permanências, não vale lembrar que um dos movimentos populares mais expressivos do século XIX, o movimento de Antônio Conselheiro, não era – em sua dimensão política – de cunho monarquista?

A força da palavra oral, nessa perspectiva, surge como indicador eficaz de um estilo de comunicação definidor das sociedades tradicionais[43]. Não são muitos os diálogos em que se poderia constatar o fenômeno considerado, sobretudo porque grande parte da documentação recolhida por José Honório Rodrigues e publicada nos *Documentos Históricos* é de cunho oficial e, portanto, não popular. Alguns exemplos, entretanto, permitem entrever o estilo de comunicação, que pode ser filtrado nos documentos da repressão. É o caso, em especial, do processo verbal de Domingos Teotônio Jorge, José de Barros Lima e padre Pedro de Souza Tenório, vigário de Itamaracá, réus de conspiração contra o Estado. No dito processo, a testemunha número cinco, Manuel da Mota Silveira, cearense morador em Goiana, menciona diálogo estabelecido entre ela e o padre Tenório na fortaleza de Itamaracá, na época em que a fortaleza estava tomada pelos insurgentes. Indo o cearense Silveira à fortaleza para falar com o juiz de fora de Goiana lá detido, foi cercado por gente armada, à frente da qual estava o padre Tenório. Gritou-lhe o padre:

> – "Viva a Religião e viva a Pátria".
> – "Viva", respondeu simplesmente o cearense.
> – "Viva o que?", retorquiu o Padre com insistência. "Diga pela sua própria boca". [44]

Neste passo, o documento prossegue o diálogo, porém não explicitamente: o cearense Silveira, homem do sistema absolutista, repetiu "o que se lhe insinuava com aquela força e ameaça"[45], conseguindo livre trânsito entre os revolucionários. Os escrúpulos dos homens do sistema em não repetir formulações sediciosas são dignos de registro. O referido cearense não escapava à regra; pelo contrário, ia mais longe, quando tentava defender o juiz de fora de Goiana, aprisionado na fortaleza: "ele não era besta que lhe confessasse coisa alguma"[46] à época da revolução. Por não ter confiança, é certo, mas também porque as palavras tinham muita força naquele tempo.

Em contraste com o amplo panorama cultural rústico, onde o analfabetismo e a oralidade se constituíam na característica dominante, surgiram pequenos grupos letrados, sobretudo nos grandes centros urbanos, como Recife e Salvador. Nesses núcleos, o apuro das formas de expressão era cultivado em rodas ilustradas, mas eram exceções à grande regra colonial. Um elemento como Antônio de Morais Silva (o dicionarista Morais, falecido em 1824), contrarrevolucionário, alçava-se por sobre o nível de expressão de seus contemporâneos, sobretudo nas descrições da vida social posterior à contrarrevolução. As narrativas constituem-se em verdadeira crônica social, para retomar as palavras de José Honório Rodrigues: o caráter mundano dos escritos de Morais[47], compostos no Engenho Novo da Moribeca em agosto de 1818,

Ordem Terceira do Carmo, de Goiana.
Foto de 1858. (Stahl e Cia.)

indicam por si só – pela atitude, formas de expressão e pelo conteúdo – o caráter contrarrevolucionário da ação do dicionarista. O refinamento com que descrevia o ambiente material da festa da aclamação distanciava-o de seus contemporâneos. O estilo jônico da arquitetura oficial, por exemplo, impressionava a sensibilidade do contrarrevolucionário: "o efeito na vista é admirável, e tem merecido a aprovação geral dos mais inteligentes"[48]. Não é necessário dizer que, nesse caso, os mais inteligentes devem ser entendidos como os mais letrados e sofisticados. Os que pudessem mundanamente entender que, do ponto de vista da arquitetura,

> a traça bem entendida e do mais nobre e simples gosto é do Tenente-Coronel Engenheiro Francisco José de Souza Soares, a execução por muito bem acabada que está em toda a perfeição prova toda a inteligência e atividade com que o zelo do Coronel Raimundo José da Cunha Matos supriu, e superou a estrutura do tempo e outros embaraços dos artífices[49].

A dimensão social de seu refinamento, entretanto, é demasiado clara para ser esmiuçada neste passo. As "classes nobres"[50], as "pessoas decentes"[51], os "homens bons"[52] são quem informam os horizontes estruturais da sociedade por ele enxergada. Estava Morais por certo preocupado com as "bem traçadas contradanças"[53] e com a "estrutura do tempo"[54], mais que com a "miséria da plebe"[55]. Miséria que fora, aliás, coordenada e ativada pelos revolucionários em 1817.

A oralidade, embora fosse o traço definidor da cultura popular nordestina às vésperas da Independência, não impede ao analista surpreender algumas transformações que se operavam no nível da consciência social por essa época. Embora não sejam abundantes as fontes para o estudo da cultura popular, pode-se indicar a existência de mudanças nos comportamentos dos estratos médios e inferiores[56]. A tais mudanças correspondiam, evidentemente, *novas* maneiras de ver o *social*, ou novas maneiras de percepcionar as relações entre as pessoas e os grupos sociais.

A contestação da ordem social colonial aparece em todos os estratos: nos setores dominantes, ligados à grande propriedade; no artesanato, situado nos estratos médios, pouco significativo em relação ao conjunto social; e na escravaria, cuja inquietação se acentuou extraordinariamente na segunda década do século XIX. Quanto aos primeiros, já se mencionou amplamente o papel desempenhado pelas aristocracias dominantes rurais na crise do sistema colonial.

A força dos grandes proprietários, suas críticas ao poder central absolutista podem ser pressentidas nas palavras do Patriota Bartolomeu Peixoto de Vasconcelos, muito ativo nas aldeias de Jacomã, Coqueirinhos e Vila Nova do Conde: julgava-se o referido Patriota bastante forte para comprar "pai João" (d. João VI), e até reservava para ele "um bom chicote"[57].

Já nos estratos médios, embora de modo proporcional menos importantes dentro dos quadros estruturais da sociedade nordestina, pode-se perceber comportamento aderente à revolução descolonizadora. Que tal fenômeno é fundamentalmente urbano, não parece haver dúvida: bastará citar o conhecido episódio relatado em carta por Cardoso Machado, português, datada de Recife, a 15 de junho de 1817. Machado percebia os efeitos do movimento de 6 de março a partir da perda súbita de seu prestígio na Recife revolucionária. "Os boticários, cirurgiões, sangradores, não fizeram mais conta de mim; quando eu passava, riam-se."[58] Irritavam-no os "cabras, mulatos e criolos"[59], que andavam "atrevidos" e pregando igualdade. Nem mesmo seus serviços queriam mais prestar ao português: "até os barbeiros não me quiseram mais fazer a barba, respondiam que estavam ocupados no serviço da pátria, via-me obrigado a fazer a mim mesmo a barba"[60].

Traços de existência de comportamento nacionalista nos setores artesanais reforçam a ideia de que nos estratos médios houvera significativa evolução da consciência política se se comparar ao último quartel do século XVIII. A urbanização e a maior complexidade da vida social por certo não foram estranhas ao aprofundamento de tal evolução. Sobre esses estratos médios, quase sempre de origem brasileira e com acentuado índice de miscigenação, repercutiriam fundamente as medidas do governo provisório, favorecendo os filhos da terra, não querendo europeus em cargos públicos.

Quanto aos baixos estratos, numericamente mais significativos que os dois anteriores, neles predomina de maneira quase absoluta a escravaria. A crise em que se vê envolvida a sociedade nordestina nas primeiras décadas do século XIX atinge violentamente as relações de produção. Somem-se a isso as motivações oriundas da revolução de escravos nas Antilhas, cujos episódios foram veiculados no Nordeste brasileiro[61]; lembre-se que as manifestações crônicas de conflitos no mundo do trabalho vinham preocupando os representantes locais da Coroa, aguçando as tensões por meio de repressão violenta; verifique-se a aguda carência de gêneros de subsistência[62], acentuada pelas secas dos anos 1815 e 1816, e que atingia diretamente a alimentação da escravatura; constate-se, finalmente, que a ala revolucionária recifense mais progressista açulou os escravos, com promessa de alforria, e entender-se-á que a contestação mais radical à ordem colonial escravocrata teve seu ponto de partida nos baixos estratos. Escrevia o já citado João Lopes Cardoso Machado, na perspectiva do colonizador, que os "cabras, mulatos e criolos andavam tão atrevidos que diziam éramos iguais, e que haviam de casar, senão com brancas das melhores. Domingos José Martins andava de braço dado com eles armados de bacamartes, pistolas e espada nua"[63].

A situação revolucionária descrita por Cardoso Machado configura claramente o contragolpe da colonização: a emancipação dos escravos desorganizaria não só o modo de produção, mas também implicaria a destruição da ordem racista. Não foi avante o processo, uma vez que a propriedade rural requeria a permanência da mão de obra escrava, mormente num tempo em que as produções agrícolas nordestinas sofriam danosa competição oferecida pelas regiões algodoeiras do hemisfério norte[64]. Ademais, as tensões regionais parecem ter sido tão fortes que impediram, algumas vezes, o auxílio que uma capitania poderia emprestar a outra, por estar ela mesma envolvida em turbulências no mundo do trabalho. É por certo o caso do Maranhão, que não pôde auxiliar o Ceará em 1817, por estar em "circunstâncias que cada vez se tornavam mais críticas"[65].

Além da escravaria, podiam ser encontrados nos baixos estratos os elementos sociais que não se haviam integrado nem no processo produtivo, nem nos setores burocráticos e militares do sistema. Nessa condição, por certo, inscrevia-se Cristóvão Corrêa de Barros Cavalcante, preso na Fortaleza das Cobras e arguido, nos dias 14, 17 e 19 de maio de 1817 por José Albano Fragoso, desembargador dos Agravos da Casa da Suplicação.

O exemplo raríssimo de Cristóvão Cavalcante torna-se altamente estratégico para a análise do comportamento mental – e, portanto, social – das baixas camadas não escravas da sociedade nordestina por dois motivos: em primeiro lugar, porque seus depoimentos foram colhidos no início da repressão ao movimento de 6 de março; em segundo lugar, por causa da minúcia excepcional com que tais depoimentos foram recolhidos. Aos dois motivos assinalados juntar-se-á uma razão de ordem menos técnica, que advém da própria impetuosidade do réu, talvez explicável pelo fato de ser *branco e pobre*. Por essa última condição, seu lugar estava definido nas baixas camadas: sofreria, por conseguinte, o peso da estrutura escravocrata associado à sua baixa condição econômica. Interessará seu estudo, pois, uma vez que fornece preciosas indicações relativas à visão de mundo das baixas camadas sociais nordestinas à época da revolução, bem como de suas formas de expressão.

Valerá a pena partir de seu aspecto físico. No Auto de Prisão, Hábito e Tonsura, realizado pelo sargento-mor Francisco Antônio da Costa a 19 de maio de 1817, o revolucionário Cristóvão Cavalcante apareceu "vestido em meias, de chinelos, sem calças, de ganga, sem colete, camisa branca, com tira de rendas e visa de riscadinho branco e azul; o qual é alto, magro, rosto comprido, bastante barba, olhos pardos, com cabelos pretos, com um dente de menos do lado esquerdo da parte de cima, sem sinal algum visível no rosto"[66].

O rebelde, contando 49 anos à época da insurreição, era filho natural do padre José Corrêa de Araújo e, a 19 de maio, passava pela verificação de praxe para saberem as autoridades da repressão se o réu tinha ordens eclesiásticas. "Vendo-lhe o alto da cabeça lhe não achei tonsura alguma", escrevia o desembargador auxiliar José Barroso Pereira. De fato, vivia o revolucionário Cristóvão da humilde atividade que consistia em "comprar peixe e negociar com ele"[67]. Esse peixe era trocado por "alguma lã" que vinha do interior ("mato"), sendo por Cristóvão vendida rio litoral alagoano.

Durante os interrogatórios, Cristóvão vai se localizando em relação ao mundo em que vive até explicar sua condição-social, áspera e agressivamente: "*Por ser pobre e miserável é que veio preso.*"[68]

A arguição levou-o a considerar os ambientes por ele vividos. Preferia sua terra Massaió[69], porque "lá o viver é barato". "Pobre" e "doentado do peito", era, entretanto, alfabetizado. Não possuía recursos para viver em Recife porque "para negociar em Pernambuco era preciso dinheiro e ele não tinha"[70]. Por esse motivo ficou em sua "pátria"[71], Massaió. Pela arguição, ainda, verifica-se que Cristóvão tivera algum "uso do mundo" – vivência, dir-se-ia hoje – na tropa e na marinha. De fato, assentou praça na idade de quinze para dezesseis anos e chegou ao posto de sargento servindo na 7ª Companhia do Regimento de Olinda. Artilheiro, passou depois, como voluntário, para a fragata Colombo, onde deu baixa por motivo de doença[72].

Claro indício de mobilidade fornece ele ao responder ao juiz da Devassa sobre se conhecia e temia os oficiais da câmara da Vila de Massaió: "Respondeu que conheceu um fulano, branco, e mais outros que pelo nome não se lembra, porque anda tudo em uma desordem por ser vila nova."[73]

A imprecisão é notória, sendo de destacar precisão apenas com referência à cor. Por outro lado, a "desordem", característica de "vila nova", está a indicar o prosseguimento da colonização e povoamento de Alagoas, realizado a partir do centro dominante: Pernambuco[74].

Antes revoltado que revolucionário, Cristóvão irritava-se com seus juízes e com o "fado", porque estava preso nas malhas da contrarrevolução. E, repetia, estava "preso porque era pobre". O caráter popular de suas diatribes interessa ao analista, uma vez que permitem definir também a natureza das lideranças revolucionárias:

> O *pobre* é sempre aperrinhado, e que por ser *pobre* e miserável é que veio preso, porque os vigários cantaram Te Deuns; o Tenente-Coronel Antonio José Vitoriano com trinta soldados de linha e outro com toda a tropa de milícias não fizeram coisa alguma a bem de Sua Majestade, reconheceram o governo da independência, rebelaram-se e lá ficaram e ele respondente veio preso porque era *pobre*.[75]

Engolfado no processo revolucionário, o alagoano aderiria porque "outros com o seu poder reconheceram todos a revolução". Se todos – à exceção apenas de um certo capitão, José Dias – poderosos, "com soldados", "com engenhos"[76] aderiram ao movimento, que resistência poderia Cristóvão opor aos mais fortes?

Alagoas vivia em ambiente altamente saturado, ao sabor de desmandos provocados pelos "caboclos", manipulados pelos grandes proprietários rurais por um lado, e, por outro, em menor escala, pelos representantes da Coroa, como é o caso do mencionado capitão José Dias[77]. Além do perigo flutuante representado pelos "caboclos"[78], existia a ameaça permanente dos "negociantes que queriam matar os filhos da terra"[79]; entre os dois polos oscilava Cristóvão Cavalcante, até que sobreveio a insurreição, liderada pelos proprietários excitados pela passagem em Alagoas do emissário pernambucano padre Roma[80].

O revoltado Cristóvão foi arrastado – e não integrado – pelo processo insurrecional. Da mesma forma, ao serem estabelecidos os poderes do rei em Alagoas, *permanecia* revoltado por não ter tido a mesma sorte de tantos "ricos" que também reconheceram o governo provisório de Pernambuco e ajudaram o padre Roma. Esses "ricos", por Cristóvão mencionados, permaneceram livres, e "só ele por ser pobre vem preso para ser castigado"[81] na Bahia.

A consciência social do referido alagoano revela-se clara em todos os seus termos. Preso nas malhas do sistema estabelecido, passa a acusar genericamente os que aderiram anteriormente à nova ordem. Perguntado sobre quem eram os "ricos" que não tinham sido detidos, responde sem rebuços: "Todos os grandes por que o pobre é a espinha do rico."[82]

Importa destacar que, no nível da consciência de Cristóvão, contam mais os antagonismos entre as duas categorias ("ricos" *versus* "pobres") que os antagonismos entre colonizador e colonizado ("negociantes" *versus* "filhos da terra"). Talvez não seja por acaso que a revolução de 6 de março seja por ele referida como "sublevação"[83]; certo, entretanto, é o fato de não ter querido aceitar as regras do interrogatório, impostas pelos interrogadores[84]. Preferiu alternativa desesperada: pediu para falar ao rei *diretamente*, "dizer coisas d'alma"[85].

Revoltado e radical, não poupou críticas aos prepostos da Coroa, incluindo até mesmo o juiz interrogante. Se, durante as perguntas anteriores, levantara-se por duas vezes, iracundo, sua agressividade agora descarregava-se perigosamente sobre os interrogadores. Queria falar ao rei. Instado a dizer ao juiz Barroso Pereira, da Casa da Suplicação do Brasil, as "coisas d'alma", porque era ele autoridade competente e porque o rei não viria ouvi-lo na prisão, respondeu "que sabe o que são ministros de Sua Majestade e que o que tem a dizer são coisas da alma, que nem ao seu confessor as há de dizer, e que El-Rei pode muito bem mandá-lo buscar para o ouvir"[86].

A crítica aos ministros surge, assim, explícita. Instado mais uma vez a fazer denúncias de "outros traidores" ou "defesa própria", respondeu que "não são denúncias que são coisas da alma". Instado, finalmente, a dizer tudo quanto quisesse, respondeu secamente: "não digo"[87].

Embora não se possa defini-lo como revolucionário, pois que lhe faltava um projeto, não se pode deixar de reconhecer-lhe características de rebelde. A consciência das desigualdades sociais o torturava, impossibilitando comunicação com os membros da Alçada: somente o rei poderia servir de confidente para as angústias de Cristóvão. Profundas certamente eram tais angústias, uma vez que provinham não apenas de simples *constatação* de existência de diferenças sociais, mas também de *relacionamento* entre elas: "o pobre é a espinha do rico". Relacionamento que o professor Luís dos Santos Vilhena fizera vinte anos antes em Salvador, ao explicitar que a pobreza era fruto das "indecentes negociações dos ricos", os quais se beneficiam da "repartição dos pobres"[88].

Assim, se Cristóvão Corrêa de Barros Cavalcante e Luís dos Santos Vilhena não podem ser rotulados como revolucionários, não quer dizer que não perceberam – ambos em Salvador, mas separados por vinte anos de intervalo – os processos básicos da sociedade nordestina. O revoltado Cavalcante e o reformista Vilhena, pertencendo a estratos sociais diferentes, detectaram o mesmo problema: as crises e as tensões sociais que anunciavam o final da dominação portuguesa no Brasil. Suas formulações, mais que suas ações, podem ser pensadas como revolucionárias: a sociedade colonial deixara de ser pensada como um conjunto coerente, a ideia de que para além do soberano e dos vassalos havia "pobres" e "ricos", "caboclos" e "revolucionários", eis a m*udança* significativa no nível da história das mentalidades. Se ela pôde ser surpreendida e delimitada nas formulações de um professor de grego em Salvador nos fins do século XVIII[89], certamente esse fato se deveu às leituras europeias que a formação ilustrada lhe propiciara. No caso do alagoano Cavalcante, pelo contrário, tais elucubrações emergiam rusticamente, dando conta dos amplos limites alcançados nessa época pelos diagnósticos da vida social. Essas formulações, que se constituíam em expressões de novas maneiras de ver *o social*, indicam o aprofundamento da consciência política verificado às vésperas da Independência. Esse aprofundamento deve ser entendido como uma das dimensões do fenômeno a que se pode chamar "descolonização".

O estudioso das formas de pensamento e da vida social brasileira à época da descolonização não deve se iludir, contudo, generalizando para todo o conjunto social as características de algumas manifestações expressivas, como as anteriormente apontadas. Na verdade, tais manifestações constituíram verdadeiras exceções à grande regra colonial. Nos diagnósticos realizados pelos homens que viveram a Revolução de 1817, a pobreza conceitual exprime o traço distintivo da sociedade gerada na colonização. Tal pobreza se torna tanto mais acentuada quanto mais se desce na escala social. Clérigos, grandes proprietários e grandes comerciantes ainda constituíam os setores que melhor se expressavam e que melhor percepcionavam em seu tempo. Exemplos como os de Cristóvão Cavalcante ou do autor de "Um Episódio da História da Revolução de 1817, na Província de Pernambuco, Passado Entre os Prezos d'Estado na Cadêa da Bahia"[90] constituem verdadeiras tomadas de consciência da sociedade em relação a si mesma, uma vez que se referem a outros segmentos do conjunto social que aqueles em que foram produzidas. Nesse sentido são manifestações inovadoras e, de certo modo, revolucionárias:

contrapõem-se às manifestações ajustadas ao sistema, frequentemente laudatórias e integradas na ordem estabelecida.

Descobrir inovações, todavia, torna-se tarefa difícil, uma vez que muitos dos comportamentos revolucionários ainda aparecem revestidos das formas da sociedade tradicional. Frequentemente, será em meio às grandes permanências que as pequenas inovações devem ser pesquisadas, seja em estilos de pensamento, seja em padrões de comportamento. Em certa medida, um revolucionário como Muniz Tavares foi muito mais progressista em suas teorias que na prática social. Expressivo, nesse sentido, é também o exemplo da família Alencar, cearense; e, mais especificamente, o de Bárbara Pereira de Alencar. Como se sabe, os Alencar, entre os quais se destacava o emissário da revolução José Martiniano Pereira de Alencar, estavam incluídos entre os réus vindos do Ceará, e detidos na fortaleza do Brum em 13 de março de 1818. Na relação dos presos[91], está referida a existência da "Mulher" Bárbara Pereira de Alencar e da "negra" Vicência. Não apenas os preconceitos do sistema – na repressão – podem ser observados, uma vez que a primeira é "mulher" e a segunda é "negra", mas também a relação senhora/escrava permanece na repressão, sendo que dona Bárbara não se dispensava do direito que tinha em se servir de uma escrava. Tanto a revolução como a repressão não diferem substancialmente quanto aos valores sociais: no caso, a permanência é maior que a mudança.

Em meio à pobreza conceitual das formas de pensamento da sociedade tradicional, podem ser detectadas algumas ocorrências mais elaboradas e que, por isso mesmo, destacam-se nos horizontes mentais do ambiente considerado. Surgem essas ocorrências diretamente vinculadas ao acirramento de ânimos característico da descolonização e às relações de dominação em crise. A terminologia de alguns documentos expressivos dá conta das duas principais contradições que levaram ao momento revolucionário, visíveis nos conflitos entre colonizadores e colonizados e nos conflitos entre a aristocracia de terras e as baixas camadas da população. Notará o observador dos eventos do período que a contradição básica é a primeira, ou seja, a existente entre a aristocracia rural e os mercadores coloniais portugueses. A segunda contradição existe, por certo, não dominante, mas sim secundária.

A análise proposta se encaminha para o estudo das formas de pensamento revolucionário, valendo indicar, desde já, que os baixos estratos raramente possuíam consciência de viverem em situação colonial. À aristocracia rural, pelo contrário, era a quem pesava tal situação, da maneira mais direta: a consciência crítica da dependência vivida constitui por certo o melhor indicador de sua situação. As baixas camadas sofriam indiretamente a situação colonial, é evidente; porém a determinação básica, nesse caso, residia nas relações de dependência que mantinham com a camada que se propunha dominante, qual seja, a dos senhores de terras, "filhos do país, ricos"[92]. Dos baixos estratos provinham críticas à situação social ("o pobre é a espinha do rico", segundo Cristóvão Cavalcante), mais que à situação colonial.

De fato, a situação colonial pesava mais aos grandes proprietários rurais, e esse foi um dos motivos pelos quais imprimiram as marcas mais visíveis na Revolução de 1817. O vigor da contestação aos liames institucionais da colonização portuguesa pode ser pressentido nas cartas de um dos representantes da Coroa sobre a atmosfera social nordestina após a contrarrevolução. O desembargador João Osório de Castro Souza Falcão, da Alçada em Pernambuco, escrevia a Vila Nova Portugal, secretário dos Negócios do Reino Unido e Marinha a 20 de janeiro de 1818, quase um ano após a revolução de 6 de março, sobre o "espírito vingativo próprio da gente do Brasil"[93]. Suas preocupações, enquanto zelador dos interesses da Coroa e do aparelho administrativo que cuidava da arrecadação dos "novos tributos"[94], aumentavam na medida em que tomava consciência do caráter da revolução.

A revolução, de fato, atingira largos setores das camadas possuidoras da colônia: "todos os filhos do país, ricos, e com postos de ordenanças e milícias, que não estavam doentes até o bloqueio, com exceção de bem poucos que talvez não chegassem a dez nas duas comarcas do Recife e Olinda foram rebeldes mais ou menos entusiasmados"[95].

Na verdade, a força social da camada de senhores de terra que propunha a emancipação política e econômica assustava o representante da Coroa. Não se pode dizer que a revolução tenha sido totalmente abafada com o bloqueio de Rodrigo Lobo e com a chegada das tropas do general Cogominho: o "enlaçamento de famílias" com os que se achavam já presos persistia para além da vigilância dos juízes da Alçada e dos carcereiros.

Percebendo que a repressão não conseguira abafar a inquietação revolucionária, ainda em 1818, o desembargador Osório propunha a Vila Nova Portugal um reforço à dominação colonial. Tal reforço deveria se verificar, segundo ele, no fortalecimento militar: seria necessário, para tanto, que no corpo de tropa "haja ao menos um terço de europeus e que os oficiais da tropa de terra sejam pela maior parte europeus"[96]. Por detrás das recomendações de Osório, verifica-se o esforço de reajustamento do sistema pela força, indício marcante da crise que anunciava a independência.

Persistir na colonização, eis a baliza ideológica de Osório. "E cada vez me persuado mais que não pelo amor mas pelo temor se dirigem regularmente as ações dos homens, principalmente daqueles que ainda conservam a educação de colonos." A mentalidade colonialista de Osório vislumbrava no "espírito vingativo da gente do Brasil" o perigo do prosseguimento da colonização, a ser enfrentado pela força, assumindo nessa medida posição nada liberal em relação aos dilemas que se apresentavam à Coroa. Luís do Rego Barreto, em face dos mesmos dilemas, adotará, como se verá adiante, posição mais matizada, representando a tendência liberal no contexto da contrarrevolução.

O desembargador Osório recusava-se, pelo viés ideológico do colonizador repressivo que adotara, a entender a "ideia dos rebeldes", segundo a qual "os europeus que têm vindo aqui estabelecer-se têm enriquecido à custa deles patrícios"[97]. E, o que é mais expressivo, ao mencionar o conflito entre europeus e filhos do país – típico do momento da descolonização –, a terminologia que lhe vinha à mente permanecia orientada pela estrutura básica da sociedade colonial: os filhos do país seriam "escravos", e os europeus, "senhores". Transposição significativa: nos conflitos entre europeus e brasileiros, os primeiros seriam os senhores e os segundos, os escravos.

À PROCURA DA ORDEM PERDIDA

Nos diagnósticos realizados por essa época e nos conceitos veiculados pelos revolucionários e pelos homens do sistema, poderá o observador atento surpreender uma característica permanente e dominante: a busca do equilíbrio social perdido.

De fato, o acirramento dos ânimos notado entre colonizadores e colonizados levava os dois setores básicos do sistema a reequacionar e redefinir suas posições. Se os revolucionários, por um lado, pensavam em termos de "regeneração"[98], os agentes mais liberais da Coroa não deixavam de reconhecer as mazelas de sua "política errada"[99], tentando a busca do equilíbrio perdido.

As múltiplas transformações aceleradas que se processaram após a chegada da Corte acarretaram algumas tentativas de ajustamentos que se definiam mais claramente à época da Revolução de 1817. Essas tentativas se manifestaram em vários níveis, sendo mais notáveis aqueles relativos à propriedade, à organização militar, à organização do trabalho (incluindo os problemas dos negros, dos indígenas e dos "vadios") e aos desajustamentos raciais, à tributação e, finalmente, ao comportamento religioso.

As tentativas de ajuste no nível da propriedade tornam-se visíveis nas disputas entre proprietários de terras nacionais. O processo de afirmação dessa camada social não foi desacompanhado de exorbitâncias, que marcaram amplamente a história do Reino Unido. Eclodida a revolução, os problemas surgidos entre os proprietários parecem ter sido de tal porte que alguns do governo provisório se viram na contingência de tomar medidas reguladoras para fazer voltar a tranquilidade dos proprietários, erigindo a "inviolável segurança da propriedade"[100] como alvo máximo a ser atingido pelo movimento. A "paz dos proprietários", eis a meta da revolução a que os revolucionários paraibanos não estavam desatentos.

Ligada à noção de propriedade estava a de pátria e, na Paraíba, como em outras regiões nordestinas, será do antagonismo básico entre "portugueses" e "Patriotas" que emergirão as novas formas de pensamento. O artigo 6º do decreto de 9 de abril de 1817, emanado do governo provisório da Paraíba, era bem explícito no tocante ao problema da propriedade: "Todas as propriedades dos vassalos do governo português que forem achadas nesta província devem ser embargadas para segurança das propriedades dos nossos patriotas, que hajam de ser embargadas pelo governo português."[101]

O cerne da contradição estava, pois, localizado nas relações vinculadas ao problema da propriedade: o traço fundamental do processo de descolonização, da mesma forma, dizia respeito diretamente aos antagonismos gerados em torno do objeto central da colonização. Numa palavra: as propriedades dos vassalos ficavam contrapostas às propriedades dos patriotas.

No momento revolucionário representado pelos movimentos de 1817 no Nordeste brasileiro, pode-se vislumbrar uma das manifestações mais significativas em que se expressava a necessidade de liberalização do sistema. Na verdade, os rumos da revolução já indicavam aos governantes e à Coroa tal necessidade. O artigo 10º do mesmo decreto de 9 de abril de 1817 informava aos colonizadores que o embargo às ditas propriedades de portugueses duraria "somente enquanto o governo português não mostrar que adota medidas de *liberalidade* e boa fé e isenta de apreensões as propriedades de nossos patriotas"[102].

Em suma, a "liberdade" do sistema era exigida pelos revolucionários, de maneira explícita e tendo como garantia a propriedade. Nessa medida, também, o processo de *liberalização do sistema* pode ser não apenas apreciado no nível do regime da propriedade como também no dos conceitos. Propriedade, descolonização e "liberalidade", eis o trinômio definidor da Revolução de 1817.

A tais transformações estruturais – e semânticas – correspondia, evidentemente, uma reorganização do poder. As hierarquias estavam visivelmente abaladas nessa última etapa do período colonial. Muitas são as evidências de que durante a revolução se procurou fazer o reajuste das hierarquias militares, para enfrentar os problemas emergentes e definir a nova ordem social. Não há, entretanto, que pensar o setor militar como homogêneo e coerente nessa época, ou isento das agruras sociais que caracterizavam o Brasil de então. "Militares e pobres são quase sempre sinônimos"[103], escrevia o dicionarista Morais ao seu tio, em julho de 1817. Por outro lado, a atividade militar já se constituía nessa época em veículo de equilíbrio social, absorvendo mão de obra que escapasse à atividade econômica básica, ou seja, a agricultura. Muitas foram as vezes em que as necessidades do sistema impuseram mesmo a arregimentação militar em detrimento das atividades produtivas[104]. Durante a revolução, entretanto, os desacertos atinentes às hierarquias militares não parecem ter sido de pouca monta, uma vez que as queixas se sucediam ininterruptamente. Nem mesmo uma certa uniformidade parece ter sido observada nas diversas regiões nordestinas, provocando a irritação de patriotas como Francisco José de Ávila Bittencourt, o qual escrevia ao padre Antônio Pereira de Albuquerque dizendo-se desgostoso com o comportamento de certos revolucionários paraibanos que almejavam os postos de oficiais antes mesmo de terem sido soldados, "quando no Recife", escrevia ele, "fazem-se soldados para destes serem tirados oficiais"[105].

A revolução propiciava mudança súbita de posição na hierarquia social, e o setor militar servia de canal de ascensão rápida, e por vezes desastrada, como se verifica pelas observações de Ávila Bittencourt. E a revolução parece ter repercutido amplamente nas estruturas de poder do Reino Unido, a ponto de provocar reflexões à distância: em São Paulo, por exemplo, Arouche reagia à "pernambucanada", lembrando ser "impraticável o mandar um regimento inteiro sem muito prejuízo de particulares e mesmo público". Pelo que se nota, houve apelo a outras partes do Brasil visando auxílio à contrarrevolução. Entretanto, os efetivos militares ainda estavam na dependência estreita dos recursos locais, particulares. E a segurança vigente no setor militar era muito relativa: talvez preocupado com os perigos de contágio revolucionário, Arouche escrevia ao conde da Palma, a 17 de abril de 1817, lembrando da conveniência de "marcharem os soldados debaixo do comando de seus oficiais e nunca adidos à tropa de linha".

Aos interesses militares sobrepunham-se os interesses dos donos de grandes lavouras, e cabedais, e Arouche aconselhava – como bom mantenedor do sistema que era – ao conde da Palma a não pôr "em prática a marcha de um regimento inteiro onde há muitos que teriam de perder grandes lavouras, e cabedais que giram no comércio, mas um regimento apenas com praças mais desembaraçadas"[106].

O esforço de afirmação dos proprietários rurais foi acompanhado, em 1817, por tentativa de ajustamento no processo produtivo. Um reaperto de peças, dir-se-ia. Na Paraíba, por exemplo, deveriam ser detidos aqueles elementos que "em qualquer parte forem achados sem ocupação permanente". "Os vadios que severamente detestamos" deveriam ter igual fim, segundo proclamação do governo provisório escrita e divulgada a 30 de março[107]. A integração de todos era sem dúvida a meta da revolução na Paraíba, e condição para a volta à estabilidade. Reajustar o sistema à sua feição, essa a meta da aristocracia rural.

Após a repressão, por outro lado, e ainda durante o ano seguinte (1818), a quietação continuará sendo o objetivo dos representantes da Coroa. Na perspectiva do colonizador absolutista, escrevia o desembargador Osório de Castro a Tomás Antônio Vila Nova Portugal: "enquanto os ânimos não estiverem em toda a quietação, será sempre útil conservar dois batalhões a mais europeus para contrabalançar a tropa da terra, e, nestes, oficiais sempre europeus, havendo um meio de transplantar os do país"[108].

Em suma, aos antagonismos emergentes no processo de descolonização, as soluções preconizadas pelo representante da Coroa eram de natureza militar, e estreitamente recolonizadoras. Para esse representante das tendências mais conservadoras da contrarrevolução, a ordem seria restabelecida pela força, e não pelo reconhecimento da "política errada" de que falava o general Luís do Rego Barreto, agente da repressão liberal.

O nível da organização militar estava intimamente associado ao da organização do trabalho, como não poderia deixar de ser. E, posto que se tratava de economia baseada na mão de obra escrava africana, a esses móveis se associava toda a problemática relativa aos desajustamentos raciais. Nessa medida é que se pode entender o revolucionarismo dos setores mais radicais à época da revolução, representados por Domingos José Martins e Antônio Gomes do Jardim. A contribuição de regimentos de negros, por eles estimulada, atingia a base do sistema, quer do ponto de vista da atividade produtiva, quer do ponto de vista da organização do poder militar. Arrancados aos seus senhores, os ex-escravos desorganizavam a produção, ao mesmo tempo que se constituíam em nova força: o sistema ficaria duplamente enfraquecido e à beira de uma radical mudança. À beira de uma "formal e inteira sublevação", como já dissera o artesão baiano Manoel de Santa Anna, revolucionário de 1798[109].

Não vingaram, como se sabe, as tentativas mais radicais de abolição da escravatura, uma vez que as bases em que se assentava a economia brasileira continuavam amplamente apoiadas no modo de produção escravista. Apesar das induções aos levantes de negros feitas por Antônio Gomes[110] no Rio Grande do Norte, ou de Domingos Teotônio Jorge e Domingos José Martins em Pernambuco[111], os quais chegaram a estabelecer um corpo de trezentos negros e uma equipe de ajudantes de ordens em que incluíam mulatos e pretos, a utilização de ex-escravos na revolução foi excepcional. A Revolução de 1817 deve ser entendida como um movimento de proprietários rurais, que incluíam em suas posses ponderável número de escravos: dessa forma, a posse de escravos era um *requisito* para a revolução. Não será surpreendente, pois, o fato de os incitamentos de Martins, Gomes e Jorge à escravaria terem funcionado como fatores de *retração* do processo revolucionário: no momento em que recorreram ao engajamento dos negros, quebraram a já discutível unidade dos grandes proprietários revoltados, favorecendo a contrarrevolução. Ademais, até mesmo no comportamento de Domingos Teotônio Jorge poder-se-ão indicar componentes racistas: para o corpo de ajudantes de ordens que estabeleceu, designou quatro brancos, três mulatos e três pretos. A liderança, como se observa, permanecia nas mãos dos brancos[112], e os quantitativos, nesse caso, são demasiado expressivos para indicação do significado social e racial.

Os perigos da "enchente escrava" continuariam provocando as maiores intranquilidades nas lideranças revolucionárias. A fortaleza das Cinco Pontas era comandada por um preto e, segundo um fugitivo da revolução de Pernambuco chegado a Salvador a 20 de março de 1817, as tropas que se puseram em movimento no Recife beiravam a casa dos "3.000 de todas as cores". "Pretos comandavam brancos e brancos pretos"[113], para grande espanto do fugitivo.

O papel dos pretos na revolução, de resto, não pode ser superestimado, seja por falta de sua consciência de interesses, seja pela dispersão da economia nordestina, não propiciando condições materiais para articulação de movimento de vulto. Não obstante, o medo de um movimento mais profundo inquietou certamente as lideranças revolucionárias, talvez sob o impacto da experiência haitiana: tal medo se expressava na proibição feita pelo governo revolucionário de Pernambuco aos "conventículos suspeitos ou sejam de homens livres ou de escravos"[114]. Pelo que se observa, o racismo, característico da colonização portuguesa[115], não deixara de envolver – em muito menor escala, é bem verdade – a ala mais radical dos revolucionários de 1817.

As tentativas de ajustamento – que no mais das vezes permaneceram apenas enquanto tentativas – tiveram todas elas largas implicações sociais, como não poderia deixar de ser. Nas medidas tomadas pelos governos provisórios, podem ser surpreendidas algumas dessas tentativas de correção das anomalias sociais que se criaram ao longo da colonização. Certamente será no campo da *tributação* que se poderá notar o caráter descolonizador das medidas revolucionárias. Procurando repensar a situação desigual dos habitantes de um mesmo país, as lideranças não hesitaram em localizar na "economia pública" a fonte das mazelas sociais que varavam todo o Nordeste. A tributação pesada, sobretudo a estipulada pelo alvará de 20 de outubro de 1812, atingia largos setores da população, aumentava sobremaneira o preço da carne. Na perspectiva do governo provisório pernambucano, que lançou proclamação a respeito no quarto dia após a eclosão do movimento, os tributos não tinham "outra tendência mais do que o encarecer sobremaneira um gênero de primeira necessidade, e estorvar a criação de gados tão necessária à subsistência dos povos"[116].

O traço ilustrado dessa liderança que se assentava na casa do governo provisório surge, na mesma proclamação, ao ser referida a consulta a "pessoas zelosas do bem público e inteligentes na matéria" para a atitude revolucionária: abolição total dos tributos que tornavam "desigual a sorte dos habitantes do mesmo país". A noção de que um dos elementos fundantes do sistema colonial atuava de maneiras diversas segundo as diferentes camadas sociais indica um dos progressos mais significativos da consciência social no Brasil, se se comparar com os períodos anteriores. A sociedade não mais era entendida como um bloco homogêneo: o peso dos impostos provocava, dessa forma, modificação substancial nas maneiras de percepcionar, levando as lideranças a atuarem numa das molas mestras do intricado arcabouço jurídico-fiscal.

O caráter elitista da medida propugnada não deve deixar de ser considerado nesse passo. Da mesma maneira que em Minas Gerais o inconfidente Tomás Antônio Gonzaga atuara junto a um dos elementos básicos do sistema, de tão ampla repercussão popular como era a derrama, a elite ilustrada que se arrogava a direção do movimento pernambucano percebia – ao lado dos "inteligentes na matéria" – a raiz social da abolição de certos tributos. E ia mais longe, na medida em que explicitava as incidências diversas dos impostos de acordo com o nível social. Não só a tributação era condenada, como também, explicitamente, as desigualdades sociais geradas por ela. Numa única crítica, pois, ficavam atingidos o sistema colonial e o sistema social.

Tentativa expressiva de ajustamento, finalmente, pode ser indicada no âmbito da Igreja e da religião. De fato, logo após o impacto de 6 de março, os representantes mais autorizados da Igreja católica no Nordeste passaram a atuar em sentido conciliatório, tentando moderar choques entre brasileiros e europeus. As bases nem sempre obedeceram aos comandos das altas esferas, chegando a querer mesmo uma Igreja nacional. Buscavam novo sentido para a atividade clerical e, nessa linha mais agressiva, as vinculações entre patriotismo e religiosidade se misturavam, tornando-se difícil discernir os limites entre um e outro comportamento[117].

A atitude mais moderada – e que condenava a "antecipação", para retomar o termo empregado pelo deão de Olinda – era representada por aqueles que valorizavam os comportamentos que deveriam harmonizar brasileiros e europeus. Em documento assinado pelos governadores do bispado de Pernambuco, "pelo Governo Patriótico", o deão Bernardo Luís Ferreira Portugal, Manuel Vieira de Lemos e João Roiz Mariz, e datado de Olinda a 8 de março de 1817[118], aparece clara a noção de continuidade racial a ser preservada num momento que por eles era entendido como sendo de *regeneração*[119]. O caráter racista do sistema permanecia para além do 6 de março: nas palavras dos subscritores da proclamação, quem contava efetivamente no universo social era a "espécie branca existente neste bispado", "toda europeia ou descendente de europeus"[120]. Nesse contexto, a Igreja permanecia moderadora, embora, como se sabe, estivessem suas bases nordestinas em amplo processo de fermentação. Às cúpulas interessava a permanência da ordem em que se assentava a colonização, promovida pela "espécie branca"; e, projetando no futuro as linhas determinadas no período anterior, procuravam temperar os antagonismos gerados pela "diferença de natalício" em nome da "fraternidade de todos os homens que aqui vivem e vierem habitar, seja qual for sua pátria, religião e profissão"[121]. A persistência do processo migratório da Metrópole para a colônia permanece implícita nas formulações do governo do bispado: as regras a serem estabelecidas no período revolucionário deveriam visar àqueles que "vierem habitar" o Brasil. A ausência de ruptura revolucionária em tais formulações está a indicar o esforço de ajustamento das cúpulas da instituição.

Olinda. Foto de 1859. Stahl e Cia.

A projeção mais significativa no plano de história da consciência social, e que complementa o que já se expôs acima, está relacionada com a visão da sociedade que procuravam preservar os governadores do bispado sediados em Olinda: no mesmo dia em que redigiram a proclamação racista de 8 de março, enviaram um outro comunicado sobre a regeneração aos "Pastores da Segunda Ordem"[122]. Numa palavra, a sociedade a ser preservada continuava sendo a sociedade de ordens.

As tentativas de ajustamento em diversos níveis demonstram amplamente o quanto estavam abaladas as estruturas do sistema colonial. As bases fermentavam, em todos os planos. Tal fermentação abrangia, como não poderia deixar de ser, a visão que os homens do tempo possuíam a respeito das realidades sociais em que estavam imersos. Seus vocabulários davam conta das transformações que enfrentavam.

NOVOS USOS DE VELHAS PALAVRAS: A NOÇÃO DE "CLASSE"

Words are witnesses which often speak louder than documents.

ERIC J. HOBSBAWM

Por se tratar de conceito-chave, os usos e sentidos da palavra "classe" merecem particular atenção no estudo do vocabulário dos homens que fizeram ou viveram a descolonização portuguesa no Brasil. Comparados os dois movimentos sediciosos mais significativos que antecederam a Independência de 1822, isto é, a Inconfidência Mineira de 1789 e a revolução nordestina de 1817, um levantamento superficial das ocorrências do termo referido indicará ponderável aumento em sua utilização. Do ponto de vista quantitativo, e tomando como pontos de referências documentais as amplas devassas orientadas pela repressão, pode-se dizer que a utilização da palavra "classe" no período considerado aumentou em escala significativa[123]. Tal ampliação, por si só, está a indicar a mudança da consciência social no Nordeste, que acompanhou e caracterizou o processo de descolonização.

Para além da mudança quantitativa, entretanto, importa indicar uma outra modificação no universo mental brasileiro: novos sentidos – entre eles, o de *camada social* – vão sendo veiculados através de tal palavra, constituindo nova maneira de entender as relações entre os homens e os grupos sociais, e acelerando o processo de *viragem mental* que anuncia a fase nacional de nossa história.

Não se quer significar, com o que foi exposto acima, uma mudança radical na utilização do termo. Na verdade, o sentido classificatório geral – classe de delitos, ou cidadãos da classe de 20 a 25 anos, por exemplo – permanece no transcorrer dos quase trinta anos decisivos da crise do sistema colonial português, anos que medeiam os dois movimentos insurrecionais[124]. E permanecerá guardando esse sentido até nossos dias. Há que reter, nesse passo, o aumento no emprego da palavra no sentido indicado, que não deixa de ser significativo.

No conjunto da documentação deixada pela Inconfidência Mineira de 1789, apenas duas ocorrências se destacam relativamente ao uso do termo: na delação feita por Basílio de Brito

Malheiro do Lago e numa manifestação de Tiradentes[125]. Nessas duas ocorrências, as únicas que encontramos com sentido menos genérico, observa-se que as referências a setores distintos da sociedade vêm eivadas de conteúdo racial.

Basílio de Brito, que se esforçava por bem conceituar as coisas para bem delatar[126], assustava-se porque a "sedisam do tiradentes" ia se ampliando, e começava a envolver as "pesoas da última clase da gente desta terra, como sam negros, e mulatos"[127]. O perigo de um levante de pretos e mulatos provocava inquietação em Basílio, e certamente estava na base de sua ação contrarrevolucionária; tal perigo, que implicaria a desorganização da sociedade estamental escravista, criava condições sociopolíticas para a emergência em seu vocabulário de terminologia mais específica.

Quanto a Tiradentes, a referência surge ligada à população constante de seu mapa: aparecem aí as pessoas "divididas em classes". E por classes devem ser entendidos os "brancos, pardos e negros, machos e fêmeas", sendo que o total da capitania atingiria "perto de quatrocentas mil pessoas"[128]. Não deixa de chamar atenção o fato de a classificação adotada pelo revolucionário estar balizada pelo critério racial, e não por outro qualquer. De mais a mais, a avaliação nela contida abarca também as mulheres, o que é pouco comum na sociedade colonial, em que a mulher ocupa posição absolutamente secundária. Como deixar de ver, nessa classificação, o germe da crítica à ordem social e racial? Da mesma forma, como deixar de notar que as duas ocorrências mais notáveis no universo conceitual dos homens que viveram o momento da Inconfidência Mineira apareceram vinculadas à questão fundamental da organização do trabalho?

O aprofundamento da crise do sistema colonial português pode ser observado, de 1789 a 1817, na ampliação significativa do campo conceitual: uma análise detalhada evidenciará não só maior como melhor utilização do termo "classe". A indicação para 1817 de um estado mental diverso do anteriormente notado será o objetivo básico das discussões que se seguirão.

A sociedade de ordens, que nunca se definira com clareza nas áreas coloniais, permanecia fornecendo as coordenadas básicas, no campo jurídico, para as concepções sociais ocorrentes no Brasil. São demasiado conhecidas as dificuldades de ajustamento de tal estrutura jurídico-política, tipificadora de áreas metropolitanas no antigo regime, com as realidades novas geradas pela colonização. Na verdade, a sociedade de ordens não continha, ou continha mal, a sociedade colonial: Antonil, o autor do texto talvez mais expressivo para a compreensão da estrutura da sociedade colonial, chegara a sentir dificuldade para explicar a natureza das camadas dominantes brasileiras, em comparação com aquelas da Metrópole[129]. Os senhores de engenho, a rigor, não podiam ser automaticamente comparados aos fidalgos do Reino. E os escravos muito menos ainda podiam ser integrados no Terceiro Estado.

À época da revolução nordestina, o que se vai notar é uma bem marcada insegurança na definição das *ordens*. "Clero, nobreza e povo" nem sempre aparecem como as ordens constituídas básicas da sociedade. Num documento cearense de 6 de abril de 1817, elaborado pela câmara de Fortaleza, procuram expressar os vereadores, mais juiz de fora, procurador e almotacés sua solidariedade ao Soberano, tendo em vista a chegada da notícia "da desgraça que acaba de arrastar Pernambuco": é curioso notar, entretanto, que as categorias mencionadas são "Câmara, Nobreza e Povo"[130]. Câmara e nobreza orientam a reação das forças conservadoras no Ceará e dominam a cena política, pelo que se depreende dos relatos deixados[131]. As atas das Cortes de Lamego, relembradas pelos revolucionários encarcerados nas prisões de Salvador, não orientavam de maneira rígida os cearenses aferrados ao sistema e à ordem do Reino Unido.

A imprecisão das coordenadas dos vereadores referidos era digna de nota, efetivamente: fizeram lavrar um termo de "Fidelidade, amor e patriotismo pela real Família de Bragança"[132], esquecendo-se que o comportamento patriótico estava associado à revolução, e não à Família Real.

Apesar de se verificar com frequência a substituição do "clero" pela "câmara", nas três categorias fixadas pelas atas de Lamego[133], a regra geral será dada pela utilização mais sistemática das três ordens nos setores ligados à contrarrevolução[134].

Nos setores ligados à revolução, sobretudo localizados nas elites da vanguarda, o que se verifica, pelo contrário, é uma *ruptura marcante no campo conceitual*: na lei orgânica estabelecida e proposta para ampla consulta popular, o "povo" já não era concebido como simples componente de uma sociedade de ordens, isto é, como Terceiro Estado. O "povo" não mais constituía um bloco monolítico. *Era o "povo de todas as classes" que se convocava*: a 29 de março de 1817, Antônio Carlos Ribeiro Andrada remetia o projeto da lei orgânica a cada câmara, que deveria por sua vez fazer concorrer "o povo quase todo, pois lhe interessa conhecer o como hão de ser governados", segundo o Andrada[135]. Conforme o artigo 28 do referido projeto, o que se desejava era o "povo no exercício da soberania": a essa ruptura nos planos social e político correspondia uma ruptura no universo conceitual. Numa palavra: o povo no poder, ao menos teoricamente; e, na esfera dos conceitos, maior clareza nas palavras relativas à sociedade.

Não se deve deduzir do que foi acima afirmado que a clareza era atributo exclusivo das facções revolucionárias. Mais uma vez estar-se-ia reduzindo uma realidade complexa a esquemas simplistas e empobrecedores: também os revolucionários – que por definição deveriam combater a sociedade de ordens – fizeram proclamações estribadas nas estruturas de uma sociedade de ordens. Em proclamação aos habitantes de Pernambuco, redigida na casa do governo provisório a 9 de março de 1817, e assinada pelo padre João Ribeiro, por Domingos José Martins, José Luís de Mendonça e Manuel Corrêa de Araújo, os revolucionários não apenas lembraram o caráter "iluminado" do governo que representavam, como afirmavam que fora ele escolhido "entre as ordens do estado"[136]. Da mesma maneira, o patriota capitão-mor Inácio Cavalcanti de Albuquerque Lacerda escrevia a 9 de março de 1817, do quartel de Goiana, ao comandante da Freguesia da Taquara, dando instruções "para segurança deste Governo e de vossas famílias e estados"[137]. Os estados, entendidos no sentido de posição social, permaneciam informando os horizontes da consciência social nordestina de maneira difusa.

A estrutura social gerada no processo de colonização sofria alguns abalos, insuficientes, todavia, para provocar modificação sensível no mundo do trabalho. O projeto de lei orgânica figuraria, nessa medida, como avanço demasiado radical para regular uma sociedade que permanecia basicamente escravista. Mais ajustado à dinâmica lenta das estruturas, estava por certo um conselheiro do rei que, em documento incompleto[138], procurava a "natureza da coisa", evitando que no sistema se multiplicassem as diferenciações, que poderiam aumentar os dissabores. "O atual momento é de susto", prosseguia, e, fazendo a apologia do imobilismo, lembrava que "contudo o soberano nunca deve ter susto, e o Ministério não deve em tais ocasiões fazer coisas tão extraordinárias que mostre o seu susto é extraordinário também"[139].

A estabilidade era o ideal procurado, ideal conservador. Ao ideal de estabilidade ajustava-se a valorização da sociedade de ordens, ainda que vagamente concebida no mundo colonial, como se verificou acima. As contradições que se iam definindo com o transcorrer das primeiras décadas do século XIX acentuariam o radicalismo no plano dos comportamentos, aí incluídos os comportamentos mentais.

No prenúncio da primeira vaga liberal do século XIX, encontra-se a ampla efervescência nordestina de 1817. Será nesse contexto que se poderá bem apreciar a expressividade da ocorrência do termo "classe", por duas vezes, num documento assinado por José Luís de Mendonça e conhecido pelo título *Preciso*. A noção de classe surge limpidamente associada às noções de propriedade, liberdade, direitos sociais e revolução. Embora possa ser apontado como produção circunstancial[140], o *Preciso* contém a informação de que os representantes do governo absolutista pretendiam castigar os membros mais ativos e politizados das elites pernambucanas: "brasileiros de todas as *classes*", isto é, "os filhos da pátria de maior segurança e mais distinto merecimento pessoal"[141]. Tomaram estes a ofensiva, adiantando-se à repressão, e fizeram com que um "imenso povo" entrasse "na posse dos seus legítimos direitos sociais"[142]. O governo provisório instalado a seguir estava composto de "5 Patriotas tirados das diferentes *classes*"[143]. "Popularizar" (*sic*) as deliberações era a meta liberal do organismo dirigente.

À nova configuração social, em que haveria a participação das "diferentes classes", corresponderia uma significativa liberalização do sistema. Não somente os "impostos modernos" de que falava Mendonça deveriam ser abolidos: também deveria ser executada a "reforma de certas leis que reprimissem os abusos da autoridade"[144]. Num texto que antecede o Preciso, de autoria não mencionada, ressalta a faceta reformista do movimento de 1817, contra a qual iria certamente a tendência representada por Martins, Ribeiro e Antônio Carlos: provisoriamente dever-se-ia continuar prestando obediência ao rei, até o fortalecimento da nova república, tendo em vista o isolamento em que se achavam os revolucionários e o "prematuro do rompimento revolucionário"[145]. Reformismo e conciliação aparecem, mais uma vez, no bojo de um movimento que se propunha revolucionário.

Não será de surpreender, pois, que o traço liberal venha associado à ideia de "reforma", de "propriedade", de "liberdade" e de "classes". Senhores de engenho foram os agentes básicos do processo: apresentaram-se "com gente armada em defesa dos seus princípios liberais"[146]. E liberal era a maneira pela qual entendiam a representação por "classes": o governo provisório ficava constituído por um representante eclesiástico, por um representante militar, por um representante da magistratura, por um representante da agricultura e por um representante do comércio. Pelo que se observa, e para retomar as palavras da introdução ao *Preciso*, andavam as "ideias livres, porém de acordo com as conveniências sociais"[147]. O povo, entretanto, não estava representado. E quanto à escravaria, nem uma palavra. Até porque ela não constituía classe, e sim casta. Os escravos não poderiam almejar a propriedade, posto que eles próprios eram a propriedade.

No Rio Grande do Norte, da mesma forma, a ideia de liberdade aparece vinculada à noção de "pátria" e de "classes". Apenas que por "classes" devem ser compreendidas as categorias seguintes: "militares", "republicanos", "eclesiásticos" e "câmaras". O entrecruzamento de critérios, desde o funcional até o religioso, não deixa de ser expressivo para indicar quão vagamente as elites dirigentes diagnosticavam os problemas sociais de seu tempo. Mais uma vez, o povo é excluído do processo de liberalização, não chegando a constituir uma classe digna de participar da nova ordem: essa a consciência social que transparece no relatório de Joaquim José do Rego Barros a 7 de julho de 1817, "redigido em Natal"[148].

É evidente, não obstante, que se processava uma diferenciação no universo conceitual dos revolucionários: raramente, entretanto, tal diferenciação abrangeu uma reviravolta na esfera das baixas camadas, uma vez que a tal reviravolta conceitual implicaria uma reorganização do mundo do trabalho. Ora, a revolução dos proprietários, liderada pela aristocracia nativa, implicava necessariamente a manutenção da propriedade.

Se dissemos anteriormente que, nos setores ligados à contrarrevolução, a consciência social estava estribada nas estruturas jurídico-políticas da sociedade de ordens, não deverá o leitor pensar que os representantes da reação não utilizavam o termo em estudo. Na verdade, desde o rei e Luís do Rego Barreto até João Carlos Augusto d'Oyenhausen (então em Cuiabá) e o dicionarista Morais, servia-se o sistema da noção de "classe": o caráter *demasiado genérico*, entretanto, está a indicar que não se visualizava a diferenciação que ocorria na sociedade brasileira no período. A começar pela perspectiva de d. João VI: mencionando os problemas relativos ao recrutamento de combatentes para a repressão à revolução nordestina, o viés que caracterizava sua visão era nitidamente político[149]. "Indivíduos de todas as classes do Estado" eram os que se ofereciam para o alistamento. Oyenhausen, por sua vez, escrevendo de Cuiabá para o conde da Barca a 1º de setembro de 1817, não irá mais longe na ampliação do sentido do termo "classe". Agressivamente apegado aos valores e ao vocabulário do sistema, trabalhando na fronteira[150], preocupado em se comportar "como português verdadeiro", cultivando de maneira veemente a mitologia deixada pelos "Vieira, Camarão e Dias", não poupava críticas aos "desprezíveis prosélitos de certa classe de escritores"[151]. Para ele, era essa a "classe" que destilava o "sutilíssimo veneno da depravação moral", como se apenas as ideias não integradas no sistema fossem as responsáveis pelas mazelas sociais geradas pela colonização. A "classe de escritores" constituía, em sua perspectiva militarista, a única fração nefasta e destacável do conjunto social.

Mais sintomática era a ideia que o general Luís do Rego Barreto fazia da sociedade brasileira, e que será estudada detalhadamente num outro capítulo, quando discutirmos a faceta liberal da repressão[152]. Para ele, a revolução fora "obra unicamente de uns poucos homens". "Não havia plano, havia só atrevimento e liberdade de falar"; "custa a entender como uma revolução nessas circunstâncias pôde ter voga"[153], escrevia ele de Pernambuco, a 23 de abril de 1818, para Tomás Antônio Vila Nova Portugal. E sua perplexidade devia ter fortes raízes, uma vez que no mês anterior escrevera ao rei, inquieto com os boatos de uma "nova revolução em Pernambuco"[154]. A Vila Nova Portugal, entretanto, referia-se à alegria provocada pela repressão da qual era ele um dos agentes: "em todas as classes a expressão de alegria" se manifestava[155]. Diferenciações sociais não eram por ele enxergadas; sua função, pelo contrário, obrigava-o a pensar a sociedade sem separações. Em termos de colonização, não poderia haver antagonismos entre portugueses e brasileiros. As rixas antigas deveriam ser abafadas. Seus esforços máximos estavam concentrados na tarefa de "avisar o público que se devia abster de ideias de separação".

É de supor que o sistema incorporou rapidamente a terminologia que poderia conduzir a processos acentuados de tomada de consciência de situação. No Ceará, por exemplo, a contrarrevolução parece ter abafado a sedição sem dificuldades. O governador associou-se à câmara, provocando cena que foi descrita pelos próprios contemporâneos como patética: "todas as pessoas de todas as classes desejavam à porfia ter o Ilustríssimo Senhor Governador nos seus braços, todos banhados em lágrima e todos gritando em altos vivas, o que durou largo tempo, até que o ilustríssimo Senhor Governador pediu que o deixassem descansar [sic]"[156].

O teor patético do episódio por certo se prestaria a análise mais detalhada de estilos de sensibilidades coletivas. Para os efeitos de nossa discussão, entretanto, interessará reter que a referência acima feita a "todas as classes" é excessivamente genérica para revelar qualquer dimensão social mais significativa e explosiva. Obviamente não estariam aí incluídos os escravos.

Mais sofisticado no campo da reação foi o dicionarista Antônio de Morais e Silva, ex-capitão-mor da vila de Santo Antônio do Recife e ex-associado ao governo provisório. Sua perspectiva elitista levava-o a enxergar a ação revolucionária como propiciadora de "reformas insanas"[157]. Na festa de aclamação do rei, da qual fez a crônica, ressaltava o dicionarista o papel das "classes nobres"[158]: da cavalhada só participou "gente nobre"[159] e, quanto ao comparecimento, destacavam-se "oficiais generais, a nobreza e homens bons"[160]. Os assentos construídos para a assistência "foram distribuídos por pessoas decentes"[161]. Numa palavra, a elite o impressionava: as "classes nobres" constituíam o principal agente histórico, o setor social a ser mais valorizado. Por certo deve tê-lo impressionado o perigo dos escravos dos engenhos, seja na revolução, seja na contrarrevolução[162], perigo com o qual lidou de perto quando era capitão-mor de Recife.

No campo da reação, finalmente, merece atenção especial o espião português, autor das cartas finais publicadas nos *Documentos Históricos*. Escrevendo de Pernambuco a 15 de janeiro de 1818, procurava classificar a população de "todas as cidades". Há "quatro classes de gente", no seu entender: "militar, clero, comércio, populaça". Ao omitir os grandes proprietários rurais – agricultores, enfim –, sua visão colonialista ficava definida. A camada que procurava contestar o sistema com maior vigor não era enxergada pelo autor da carta, uma vez que em sua óptica não deveria haver cisões no mundo luso-brasileiro.

Representação específica para os agricultores fora conquistada, vale lembrar, com a emergência do governo revolucionário pernambucano. No caso do autor em estudo, pelo contrário, verifica-se a importância da "classe" militar, adequada à perspectiva repressiva do português colonialista. Um passo adiante foi dado, entretanto, pelo autor da carta: lembrava ele que "no Brasil devem ajuntar a escravatura, mas fique este artigo de parte pela impossibilidade de o tratar na carreira"[163]. O destaque para essa categoria é expressivo, tanto mais quando se observa que é difícil encaixá-la no modelo básico proposto, em que os militares e os comerciantes constituem os esteios fundamentais do sistema de colonização[164]. A perspectiva colonialista e racista do autor da carta se revela, mais uma vez, ao indicar que, para além da "populaça", a quarta "classe", há uma outra, composta de escravos, que fica "de parte".

A carta em apreço merece consideração especial por ser o documento mais detalhado que a reação produziu, documento em que se manifesta claramente sua maneira de percepcionar as estruturas sociais do tempo. Ademais, deve-se atentar para o fato de ter sido escrita quase um ano após a revolução de 6 de março: nela podem ser surpreendidas algumas características do comportamento dos diversos setores da sociedade ("classes", diria seu autor), sobretudo das baixas camadas (a "populaça"), extremamente inquietas e polarizadas pelo exemplo de São Domingos.

Para que bem se apreciem as peculiaridades da visão de mundo do autor do documento, não será supérfluo notar que, de um ponto de vista formal, sua atenção para com as baixas camadas equivale à atenção dispensada com as outras categorias reunidas. Ainda do ponto de vista formal, exemplos particulares são apenas encontrados quando ele se refere às baixas camadas, sendo que as outras ficam tratadas de modo genérico; além disso, ele é um observador escrupuloso com sua tarefa, pois sabe que para relatar assuntos relacionados ao "espírito público" é necessário possuir "inteligência, tempo suficiente e moderação"[165] e só com "combinação exata e cálculos ajustados" é que o relato poderá atingir a esfera da objetividade[166].

O clima de inquietação reinante ainda em 1818 atravessa a descrição que faz das quatro "classes". A começar não é mau, "porque não tem ocasião para isso"[167]. Entretanto, tendo em vista os baixos soldos e a má administração das subsistências, não chega a ser bom e integrado. Não parece haver inquietação nas altas esferas, uma vez que a oficialidade era composta em sua quase totalidade de portugueses; "mas a soldadesca grita, queixa-se e furta muitas vezes para se manter"[168].

Atenção demorada foi reservada ao clero, mais que aos militares e aos comerciantes. A caracterização geral é negativa, e a referência não se circunscreve apenas a Recife, e sim para toda a capitania: "não porque ele seja abertamente antirrealista, mas por ser qualquer padre ou frade o estragador das consciências, o profanador do altar e, todavia, gritando que sem o clero não pode existir o trono"[169].

O anticlericalismo do autor se manifesta nas referências aos costumes dos clérigos, que se aproveitam do "povo crédulo", não em benefício do Estado que os sustenta, mas "para se fortificarem em bom conceito, número, e suas vidas depravadas". Detalhando os mecanismos de corrupção, através do confessionário, o autor verifica a dimensão política do problema: "Isto não é armar a gente diretamente contra o Estado, mas é corrompê-la e pô-la apta a correr desenfreada à primeira voz da destruição e aniquilamento do gênero humano."[170]

À medida em que o clero ia aprofundando raízes no ambiente brasileiro, ia perdendo sua função como instrumento de colonização. Adaptava-se à vida nordestina, e o resultado final acabava sendo a nacionalização da instituição. "Estado e Religião", que o autor colonialista procurava ajustar, começavam a constituir duas esferas distintas nesse processo de descolonização. O Estado português estava às vésperas de sua primeira grande fratura: com a independência brasileira, o poder real, que era de direito divino, seria duplicado. A ligação entre Estado e Igreja começava, na prática, a se desorganizar e provocar a apreensão desse informante: definia-se um clero nacionalista, que ia produzindo seus expoentes num frei Caneca, num padre Muniz Tavares ou, mais radicalmente, num padre João Ribeiro.

A perspectiva metropolitana, colonialista, fica bastante definida não apenas no ângulo adotado pelo informante em apreço, mas também na referência distraída: "nós, portugueses"[171]. Ora, será após tal referência que chegará a vez da exposição rápida e incisiva sobre a "classe comercial", a "classe" menos problemática, cujo "espírito público é decisivamente realista"[172].

O comércio, sendo alimentado pelos mercadores coloniais, constituía a peça fundante do sistema de poder absolutista. A articulação de todo o sistema era por eles garantida. Contra eles é que se dirigiam os revolucionários. "A primeira voz que derramaram os revolucionários foi a de mata-europeu"[173], e, por esse motivo, conclui o autor da carta, eram bem-intencionados para com o trono. A óptica do informante era simplista, pelo que se observa: não eram os mercadores o apoio básico do trono; apoiaram-no apenas porque foram perseguidos pelos revolucionários. Contudo, a questão fundamental para o bom funcionamento do comércio não era omitida: o "tráfico necessita de paz e quietação com os da cidade e interior". Pelo que se pode notar, o informante escreve como se a revolução fosse contra a quietação, *in abstrato*, e não contra os europeus, sobretudo europeus comerciantes[174].

A quarta "classe", a "populaça", foi a categoria que mereceu as mais amplas considerações do autor da carta, como já mencionado.

Que é a "populaça", afinal? Para responder a essa questão, a postura do colonizador aparece em sua verdadeira dimensão. Deixa entrever não apenas a relação de dominação subjacente, mas também a tensão das estruturas sociais do período revolucionário. Diz o informante: "Quanto à populaça, já muda de figura, esta canalha que se compõe geralmente de mulatos, negros etc., entusiasmada da palavra liberdade que se espalhou no tempo da revolução, não se mostra verdadeiramente realista, e ao contrário parece viver como um cão açaimado, ou um corpo manietado."[175]

Não apenas o comportamento político antirrealista, mas também a composição racial variada deve ser destacada. O "corpo manietado", sensível à ideia de liberdade, constituía elemento altamente perturbador à paz e à quietação indispensáveis ao comércio e à tranquilidade dos vassalos realistas. Mais adiante o autor da carta mencionará o vigor da repressão à "revolta"[176], orientada por Rodrigo Lobo. A quarta "classe" permanecera inquieta e agitada após a repressão, uma vez que o comandante do bloqueio mandou "açoitar sanguinolenta e publicamente mulatos livres, pais de famílias, negros, alguns brancos etc." E a violência da repressão parecia continuar preocupando os zeladores do sistema. "Eu a falar a verdade devo dizer que este é um ramo indisposto contra o trono e que necessita de uma cautela aguda e vigilantíssima."[177]

Assim, a repressão, pela sua violência mesma, continuava a criar condições para a nova revolução. Visto em conjunto, o processo sedicioso nascia com ameaça de repressão: eclodia durante quase dois meses (março e abril de 1817) e era abafado com violenta repressão, criando condições para *novo movimento*. Será Luís do Rego Barreto, com a *liberalização da repressão*, que procurará uma linha intermediária entre as forças da revolução e da contrarrevolução[178].

A descrição da "populaça" feita pelo autor da carta, não para na referência ao comportamento repressivo de Rodrigo Lobo. Algumas considerações e exemplificações se seguem que merecem registro e discussão, uma vez que fornecem expressivos indícios de tomadas de consciência. O caráter popular da Revolução de 1817 poderá ser definido se se considerar o que escreve o informante da Coroa sobre o artesão mulato José do Ó Barbosa e sobre um grupo de opinião em que ele atua.

Como aconteceu à época da Inconfidência Baiana de 1798, em que houve participação bem caracterizada dos setores artesanais[179], também em 1817 pode-se registrar a presença desses estratos médios, alimentando a agitação. Cumpre notar que são os setores em que é possível uma consciência mais integrada dos processos vividos: abaixo do artesanato, quase sempre mestiço, só a escravaria, com recursos conceituais extremamente pobres e, na esfera da ação, imersa num estádio pré-político. Em suma, na hierarquia social, o artesanato constitui o estrato mais baixo em que se pode registrar ocorrência de tomadas de consciência expressivas, minimamente integradas e com dimensão política, ou seja, tendentes à *práxis* política.

Na descrição da "populaça", o fato que mais chama a atenção do informante em apreço é a resistência à Coroa nela verificada.

É o caso de José do Ó Barbosa, "que no tempo da revolta vomitou contra o Monarca e sua Real Família blasfêmias as mais horríveis, foi preso duas vezes, saiu da cadeia para ser surrado segundo o uso do mencionado Lobo"[180].

Os problemas de ascensão nessa categoria podem ser observados pelo exemplo do citado alfaiate: por usar farda e insígnias de capitão indevidamente, foi preso e, por outras duas vezes, absolvido e solto. E foi solto por intervenção do general Luís do Rego Barreto, ao que parece[181].

O que mais inquietava o informante, porém, era que o mulato alfaiate e seu genro Joaquim de tal, ambos exercendo o mesmo ofício, gozavam "de uma grande influência sobre o vulgo". A consciência dos referidos artesãos não mais estava numa fase pré-política: a atividade de ambos parece ter ido muito além. Não só se informaram sobre o autor da carta – que deve ter sido realista notório por seu reacionarismo –, uma vez que sabiam ter ele estado nas Antilhas, como queriam saber "da maneira que vivem os rebeldes de São Domingos"[182]. Ao ser por eles indagado sobre a Revolução Dominicana, o informante realista era demasiado pessimista: "tudo quanto fizeram os franceses seus senhores, eles (os revolucionários) têm estragado e arruinado e se os ingleses os não patrocinassem, já há muito os tinha levado o demônio"[183].

Por revelar o lado racista da colonização europeia, assume importância a objeção levantada pelos artesãos, "em ar de mofa": "Então só os brancos é que sabem conservar?"[184]

No episódio acima mencionado, ocorrido na quarta "classe", podem ser surpreendidas as duas tendências dominantes no momento: a tendência colonialista, representada pelo informante[185], e a tendência anticolonialista, cujos agentes – no episódio – eram provenientes dos setores artesanais e mestiços.

A perspectiva colonialista subjacente às palavras do informante se reflete na maneira de discutir a situação dos rebeldes: não pode desvinculá-los dos "franceses seus senhores". E um dos traços marcantes da revolução antilhana foi a desvinculação radical entre Metrópole e colônia, e um redimensionamento da hierarquia social e racial na ilha. Indo além, o informante não consegue atribuir o sucesso da revolução aos rebeldes; a perspectiva europeizante o condiciona para ver tal sucesso no patrocínio inglês.

A perspectiva anticolonialista assoma nas palavras ácidas de José do Ó Barbosa. A oposição Metrópole-colônia ele não a vê em termos sociais ou econômicos: é a faceta *racial* que o estimula em seu revolucionarismo. Aos problemas de mobilidade social – que estiveram presentes também na Inconfidência Baiana de 98 – ligavam-se, pois, as dificuldades enfrentadas no plano racial.

Deve-se lembrar, nesse passo, que se o momento revolucionário de 1817 corresponde à primeira afirmação da camada dirigente nordestina, ligada à grande propriedade, não se pode deixar de observar que uma inquietação *mais radical* se esboçava nos estratos médios e inferiores, inspirada pelos eventos fulminantes da revolução dominicana. Não será por outro motivo que o comandante José Maria Monteiro, sitiando a Recife revolucionária, lançava proclamação aos proprietários – "capitalistas", escrevia ele[186] – lembrando dos perigos do exemplo da ex-colônia francesa e com isso conseguindo atemorizar as lideranças proprietárias que, por sua vez, já andavam atemorizadas com o comportamento abolicionista de Domingos José Martins.

Nessa medida, há que anotar a existência de diferenças de matizes dentro da tendência anticolonialista no Nordeste revolucionário. *Para além da revolução descolonizadora dos proprietários havia uma outra, mais popular, mais radical.* Na medida em que houve o perigo de um aprofundamento, o perigo da "enchente escrava", os apelos dos comandantes do bloqueio encontraram eco num ambiente já trabalhado pelo exemplo dos rebeldes de São Domingos. Na contenção da enchente escrava – já antevista em 1814 e 1815 no Nordeste –, os interesses dos colonialistas metropolitanos e da aristocracia rural se somavam; por esse motivo foi *travado* o processo revolucionário, dando margem à reorganização das forças repressivas do sistema.

O perigo do aprofundamento parece ter sido maior que aquele apontado pela historiografia que já cuidou do assunto. De fato, não era apenas José do Ó Barbosa e seu genro que provocavam as inquietações do informante. Escrevia ele:

> tem aqui tantos crioulos, mulatos e negros livres, a maior parte solteiros, libertinos e indispostos como disse, que seria uma das melhores providências embora se pagasse mais caro uma casaca ou um par de sapatos, ou uma cadeira etc., se lhes assentassem praça na tropa de linha, e os remetessem junto com os nossos recrutas para Portugal ou Montevidéu[187].

Esses tantos crioulos, mulatos, negros livres e até mesmo alguns brancos anteriormente mencionados, iam engrossando os núcleos urbanos, sobretudo Recife. Para solucionar os problemas propostos pela tensão social criada com tal engrossamento, a solução propugnada pelo informante era o envio dos elementos desajustados em relação à estrutura da produção para outras zonas do sistema, nomeadamente Montevidéu, onde o Reino Unido participava de conflito de dimensão internacional.

A carta do informante vai terminando com a ideia de que não deseja o mal dos desajustados da quarta "classe" ao propor as medidas acima referidas. O bem por ele desejado é o da nação – ou seja, o Reino Unido e as colônias – e a tranquilidade do Soberano, "que nos rege e domina paternalmente"[188]. Assim, colonialismo, absolutismo e paternalismo surgem límpidos na visão de mundo do informante.

Ao encerrar a carta, o autor não deixa de fazer referência aos ingleses – "bem sabemos que eles são uns apóstolos da rebelião" – que, talvez por viverem amedrontados em Recife, permaneciam discretos.

Outras ocorrências expressivas pelo conteúdo merecem registro, no que se refere à utilização do termo "classe". Vimos, anteriormente, que tal termo muitas vezes foi veiculado, embora os agentes continuassem orientando suas maneiras de ver as realidades sociais através das balizas jurídicas do antigo regime. *Em suma: falavam em sociedade de classe, mas não se desapegavam da sociedade de ordens*. A título de exemplo, e para que se tenha ideia dos desencontros característicos do universo mental dos homens que intentaram fazer uma revolução liberal, valerá a pena mencionar o documento pelo qual o deão de Olinda, Bernardo Luís Ferreira Portugal, vigário geral, apresentava aos párocos do bispado de Pernambuco o reverendo José Inácio Ribeiro de Abreu e Lima – o padre Roma –, emissário da revolução. O documento, datado de Olinda a 11 de março de 1817, ajuda a demonstrar que as noções de "classe" e "ordem" não estavam bem definidas nos diagnósticos realizados pelos agentes da revolução. O deão, que aliás tivera problemas pessoais com o capitão Pedro Pedroso, por não ser suficientemente radical como ele, titubeava ao empregar os termos referidos. Para ele, eram os "beneméritos pernambucanos de todas as ordens, e classes"[189] que iam sendo envolvidos numa intriga de grandes proporções, e cujo desfecho final implicaria o aumento da rivalidade, por todos os bairros, entre "europeus, e pernambucanos". O pensamento do deão não estava sendo regido por um critério único e definido: a noção de "ordem" já não parece suficiente para abranger as realidades que se esforçava por entender; era necessário anexar, para cobrir todo o objeto a que se referia, a noção de "classe". As incertezas na prática revolucionária como que se transferiam para o plano dos conceitos.

A mesma insegurança talvez possa ser indicada para Antônio Carlos. Se ele convocava indiretamente o "povo de todas as classes"[190] para votar o projeto de lei orgânica a 29 de março de 1817, fazia-o num momento de euforia revolucionária, e as cartas aos seus irmãos não deixam margem a dúvida no tocante à sua sinceridade. A sociedade que vislumbrava era, com toda certeza, a sociedade de classes, e o projeto de lei orgânica indica amplamente a natureza liberal do movimento. No refluxo, pelo contrário, após a contrarrevolução, ao se justificar perante os juízes como réu de lesa-majestade, lembrava que não deveria possuir motivos para participar de uma revolução que o derrubaria da "ordem da nobreza". Trai-se, entretanto, uma vez que seriam os "ulteriores avanços"[191] que estariam na base de suas inquietações. E a mobilidade numa sociedade de ordens sempre é menos favorável a tão almejados "avanços".

Em suma, na revolução, Antônio Carlos utilizava com clareza o termo "classe"; na contrarrevolução, o que lhe ocorria era fazer a defesa em relação à sociedade de ordens. No momento ascendente do processo, a convocação do povo de todas as classes; no momento descendente, a lembrança de seu *status* assegurado pelas hierarquias da sociedade de ordens.

As vacilações no emprego das palavras para definir as realidades sociais vividas nos inícios do século XIX podem ser explicadas pela indefinição relativa do corpo social que não se enquadrava nem dentro das hierarquias do antigo regime, nem nas coordenadas da sociedade de classes – fruto das revoluções burguesas. Tal indefinição possuía correspondência no nível dos diagnósticos e das verbalizações dos agentes históricos do momento considerado. Em todo caso, não é dispensável ressaltar, a sociedade que assistia à descolonização não mais se enxergava de maneira rígida: tinha-se consciência que havia "ânimos" divergentes dentre

Antônio Carlos Ribeiro de Andrada, ex-ouvidor de Olinda e revolucionário em 1817.

os vários setores do corpo social porque a sociedade não mais era tão homogênea.

Francisco de Sales Curado, por exemplo, escrevia de Goiana a 14 de abril de 1817 ao patriota padre Antônio de Albuquerque, a fim de chamar a atenção para a existência de "classes heterogêneas"[192], com atitudes diversas. Urgia "conciliar os ânimos" dos diferentes setores. O conflito básico visualizado por Sales Curado era proveniente dos antagonismos entre europeus e brasileiros, tipificador do momento da descolonização. A "boa ordem" deveria voltar, na perspectiva desse conciliador, com a mudança no comportamento daqueles que ignoravam "a marcha da civilização dos povos, a qual não consente distinção de indivíduos em um mesmo país, quanto ao nascimento e religião"[193].

A conciliação, nesse caso, advém menos da falta de radicalismo revolucionário do "compatriota" que da ideia de que era portador, segundo a qual a revolução "não consente distinção" entre os membros de uma mesma sociedade. A ideia é revolucionária? Nesse caso, não se percebia, entretanto, a natureza da revolução numa área colonial, ou de passado colonial; todos deveriam ser considerados iguais, e o critério explicitamente adotado era o de naturalidade e religião, e não o de raça e classe. Nesse sentido, não percebia ele que o significado atribuído ao termo "classe" estava diretamente referido ao problema colonial. As classes heterogêneas eram duas: a dos colonizadores e a dos colonizados. Ao adotar o princípio revolucionário de eliminação de distinções entre os membros de um mesmo país, o revolucionário Curado esquecia das determinações básicas do sistema colonial; não se tratava, no caso, de elementos de um mesmo país. O princípio por certo era revolucionário, mas a situação não era idêntica à das áreas metropolitanas, de onde teria emanado tal formulação. Daí sua inaplicabilidade e, implicitamente, o caráter conservador da tentativa de moderação de Sales Curado.

Importa, agora, apresentar e discutir as ocorrências do termo "classe" numa personagem que acompanhou de perto o processo revolucionário em seu momento mais crítico, e que procurou diagnosticar a natureza da sociedade em que atuava: Louis-François de Tollenare, o comerciante francês que operava em Recife à época da revolução. Sua condição de estrangeiro e conservador, que não o impedia de votar amizade pessoal a alguns revolucionários – entre eles o padre João Ribeiro –, credencia-o para funcionar como importante peça de referência. As observações que deixou em suas *Notas Dominicais*[194] auxiliam de maneira decisiva nessa tentativa de definição da sociedade nordestina em 1817 e de caracterização da consciência social de seus membros.

As dificuldades de Tollenare começavam pela inexistência de quantitativos para avaliação das realidades sociais que procurava descrever. Mas não desanimava de seu intento: "na falta de quantidade dos indivíduos, vou tratar da sua qualidade"[195]. E foi em termos qualitativos que entendeu e utilizou a palavra "classe". Nesse sentido, dividiu os habitantes das regiões consideradas em *três classes:* a primeira era composta pelos senhores de engenhos, ou seja, grandes proprietários territoriais; a segunda, por lavradores, por ele entendidos como espécie de rendeiros; e a terceira, pelos moradores, por ele entendidos como pequenos colonos. Os mercadores e os escravos ficavam excluídos de sua classificação. Quanto a estes últimos, aliás, Tollenare era taxativo: "não falo dos negros cativos, que não passam de Gado"[196].

As descrições e reflexões de Tollenare permitem-nos vislumbrar uma estrutura tensa. Nela, os senhores de engenho figuram como elementos agressivos, despóticos. O senhor de engenho "é um rei que só descobre em volta de si animais". Os negros escravos, os moradores e os lavradores estão a ele submetidos. Os lavradores são "vassalos inimigos", dele dependentes. O caráter conservador dessa camada dominante é apontado pelo comerciante francês, quando mostra a reação à modernização que os peculiarizava: "Há alguns senhores de engenho que se ocupam da parte teórica da agricultura e em alguns ensaios de melhoramentos nos processos da cultura e da fabricação. Pelo menos tive notícia da sua existência pelos sarcasmos de que eram objeto. Visitei seis engenhos e deparei com poucos homens interessantes."[197]

Descrevendo alguns hábitos religiosos, domésticos, alimentares, sexuais e culturais, em que sua mentalidade europeia se chocava com as realidades coloniais a cada passo, ia dando os contornos de uma visão de mundo "superior", ilustrada, metropolitana. "A um homem instruído que, viajando neste país, quisesse e pudesse derramar luzes, eu aconselharia não desdenhar algumas vezes certo pedantismo brutal; seria em breve considerado uma águia"[198]. Em contrapartida, a atitude dos brasileiros em relação aos franceses não deixava de indicar uma certa postura de colonizados: "no primeiro encontro com um francês, os brasileiros estão sempre dispostos a ver nele um poço de ciência, encerrando todos os conhecimentos que têm ilustrado o seu belo país"[199]. A atitude "superior", europeizante e ilustrada de Tollenare, entretanto, manifestava-se nas irritações quando era contraditado por algum nacional, ocasião em que não deixava de assumir tom grosseiro e ar de desprezo[200]. Afinal, seus contatos mais frequentes eram com os grandes proprietários, que não constituíam a "classe" de suas predileções. A força de tais proprietários era por ele avaliada pela posse de terras e pelos capitais nelas investidos. Tais capitais, todavia, eram, segundo ele, muito menos consideráveis do que os investidos nas antigas colônias francesas nas Antilhas. Além da avaliação pelas terras e capitais, a força dos proprietários era avaliada, naturalmente, pela posse de escravos: "só os estabelecimentos importantes é que têm 140 a 150 negros"[201].

Pelo que se pode notar, Tollenare é tentado a avaliar a importância dos engenhos pelo número de escravos empregados, mas as relações sociais são difíceis de serem captadas, uma vez que da atividade produtiva participa uma categoria ("classe", segundo ele) que desequilibra todo o conjunto: a categoria dos lavradores.

Sua condição de francês e de comerciante talvez não seja estranha ao fato de valorizar sobremaneira essa camada intermediária. Na verdade, é o setor mais digno de referência dentro do conjunto social. Quem são os lavradores? São rendeiros, segundo Tollenare, que não têm escrituras de arrendamento: "plantam cana, porém não têm engenhos"[202]. "Enviam ao engenho, de que dependem, as canas colhidas, que ali são transformadas em açúcar; metade pertence ao lavrador e metade ao senhor de engenho; este fica com o melaço, mas fornece as caixas; cada um paga separadamente o dízimo de sua parte."[203]

Constituem mão de obra, ao mesmo tempo que possuem escravos (seis a dez, segundo o comerciante francês). "São brasileiros, de origem branca, pouco mesclados de mulatos." Em cada engenho, podiam ser encontrados dois a três lavradores. Além de trabalharem, possuem capitais: apesar disso, espanta-se Tollenare pelo fato de a "lei" (abstratamente referida) protegê-los menos do que aos senhores de engenho. Entende mal que os contratos não sejam feitos entre senhores e lavradores, sendo que os primeiros têm o direito de expulsar sem indenização os lavradores de suas terras; mas percebe com clareza por que estes só empregam seus capitais em escravos e gado[204]. As relações de dependência entre senhores e lavradores não são bem entendidas por Tollenare, uma vez que, para ele, "os lavradores participaram dos benefícios que a emancipação comercial do Brasil trouxe aos senhores de engenho"[205]. Não percebia, evidentemente, que a "emancipação" *não* alterava a situação de *dependência* de uma "classe" em relação à outra.

A sobriedade dos lavradores – para ele a "classe" ideal – foi amplamente destacada em suas notas. Pequeno proprietário, o lavrador não possuía mais de oito escravos, e a taxa de poupança seria alta, uma vez que "vive muito sobriamente da mandioca que planta".

"Esta classe capitaliza", escrevia Tollenare a 29 de dezembro de 1816, em Recife.

> Se o governo a favorecer, ela está destinada a exercer um dia grande papel na economia política do Brasil; que se julgue da influência que exerceria se o governo garantisse contratos de nove anos, e sobretudo se viesse a adotar uma lei agrária que obrigasse os proprietários atuais a fazer concessão, mediante preços convencionados, de certas partes dos seus terrenos baldios a quem as quisesse comprar.[206]

A transposição de um modelo europeu ou, mais precisamente, francês, para as realidades coloniais, autoriza pensar Tollenare como um reformista. Era a "classe laboriosa dos lavradores" que deveria ser estimulada. Sua estabilidade poderia ser definida se o período dos contratos fosse ampliado para nove anos, tempo suficiente para instalação e capitalização. O governo deveria intervir a seu favor, estimulando uma reforma agrária em que as terras improdutivas dos grandes proprietários fossem concedidas para o cultivo dessa "classe" intermediária. O modelo da Revolução Francesa continuava, em certa medida, informando a maneira de percepcionar as realidades sociais em Tollenare. Os lavradores representariam para ele a pequena burguesia, pelo que se pode notar no exemplo acima.

Por outro lado, a violência, característica de estrutura tensa, foi bem captada nas notas do comerciante francês. As relações entre grandes proprietários e lavradores ficaram caracterizadas quando Tollenare, com algum espanto, testemunhou quando um grande senhor de engenho expulsou de sua propriedade "todos os lavradores e moradores que os seus predecessores, menos abastados, haviam consentido que ali se estabelecessem", sendo que o total de elementos expulsos atingia a casa dos seiscentos indivíduos.

Tal episódio, que parece ter-lhe causado forte impressão, provocou comentário onde se pode surpreender sua faceta ilustrada: "Os governos terão muito que vigiar sobre a aristocracia das riquezas, à medida que o poder da aristocracia de nascimento for diminuindo devido aos progressos da filosofia."[207]

À altivez dos lavradores e ao orgulho do senhor de engenho, Tollenare contrapunha as más qualidades da terceira "classe", qual seja, a dos "moradores". Para ele, os moradores eram preguiçosos, servis[208]. E quem seriam os moradores? "Os moradores são pequenos colonos aos quais os senhores de engenho concederam a permissão de construir uma cabana no meio do mato e de cultivar um pequeno pedaço de terra. O foro que pagam é muito diminuto, vale no máximo o dízimo do produto bruto, sem prejuízo do dízimo real."[209]

Pelo que se pode notar, os moradores estão na mesma dependência – em última instância – que os lavradores em relação aos senhores de engenho. Não têm contrato e, portanto, nenhuma garantia ou estabilidade: podem ser expulsos das terras a qualquer momento. Constituem parcela ponderável dentro do conjunto social: o comerciante francês estimava-os em 19/20 da população total do campo, excetuados os escravos[210]. Essa "classe" estava composta por "mestiços de mulatos, negros livres e índios". "Esta classe livre é hoje o verdadeiro povo (plebe) brasileiro; é paupérrima porque pouco trabalha."[211]

Assim, os senhores de engenho constituiriam a aristocracia de nascimento, os lavradores constituiriam a aristocracia das riquezas e os moradores, a plebe, dela sendo excluídos os escravos.

Dessas três "classes", a terceira – isto é, a dos moradores – estava mal integrada no conjunto social visualizado por Tollenare. Vivia isolada, era numerosa e "ainda está toda por civilizar"[212]. Não a atinge nenhuma autoridade civil ou religiosa. Vive marginalmente "sem conhecer, por assim dizer, o valor da propriedade"[213].

As duas primeiras "classes" (a dos grandes proprietários e a dos lavradores) vivem diretamente relacionadas à propriedade. Os escravos, por outro lado, constituíam eles próprios propriedades. Os moradores, assim, eram os únicos não integrados na perspectiva da propriedade adotada pelo comerciante francês.

Procurando explicação para o fato de não estarem bem ajustados os moradores dentro do conjunto social, Tollenare consegue visualizar o cerne do problema. Os meios para integrar tal camada "são difíceis de achar, porque a introdução dos negros impede que sejam reclamados nos engenhos os seus serviços remunerados[214]".

E ia mais longe, propugnando medidas reformistas, que se relacionavam com a questão básica das relações de dependência entre proprietários e não proprietários e entre proprietários e Estado: "talvez fossem necessárias algumas distribuições de terras"[215].

Embora tenha – por um momento – tocado a questão fulcral, que esteve na base do movimento revolucionário de 1817, não desenvolveu seu raciocínio até o fim, travado pelo viés ideológico de que era portador: as "distribuições de terra" não adiantariam, talvez, porque "esta gente é tão preguiçosa, tem tão poucas necessidades, que parece mister começar refundindo-a moralmente".

O sentido de propriedade dos moradores fica negado, inconscientemente, em Tollenare. Não entende ele, ou não pode entender a partir de suas balizas mentais de europeu, e europeu francês, o apego dos moradores aos seus cercados, "considerando como inimigos todos que lhes são estranhos". Propugnando uma "reforma moral" para eles, esquecia-se da reforma do regime de propriedade, anteriormente visualizada quando tratava de sua "classe" favorita, a dos lavradores. O mesmo viés que fazia com que a valorizasse, bloqueava-o quando procurava entender a terceira "classe". Em suma, não enxergava as relações de dominação imposta pelo próprio regime de propriedade.

Embora não conscientemente, Tollenare deixa em suas anotações desse mesmo dia 29 de dezembro de 1816 indícios para entendermos a tensão estrutural que caracterizava a sociedade nordestina às vésperas do movimento de 6 de março. Referindo-se aos moradores, dirá que "em geral despreza-se e teme-se esta classe. Os senhores de engenho que usam do direito de despedir os seus moradores porque lhes pagam pouco e mal, e frequentemente os roubam, tremem ao tomar esta perigosa medida em um país sem polícia"[216].

Fazendo a apologia dos lavradores, da "classe" intermediária, o ilustrado francês não percebia que as mesmas determinações definiam – embora em menor escala – a "classe" dos moradores. A dependência básica dos senhores rurais era a mesma. Os "progressos da filosofia" por certo corroíam as instituições sociais, porém em escala muito menor que aquela visualizada por Tollenare. A dominação exercida pelos proprietários de terras, a instabilidade dos lavradores sem contratos (com prazos curtos para arrendamentos) e a persistência da mão de obra escrava (impedindo o desenvolvimento de uma camada assalariada, que poderia ser engrossada pelos moradores) permaneceriam como linhas básicas definidoras da vida social nordestina.

O emprego do termo "classe", em Tollenare, fica circunscrito aos grandes senhores rurais, aos lavradores e aos moradores. Os escravos não se constituem em categoria digna de consideração, e por omissão somos levados a pensar que não constituiriam uma classe. A estrutura social visualizada pelo francês atende mais às coordenadas do antigo regime: a aristocracia, os pequenos proprietários e a plebe, eis as peças componentes de tal estrutura. Quanto aos comerciantes portugueses – os antigos mercadores coloniais – nem uma menção: propriedade de terras, eis o critério seletivo do francês.

Os conflitos emergentes em tal estrutura tensa são apenas referidos, sem preocupação alguma em aprofundamento. No mundo do trabalho, no qual o elemento predominante era o escravo, poucas são as referências às tensões: a persistência de quilombos, indício seguro dos desajustes na organização do modo de produção, é raramente explorada[217]. Não era por certo o antagonismo *básico* entre senhores e escravos que dominava as reflexões de Tollenare: afinal, os escravos eram "gado". Nessa medida, impressionavam-no muito mais os antagonismos *secundários* entre senhores rurais, lavradores e moradores, que eram brancos ou – os últimos, sobretudo – mulatos. Observava que as tensões nessa esfera provocavam certas formações de povoados marginais compostos de elementos expulsos pelos senhores de engenho, elementos em grande maioria provenientes da "classe" dos lavradores e da "classe" dos moradores. Para exemplificar, menciona Tollenare o caso de um grande proprietário "que acaba de expulsar todos os seus lavradores e moradores. Estes, que estavam no gozo das terras desde várias gerações, viram-se de repente despojados dos seus pequenos melhoramentos de cultura e privados dos meios de subsistência"[218].

O conflito, que se produzia dentro de uma mesma unidade de produção, passou a se desenvolver entre o pequeno povoado de expulsos – cerca de 1.200 indivíduos – e o senhor de terras. O povoado foi formado em torno de uma antiga capela, limítrofe do engenho. A tensão, provocada a partir da posse de terras cultiváveis, assumiu a forma de luta aberta, uma vez que os habitantes do novo povoado ameaçavam o proprietário do engenho "que não ousa aproximar-se da nova colônia, e, dizem, já foi obrigado a sacrificar algumas vítimas à sua segurança"[219].

Não escapou ao observador francês que os elementos expulsos andavam "cheios de raiva". Perfaziam cerca de trezentas famílias, quase a totalidade sendo composta de mulatos. Nesse núcleo, chamado simplesmente de povoação, e que Tollenare pôde visitar munido de salvo-conduto fornecido por um cirurgião, o francês viu "apenas quatro brancos, que provavelmente eram lavradores"[220]. Aí não havia "chefe nem magistrado", e já algumas características de urbanização se faziam notar. As hierarquias da sociedade nova não eram bem definidas. Mas o ilustrado Tollenare não deixa de julgar que, com a designação de um juiz, de um destacamento e de um capitão poder-se-ia em tal povoado constituir uma autoridade e "um centro de onde as luzes derramar-se-iam pelos campos"[221].

Em suma: a raiz da revolta popular, seja em termos de escravatura (com a formação de quilombos), seja em termos de expulsão de lavradores e moradores (propiciando a formação de centros de contestação do poder dos grandes proprietários), não é entendida pelo comerciante francês. O primeiro caso nem é considerado. No segundo caso, ao invés de perscrutar as motivações dos desacertos sociais radicadas no regime de propriedade, sugere a integração do núcleo contestatário nas estruturas de poder do regime vigente. Em sua perspectiva ilustrada, não percebia que tais conflitos tipificavam a crise do sistema. Ao fortalecimento relativo dos grandes proprietários correspondia um enfraquecimento no nível das estruturas de dominação, com a diluição da autoridade dos colonizadores. Procurava ensinar e orientar o governo, preocupava-se em difundir as luzes, mas não percebia que os grandes proprietários que expulsavam lavradores e moradores eram os mesmos que criticavam o governo absolutista. O ângulo "afrancesado" induzia-o a rotular com o termo "classe" um setor muito bem determinado da sociedade: aquele envolvido pela propriedade rural e que vivia do trabalho "livre". Excluindo os outros componentes da sociedade colonial, sobretudo os escravos e os antigos mercadores, procurava reencontrar no Nordeste, de certa maneira, a sociedade francesa da qual provinha.

Discutir-se-á, finalmente, a ocorrência talvez mais expressiva do termo "classe" à época da insurreição nordestina de 1817. Num debate ocorrido entre os revolucionários detidos nas prisões de Salvador, a noção de "classe" provocou ásperas divergências que estavam a indicar a natureza das lideranças nordestinas. A apresentação e discussão desse debate por certo ajudará a avaliar as maneiras de pensar das camadas dirigentes que procuravam afirmar-se no transcorrer do processo de descolonização. Tais maneiras de compreender a vida social emergentes no período, expressões elas mesmas de um certo tipo de relação de dominação, deixaram marcas profundas nas formas de explicar o passado nordestino. À distância, Oliveira Lima continuará repetindo em larga medida as explicações de Muniz Tavares; e as camadas dominantes, no setor rural, não terão diferenciado essencialmente seu comportamento, mental e político.

A *História da Revolução de Pernambuco em 1817*, de Francisco Muniz Tavares, na edição comemorativa do primeiro centenário do movimento, revista e anotada por Oliveira Lima[222], vem acompanhada por apêndice documental[223] em que se destaca texto apócrifo intitulado "Um Episódio da História da Revolução de 1817 na Província de Pernambuco, Passado Entre os Prezos d'Estado na Cadeia da Bahia"[224].

Nesse documento, em que estão narradas as vicissitudes por que passaram alguns revolucionários nordestinos desde a entrada das tropas do marechal Cogominho em Recife até o dia 10 de fevereiro de 1821, dia em que foram libertados os presos enviados para julgamento em Salvador, encontraram-se várias indicações que permitem avaliar algumas peculiaridades do universo conceitual em que se debateram os agentes do primeiro movimento social de envergadura do século XIX. Embora o documento seja escrito sem veleidades teorizantes, deixa entrever o nível das preocupações que se insinuavam nas consciências revolucionárias.

Se se lembrar que muitos dos detentos recolhidos na cadeia de Salvador para julgamento pela Relação tiveram participação ativa nos eventos nordestinos de 1817 – e não apenas pernambucanos –, se se lembrar ainda que muitos deles prosseguiriam suas carreiras embalados pelos valores afinados por essa época, como é o caso de Antônio Carlos Ribeiro de Andrada, Francisco Muniz Tavares, frei Joaquim do Amor Divino Caneca, Francisco de Paula Cavalcanti e Albuquerque entre outros, se se lembrar, finalmente, que, pela formação intelectual e extração social, é possível classificá-los como representantes significativos da elite dirigente que, pela primeira vez, tentou afirmar-se nos horizontes estruturais da sociedade ainda largamente marcada pela situação colonial, verificar-se-á facilmente o alcance que a análise de suas maneiras de pensar a vida social pode adquirir. Na verdade, para além das referências ao comportamento dos presos na cadeia de Salvador, bem como de suas discussões, pode-se compreender as bases sociais das formas de pensamento ideológicas dos prisioneiros: alguns deles[225] voltarão à cena revolucionária nordestina, e o exemplo mais conhecido é certamente o de frei Caneca; outros ocuparão postos de destaque na vida político-administrativa brasileira, como é o caso de Francisco de Paula Cavalcanti e Albuquerque[226] e de Antônio Carlos; outros chegarão a atingir altos postos nas dignidades eclesiásticas, sendo do monsenhor Muniz Tavares o exemplo mais frequentemente mencionado.

Dois dados preliminares permitirão situar o traço social largamente senhorial das lideranças revolucionárias aprisionadas em Salvador. Em primeiro lugar, bastará mencionar o tom indignado com que o narrador do episódio se refere ao quadro humano encontrado pelo major Inácio Gabriel Monteiro de Barros, que empenhou-se em inspecionar as miseráveis condições carcerárias[227]: eram "homens distintos"[228] que ali estavam, e não "certos negros da Enxovia"[229]. Em segundo lugar, deve-se notar o tom com que o próprio monsenhor Muniz Tavares, numa exposição deveras aristocratizante, em certo sentido acrítica, narrava a chegada dos prisioneiros nordestinos a Salvador:

> Entrarão de noite na mesma cadêa, onde estavão os outros seus compatriotas, sem supportar os Ferros; soffrerão o incomodo inevitável da estreiteza do lugar com a sua inseparável immundicia, incommodo logo minorado pela separação dos mais pobres, que transferidos á enchovia, viverão misturados com os reos de policia e os negros escravos.[230]

Os "homens distinctos", já se vê, não se misturavam aos "mais pobres". No caso, os mais pobres dentre os revolucionários eram equiparados aos negros escravos. O crime de rebelião os rebaixava ao escalão inferior na hierarquia social do sistema. Os brancos ricos, "distinctos", permaneciam com suas regalias sobre os pobres ou pretos escravos, inclusive na repressão. Nem mesmo o crime de revolução os igualava.

O documento em apreço contém informações de interesse para que se avaliem as condições materiais carcerárias dos réus de crime de lesa-majestade. Observa-se a violência da repressão – indício evidente de estrutura tensa –, violência que se manifesta no nível de eventos, desde o julgamento e execução de alguns revolucionários até o tratamento dispensado pelos carcereiros aos sobreviventes. A atuação de elementos mais aguerridos, entre os quais ressalta a figura de Antônio Carlos, é realçada nessa memória. Da mesma forma, há indicações que permitem vislumbrar as desigualdades sociais entre os prisioneiros, os de maiores recursos conseguindo melhor tratamento. Os reclamos, redigidos via de regra pelo desembargador Antônio Carlos, assessorado por João Antonio Roiz de Carvalho e Augusto Xavier de Carvalho, em que se rogava ao conde dos Arcos tratamento humanitário, eram abafados pelos ajudantes de ordens do conde: diziam que os ditos requerimentos "partião dos prezos d'Estado da Enxovia, quasi todos negros e alguns escravos"[231]. Contém referências de interesse, finalmente, respeitantes a certas personagens como o major Joaquim Nabuco de Araújo, um dos referidos ajudantes de ordens, "filho do Conselheiro Dezembargador do Paço, Nabuco, que foi mais tarde Barão de Itapuam"[232].

Sem embargo, o interesse maior apresentado pela memória reside na discussão ocorrida entre os 103 prisioneiros a propósito da noção de "classe". Surgiu tal discussão num momento em que as pressões de vários lados para a melhoria da situação dos reclusos começavam a frutificar. As medidas tomadas pelo major Inácio Gabriel Monteiro de Barros – "ainda virgem no manejo da pervercidade" (*sic*), segundo o narrador – provocaram mudança no regime da cadeia, sobretudo após a escolha do capitão Boaventura Ferraz para supervisionar a alimentação dos revolucionários[233]. O capitão Boaventura, indicado pelo conde da Palma, então governador da Bahia, escreveu aos detentos o seguinte bilhete:

> Fui encarregado pelo Exmo. Snr. General de mandar preparar e distribuir, pelos Snrs. prezos d'Estado de Pernambuco, a comida diária. Commissão que aceitei com tanta maior vontade quanto era o desejo de entrar com o meu contingente, a minorar-lhe os sofrimentos. Para facilitar, pois, a distribuição queirão os Snrs. dividirem-se em *classes* e me enviem uma lista com as necessárias declarações.[234]

O impacto da palavra "classe" num meio heterogêneo e tenso pode ser observado ao verificar-se que "o bilhete passou de mão em mão"[235]. Uma certa hierarquia interna permanecia intocada, pois que o bilhete foi parar finalmente no "domínio dos Snrs. Cavalcantis". O motivo da perplexidade: não sabiam "dar o verdadeiro valor à palavra – classes – que vinha no papel"[236].

Foi convocado um conselho, composto do morgado do Cabo, do padre Jácome (vigário de São Pedro Gonçalves de Recife, um dos prisioneiros mais maltratados e aviltados pelo carcereiro), além de "parentes ou afins dos mesmos". A presidência coube, como não podia deixar de ser, a Antônio Carlos[237]. O conselho, que é denominado "Areopago" pelo narrador, funcionou à base de consultas sobre a matéria, "que foi renhidamente discutida". Quanto ao resultado final, "resolveu-se que a palavra – Classe – equivalia a Jerarchia"[238].

Nessa altura, o narrador fornece indicação de grande valia para que se percebam quais as coordenadas jurídicas que estavam em vigência nas consciências dos revolucionários de 1817: à nota número 19 do documento em foco, fica indicada a referência que balizou os detentos. Eram as Cortes de Lamego, com a divisão social em clero, nobreza e povo, que orientavam as discussões sobre a hierarquização da sociedade. A nota, além de informativa, é crítica, pois que desvenda o comportamento aristocratizante dos revolucionários.

O comentário que se segue, embora escrito já provavelmente nos anos trinta[239], revela um tipo de consciência revolucionária muito nítida e radical. Configura uma desmistificação dos ideais de igualdade dos revolucionários de 1817: "Custa a crer que homens Martyres pela mesma cauza; prezos nos mesmos ferros; nivellados pela mesma rasoura: todos réos d'alta traição, ou de leza Magestade de primeira cabeça, que esperavam a mesma sorte, nutrissem, no meio d'aquelles horrores um orgulho aristocrático tão fora de razão."[240]

Mais radical que os revolucionários presos talvez fosse, paradoxalmente, o capitão Boaventura, encarregado da melhoria alimentar dos detentos e futuro participante da Sabinada. Confessara o capitão ao autor da narração do episódio, tempos depois, "que ao receber a lista classificada, teve tanto dezanimo, que dezacoroçoou de ver já mais a liberdade e independência do Brasil. Que nunca se lembrara que homens conciderados os modellos dos republicanos do Brasil classificassem seus compatriotas de desgraça d'a-quella forma"[241].

Os desacertos verificados entre os revolucionários pela introdução do termo "classe" não pararam aí. Estabeleceu-se a relação de todos os presos, que foram divididos em três classes. Na primeira ficavam incluídos todos os elementos portadores das patentes de major para cima, aí relacionados os milicianos de 1ª e 2ª linhas e os ordenanças de 3ª linha. Nessa mesma classe ficavam compreendidos ainda os desembargadores, magistrados letrados, cônegos e vigários colados. A segunda classe se compunha dos indivíduos portadores de postos desde cadete até capitão (de todas as linhas), bem como dos clérigos simples, magistrados não letrados e oficiais da Fazenda. A terceira classe, certamente mais numerosa, compreendia "todo bixo careta que não cabião nas duas primeiras"[242].

Pelo que se percebe, o critério estipulado foi marcadamente militar. As patentes e os postos orientaram as maneiras de entender a organização social por parte das lideranças revolucionárias: o sentido de hierarquia militar se coadunava facilmente com o sentido de mando dos grandes proprietários rurais aprisionados em Salvador.

Dificuldades se apresentaram, entretanto, para a realização prática da divisão estipulada. Onde seriam colocados, por exemplo, dois cunhados do morgado do Cabo[243], "moços assás estimáveis"? Nunca militaram nas linhas, nem ocuparam posições oficiais que os habilitassem a pertencer à primeira classe. Em suma, pela extração social e pelo parentesco pertenciam aos setores dominantes da sociedade nordestina; não, entretanto, do ponto de vista jurídico ou militar. A ebulição provocada por tal impasse foi suficiente para que, subvertendo todas as regras da sociedade que os envolvia para fora dos muros da cadeia, o Conselho[244] promovesse os dois parentes do morgado ao posto de major, sem designação de corpo, arma ou linha: "no dia seguinte forão os dous Majores, como taes, reconhecidos e saudados".

A recriação arbitrária de padrões sociais chegou a tal ponto que o narrador não se conteve: "Um procedimento tão insólito era, contudo, perdurável a esses homens que obedeciao a sua educação, alimentavão seu orgulho e permanecião na esperança, que na destribuição da comida, a 1ª classe seria aquinhoada com guizados abundantes e delicados."[245]

A manipulação das "classes", com sentido aristocratizante e racista, se manifestou mais claramente, porém, ao serem rebaixados para a terceira classe dois oficiais superiores do regimento Henrique Dias. O narrador indica que tal procedimento provocou indignação entre os próprios prisioneiros, ficando o conselho interno em má situação: "o que revoltou, e que nunca se lhes perdoou, foi a incoherencia com que observarão logo os princípios, por elles mesmo adoptados; por quanto tendo resolvido que entrassem, na 1ª classe os militares, de Major para cima, classificarão na 3ª classe, com exclusão da 1ª a dous officiais superiores do Regimento de Henrique Dias"[246].

Não é sem propósito observar que uma certa relação de poder permanecia no interior da prisão, tornando desiguais as sortes dos culpados de um mesmo crime. Tal desigualdade era motivada pela posição relativa de cada um na sociedade à época da revolução, bem como pela cor. As relações de poder vigentes fora da prisão permaneciam intactas no seu interior: prova disso é que o conselho presidido pelo desembargador Antônio Carlos impôs a hierarquia por ele desejada, com força suficiente inclusive para tornar dois paisanos oficiais superiores e transformar dois oficiais superiores em simples soldados[247].

Como desfecho da discussão em torno da noção de "classe" está o espanto, e talvez mesmo indignação, do capitão Boaventura. *Para ele o termo "classe" não possuía conotação hierárquica.* Disse ele aos prisioneiros:

> Senhores, a lista da maneira que está organizada, em nada me facilita na destribuição da comida, o meu pensamento era que os Snrs. se reunissem em grupos de 5, 6 até 8 pessoas mais umas: por exemplo um Pai que tem dous filhos com mais dous parentes e alguns amigos eis um grupo. Constame que aqui ha trez irmãos, com mais dous primos e alguns dos seus comprovincianos, eis outro grupo. Os Snrs. Eclesiásticos talvez quizessem reunir-se em uma ou mesma meza etc.[248]

Para tornar claro seu propósito, o capitão, após verificar o número total de prisioneiros, resolveu mandar doze tabuleiros, cada um para oito pessoas, e mais um para sete pessoas[249].

Em suma, o critério por ele adotado era quantitativo. A conotação emprestada ao termo "classe" era relativa a "grupo" profissional ou familiar *e não a camada social.*

A reavaliação da hierarquia, provocada involuntariamente, levou os revolucionários a se redimensionarem e colocarem em prática seus valores sociais. Nesse momento privilegiado, sob certo aspecto ainda revolucionário, os agentes de 1817 se revelam em sua verdadeira natureza: escravocratas, elitistas e patriarcais.

Não é de duvidar, assim, que os membros do governo provisório pernambucano fossem "designados pelo nome de aristocratas" ao cabo de dois meses de controle do poder. A revolução, vista globalmente, era de cunho escravocrata. Exemplos como o do capixaba Domingos José Martins foram raros, e provocaram frequentemente indignação em seus partidários. Os pontos mais fundos atingidos no processo revolucionário estavam, por certo, ligados ao confisco de propriedades de europeus e dos fundos do Banco do Brasil: a revolução era descolonizadora, mas não abolicionista. Oliveira Lima, numa de suas instrutivas anotações à obra de Muniz Tavares, menciona o apavoramento dos dirigentes pernambucanos em face aos assomos da massa, sobretudo porque o exemplo da Revolução Francesa deveria permanecer vivo nos espíritos recifenses. Nas proclamações revolucionárias que apareceram em Recife no final do período, sobretudo no mês de abril de 1817, ao lado de "vivas" a "Nossa Senhora", à "Pátria" e à "Santa Religião Catholica", surgiram indícios de um movimento mais radical e crítico em relação aos dirigentes do Provisório: "Morram os aristocratas."[250]

O papel da massa, difícil de ser estudado pela pobreza da documentação, pode ser entrevisto em algumas manifestações de *pilhagem* às propriedades dos senhores de engenho revolucionários. Uma vez aprisionados estes, suas propriedades ficaram sem administradores, iniciando-se o desdobramento da revolução dos não proprietários. A ação popular, entretanto, circunscrevia-se à apropriação dos bens que lhes estavam mais próximos. Na falta de liderança, a massa atuava apenas em termos locais: pelo que se depreende de consulta feita pelo vigário José Antônio Lima, de Mamanguape (Paraíba), feita a 19 de maio de 1817 aos agentes da Coroa, a avalanche popular não poupou os engenhos dos rebeldes. Pergunta o vigário "se se deve por administradores nos engenhos, uma vez que o povo tem feito uma pasmosa destruição nas lavouras e furtos nos gados, e animais, apesar de termos mandado tomar o nome de alguns"[251].

É de supor, portanto, que as lideranças revolucionárias, ao convocarem o povo de "todas as classes"[252] para votarem sobre o projeto de lei orgânica, em convocação que foi distribuída por todas as câmaras de Pernambuco a 29 de março de 1817, tenham tentado alargar a estreita vinculação então existente entre a escravatura e a monarquia absolutista, procurando nova solução. Nessa solução, a república seria a forma de governo escolhida, mas a escravatura deveria permanecer como realidade inamovível.

Se Antônio Carlos, como um dos redatores da lei orgânica, pensara em "todas as classes" no seu projeto revolucionário, após a derrota do movimento, quando de sua justificação aos juízes da Alçada, não deixara de se referir ao *systema* estabelecido do qual se beneficiava. A revolução, "derrubando-me da *ordem* da nobreza a que pertencia, me punha a par da canalha e ralé de todas as cores, e me segava em flor as mais bem fecundadas esperanças de ulterior avanço, e de mores dignidade"[253].

Na verdade, o universo conceitual de Antônio Carlos era informado por uma sociedade de ordens, sendo compreensível que percebesse mal o significado de uma sociedade de classes. E que dizer do problema racial? Certamente Domingos José Martins e o padre João Ribeiro foram mais longe que o Andrada. Como se sabe, o genro de Bento José da Costa muito irritava seus companheiros de luta, ao andar de braços dados com os "cabras" e "creoulos"; e o padre João Ribeiro recebera uma carta-testamento de Arruda Câmara, datada de Itamaracá, em 2 de outubro de 1810, sob muitos aspectos mais radical que o desembargador por se referir especificamente à emancipação dos escravos:

> Acabem com o atrazo da gente de cor; isto deve cessar para que logo que seja necessário se chamar aos lugares públicos haver homens para isto, porque jamais pode progredir o Brasil sem elles intervirem collectivamente em seus negócios, não se importem com essa acanalhada e absurda aristocracia cabundá, que há de sempre apresentar futeis obstáculos. Com monarchia ou sem ella deve a gente de cor ter ingresso na prosperidade do Brasil.[254]

Em suma: por um lado, estava a "canalha e a ralé de todas as cores", a "enchente da maré escrava", como um limite da revolução, na perspectiva dos grandes senhores de engenhos. De outro lado, a violência da repressão – do sistema, vale dizer –, exercitada nas sedições do final do período colonial[255]. Entre a escravaria e a repressão, tentou-se estabelecer a república dos proprietários. Falhada esta na prática, e já na fuga, tentou-se criar uma utópica "república de lavradores" no sertão, a "república ideal no centro do país"[256].

Um século após, tal maneira de enxergar a vida social nordestina – e, em certa medida, brasileira – permanece na análise de Manoel de Oliveira Lima. Explicando as dificuldades enfrentadas pelo governo provisório, que entre seus méritos inclui o de ter conseguido impor "a supremacia do poder civil contra as ambições dos militares"[257], Oliveira Lima, um século depois, *continuava encarnando as aflições da camada dirigente nordestina de 1817:* "Uma Constituinte facultando acesso a todas as classes seria um gravíssimo perigo político, quando não fosse um impossível, e implicaria uma súbita subversão social. Teríamos tido uma convenção mestiça, na qual a questão de raça assumiria o primeiro papel, arrastando na sua esteira preconceitos e ódios."[258]

OS LIMITES DA CONSCIÊNCIA SOCIAL: O MUNDO DO TRABALHO

Patriotas, vossas propriedades ainda as mais oppugnantes ao ideal de justiça serão sagradas.

Proclamação do Governo Provisório de Pernambuco.

O quadro crítico que se esboçara no mundo luso-brasileiro em 1817, num momento em que a aristocracia rural nordestina procurava assumir o poder, pode ser definido em função de duas contradições fundamentais. A primeira é aquela concernente às tensões entre colonizadores e colonizados (negociantes portugueses *versus* grandes proprietários rurais). A segunda é relativa à estrutura social interna, na qual os antagonismos sociais se polarizavam em torno de duas categorias básicas do modo de produção: grandes proprietários rurais e escravos. Quanto à primeira, sabe-se, por exemplo, que o ponto de partida dos eventos de março encontra-se numa denúncia, de alguns negociantes *portugueses*, de um pretendido levante liderado por "grandes filhos do país"[259]. Quanto à segunda, embora não seja a dominante, deve ser matizada para ser adequadamente compreendida: a camada que se propunha dirigente estava longe de se caracterizar pela coesão interna, ou pela unidade de propósitos. Nesse sentido, não se pode falar numa consciência de classe: a "contradição de alguns particulares"[260], aliás, foi mais de uma vez apontada pelo governo provisório da Paraíba. Pouco mais tarde, frei Caneca não deixará de notar, com surpreendente acuidade, "que os fidalgos do Brasil não formam corpo, são uns indivíduos isolados, não constituem classe distinta"[261].

No momento mesmo em que propunha afirmar-se politicamente como camada dominante, suas divergências internas se manifestavam em vários planos: no tocante ao regime político a ser adotado; no tocante ao auxílio externo; no tocante ao problema da escravidão. Embora haja interesse em discutir a natureza do republicanismo e da "influência" estadunidense no movimento sedicioso, a questão central para a compreensão da natureza da revolução e da consciência social nordestina em 1817 reside no problema da *escravidão*. Esse o principal problema que as elites dirigentes tiveram que enfrentar, e que acabou por provocar a travação no empuxo revolucionário: o medo da "enchente escrava", o perigo da desorganização do modo de produção. No mundo do trabalho é que se encontra a determinação última da consciência social nordestina e, em certa medida, brasileira, em 1817. Em função dela pode-se analisar com maior clareza, e em longa medida, o sentido social dos diagnósticos realizados pelas oligarquias nativas, bem como algumas manifestações provenientes dos setores que forneciam mão de obra para as grandes propriedades.

De fato, os limites da camada que se propunha dirigente se definiam mais claramente no mundo do trabalho. E, nesse nível, o elemento dominante era composto pela escravaria, a qual se encontrava especialmente inquieta na segunda década do século XIX. Não deve o observador iludir-se, entretanto, procurando situar a raiz dos conflitos apenas nos segmentos em que se encontrava a mão de obra escrava: de outros setores também provinham contestações à ordem estabelecida e, desde logo, pode-se incluir parcela da população livre, composta de mulatos, pretos forros, índios e até mesmo militares de baixa extração. O exemplo do rebelde Cristóvão Cavalcante, branco e pobre, analisado anteriormente, permite compreender e ilustrar a informação que o dicionarista Antônio de Morais e Silva dava ao seu tio, em carta de 11 de junho de 1817: "militares e pobres são quase sempre sinônimos"[262]. E o pauperismo esteve com grande frequência na raiz da não integração do sistema, criando condições para a insubordinação que se manifestava no mais das vezes por tentativas de ascensão. "A mais vil canalha aspirante", para retomar as palavras de Morais, procurava ascender, e seu movimento contribuía para abalar ainda mais as hierarquias do sistema.

Tais considerações conduzem, como não poderia deixar de ser, à questão seguinte: em que medida se pode definir a insurreição de 1817 como um movimento popular? Sabe-se que o processo revolucionário ocorrente no Nordeste no período envolveu as baixas camadas da população e, nesse sentido, não pode ser definido como movimento exclusivo das oligarquias contra as estruturas político-jurídicas legadas pelo sistema colonial. Para além das críticas ao sistema tributário, por meio das quais as lideranças proprietárias conseguiam mobilizar a massa contra o Estado absolutista e colonialista, podia um zelador do sistema, como era o desembargador João Osório de Castro Souza Falcão, visualizar nas baixas camadas comportamentos que iam de encontro às normas sociais vigentes: "ideias de igualdade, embutidas aos pardos e pretos" colocavam em risco as estruturas do regime político e social[263]. E tais ideias de igualdade, racial e social, revelam um desdobramento da revolução dos proprietários brancos e escravocratas. Nessa medida, para além da revolução dos oligarcas havia uma outra, em que o "sistema nivelador" servia de meta a ser alcançada.

As tensões se manifestavam no plano das nacionalidades, e podiam ser notadas no "ódio geral, antigo e entranhável dos filhos do Brasil contra os europeus", como dizia o desembargador João Osório[264]. Mas o problema dos antagonismos de nacionalidades deve ser observado em seu duplo ângulo: o primeiro, consubstanciado na ideia de propriedade – os "direitos de propriedade", segundo o desembargador colonialista –, que orientava as lideranças revolucionárias a partir dos sucessos da "restauração passada sobre os holandeses"; o segundo, em que "cabras" rebeldes (não proprietários) externavam violentamente seu desapreço pelos colonizadores, como é o caso de Luís Ferreira de Góis, morador na Vila do Pilar[265]. Assim, o *antieuropeísmo não era exclusivo das lideranças proprietárias*. Ademais, quando se observa que em certos núcleos, como a Vila do Pilar, um "montão de povo"[266] participou dos atos sediciosos, fica-se a pensar que o movimento possuía raiz popular. A resistência célebre de Itabaiana, da qual participaram índios e mulatos, e a resistência da Passagem da Bacuara, levam a considerar que o movimento assumiu caráter mestiço e popular em certas regiões nordestinas[267].

Se a participação popular é clara, a repressão absolutista, entretanto, não conseguirá atingir senão as lideranças capazes de manipular as massas. No caso de João Luís Freire, de Itabaiana, proprietário de terras e nacional, o advogado que lhe fez a defesa não deixou de mencionar a "aceleração e alboroto em que estava o povo", "aquele povo rústico e malvado"[268]. Fazendo a defesa do proprietário, não poupou críticas ao "povo desenfreado". E para defesa de seu constituinte brasileiro, chegou até a provar que as testemunhas de acusação eram de nacionalidade antagônica: "europeus mascates e taberneiros da Paraíba"[269]. Numa palavra, para a defesa de um proprietário, necessitava o advogado denunciar o responsável pelas mazelas sociais: o "povo".

Num momento de seca e de opressão tributária, conseguiram as lideranças articular temporariamente as massas. Realizada a repressão, verificam-se com nitidez as diferenças de perspectiva que caracterizavam as elites proprietárias e a massa. Depois da prisão dos revolucionários dirigentes, a *pilhagem do povo aos engenhos* se configurou numa "pasmosa destruição nas lavouras e furtos nos gados", conforme notou em Mamanguape o vigário José Antônio Lima[270].

Assim, o caráter popular da insurreição deve ser indicado em sua dupla manifestação: antieuropeia e, após a repressão, antiaristocrática. Mas no mundo do trabalho, *não considerando o setor escravo, um dos problemas básicos se localizava na existência de mão de obra excedente e não integrada no modo de produção*. Tollenare já chamava a atenção do governo para a existência de núcleos populacionais constituídos por lavradores e moradores expulsos dos engenhos[271]; e o general Luís do Rego Barreto preocupava-se, em 1818, com o perigo de uma "nova revolução em Pernambuco", tendo em vista a pobreza dos habitantes de certas regiões, como aquelas dos arredores de Goiana[272]. Tal mão de obra não integrada no processo produtivo, constituía-se em fratura no sistema, gerando grupos de opinião que não se coadunavam com os princípios em que estava organizado o regime.

Feitas essas considerações sobre o caráter popular do movimento de 1817, cumpre analisar mais detidamente alguns problemas que tiveram origem no mundo do trabalho. Tratar-se-á, ao mesmo tempo, de discutir comportamentos tipificadores da ampla camada social composta pela *escravaria*, uma vez que nela esbarraram, direta ou indiretamente, todas as tentativas de mudança da ordem estabelecida legada pelo período colonial.

Duas observações preliminares se impõem de imediato: a primeira, relacionada com o problema das fontes para o estudo da consciência pré-política da escravaria. Pode-se afirmar que o comportamento dessa camada social se inscrevia dentro de coordenadas revolucionárias? Quais as fontes que permitiriam responder a essa questão, positiva ou negativamente?

Na verdade, dentre o material deixado pelos conflitos ocorrentes no universo do trabalho no final do período colonial, poucos são os vestígios que permitem o estudo do comportamento dos escravos. Não deixaram traços marcantes, nem documentos escritos. Referências podem ser captadas indiretamente, seja por meio de um Tollenare, quando se refere – tangencialmente, no mais das vezes[273] – aos quilombos, seja pelos levantes ou tentativas de levantes de negros nos anos que antecederam a Revolução de 1817. Tanto no caso dos viajantes que registraram suas impressões sobre a vida social nordestina como no caso de movimentos de rebeldia explícitos, os tipos de consciência só podem ser captados e estudados *indiretamente*. Dentre os réus presos em Salvador, e que excedem de pouco uma centena, apenas podemos apontar *dois pretos*. E, assim mesmo, não eram escravos: tratava-se de Clemente Estevão de Lima, tambor do Regimento dos Henriques, da Paraíba, e de Joaquim Ramos de Almeida, sargento-mor em Recife. Dessa maneira, torna-se difícil, se não impossível, recompor o universo mental dos elementos que alimentavam a cultura de casta tipificadora de tal categoria; e, no plano de sua atividade política – ou melhor, pré-política –, pouco restará a fazer além de indicar alguns tipos de comportamento ocorrentes nesse momento da descolonização[274].

A segunda observação preliminar está de alguma forma relacionada à primeira. Do ponto de vista deste estudo, não importa saber quais os ingredientes que compunham a cultura de casta, e a justificativa é simples: como era do mundo do trabalho que dependia a estabilidade do sistema, as impressões deixadas pelas camadas dominantes (brancas) tornam-se suficientes para que se avalie o papel decisivo da escravaria como fator de aceleração e de moderação no processo revolucionário, e para que se perceba o quanto sua participação no processo social delimitava as linhas de ação política daquelas camadas. Em suma, a medida da revolução intentada era dada pela escravaria. Esse o limite do processo e, portanto, o divisor de águas da consciência social no período. A revolução era liderada por proprietários, e os proprietários nordestinos incluíam entre seus bens a escravaria. Aqueles que ousaram ir além, como um Domingos José Martins, um Francisco Bernardo ou um vigário João Marinho[275], açulando a escravaria e prometendo alforria em massa, estavam demasiado distantes em seus diagnósticos a respeito das possibilidades estruturais oferecidas pelo sistema. Afinal, uma patriota e revolucionária paraibana, dona Ana Clara Coutinho, não oferecera à revolução quarenta bois e quarenta escravos, nivelando até nos quantitativos as duas espécies?[276]

Certamente tais lideranças radicais operavam em função das tensões que marcavam a sociedade nordestina e, em certa medida, brasileira. As relações entre senhores rurais, lavradores, moradores e escravos nunca foram tranquilas como quer fazer crer a historiografia que se desenvolve no ângulo patriarcal da casa-grande. No mesmo ano de 1814 em que o líder Domingos José Martins retornava ao Brasil proveniente de Londres, preparava-se em Recife um levante de negros[277] de grande envergadura. Esse movimento, ao qual se seguiria a tentativa de levante de Alagoas em 1815, já anunciava o agravamento das relações raciais e de produção que se mostrariam em todos os seus termos em 1817. Some-se o impacto do exemplo de São Domingos, e verificar-se-á que as camadas dirigentes possuíam razões de sobra para envidar esforços no sentido de debelar a crise. Nessa perspectiva, não terá sido por simples coincidência que, na mesma época em que o líder revolucionário Martins retornava ao Brasil, tenham ocorrido graves conflitos no mundo do trabalho e vindo à luz a publicação do célebre escrito de Silvestre Pinheiro Ferreira, intitulado "Memórias Políticas Sobre os Abusos Gerais e Modo de os Reformar e Prevenir a Revolução Popular Redigidas Por Ordem do Príncipe Regente no Rio de Janeiro em 1814 e 1815"[278].

Torna-se relevante notar, em seguida, que a escravaria inquieta era a responsável, em larga medida, pelas principais contradições ocorrentes na camada de proprietários. Quem se preocupasse com a história social dos começos do século XIX brasileiro poderia perguntar-se, a essa altura, se de fato a escravaria estava inquieta nessa fase da descolonização. O ofício de Caetano Pinto de Miranda Montenegro, de 13 de agosto de 1814, ao marquês de Aguiar, não deixa dúvida a respeito da tensão existente nas relações sociais de produção. Um levante, premeditado para o dia do Espírito Santo desse mesmo ano, provocou medidas excepcionais por parte das autoridades do sistema, tanto mais que eram veiculadas notícias da Bahia no mesmo sentido. Tais notícias "soaram tanto nos ouvidos dos escravos" que Caetano Pinto tomou "medidas para tranquilizar os ânimos assustados" e fez saber "aos mesmos escravos o pronto castigo que achariam se meditassem alguma coisa"[279]. No ano seguinte, 1815, seria a vez de Alagoas, e um dos repressores seria o revolucionário branco José de Barros Falcão de Lacerda[280]. Dois anos depois, nos meses revolucionários, a fortaleza das Cinco Pontas seria comandada por um preto rebelde; e um líder revolucionário branco como Martins poderia se permitir acompanhar de uma escolta de dez oficiais, sendo que quatro eram brancos, três mulatos e os outros três, pretos[281]. A ameaça de levantes escravos criava condições para um avanço das lideranças dos proprietários, *ao menos num primeiro momento*. Um observador contrarrevolucionário chegado a Salvador escrevia a 20 de março de 1817 que "pretos comandam brancos, e brancos pretos"[282]: não percebia, e não podia perceber, tendo em vista o pânico que lhe causava o caráter racial da revolução, tão semelhante aos eventos de São Domingos, que a proporção da escolta de Domingos Teotônio era significativamente favorável aos brancos e revelava a preocupação do controle do processo. Para três pretos, quatro brancos; eis a regra.

O movimento de 1817 adquire expressividade se comparado às revoluções francesas de 1830 e 1848, uma vez que os insurgentes detiveram o poder – seis anos antes da Independência – durante 74 dias. E da perícia[283] política dos mais radicais não se pode duvidar: o apelo à participação dos pretos, no início, foi decisiva para abafar qualquer tentativa de contrainsurreição[284]. A ideia de que a população de Recife participava do conflito, fornecendo cerca de três mil homens em armas, "de todas as cores", assustou por algum tempo os zeladores do sistema e do regime[285] e criou condições de defesa. Tais condições, entretanto, seriam desorganizadas com o prosseguimento da fome que atenazava a população urbana e rural nessa segunda década do século, e com o medo crescente de certos setores ligados à grande propriedade, de um ultrapassamento do equilíbrio desejável para a ordem escravista. Ao que parece, fora das áreas urbanas (e nessas áreas Recife assume evidentemente o primeiro papel) não houve facilidade de articulação de escravaria; "o espírito dos povos do campo não foram fascinados", para retomar as expressões de um observador duplamente realista[286].

Ademais, quando o processo ganhou aceleração, dois fenômenos ocorreram paralelamente, colocando em risco a ordem almejada pela maioria dos grandes proprietários. O primeiro verificou-se quando Martins formou "um corpo de trezentos negros, quase todos escravos" arrancados aos senhores, e que não chegou a dar combate aos contrarrevolucionários que já se articulavam em Sirinhaém[287]. O segundo parece ter se verificado com maior incidência na Paraíba: em pleno período revolucionário, houve ocorrência de furtos de algodão por parte de escravos, para venda direta[288]. Os dois fenômenos desenvolviam-se em sentido contrário às linhas de montagem do modo de produção e, tanto num caso como no outro, provocavam a repulsa da maioria dos grandes proprietários. Um agente da revolução, como o era o dicionarista Morais, "patriota", capitão-mor de Recife, não deixara de se preocupar com o perigo de as famílias açularem os "escravos dos engenhos"[289] e, nesse sentido, poderia ele ser qualificado como um dos representantes mais conhecidos da tendência revolucionária que não deseja a participação escrava.

A participação de escravos desde os primeiros momentos parece, portanto, ter pesado positivamente no sentido de desencorajar tentativas expressivas de contrarrevolução. Quando se lembra que o ultimato ao governador Caetano Pinto vinha assinado por dois pretos, inclusive[290]; quando se sabe que José de Carvalho Carneiro da Cunha foi com escravos tomar a fortaleza de Itamaracá, prendendo o juiz de fora[291], e quando se recorda que o capitão-mor Francisco de Paula Cavalcanti (Suassuna), com um grupo de "negros armados", assaltou a Fortaleza das Cinco Pontas, soltando os prisioneiros[292], pode-se bem avaliar o temor provocado pela escravaria nos zeladores do regime.

Entretanto, para além dos zeladores do regime, o medo da desorganização do mundo do trabalho acabou por atingir, num segundo momento, ponderável parcela da própria camada proprietária insurgente[293]. Foi exatamente então que indícios de uma reviravolta nas hierarquias sociais e raciais começaram a se esboçar com nitidez: escravos eram arrancados a seus senhores, à força, e instruídos militarmente por oficiais revolucionários brancos[294]. Aderiam espontaneamente à revolução, como é o caso de um escravo do padre João de Albuquerque Cavalcanti[295], provavelmente polarizado pelas promessas de alforria[296]. Outros, ainda, eram articulados por padres-proprietários como é o caso dos escravos do padre Miguel Carlos da Silva Saldanha, que veio de seu engenho com eles e mais alguns agregados "para a vila dizendo que se havia de acabar com tudo"[297].

Exemplos como os citados por certo provocavam reação nas elites que se propunham dirigentes. Nada menos interessante para esses proprietários que modificação radical no regime de trabalho e, portanto, no de propriedade. Para eles, a ideia de que o escravo constituía posse era inabalável, e uma leitura ainda que superficial das fontes extirpará qualquer dúvida a propósito das balizas mentais dessa categoria social[298]. As fugas de escravos, por outro lado, que sempre estiveram presentes em todos os momentos da história da escravidão no Brasil, tornaram-se mais inquietantes, uma vez que novas formas de pensamento caracterizadoras dos proprietários nacionalistas transbordavam para o mundo do trabalho e revestiam tais manifestações de rebeldia. Tome-se como exemplo a Vicente Cabra, ex-escravo do padre Bento Farinha de Braga. Trata-se de um escravo que conseguiu escapar a seu senhor: "É acusado de que andava pela praia do Pitimbu com outro gritando: viva a pátria, todos armados, e atacando as pessoas mais sisudas; levantou à sua porta uma bandeira branca; era partidista dos rebeldes; andava armado e atacava."[299]

O traço de rebeldia é patente: "andava armado e atacava". Difícil, entretanto, será precisar e definir os contornos da ideologia desse elemento, sendo de duvidar que as raízes do "patriotismo" do escravo liberto sejam as mesmas do grande proprietário rural. Nesse momento de descolonização parecem postiços – falsa consciência – os valores dos grandes proprietários nas bocas dos ex-escravos. Afinal, já não dizia o professor Luís dos Santos Vilhena, em Salvador, nos fins do século XVIII, que "é a propriedade que une o cidadão à pátria"? Em suma, e na perspectiva de Vicente Cabra e seu companheiro, "viva a pátria"?

Por outro lado, o comportamento agressivo de certos líderes brancos deve ter provocado impacto decisivo nas mentes dos senhores rurais, no sentido de acarretar reação negativa. Não apenas Martins, Francisco Bernardo, padres João Marinho, Miguel Carlos e João Ribeiro engrossavam o partido da revolução abolicionista, por suas ideias e ações. Também José Maria de Vasconcelos e Bourbon, réu detido em Salvador, e um dos constituintes do advogado baiano Aragão e Vasconcelos, revelou-se rebelde entusiasmado e sensibilizado pelo problema racial: uma das testemunhas de acusação, um certo Claudino José Carrilho (testemunha n. 46), afirmava que Bourbon "sempre fora conhecido por mau vassalo de Sua Majestade, que servira aos rebeldes com entusiasmo, animando muito aos pretos e chegando a dizer a um oficial desta cor, que se tivesse uma filha lha daria em casamento para mostrar a igualdade de todos"[300].

Esse rebelde, branco, entendia a igualdade não apenas em termos sociais, mas sobretudo raciais. Em certo sentido, procurava atenuar uma tendência discriminatória que peculiarizava o sistema, oferecendo sua hipotética filha para o oficial preto. Tal tendência discriminatória, que se revelava em todos os níveis, incluindo o matrimonial, teria sua contrapartida na ação dos pretos que andavam com Domingos José Martins e que queriam casar com "brancas, das melhores"[301].

Assim, o medo em relação à escravaria inquieta passava a caracterizar gradativamente os setores proprietários. Medo de uma alteração violenta – revolucionária – na ordem social e racial, medo de perderem a propriedade. No momento em que se prometeu alforria aos escravos, "cada um escondia os seus escravos" como podia[302]. Se para um Martins ou um Bourbon a participação da escravaria liberta era condição favorável à revolução, para o dicionarista Morais e para dona Ana Clara Coutinho os escravos deveriam permanecer na base da antiga organização da sociedade, como dados que não deveriam ser alterados.

Quanto ao revolucionarismo da escravaria, dele se pode duvidar, pelo menos nessa fase. No princípio do movimento revolucionário, a *ideia* de sua participação foi o bastante para desanimar qualquer movimento contrarrevolucionário; no segundo momento, no embate final entre revolucionários e representantes do regime, sua participação foi pálida e pouco significativa, praticamente agindo à força[303].

Por essa razão, pode-se entender por que o *antagonismo básico* de então se manifestava entre proprietários rurais brasileiros e mercadores coloniais portugueses, sendo que nestes últimos se apoiava o poder central absolutista. O autor das *Memórias Históricas da Revolução de Pernambuco* escreveria nesse sentido, de Recife, a 15 de janeiro de 1818, lembrando, a propósito dos mercadores, que "seu espírito público é decisivamente realista, e bem-intencionado para com o trono"[304]. A crise do antigo regime no lado brasileiro do mundo luso-brasileiro não implicava a desorganização do modo de produção que se estabelecera ao correr dos três séculos de colonização. A única alteração que se propunha a camada dirigente nordestina situava-se no nível dos setores dominantes, no plano político. E os conflitos básicos envolviam a propriedade, *aí incluídos os escravos*: na perspectiva dos grandes proprietários rurais, com raríssimas exceções, os escravos permaneciam objetos e não sujeitos. Eram, na verdade, um requisito indispensável para a sua afirmação em face do absolutismo e em face do elemento colonizador.

Cindida em relação ao problema do trabalho em 1817, a camada proprietária e nacionalista não teve condições para opor uma linha política coesa e uniforme à contrarrevolução. Pelo contrário, suas frentes de preocupação desdobravam-se em duas: no plano externo, a antiga Metrópole e o peso do sistema e da repressão; no plano interno, a contenção da escravaria, dos lavradores brancos e dos moradores mulatos. A contrarrevolução, por seu lado, tinha a preservar, num regime absolutista, o sistema que se estruturara ao longo de três séculos, em nome de valores políticos e até mesmo religiosos fundamente enraizados.

Dessa forma, e na perspectiva da revolução, bem como na da contrarrevolução, a permanência da organização do trabalho escravo era, pois, uma necessidade por assim dizer estrutural. A descolonização implicava o fortalecimento dos grandes proprietários rurais, e o fortalecimento dos grandes proprietários implicava o fortalecimento das relações de dominação; a repressão implicava a revitalização das estruturas de dominação colonial, e a dominação colonial implicava a manutenção da sociedade escravocrata. Cindida e assustada em relação ao problema do trabalho, a camada dos proprietários nacionalistas cedo se defrontou com a questão crucial da abolição. Essa camada dividia-se em dois subgrupos: um, mais numeroso, orientava sua visão de mundo por meio das coordenadas da sociedade escravista gerada no processo de colonização; outro, constituído pelas figuras excepcionais de Martins, João Ribeiro, Bourbon, procurava ajustar modernos modelos externos – sobretudo franceses – de organização social a uma sociedade que se estratificara em função do escravismo. Esse último subgrupo constituía-se em pequena fração da camada proprietária, verdadeiros casos raros – e talvez por isso mesmo tão repetidamente identificados e mencionados pelos historiadores –, cujos méritos não podem ser estendidos inadvertidamente à categoria como um todo, a menos que se pretenda idealizá-la.

As contradições entre os dois subgrupos operaram ao longo dos meses revolucionários de março e abril de 1817, fazendo com que predominasse o primeiro subgrupo, majoritário, revolucionário, porém não abolicionista. O documento em que ficou caracterizado o compromisso, a conciliação entre os dois subgrupos, foi inserido por Muniz Tavares no capítulo XIV de sua *História da Revolução de Pernambuco*[305], e nele se pode perceber como *liberalismo e escravismo* foram obrigados a se ajustar na área do Novo Mundo em que a escravidão mais durou. Constituiu-se numa das raras ocasiões (e talvez a mais importante) em que o governo provisório foi obrigado a explicitar sua posição em relação à liberdade dos escravos, e por isso merece ser transcrito na íntegra, para análise detalhada:

Patriotas Pernambucanos! A suspeita tem-se insinuado nos proprietários ruraes: elles creem que a benéfica tendência da presente *liberal revolução* tem por fim a emancipação indistincta dos homens de cor, e escravos. O Governo lhes perdoa numa suspeita, que o honra. Nutridos em sentimentos generosos não podem jamais acreditar que os homens por mais, ou menos tostados degenerassem do original typo de igualdade: mas está igualmente convencido que *a base de toda a sociedade regular he a inviolabilidade de qualquer espécie de propriedade.* Impellido destas duas forças oppostas deseja huma emancipação, que não permitta mais lavrar entre elles o cancro da escravidão: mas deseja-a *lenta, regular e legal.* O Governo não engana ninguém, o coração se lhe sangra ao ver tão longinqua uma época tão interessante: mas não a quer prepostera. *Patriotas, vossas propriedades ainda as mais oppugnantes ao ideal da justiça serão sagradas*; o Governo porá meios de diminuir o mal, não o fará cessar pela força. Crêde na palavra do Governo, ella he inviolável, ella he santa.[306]

A proclamação do governo provisório pernambucano apresenta interesse especial não apenas por indicar os termos exatos da conciliação entre as duas principais correntes de opinião (revolucionárias). Permite observar que as lideranças de 1817 já se pensavam num momento *liberal*, ou seja, numa revolução liberal[307] e, para mais, que a propriedade estava na base de qualquer organização social. Liberalismo e propriedade, eis o binômio que propiciava a integração do Nordeste na primeira vaga liberal do século XIX. A contradição dessa atitude – revolucionária para o tempo –, manifestava-se e definia-se não apenas em relação ao absolutismo colonialista, combatido pelas lideranças dos proprietários rurais; definia-se também em relação a uma tendência minoritária, mais avançada e radical – e, portanto, demasiado revolucionária para o tempo –, que propugnava a colocação na prática do princípio de "igualdade", o que, no Brasil, levava a equacionar a questão em termos não apenas *sociais* (como no caso da França) mas também *raciais*. A "emancipação indistincta" a que se referiam os revolucionários pernambucanos tinha por contrapartida a desorganização do regime de propriedade, e a "inviolabilidade de qualquer espécie de propriedade" estava na base da organização social. Nesse sentido, a revolução liberal chocava-se com o princípio de igualdade: liberdade sim; e igualdade, em termos restritos, circunscrita aos proprietários.

As duas tendências revolucionárias, que em certo sentido acabaram por se anular e favorecer a contrarrevolução, sem embargo, se compatibilizavam num ponto intermediário; o problema da escravidão deveria ser resolvido através da "abolição lenta, regular e legal". É evidente que, a partir de tal posição intermediária, o movimento se enfraquecia e *desembocava num reformismo* lento, gradual. *Difícil será qualificar o fenômeno global de revolução, uma vez que não foram alteradas as relações de produção; a menos que se entenda a revolução como fenômeno parcial, o que é inconcebível. Nesse caso, é-se obrigado a denominar o fenômeno 1817 como movimento insurrecional das elites coloniais. Em suma, "insurreição" e não "revolução".*

Ao "ver tão longínqua uma época tão interessante", a oligarquia nordestina mais progressista e radical tomava consciência do peso das estruturas lentamente fabricadas no período colonial. Ao esbarrar nas estruturas sociais de base escravista, obrigava-se a moderar em suas posições radicais abolicionistas. As elites dirigentes eram, por assim dizer, compelidas a se readequarem ao estrato social do qual se faziam porta-vozes. Em certo sentido, os limites da consciência social da aristocracia rural eram dados pela escravaria inquieta. Orientado o processo insurrecional pelos proprietários, pode-se pensá-lo – e defini-lo – pelas suas características políticas amplamente liberais e não democráticas[308], pelas suas características fundamente nacionalistas, na medida em que o processo era de descolonização, e, sobretudo, pela sua consciência social palidamente abolicionista. Numa palavra, as estruturas sociais legadas pelo período anterior continuavam a condicionar os comportamentos ideológicos e políticos da oligarquia nativa. A consciência social da oligarquia não pode ser confundida com "consciência de classe", posto que os senhores rurais não constituíam "classe". A consciência de seus interesses escravistas era suficiente, todavia, para impor a direção ao processo e condicionar a ação radical do governo provisório, no sentido de moderá-la. Mas não era suficiente para levar a cabo o processo de descolonização: a falta da coesão necessária em relação ao problema do trabalho enfraqueceu a possibilidade de articulação – já por si tão difícil – das elites dirigentes dispersas por todo o Nordeste.

Do entrechoque das duas tendências revolucionárias resultou a coloração liberal, nacional e escravista da "revolução". Na perspectiva dos revolucionários de 1817, tornava-se possível, sim, falar em modificação no regime de trabalho, em abolição da escravatura. Apenas que entendida a longo prazo, em termos graduais e "legais". E a legalidade, no texto, deve ser entendida como a dos homens brancos no poder.

Escrevendo a *História da Revolução de Pernambuco* algumas décadas após os idos de 1817, o monsenhor Muniz Tavares, ex-revolucionário, mas ainda firmemente liberal, permanecia engajado na sua posição de abolicionista. Sua ideologia, entretanto, fazia com que esposasse tal causa enquanto *branco e liberal*. Aos proprietários rurais é que dirigia, normativamente, palavras de orientação. A escravidão retardava a civilização do Brasil, corrompia os costumes, degradava-o, empobrecia-o, segundo ele:

> Consultem os proprietários ruraes com maduro exame os seus interesses, e saberão que o vistoso lucro de suas terras he todos os annos sepultado na mesma terra sem lhes deixar outra indemnisação senão os gemidos dos desgraçados [...] Os pais de família lancem os olhos sobre o interior de suas casas, e se ainda conservão os sentimentos de honra baseados na sãa moral, de certo não poderão conter as lagrimas vendo a depravação, que alli reina, o contagio, que se vai inoculando com o leite em seus tenros filhos, contagio, que jamais será extincto.[309]

A perspectiva liberal do monsenhor continuava, na década de 1930, a conter os traços marcantes da grande propriedade. Para ele, não era importante em si mesma a libertação dos escravos: devia ser feita porque interessava aos proprietários rurais, brancos, pais de família. Pode-se pensá-lo, sim, como revolucionário; mas revolucionário liberal e, acima de tudo, branco.

Realizada a repressão, o mundo do trabalho continuava a impor as regras do jogo político. Se o problema da utilização da mão de obra escrava provocara desencontros nas camadas ligadas à grande propriedade no Nordeste, o mesmo ocorria em relação aos representantes do absolutismo colonialista. A solução por eles aconselhada não significava apenas um simples retorno à situação anterior a 1817. Mais do que isso, visualizando a intensidade da inquietação da escravaria e das tensões entre proprietários e lavradores e moradores, os mais lúcidos defensores do sistema propunham a abolição a longo prazo. Nesse sentido, *aproximaram-se*, em suas tentativas de reformas, das posições mais moderadas dos revolucionários nacionalistas: no caso desses últimos, viu-se que se tornaram obrigados a respeitar as propriedades “ainda as mais oppugnantes”; e, no caso dos representantes do absolutismo, a permanência da escravidão deveria ser eliminada a longo prazo. A posição de Paulo Fernandes Viana é muito clara nesse sentido, e serve para tipificar uma tendência pós-revolucionária que, apesar de provir de conselheiro do rei, não deixa de ser liberalizante no que tange ao problema do trabalho escravo. Escrevendo do Rio de Janeiro a 21 de novembro de 1817, aconselhava as medidas que deveriam ser tomadas para a "total abolição" do tráfico negreiro:

Senhor,

O projeto de lei de impor sobre a introdução da escravatura é o mais bem lembrado que se pode, enquanto a mim na presente ocasião. Por muito contrário que seja no coração de Vossa Majestade o carregar de direitos o comercio, e aumentar as rendas por meio de imposições é preciso ceder a necessidade por isso que a renda nunca se aumenta consideravelmente só pelos melhoramentos mais sim pelos tributos.

Todos os vassalos de Vossa Majestade conhecem as grandes despesas do Estado pelo aumento do exército que tem sido forçoso conduzir ao Brasil em suas expedições, todos sabem as outras extraordinárias despesas que o Estado tem tido; todos conhecem que dos melhoramentos que Vossa Majestade tem constantemente procurado promover no Brasil se não fazem sem despesas, e todos finalmente sabem que ainda falta muito a fazer no Exército, na Marinha, nas Finanças e na Polícia, para ficar fundada a máquina do Estado tranquilamente e de modo que nos granjeie segurança.

Tudo isto não se faz sem grandes somas, e as grandes somas em um Estado não vem senão por meio de imposições, porque só estas são as suas rendas.

É pois consequente a necessidade de as aumentar por via de imposições e entre estas as que se fazem sobre a introdução da escravatura, é na presente ocasião a mais política, e a que pode ser mais bem recebida, é mais política porque deixa já entrever que necessitado como Vossa Majestade está de ceder e concordar com a opinião da Europa na abolição da escravatura, é já este um meio de a ir dificultando e com que Vossa Majestade desde já concorre com ela, como pode, para a sua abolição, e quando permitem as suas circunstâncias, estando em um país que precisa muito de braços: e que mais bem recebida pode ser porque o povo que sabe deste motivo e que esteja preparado para a ver extinta em um momento, conhece as imperiosas circunstâncias em que o seu soberano se acha de lançar mão dela, e ainda levanta aos céus as mãos e o bendiz porque lhe não priva de repente destes braços, senão por meios indiretos.

Como ouço que esta projetada imposição vem acompanhada de providências que podem ser eficazes para se cuidar verdadeiramente no aumento da população branca, a que se aplica a metade da mesma imposição, ninguém haverá que não louve uma medida em que se por uma parte lhes tira indiretamente braços rudes, e que sempre se olham como perigosos, por outra se lhe aumentam braços dextros de gente branca sua semelhante, de que o país muito precisa, sem receio, e que promoverá com os seus trabalhos maiores bens.

Creio, portanto, que nenhuma dificuldade deve Vossa Majestade ter nesta imposição assim como se diz que ela é concebida porque salta aos olhos a sua bondade e do que é bom ninguém se enfada nem murmura. Quando mesmo se solicitasse uma subscrição para o estabelecimento e aumento da população branca, estou persuadido que todos concorreriam quanto mais vendo-se que por este meio ambas se proverão uma como fiadora da outra, a dos brancos como a que deve ser permanente, e a dos pretos porque a eles estamos acostumados, e chega com mais facilidade e depressa.

Não há que recear a falta de empreendedores para a negociação dos pretos, porque como a imposição só se paga no país para que se importam, o empreendedor não paga senão por meio do último consumidor e tributos assim nunca pesam aos comerciantes, pesam só ao lavrador brasileiro que precisa deles, o qual vendo que por meio se lhe prepara outro recurso mais duradouro e ainda é ajudado porque estava em termos de o perder de todo, o que lhe vem dos escravos, bendiz aquele que lho conserva ainda que seja por meio desta tal e qual nova imposição.

Os homens que olham para diante não deixam de temer que a ilimitada importação de escravos haja um dia de os arruinar, e por isso na prudência de quem sem lhos tolher lhes prepara braços brancos de que se podem vir a servir, confiam tudo, e no seu coração abençoam o soberano que assim olha para eles com doçura e beneficência. Ninguém já ignora o aperto que fazem as outras potências e por isso não murmuram da necessária imposição, antes se esperançaram de que por este meio se pode retardar por mais algum tempo o termo fixo da abolição e que Vossa Majestade deste mesmo princípio tirará forças para os negociar, fazendo conhecer que assim se vai procurando para poder melhor convir na total abolição deste comércio.

É este o meu parecer ingenuamente deposto aos reais pés de Vossa Majestade.

Rio, 21 de novembro de 1817.

(a) Paulo Fernandes Viana[310]

Na base das soluções que se impunham, tanto para os revolucionários como para os agentes do regime absolutista, estava a tensão provocada pela organização do trabalho em moldes escravistas. Embora divergissem, evidentemente, quanto ao setor a ser beneficiado pela revolução (grandes proprietários rurais, ou seja, o "lavrador brasileiro") ou pela contrarrevolução (mercadores coloniais, ou seja, "o comércio"), as duas correntes acabaram por encaminhar, naquele momento, as soluções para uma mesma direção: a abolição gradual.

A liberalização do sistema pode ser entendida, nessa perspectiva, como característica marcante não só dos revolucionários, mas também da Coroa. O impacto do movimento insurrecional se fez sentir nas estruturas de poder vigentes, obrigando a reformulação do problema do trabalho.

A busca da solução "a mais política" por parte do intendente de polícia Paulo Fernandes Viana configura a crise provocada pelos meses revolucionários de 1817. Num "país que precisa muito de braços", a abolição repentina seria catastrófica; por outro lado, a abolição gradual poderia satisfazer à pressão europeia antiescravista, ao mesmo tempo que favoreceria o aumento da população branca. O perigo representado pela população negra (os "braços rudes") seria extirpado em benefício dos "braços dextros de gente branca" (*sic*). Os desequilíbrios entre população preta e população branca continuavam a impressionar os zeladores do regime[311], e o esforço do autor do parecer era no sentido de reequilibrar a situação em benefício dos brancos; a população branca, a população que deveria ser "permanente".

A tributação, para Fernandes Viana, podia incidir sobre os comerciantes, para "aumentar as rendas": em última análise, quem acabaria por pagar os tributos seria o "último consumidor", ou seja, o "lavrador brasileiro". "Tributos assim nunca pesam aos comerciantes." A perspectiva do colonizador se desvenda e se clarifica em todos os seus termos, permitindo entrever a natureza dos conflitos entre colonizadores e colonizados, como se comportavam em relação ao problema do trabalho.

O intendente de polícia e conselheiro do rei, embora fosse absolutista e fizesse a defesa dos mercadores, preocupava-se sobremaneira com o problema da insegurança provocada pela organização do trabalho, propondo soluções que se aproximavam daquelas dos revolucionários pernambucanos.

A abolição gradual da escravatura sugerida ao rei era uma medida que, sob muitos aspectos, não deixava de ser liberalizante. Liberalizante e racista[312].

O estudo das ações concretas e dos diagnósticos de situação produzidos à época da insurreição de 1817 permite esboçar *três tendências*. A primeira, verdadeiramente revolucionária, embora minoritária, era composta pelos elementos mais radicais que pugnavam pela revolução em que estivesse incluída a liberdade dos escravos. A segunda, majoritária, era engrossada pelos grandes proprietários rurais que não aceitavam a revolução na organização social do trabalho – essa tendência acabou por impor seu peso nas decisões políticas do governo provisório; para ela, a permanência do trabalho escravo era um requisito para o confronto com o elemento colonizador. A terceira, reformista, resultava na conciliação entre as duas primeiras: a curto prazo, impunha a permanência da utilização do trabalho escravo; a longo prazo, admitia a abolição "lenta, regular e legal". Essa terceira tendência muito se aproximava das soluções propostas pelos representantes do poder central, no que diz respeito ao problema do trabalho escravo. A ordem estabelecida foi obrigada a se modernizar, pela pressão externa e pelos conflitos internos. E se mais não avançou no processo de *modernização* foi porque uma nova economia – a do café – estava em fase de articulação, requerendo a *permanência* do trabalho escravo.

Como resultado global, tem-se uma relativa liberalização do sistema. Nas três tendências apontadas acima, há que considerar, na base das soluções que se impunham, as tensões provocadas por tal organização do trabalho. No plano interno, a escravaria inquieta pressionava o encaminhamento das três alternativas apontadas. A curto prazo, apenas a segunda se realizou historicamente: como já se estudou antes, a persistência da escravidão resultava de uma necessidade estrutural para a emancipação política dos grandes proprietários rurais (que implicava a não emancipação social dos escravos africanos). A rigor, não ocorreu alteração significativa na relação senhor/escravo, porque não houve mudança no modo de produção. Demais, a dependência externa permaneceu como dado de estrutura (mudaram-se apenas os colonizadores, o estilo e a dinâmica). O período crítico (1808-1831) da passagem do Antigo Sistema Colonial português para o sistema de dependências orientado pela Inglaterra permitiu à aristocracia rural brasileira rever as bases em que ia instalando seu poderio dependente. As relações de dominação (internas) complementavam as relações de dependências (externas); aquelas foram reapertadas com maior intensidade, não mudando, todavia, de sentido. Portanto, se se pode falar em *mudança* expressiva no período, certamente ela se localiza no nível das camadas dominantes em conflito: senhores de terras brasileiros e mercadores coloniais portugueses.

No plano das relações sociais internas, em que senhores e escravos ocupavam os polos principais, não será descabido dizer que a sociedade estamental-escravocrata sofria abalos no processo de descolonização, que não chegavam a desfazer as linhas de estratificação geradas no período colonial. O ano de 1817 representa com clareza tal abalo, e nele se definiu com vigor a primeira camada dirigente brasileira, anticolonialista, porém escravista. Numa palavra: houve abalo – mas não revolução – na estrutura da sociedade estamental-escravocrata, sem emergência de uma sociedade de classes.

Nesse período crítico de mudança de dependência externa, foram importadas muitas ideias "avançadas" provenientes das áreas em que houve revoluções burguesas. A inadequação de tais ideias às estruturas de uma área em que o passado colonial, no que diz respeito ao modo de produção, permanecia tão presente, propiciou algumas desilusões que podem ser captadas num líder revolucionário do porte do padre João Ribeiro, capitão de guerrilhas e "alucinado pela leitura dos nossos filósofos do século XVIII"[313], no dizer de Tollenare. Esse comerciante francês e amigo do padre revolucionário escrevia, a 6 de abril de 1817, sobre o líder:

> Recordo-me que um dia o Padre João Ribeiro me disse: "É em vão que se pretende abafar as ideias liberais; pode-se adormentar por um momento a liberdade; mas ela terá sempre o seu despertar, não duvideis disto." Tinha então um tom exaltado e profético; mas tomei a sua declaração por uma simples inspiração filosófica sem a mínima alusão ao povo brasileiro, porque tínhamos mil vezes convindo na sua ignorância e na sua inépcia para compreender outra coisa além da obediência passiva e irrefletida.[314]

De fato, uma sociedade de classes não se estabelecera no Brasil. A revolução, em seu conjunto, configurava o fortalecimento do estamento escravista em relação à antiga Metrópole. Um dos revolucionários de 1817, talvez o mais lúcido, frei Caneca, irá escrever em suas *Cartas de Pítia a Damão* que apenas "nas puras democracias há classes, há distinções nascidas da indústria e da propriedade"[315]. Ora, não era esse certamente o caso do Nordeste brasileiro.

E, finalmente, se não se pode falar em sociedade de classes, como pensar o movimento de 1817 como um fenômeno do tipo "luta de classes"?

4. As Formas de Pensamento Ajustadas

Sua Majestade precisa nesta crise salvar-se a si, e a nós todos.

TOMÁS ANTÔNIO VILA NOVA PORTUGAL

O PROBLEMA

O observador atento aos eventos do mundo luso-brasileiro no primeiro quartel do século XIX, sobretudo os ocorridos entre 1815 e 1822, não poderá deixar de considerar a acentuada tendência à liberalização que caracterizava as transformações. Essa liberalização, todavia, não deve ser entendida como processo simples, constante e homogêneo. Os anos inquietos de 1817 e 1820 estão inseridos numa ampla tendência que nem sempre se configura revolucionária. No caso do Brasil, como já se analisou, os esforços das lideranças acabaram apenas por mudar os agentes metropolitanos da dependência externa, sem alteração significativa no universo do trabalho. E, no caso português, a coloração recolonizadora da burguesia comercial de 1820 bastará para indicar os limites estreitos em que operavam as lideranças metropolitanas.

Nessa perspectiva, o 1817 nordestino representa um momento em que as elites nacionais ligadas à grande propriedade monocultora procuravam quebrar as linhas de dependência monopolista em relação a Portugal. Da mesma forma, representa – no ângulo do sistema contra o qual as forças revolucionárias se opunham – um momento de reajuste, de reaperto das peças que o compunham. Numa palavra, significava a permanência do Brasil em situação colonial.

As transformações a que se assiste no período no Brasil não são de molde a serem apresentadas, neste trabalho, de maneira simplista. Poder-se-ia incorrer em graves enganos se se quisesse atribuir a tal ou qual categoria social papel decisivo na condução dos processos revolucionários e contrarrevolucionários. Vive-se na época um complexo movimento de conjuntura, e as categorias sociais oscilaram em suas ações coletivas de maneiras profundamente diversas, e por vezes até antagônicas, em relação aos modelos que o analista poderia esperar. Não deve sobretudo o observador dos eventos dessa área de colonização balizar suas reflexões pelos modelos de áreas metropolitanas em que ocorreram revoluções e contrarrevoluções burguesas e nacionais. Da mesma forma, não se justificaria querer encontrar, numa região em que a organização do trabalho escravo permanecia como determinação essencial, ideologias e formas de pensamento que de longe se parecessem com aquelas emergentes em áreas de ocorrência das referidas revoluções. Os fenômenos aqui ocorridos revestiram-se de características outras que cumpre avaliar. Indicamos no capítulo anterior, As Formas de Pensamento Revolucionárias, no subtítulo O Problema e as Dificuldades, algumas complicações para definir os setores que funcionaram como suportes das formas de pensamento revolucionário. Agora, na determinação dos setores em que foram recrutados os contingentes para a contrarrevolução, os problemas não serão menores.

Tais dificuldades apresentam-se sob as mais variadas formas: por exemplo, é verificável uma certa falta de adesão – mas não apatia – por parte das camadas populares tanto em relação às lideranças revolucionárias como em relação às da restauração. Essa falta de adesão permite definir os movimentos ocorridos em 1817-1821 como típicos das camadas dominantes (elites coloniais *versus* elites colonizadoras).

Outra dificuldade não menos expressiva é a referente à definição dos comportamentos de personagens como o dicionarista Antônio de Morais e Silva e como o mineiro José Carlos Mayrink da Silva Ferrão, que procuram transitar pelas diferentes etapas do processo sem formalizar compromissos. O mesmo problema coloca-se, aliás, em relação ao brilhante advogado baiano Aragão e Vasconcelos, defensor dos revolucionários, e que será objeto de estudo detalhado: em suas defesas citava Mably, Brissot, Bentham etc. para engrossar a argumentação. Mas citava também De Bonald[1], um dos expoentes do pensamento contrarrevolucionário europeu.

Da mesma maneira, não será difícil compreender por que a contrarrevolução adotou muitos dos princípios revolucionários, embora se saiba que a repressão se realizou num momento em que a curva da vaga liberal de 1820 começava a ascender.

A vaga liberal metropolitana impunha a recolonização do Brasil, e seria em função dessa necessidade que a contrarrevolução se articularia. O sistema de poder, entretanto, já estava em processo de desarticulação, e as várias tendências no organismo repressivo por vezes eram contraditórias, diminuindo a eficácia da revitalização do sistema colonial: se a aristocracia nativa ainda não reunia forças para o comando do processo político da independência, os agentes do processo de colonização também não conseguiam a volta ao *status quo* anterior ao 6 de março.

Outro problema, talvez mais teórico, reside na dificuldade em classificar certos tipos de comportamento de elementos que não atuam nem a favor, nem contra a revolução. Pode-se aceitar, como o advogado Aragão e Vasconcelos o fazia em sua Defesa Geral, a existência de "fiel vassalo de Sua Majestade sem ter partido"?[2] Para o analista dos comportamentos sociais e mentais brasileiros em 1817, o vassalo fiel "sem ter partido" seria, por definição, um homem do sistema e, por implicação, da contrarrevolução. Mas ocorre ainda que poderá ele engrossar a grande maioria na qual não se nota adesão permanente e agressiva, seja para a revolução, seja para a contrarrevolução: as linhagens de pensamento não se apresentam aí tão bem delineadas como seria cômodo supor.

Feitas essas considerações, tentaremos investigar algumas bases sociais que alimentavam a produção de formas de pensamento contrarrevolucionário. Tais bases sociais impunham as tentativas de reajustamento das hierarquias abaladas no processo revolucionário frustrado, e nessas tentativas pretendemos indicar a heterogeneidade da repressão (sobretudo entre 1817 e 1819), que muito contribuiu para o não abafamento da revolução e que voltaria a se manifestar em 1824. A seguir, finalmente, realizaremos um esboço dos valores gerais dos homens do sistema, numa tentativa de estabelecer seu universo mental.

Manuel de Oliveira Lima, numa de suas notas à obra de Muniz Tavares[3], fornece elementos expressivos para a avaliação das incertezas que imperavam nas hostes repressoras. De fato, a tomar como referência as preocupações do futuro marechal Raimundo José de Cunha Matos, formuladas no mês de maio de 1817, pode-se afirmar que dois meses após os eventos de 6 de março não era a certeza da vitória da contrarrevolução a característica dominante nas tropas realistas. O medo do sistema de guerra "tumultuária" utilizado pelos insurgentes, a falta de comunicações por terra entre as forças repressoras, o estado lastimável dos armamentos e a penúria no que dizia respeito à subsistência das tropas autorizavam Cunha Matos a ser pessimista em face das atitudes do dirigente máximo da repressão, o conde dos Arcos, governador da Bahia. As observações de Oliveira Lima, para mais, fornecem preciosa informação: na formação das tropas legalistas, utilizaram-se avultados contingentes de lavradores e moradores compulsoriamente arregimentados em Alagoas, além de "bandos de índios, armados de flechas". Ora, pelo que se observou no capítulo anterior, um dos antagonismos sociais mais notáveis no período era aquele ocorrente entre grandes senhores rurais, lavradores e moradores: a repressão soube, assim, engrenar no processo repressivo aquelas categorias que diretamente se opunham à revolução dos proprietários. Além dos mercadores e militares colonialistas, aproveitou-se a repressão dos antagonismos internos entre nacionais proprietários e não proprietários[4].

Por outro lado, as incertezas da contrarrevolução podem ser captadas ao longo da leitura do principal observador estrangeiro presente em Recife à época da revolução, Tollenare. Não será demasiado situá-lo, apesar de suas ligações pessoais com alguns revolucionários, na ala contrarrevolucionária, na medida em que a revolução perturbava o andamento de seus negócios comerciais. Ademais, a despeito de poder-se indicar a presença francesa no Brasil frequentemente associada às atitudes revolucionárias, não faltaram outros franceses, como o capitão Thibaut, da nau La Louise, que ofereceram seus préstimos e canhões às forças da reação[5].

Se à presença francesa não se pode sempre associar atitudes revolucionárias – até porque vivia a França nesse momento um período de restauração –, por outro lado, dos Estados Unidos nem sempre virão estímulos republicanistas. A 20 de dezembro de 1817, já passada a fase aguda das tensões insurrecionais, escrevia da Filadélfia um português *contrarrevolucionário*, ligado ao ministro plenipotenciário José Corrêa da Serra, informando a seu irmão no Brasil sobre a fuga de brasileiros para Boston[6], em busca de auxílio do governo republicano. O temor de que o governo estadunidense ajudasse a revolução desbaratada fica patente na carta do português, sobretudo porque o caráter da revolução era para ele muito nítido: "é tudo contra nós europeus, eu os tenho ouvido de dia e de noite", escrevia ele. E mais do que europeus eram portugueses, e por isso deveria comunicar tudo ao ministro Corrêa da Serra: "esta é a educação que nossos paisanos deram; bons portugueses, não ser falsos à Coroa, nem à Religião"[7]. A fidelidade à Coroa e à religião revestia o comportamento mental desse contrarrevolucionário nos Estados Unidos. Colonialista à distância, revelava suas incertezas a um parente no Brasil, temeroso do hipotético auxílio estadunidense, bem como dos revolucionários espanhóis (que poderiam saquear as frotas de algodão) e das guerrilhas no Nordeste. Pelo que se percebe, em fins de 1817, as dúvidas ainda permaneciam e atenazavam os setores ligados à contrarrevolução.

Também seria errôneo imaginar que os elementos pertencentes ao clero engrossaram apenas as hostes revolucionárias. Tollenare menciona, de fato, muitas prisões de clérigos em suas anotações de 10 de julho de 1817, chegando a afirmar, a respeito dos carmelitas, que quase todos se envolveram na revolução[8]. Mas não se deve passar por alto exemplos contrarrevolucionários como o do frei Antônio da Purificação, carmelita calçado da Reforma (da mesma ordem de frei Caneca), que ajudou a abastecer as "embarcações inimigas" que sitiavam Recife revolucionária – isto é, da repressão. Por esse motivo, foi denunciado à polícia patriota, e seus acusadores foram o próprio frei Caneca e o jovem capitão de guerrilhas Muniz Tavares[9].

Não seria totalmente correto, ainda, procurar associar de maneira rígida e exclusiva comportamentos contrarrevolucionários a uma única categoria social. Já foi indicado, anteriormente, que o antagonismo básico verificado na descolonização portuguesa se manifestava entre a aristocracia nativa e os mercadores coloniais. Tal indicação, todavia, não deve ser entendida senão como uma *tendência* dentro de um complexo processo. Sabe-se que a contrarrevolução foi predominantemente estimulada pelos setores ligados ao comércio, o que por certo não excluía a participação de alguns grandes proprietários rurais, por meio de donativos oferecidos ao poder central. Para a contrarrevolução, contribuíram não apenas o corpo do comércio do Recife, mas também o coronel Francisco Xavier Carneiro da Cunha, o capitão Manuel Inácio de Albuquerque Maranhão, o clero das freguesias de Sirinhaém, de Iguaraçu, de Santíssimo Sacramento de Recife, de Águas Belas, de Boa Vista, de Santo Amaro, Jaboatão, de Muribeca, Ipojuca e muitas outras, o coronel José Carlos Mayrink da Silva Ferrão, a Congregação do Oratório, o capitão-mor (e dicionarista) Antônio de Morais e Silva[10]. Portanto, não há que pensar o movimento contrarrevolucionário estimulado apenas pelos setores ligados ao comércio: grandes proprietários rurais e padres – e, frequentemente, padres grandes proprietários – participavam do financiamento da contrarrevolução.

Mas a tendência dominante na luta pelo retorno à ordem absolutista estava marcada pelo esforço dos *mercadores*, antigos responsáveis pela articulação do sistema colonial português. Segundo o comerciante Tollenare, escrevendo a 11 de maio de 1817, num momento em que os revolucionários começavam a deparar com as imensas dificuldades que provocariam a travação do processo, "vários mercadores abastados se reuniram para oferecer 500.000 francos aos cinco governantes", para que largassem o poder e fugissem[11]. A ordem a ser restabelecida só poderia beneficiá-los, a eles que viram como um dos atos revolucionários simbólicos o fechamento a 12 de abril de 1817 da arquideficitária Companhia de Pernambuco[12].

A preocupação dessa classe em aliciar para a contrarrevolução alguns dos líderes revolucionários é digna de registro. Em benefício da contrarrevolução, e, portanto, de seus interesses de classe, intentou comprar a posição do jovem tenente da artilharia Antônio Henriques, o qual, apesar de ter entre 22 e 25 anos em 1817 e ser filho de família portuguesa, fora guindado a comandante da fortaleza do Brum. "Oferecendo-lhe vantagens pecuniárias"[13], o partido da contrarrevolução procurava solapar o ânimo do tenente radical, sem lograr êxito, para isso chegando a servir-se de seu pai, um major reformado.

Os interesses de classe dos mercadores não se manifestavam apenas no nível dos episódios como os acima mencionados. Realizada a repressão, os problemas enfrentados por essa categoria não cessaram completamente, uma vez que o processo revolucionário não fora abafado de todo. A América do Sul atravessava, por essa época, uma das fases mais agudas da descolonização ibérica, e algumas das ocorrências da América Espanhola se refletiam no mundo luso-brasileiro. O corpo do comércio de Recife, em especial, padecia com os "corsários" a mandado dos insurgentes espanhóis, que não poupavam as frotas portuguesas. O envio de "comboio de navios" fazia-se necessário para combater as ameaças dos insurgentes[14], e os comerciantes de Recife não cessaram de fazer apelos aos representantes da Coroa no sentido de ser restabelecida a segurança. O que importava era que as linhas em que se estruturava o sistema colonial não fossem atrapalhadas, ou desorganizadas. E, para aumentar a inquietação desses mercadores, os "corsários de Caracas" por vezes se escondiam sob bandeira estadunidense, chegando mesmo a transportar para o Nordeste brasileiro ex-bonapartistas emigrados[15].

E não há que se pensar que apenas os grandes negociantes coloniais engrossavam o partido da contrarrevolução. A favor da ordem que o movimento de 6 de março procurara destruir estava ponderável parcela de pequenos negociantes. No Ceará, por exemplo, fora um "pequeno negociante"[16] quem dera o alarme para a contrarrevolução. Lá, perto da foz do rio Jaguaribe (em Aracati), dar-se-ia a entrada das forças revolucionárias coordenadas por André de Albuquerque.

Entre esses pequenos negociantes podiam ser encontrados até mesmo vendeiros e lojistas. No célebre episódio da Passagem da Bacuara, perto de Itabaiana, andavam no exército realista vendeiros, como é o caso de Leandro Rodrigues Lima, branco e com 45 anos de idade, que testemunhara a morte de um patriota[17].

Embora se possam definir algumas peculiaridades comuns a vendeiros, pequenos comerciantes a retalho, negociantes e mercadores, sobretudo no que tange à nacionalidade portuguesa, não era a homogeneidade a principal característica da categoria como um todo. Aragão e Vasconcelos, o hábil advogado dos revolucionários presos em Salvador, não deixará de notar – e por vezes de acusar – que muitos botequineiros, "para ocultar seu

Venda em Recife. Gravura de Rugendas, c. 1830.

baixo estado", se faziam passar por "negociantes"[18]. Os preconceitos sociais e as discriminações se davam não só entre categorias diferentes, como também no interior de uma mesma categoria. Botequineiros, lojistas e marchantes não podiam ser comparados a negociantes[19].

Nos antagonismos entre a aristocracia nativa e os pequenos negociantes é que se podem bem observar os preconceitos que envolviam as relações sociais. Fazendo a defesa de seu constituinte, o revolucionário Francisco de Paula Cavalcanti Junior, o mencionado advogado baiano, não hesitou em fazer a defesa do estamento, contra as testemunhas de acusação, as quais viviam do comércio a varejo. Ao tentar desmontar as acusações, começou por negar qualquer tipo de conhecimento entre acusadores e acusado: "não persuadiriam [as testemunhas] a juízes sisudos que um nobre pernambucano, rico e militar de honra e pundonor se abaixasse a conversações familiares com insignificantes lojistas de maus costumes"[20].

Pelo que se percebe, não era pequena a distância social entre o estamento nativo e a classe comercial. E não será sem importância perceber que o réu, culpado do crime de revolução, era "rico" e "nobre", ao passo que as testemunhas de acusação eram "insignificantes lojistas", gente do sistema[21].

TENTATIVAS DE RECOMPOSIÇÃO DO SISTEMA

Cada vez me persuado mais que não pelo amor mas pelo temor se dirigem regularmente as ações dos homens, principalmente daqueles que ainda conservam a educação de colonos.

DESEMBARGADOR FALCÃO
a Vila Nova Portugal, Recife, 1818.

Na perspectiva da contrarrevolução, a permanência das atividades dos antigos colonizadores demandava um reajustamento das diversas partes do sistema. A ocorrência da "infaustíssima revolução", para retomar as palavras de um representante da Coroa, impunha o reajuste das bases em que a colonização se estabelecera. Preliminarmente, a persistência do Nordeste em quietação obrigava os zeladores do regime a reformular a organização militar. O desembargador João Osório de Castro Souza Falcão, escrevendo de Recife a 20 de janeiro de 1818 para Vila Nova Portugal, sugere que no corpo de tropa houvesse "ao menos um terço de europeus e que os oficiais da tropa da terra sejam pela maior parte europeus"[22]. O contragolpe recolonizador manifestava-se de pronto, em resposta a uma revolução que se propusera descolonizadora. A solução da força era o caminho proposto pelo desembargador Falcão, cuja postura configurava perfeitamente a do colonizador absolutista. As linhas de sua ação política eram organizadas em função da situação em que concebia o sistema e, nesse sentido, não há como deixar de rotular sua ideologia: colonialista-absolutista. Sua concepção estreita, tendo em vista as coordenadas da época, levava-o a considerar: "cada vez me persuado mais que não pelo amor mas pelo temor se dirigem regularmente as ações dos homens, principalmente daqueles que ainda conservam a educação de colonos"[23].

As categorias surgem bem explícitas em seu desabafo: tendo em vista a necessidade de regularidade exigida pelo sistema colonial, a força surgia como única alternativa para esse representante da Coroa que dividia os homens em duas categorias: a dos colonos e a dos não colonos. Em sua perspectiva de colonizador, "o espírito vingativo próprio da gente do Brasil"[24] era suficiente para deixá-lo sempre "em cautela". E o papel dos zeladores do regime deveria ser cumprido com exatidão: as devassas relativas a 1817 precisavam ser realizadas com apuro, para "livrar ao futuro algum sinistro conceito"[25]. Numa palavra, Souza Falcão percepcionava o sistema em termos fixos, permanentes, em função do "futuro".

Embora não houvesse vingado, a revolução provocara, por outro lado, notável abalo na consciência religiosa, e a participação significativa de elementos do clero não deve ter sido indiferente à consciência popular. Tal abalo refletiu-se por certo nas estruturas de poder; o direito divino do rei acabara direta ou indiretamente por ser contestado em 1817. Numa pastoral lida a 1º de agosto de 1818 em Olinda, pelo secretário do governo eclesiástico, Carneiro da Cunha, procurava-se recompor as estruturas de dominação em que Estado e Igreja se amalgamavam, como no antigo regime:

> Não são os povos os que elegem os reis;
> sim é Deus que elege os representantes
> do nosso primeiro pai, por isso, diz o
> Espírito Santo, por mim reinam os reis.[26]

Exaltando a "glória portuguesa", lembrando o primeiro rei dom Afonso Henrique, ia a pastoral tentando reestruturar o Antigo Sistema Colonial. Absolutismo de direito divino, na pastoral, e um reforço no plano militar, segundo Souza Falcão, eis os ingredientes básicos da reorganização do sistema.

Anteriormente, no segundo semestre do ano precedente, e logo após a vitória da repressão, a necessidade de "reanimação do giro" ia rearticulando os negócios no Nordeste. A Junta do Banco do Brasil restabelecera ligações com a Junta da Real Fazenda por intermédio da atuação de Fernando Carneiro Leão e outros[27], de tal forma que as antigas linhas financeiras iam se reativando.

E até mesmo no que dizia respeito às propriedades dos revolucionários, confiscadas pela contrarrevolução, a normalidade ia se instaurando. Ribeiro Cirne, escrevendo de Goianinha em 1818 ao absolutista Fernando Teixeira, não deixava de observar que os engenhos e as "escravaturas" iam funcionando com administradores, e até mesmo os arrendamentos continuavam estruturados no "estilo do país". E tudo dentro dos melhores valores do sistema: com a "maior pureza e fidelidade possível"[28].

A recomposição do sistema, entretanto, não se daria de maneira automática e simplista. Muitos dos mesmos problemas que não permitiram o êxito da revolução permaneceriam impedindo a eficácia da contrarrevolução. Dentre esses problemas, avultava o da existência do significado contingente de população livre, não integrada no processo produtivo. E por não estar integrada na produção, torna-se extremamente difícil classificá-la para finalidades de estudo de suas produções mentais, de estilos de pensamento; em suma, de consciência social. Os esforços de integração dessa população por assim dizer marginalizada não foram sem importância, na perspectiva da contrarrevolução. Ribeiro Cirne, escrevendo de Acaú (Paraíba) a 27 de maio de 1817, dava a entender que não tinha dificuldades para arregimentar tropas para a contrarrevolução, escolhidas dentre sertanejos "ansiosos por se empregarem"[29]. O sistema alimentava-se, assim, através da concessão de emprego à população marginalizada, nas fileiras da tropa.

No entanto, a contrarrevolução nem sempre encontrou facilidades no sentido de restaurar a ordem. Os efeitos do processo revolucionário ainda se faziam sentir no setor militar, sobretudo no que dizia respeito às hierarquias. A insegurança ainda caracteriza o Nordeste em junho de 1817, pelo que se depreende da denúncia de autoridades da repressão instaladas no quartel de Mamanguape. Quando a preocupação dos contrarrevolucionários ainda se localizava nas medidas para bloquear Goiana revolucionada, surgiu no meio da oficialidade um certo capitão João Gonçalves de Figueiredo criticando as ordens dos legalistas, dizendo que "eram ordens de peta"[30], e tentando influir junto à tropa. Pelo que se pode perceber, a coesão nas tropas da contrarrevolução não era absoluta. E disso alguns repressores, como Rodrigo José Ferreira Lobo, tinham consciência a ponto de promoverem a mudança dos revolucionários presos de Pernambuco para as prisões da Bahia. O perigo de que, mesmo presos, continuassem a "espalhar a mesma doutrina que a sós estava espalhada por toda a Capitania"[31] parecia dominar a preocupação dos zeladores do sistema. Escrevendo no mês de junho de 1817, o mencionado Rodrigo Lobo não estava tranquilo nem mesmo com tal medida, uma vez que as famílias dos revolucionários aprisionados podiam tentar "outra Revolução"[32]. E esse militar empedernido, um dos principais agentes da repressão, via com desgosto a "relaxação" a que se chegara antes de 1817, inclusive atingindo o próprio governador Caetano Pinto[33].

Toda essa situação de instabilidade acabava por se refletir no poder central. As bases das estruturas de dominação não estavam firmes, e provocavam reflexões e conselhos sintomáticos nas cúpulas da governança. Recomendando a elaboração de um alvará, um conselheiro real lembrava que a discrição era fundamental: "O atual momento é de susto, contudo o soberano nunca deve ter susto, e o Ministério não deve em tais ocasiões fazer coisas tão extraordinárias, que mostre que o seu susto é extraordinário também."[34]

A preocupação em recomendar uma atitude conveniente ao monarca é por si só eloquente: não se sabia, a rigor, qual a postura a ser adotada nesse momento de crise. Já estava longe o tempo em que às tentativas de rebelião o sistema reagia com eficácia e determinação. Não se pode comparar, nesse sentido, a reação às inconfidências dos fins do século XVIII com o movimento insurrecional de 1817. Lá, o sistema reagira prontamente e, em certo sentido, pode-se dizer que se fortalecera. Agora, em 1817, o vigor do processo abalava as hierarquias e as relações de poder. Muitas foram as ocorrências de persistência de comportamentos revolucionários após a repressão. E tais comportamentos se revestiam de características nacionalistas nítidas: é o caso, sem dúvida, de dois patriotas do Brejo de Areia, denunciados por Antônio José da Silva ao governador interino da Cidade da Paraíba. Esses dois patriotas, Costa Bandeira e Costa Teixeira, no dia que a contrarrevolução fixou para que se arvorassem as bandeiras portuguesas, açularam os habitantes da povoação "para virem lançar as bandeiras portuguesas abaixo, obrigando-os com violência de armas", oferecendo munição e armamentos, e convidando-os a assassinar ao representante da Coroa "e aos europeus desta povoação"[35]. A lusofobia estava patente nessa manifestação e, por meio dela, se definia o nacionalismo emergente.

Para combater tais persistências revolucionárias após a repressão, os zeladores do sistema nem sempre puderam contar com uma tropa eficiente e leal, e muito menos naqueles casos em que as tropas ficaram sob comando revolucionário por algum tempo. Feita a restauração, não era fácil restabelecer o controle absoluto dos regimentos. Isso se pode notar, por exemplo, nas aflições do tenente comandante Joaquim Teófilo Infante, sediado no quartel de Lucena, na Paraíba. Recebera ele a incumbência, na contrarrevolução, de reorganizar e comandar os soldados inquietos daquela região. E das dificuldades que atravessou pode-se saber pelo relato deixado: o último comandante que o precedera era o revolucionário sargento-mor José de Barros Falcão, que prometera aos soldados o pagamento atrasado dos soldos dos últimos quatro meses. Nesse caso, era o contrarrevolucionário quem deveria pagar as promessas do revolucionário. A tensão chegou a tal ponto que os soldados se reuniram na praia, obrigando-o a realizar um leilão para levantamento de fundos num episódio que foi até altas horas da noite[36]. Pode-se perceber a insegurança da contrarrevolução no episódio citado: os zeladores do Regime nem sempre podiam impor uma solução de força; antes pelo contrário, eram obrigados a se ajustarem às realidades que queriam submeter.

E não devem ter sido poucas as vezes em que se sentiu necessidade de reformular as relações de poder, no sentido de reapertá-las. As estruturas de dominação continham mal as novas realidades emergentes a cada dia: na perspectiva do colonizador é que João Paulo Bezerra escrevia diretamente ao rei, em maio de 1817, em nome da "Boa Causa". A "necessidade absoluta de uma nova bem entendida organização de Polícia"[37] constituía o centro de suas preocupações. No universo mental desse homem do sistema, as soluções aos problemas emergentes deveriam iniciar pelo reaperto do aparelho repressivo.

Os problemas emergentes não eram de pequena monta. Tudo leva a crer que a própria mentalidade do colonizado mudara significativamente no final do período colonial. Nessa medida, a reintegração dos revolucionários no sistema, após a repressão, não se configurava tão fácil como desejariam os homens do sistema. A adesão à contrarrevolução era insatisfatória, pálida, insignificante. No Brejo do Fagundes, por exemplo, o índice de deserção era muito alto, e disso se queixava o comandante José Guedes Alcanforado. Ao enviar uma relação de desertores aos representantes da Coroa no Nordeste, não deixava de notar que "o número de desertores é muito superior aos que vão", e que não tinha condições de avaliar[38]. E mais do que uma falta de adesão à causa contrarrevolucionária, queixava-se o dito comandante de um capitão revolucionário – então foragido – que dera ordem a vários soldados "para se irem embora"[39]. E não parece tratar-se de caso isolado, obviamente. No Brejo da Areia, pela mesma época, um grave episódio ocorreu, desconcertando as forças da repressão: o cabo Gonçalo Frutuoso, com uma escolta de dez homens armados e "bem experimentados" deixava – propositadamente – escapar um revolucionário (Antônio Tomás), e fugia com os nomes de seus comandados[40].

O perigo de deserção, embora por vezes tivesse características revolucionárias, no geral estava condicionado à necessidade de integração e de subsistência de elementos não localizados em relação às atividades produtivas. Jerônimo Coelho da Silveira, escrevendo do forte-presídio da praia de Jacomã a 8 de maio de 1817 ao sargento Inácio Clemente de Souza, da Vila do Conde, alertava-o para o perigo de deserção das forças da contrarrevolução, por falta de assistência do governo. Seus soldados estavam "faltos de mantimentos para comerem", sem pólvora e balas. "Vossa Mercê bem está vendo o tempo como está, eles dizem que se não os sustentarem que se vão embora."[41] Pelo que se deduz da situação descrita por Coelho da Silveira, não será incorreto indicar uma certa falta de adesão ao sistema para caracterizar o comportamento desses contrarrevolucionários.

Assim, a falta de adesão de amplos setores da população ao aparato repressivo somava-se ao mau estado dos armamentos e da tropa. Os esforços de Cunha Matos, um dos chefes militares organizados do envio de tropas da Bahia para Pernambuco, não eram suficientes para suprir as falhas do velho aparelho militar e nem para apagar a "triste figura das tropas de linha"[42]. "Os franceses sorriem vendo tais tropas", anotava Tollenare em seu caderno de apontamentos dominicais[43].

Em tais condições, não seria possível esperar uma regeneração imediata e integral das estruturas de dominação colonial no Nordeste. Revolucionários continuavam operando após a restauração, como é o caso do guarda-costas Manuel Mateus, que agitava os arredores de Itabaiana[44]. E mesmo durante o período revolucionário, as áreas não afetadas diretamente pelo movimento, como era o caso da Fortaleza, tiveram dificuldades em manter a ordem estabelecida e impor as linhas de governo: Manuel Inácio de Sampaio escrevia do Ceará ao conde da Barca a 20 de abril de

1817, narrando em longo relatório suas dificuldades para cortar as linhas de abastecimento entre Ceará e Pernambuco: "Passei a insinuar aos criadores de gado da Capitania que não convinha enviarem seus gados para as capitanias dos levantados, sem, contudo, lho proibir expressamente, por isso que uma tal proibição repentina seria naquelas circunstâncias mui arriscada."[45]

O tom geral em relação aos súditos de Sua Majestade não era de autoridade segura de seus direitos. Antes insinuava-se, ao invés de ordenar. O perigo de levante estava próximo demais para medidas enérgicas.

Dentro desse quadro de instabilidade, pois, era que os zeladores do regime deviam atuar. O poder central não penetrava pelo interior nordestino com a facilidade desejada, e os limites internos – a fronteira – permaneciam como possibilidade aberta tanto para o sistema como para os revolucionários. Não foram poucas as vezes em que revolucionários se internaram pelos sertões, onde o poder central não pudesse alcançá-los. E mesmo durante o abandono de Recife pelos revolucionários, entre os quais se contavam João Ribeiro e Domingos José Martins, não se deve esquecer que uma das possibilidades aventadas foi a de constituírem uma "república de lavradores" no sertão.

Tais limites obscuros de penetração do poder colonizador dificultavam a avaliação do quadro real por parte dos homens do sistema. Não deve ter sido sem alguma surpresa que o ouvidor Ribeiro Cirne notou, ao fazer uma viagem pelo Nordeste, enquanto representante da Coroa, que a população do sertão não o recebia com o respeito devido a um "ministro d'El-Rei". Escrevia de Mamanguape a 8 de fevereiro de 1818, informando que o "vigário do Pombal e seu sobrinho foram os únicos no sertão que me agasalharam e respeitaram"[46]. E assim mesmo sua estada em Pombal fora breve, uma vez que estava fugindo "aos revolucionários que me perseguiram, e que chegaram até a deitar tropas em meu seguimento, acusando o Padre como perdido por ter agasalhado um ministro do Rei"[47].

Pelo que se pode observar, o poder central estava desacreditado nesse momento e, ainda em 1818, revolucionários continuavam operando nos sertões. Difícil se torna reconstituir as linhas da revolução e da repressão a partir de tal amplidão das fronteiras internas. O certo é que, se em 1818 Ribeiro Cirne ainda apontava a presença de revolucionários, em maio do mesmo ano continuavam sendo eles capturados nos interiores do Nordeste[48]. As múltiplas escaramuças que caracterizaram esses anos de inquietação talvez não possam jamais ser reconstituídas, por falta de documentação adequada. Entretanto, pode-se perceber que muitas vezes foram os revolucionários, sobretudo quando pertenciam às lideranças brancas, perseguidos por "caboclos" articulados pela reação[49]. Porém as escaramuças prosseguiram por muito tempo provocando nos homens do sistema dúvidas quanto ao "restabelecimento destes sertões"[50]: tal é a situação do mencionado Ribeiro Cirne que escrevia a 1º de junho de 1817 da Vila Real de São Jorge sobre a existência de focos sediciosos em Porto Alegre, Martins e Caicó. "Sertão de dentro" e "sertões de fora" dividiam as preocupações de Cirne. E inquietava-o sobretudo a serra dos Martins, o célebre núcleo de resistência tão duradoura no interior do Rio Grande do Norte, ponto de articulação com Souza e Icó.

Tal instabilidade não deixava de perturbar ao absolutista Bernardo Teixeira, que se assustava com o excessivo rigor da própria repressão, e criticava a pressa e a violência da comissão militar que condenara à morte o tenente Antônio Henriques e, após, queimara seu cadáver. Segundo o absolutista, esse ato era "contrário aos primeiros princípios da Jurisprudência e Política, e até um atentado contra os direitos da Soberania"[51]. Homem da contrarrevolução, não deixava de lembrar que tais atos se assemelhavam e faziam lembrar o "Congresso da França". Entretanto, o que mais o preocupava, era que *a contrarrevolução muito violenta poderia gerar uma nova revolução*, ou que a "tropa" pudesse se transformar em "juiz e árbitro da vida e fazenda dos seus vassalos"[52]. E nesse sentido, introduzia uma nova noção de política no mundo luso-brasileiro: resposta flexível aos problemas emergentes. Nesse sentido ainda, não podia ser comparado ao desembargador Souza Falcão, que adotava, em sua perspectiva absolutista-colonialista, a política do "temor".

Seria equívoco, a essa altura, julgar que a contrarrevolução contou com sólidas bases populares. Viu-se, anteriormente, que a restauração algumas vezes se deu com o auxílio de "caboclos" soltos no encalço de revolucionários foragidos. Entretanto, com certa frequência encontravam-se as tropas da contrarrevolução pouco aferradas à ordem e dispostas a dar combate aos revolucionários. O caso de Brejo de Areia é bastante expressivo. A 5 de maio de 1817, o contrarrevolucionário Sebastião Nobre de Almeida e outros se queixavam da ausência de respaldo popular à causa realista: "apesar de estar o povo com vontade de seguir o nosso partido realista, contudo se não atreviam a combater com setenta e tantos soldados infantes do maldito e nefando destacamento patriótico[53]".

A falta de apoio popular perturbava a causa realista, que não podia impor-se sem maiores considerações. A partir de tal situação, pode-se compreender que, *se a revolução não vingara amplamente, tampouco a contrarrevolução encontrava campo fértil para o êxito.*

O próprio coordenador da ação repressiva no Nordeste, d. Marcos de Noronha e Brito, o conde dos Arcos, procurava estimular a consciência popular proclamando que "o mais vil dos crimes" fora perpetrado por "meia dúzia de bandidos, que nasceram na escuridade e indigência"[54] e denegrindo o líder Domingos José Martins. Importa indagar, sobretudo, qual a imagem que os Estados Unidos poderiam assumir na consciência social nordestina, uma vez que o conde lembrava reiteradamente que "os Estados Unidos, e todas as mais nações do Universo desprezam o Patriota Martins".

E tais problemas afloravam o universo das palavras, dando uma boa medida do que representavam enquanto delineadores de atitudes de espírito. Gurgel do Amaral, na perspectiva da contrarrevolução, escrevia a 3 de julho de 1817 de Boa Vista, narrando a atitude do padre revolucionário Pedro Tenório: "O padre Pedro com uma pistola de bronze engatilhada na mão me diz convulso – a sua autoridade para nós já nada vale – ao que lhes respondia que eu também não tinha forças para o poder fazer valer."[55]; "Chegado que foi o tal Alferes, aquele padre Pedro lhe pôs a pistola aos peitos para que dissesse – viva a Religião, a Pátria, a liberdade – e como hesitasse por algum tempo, colérico persistiu até que aquele miserável satisfez aos seus desejos."[56]

O problema não residia apenas num confronto entre dois estilos de autoridade, mas também em dois vocabulários distintos. O mesmo padre Pedro repetiu a cena com o realista escrivão dos Órfãos Joaquim Cesar de Melo, que só repetia a palavra "viva": "Com arrebatados ameaços lhe disse – viva o que? – e então aquele escrivão lhe respondeu conforme dele exigia."[57]

O pudor em não repetir certos conceitos dominava o comportamento de alguns homens do sistema. Por certo era o caso de Rego Barros, do Rio Grande do Norte, constrangido por André de Albuquerque Maranhão a dar vivas à pátria, à religião e à liberdade, ao arvorar a bandeira dos insurgentes. Já na contrarrevolução, escrevia ele, a 7 de julho de 1817, dizendo que mostrara "tanto constrangimento e repugnância que se fez reparável ao povo valendo-me do termo paz pela repugnância que tinha em nomear liberdade"[58].

Finalmente, não será sem importância ressaltar que a contrarrevolução frequentemente soube engrenar o elemento indígena em suas articulações. Apesar de não se poder dizer que os indígenas estiveram sistematicamente associados aos contrarrevolucionários – os episódios da feroz resistência em Itabaiana provariam o contrário –, pode-se indicar as significativas tentativas dos zeladores do regime no esforço de canalizar para a restauração os índios até então marginalizados. Para restaurar Pitimbu e Taquara, por exemplo, juntaram-se os índios de Alhandra aos da Vila do Conde[59], para a restauração da Vila de São Miguel, verificou-se também o recurso aos índios, o mesmo se deu em relação a Águas Belas, perto de Garanhuns, em que foram eles a reboque na contrarrevolução[60].

A REPRESSÃO HETEROGÊNEA

Antes de examinar os valores gerais dos homens do sistema e de discutir as coordenadas que informavam suas maneiras de percepcionar, convém explicitar alguns traços definidores da repressão.

Em primeiro lugar, como implicação do que já se analisou anteriormente, não se deve iludir o observador ao apreciar o estilo de trabalho realizado pelos repressores. Não foi absolutamente homogêneo: as confusões do momento da Devassa chegaram ao ponto de provocar temor nos próprios repressores, uma vez que corriam o risco de prender até mesmo elementos que haviam participado da contrarrevolução[61]. As dificuldades que a repressão encontrou para caracterizar a revolução ficavam patentes na hora da Devassa. Ademais, um certo burocratismo revestia os comportamentos dos homens do sistema: o medo das responsabilidades por vezes limitou a eficácia de ação mais enérgica, favorecendo a elaboração de desculpas para a fuga ao dever. Nesse sentido é que se pode compreender por que a contrarrevolução nem sempre funcionou direito: alguns funcionários da Coroa não tiravam devassa "por lhes parecer que isso não era do seu ofício"[62]. As hierarquias do sistema, por outro lado, nem sempre favoreciam a realização de tais devassas: alguns funcionários, como Bernardo Teixeira, não puderam ir mais longe em suas ações, barrados pela posição hierárquica não totalmente satisfatória[63].

Se as distâncias enormes para a irradiação da revolução se fizeram sentir num primeiro momento, o mesmo ocorreu na fase repressiva. As distâncias a serem percorridas pelos representantes do regime não foram pequenas: de Pernambuco ao Ceará levava-se nada menos que quatro dias por mar; por terra, cerca de quinze a vinte dias. Desconte-se o tempo para a correspondência sistemática mantida por elementos como o desembargador Souza Falcão, homem da contrarrevolução, e ter-se-á ideia da extrema morosidade que caracterizava a comunicação entre o poder central e seus agentes[64].

Finalmente, não há que esquecer que a repressão se realizava num momento em que a tendência à liberalização ia num crescendo na ex-Metrópole, e mesmo no Brasil. Não será de estranhar, pois, se se encontrar um Bernardo Teixeira, absolutista, já bastante brando em 1819, fazendo críticas – porém não mais virulentas – aos maçons e à subversão[65]. Não estavam longe os tempos em que encontraria, como deputado às Cortes pela província do Minho, alguns revolucionários brasileiros que passaram por suas mãos, agora em igualdade de condições.

Embora todos os repressores tivessem por objetivo final o reequilíbrio do sistema, os atropelos entre suas diferentes linhas de ação se fizeram sentir na prática. Tomando como exemplo a Bernardo Teixeira, Luís do Rego Barreto e José Albano Fragoso, pode-se notar a existência de divergências sérias em seus comportamentos, divergências que acabaram por diminuir o efeito da contrarrevolução. Não foram poucas as vezes em que Rego Barreto denunciou a Bernardo Teixeira por sua "falta de imparcialidade"[66], sobretudo por este ter favorecido a José Carlos Mayrink da Silva Ferrão, a quem aparentemente esteve ligado[67], ou por ter protegido ao ouvidor Cruz, suspeito de ser revolucionário[68].

Apesar de ser denunciante de possíveis compromissos entre o absolutista Teixeira e suspeitos de adesão aos revolucionários, Rego Barreto não tinha linha de conduta muito clara: o contraste entre seu humanitarismo e a rigidez de Bernardo Teixeira é digno de menção. Liberal no tratamento aos presos, agia no sentido de criticar comportamentos violentos, e com isso procurava ganhar as simpatias da população[69].

Mas é num documento redigido pelo desembargador José Albano Fragoso, datado do Rio de Janeiro, de 19 de julho de 1817, que se podem observar as contradições existentes no aparelho repressivo no que diz respeito às diferenças entre poder civil e poder militar. Como se sabe, após a capitulação dos revolucionários pernambucanos a 19 de maio, instalou-se uma comissão militar para julgar os crimes de lesa-majestade perpetrados pelos revolucionários. A arbitrariedade orientou as ações dos membros de tal comissão e provocou reações nas consciências jurídicas mais sensíveis dos homens do sistema. O desembargador Fragoso foi um desses que não hesitaram em mostrar o caráter escandaloso da repressão do primeiro momento. "O processo da Comissão Militar é um padrão de escândalo contra o Magistrado Relator", começava a crítica[70].

Qualquer ação violenta era natural, em sua perspectiva, enquanto a ordem não se restabelecesse sob as Reais Bandeiras. Escrevendo diretamente ao rei, ponderava que os revolucionários não poderiam padecer o tratamento atrabiliário imposto pelos militares:

> Depois que se arvoraram as Reais Bandeiras, e que se incorporou no Reino Unido a província de Pernambuco que se tinha desgarrado, aqueles réus não são mais uns inimigos, que se castiguem com armas, são uns vassalos rebeldes que devem ser castigados com as Leis estabelecidas portuguesas, cuja integridade e observância Vossa Majestade não mandou postergar, muito mais tendo aquele crime pena própria na Lei.[71]

Os ajustamentos internos de poder no sistema iam se fazendo, num esforço de reabsorção das áreas tumultuadas, em função "das disposições do Direito Natural e Divino"[72]. A esse antimilitarista não interessava convencer aos mais vassalos que era a força armada que dirigia o ato repressivo, mas sim o estudo do "fato e suas circunstâncias", a ser apurado escrupulosamente e dentro das normas jurídicas do regime. Após verificar uma série de irregularidades nos procedimentos da comissão militar, chegou à conclusão que "foi o processo leve e sem observância da lei"[73]. "A Justiça não se satisfez", concluía o desembargador.

Por meio de reflexões como as do desembargador Fragoso é que o sistema ia procurando entender e absorver o fenômeno "revolução". A revolução, a rigor, e na perspectiva do sistema, não poderia ser contra o rei. Analisando as respostas dos réus "julgados" pela comissão militar, Fragoso ponderava que o movimento de fato, no início, não era contra d. João VI:

> O 1º réu Martins diz: que recusou ao princípio, mas que cedeu às circunstâncias, para salvar a numerosa família a que estava ligado, e que se figurou nos primeiros dias da revolução foi por ela não ser contra Vossa Majestade mas para fazer apaziguar o partido dos pernambucanos contra os europeus.
>
> Reflexão: Nada havia mais natural do que inquirir que partido era aquele, quem eram seus agentes e seus fautores e que forças lhe assistiam, que foi muito lançar mão de meios tão fortes, que trouxe arrastada a revolução contra o rei.[74]

Ao aceitar a argumentação de Martins, a essa altura já executado, argumentação discutível e que a comissão militar não aceitara, o sistema ia incorporando o problema maior que não desaparecera com a repressão: o do conflito entre colonizados e colonizadores, que era a expressão mais visível do processo de descolonização que se assistia no Brasil nesse período.

Assim, ao primeiro momento da contrarrevolução, marcado pelo poder militar, ia o sistema se recuperando através de pareceres, como o acima citado, em que o poder civil chamava a si a responsabilidade pela normalização do quadro político-institucional. Tais investidas não foram de pequena monta: o próprio desembargador José Albano Fragoso chegara a insinuar que alguns revolucionários "foram indevidamente mortos" pela repressão militar[75].

De qualquer forma, a sociedade ia se reajustando, a vida urbana redefinindo-se nos moldes desejáveis para o sistema: rondas permanentes, espiões espalhados pelas cidades, e até mesmo farmácias abertas à noite eram aconselhadas pelo desembargador. Mas sobretudo, que se castigassem "os escravos apanhados com armas"[76].

Mesmo passado o momento mais agressivo do processo contrarrevolucionário, e tendo em vista a heterogeneidade de linhas de repressão, a instabilidade continuava a dar a tônica no ambiente nordestino, e sobretudo recifense. Luís do Rego Barreto, atônito, escrevia a Tomás Antônio Vila Nova Portugal, em 14 de março de 1818, referindo-se à Devassa: "Eu não deixo de clamar pelo fim deste flagelo que já não é útil senão a maldade e cuja continuação há de reduzir tudo a um caos que não posso mais desenvolver-me."[77]

Suas diatribes com Bernardo Teixeira, por um lado, e, por outro, o agigantamento dos problemas que deveria enfrentar, levavam-no a desabafar: "Esta Devassa não acaba mais ou não acaba bem."[78]

OS HOMENS DO SISTEMA E SUA MENTALIDADE

Não se pode dizer que constitui tarefa simples investigar a mentalidade dos homens aterrados à ordem nos primórdios do século XIX brasileiro. Os valores desenvolvidos posteriormente, sobretudo os que emergem com a sociedade industrial, distanciam-nos de modo irremediável dos padrões de comportamento tipificadores do antigo regime, persistentes na principal colônia portuguesa, bem como das maneiras de percepcionar o mundo social que peculiarizava os homens da época. E essa dificuldade não é certamente a única: se se lembrar que revolucionários e homens do sistema balizavam amiúde suas maneiras de pensar por noções como a de "Providência", tornar-se-á por certo difícil indicar em que medida uns verdadeiramente se distanciavam dos outros em suas posições de espírito. Ademais, já foi verificado que revolucionários e contrarrevolucionários por vezes se aproximavam em suas opiniões a respeito da organização de trabalho mais adequada ao Nordeste, ou a propósito da permanência do rei como dado inquestionável[79].

Em todo o caso, não é impossível surpreender algumas manifestações que permitam configurar os valores gerais dos homens que optaram pela restauração da ordem, abalada em 1817. A começar pelo vocabulário, para os homens do sistema, a "rebelião era o maior de todos os crimes", ao passo que d. João VI era "o maior de todos os monarcas do mundo", e se revestia de todos os atributos desejáveis a um soberano; "pio", "paternal" etc. Os que não adotassem tais premissas seriam portadores de "depravadas consciências"[80].

Uma certa verbosidade caracteriza os textos – na maioria, oficiais – deixados pelos zeladores do regime, textos que, sob esse aspecto, se diferenciam dos documentos deixados pelos revolucionários, em sua maioria mais enxutos e diretos. Levantamento dos adjetivos bastará para indicar as atitudes de espírito dos contrarrevolucionários: para eles, a revolução era "nefanda"[81], "malvada"[82]; e os revolucionários não eram senão "frenéticos" que se revestiam de "depravado maquiavelismo"[83]. O vigário do Rio Grande do Norte, o contrarrevolucionário Francisco José Dorneles, em suas diatribes contra André de Albuquerque e seus companheiros, achava que eles "fantasiaram na sua depravada imaginação um governo anárquico, irregular e anômalo, contra todas as formas, e contra o direito das gentes[84]".

O padre em questão chegava às lágrimas em sua amargura e, na prática, durante os tempos em que André de Albuquerque estivera no poder, exortava no confessionário os paroquianos à fidelidade ao rei[85]. Para retomar suas palavras, era o maquiavelismo dos revolucionários que abalava o direito das gentes, direito sobre o qual o rei organizava seu sistema de poder.

E a análise do vocabulário não deixa de ser expressiva, uma vez que certas palavras tinham livre trânsito, ao contrário de outras. Pode-se mesmo dizer que havia um vocabulário do sistema. Quando, nos interrogatórios da Devassa, os assuntos se encaminhavam para a área dos pensamentos perigosos, os escrivães, bons zeladores da ordem estabelecida e de suas posições, orientavam os réus para outros temas ou simplesmente omitiam as "palavras indecentes de se poderem relatar". Tratando de um certo revolucionário, os escrivães da Alçada não titubeavam: "o que este falsário publicamente dizia nós o não podemos publicar pois somos vassalos leais"[86]. Nessa medida, na Devassa, só excepcionalmente serão encontradas críticas dos revolucionários ao rei: elas não são explicitadas. O rei é o ponto máximo do sistema e os escrivães omitiam as eventuais críticas; comenta-se ou critica-se frequentemente a organização social do trabalho, mas não o rei.

Por outro lado, a análise do vocabulário conduz o observador a verificar o peso que era dado às palavras, como já se discutiu em passo anterior. Um só exemplo bastará, aqui, para demonstrá-lo: o capitão dos índios do Pilar, Torres de Andrade, escrevia às autoridades da contrarrevolução a 15 de maio de 1817. "Remeto este preso que pegamos em nossa chegada, pois como nós gritamos: viva a coroa do nosso soberano, e ele corre, certo é que é contra a coroa; estando ele no mato manda a toda a pressa pedir um cavalo selado à mulher para se retirar."[87]

De alguma forma, as palavras tinham um peso específico, e a mera omissão já era indicativa de fuga às praxes do regime. A existência de um vocabulário ajustado à ordem estabelecida é que permite compreender não somente o medo e a resistência a certas palavras, sobretudo à "infame chamada Liberdade"[88] ou ao "terrível nome inconfidente"[89], como a adjetivação feita ao termo revolução: a "negra revolução", a "abominável revolução"[90].

Entretanto, não há que supor o sistema como algo contínuo, coerente. A brilhante análise de Caio Prado Júnior, relativa às características do aparelho administrativo no final do período colonial[91], indica com clareza a falta de homogeneidade das estruturas da ordem estabelecida. Da mesma maneira, as formas de pensamento ajustadas a tal organização não poderiam caracterizar-se por uma coerência hipotética, e algumas diferenças já foram apontadas em capítulo anterior. Bastaria indicar, à guisa de exemplificação, que algumas manifestações contrarrevolucionárias não chegaram a se caracterizar pela existência de nexo patente. É o caso da autuação feita pelo chefe da polícia revolucionária, Felipe Neri Ferreira, a propósito de um papel contrarrevolucionário, "convocando os povos à rebelião". Tal volante, achado pelos revolucionários a 1º de abril de 1817 na praça União, inspirava "sentimentos opostos ao atual estado de coisas"[92], mas estava vazado em termos obscuros, numa redação extremamente confusa. E é compreensível que nem sempre as manifestações escritas fossem claras e precisas, uma vez que a população iletrada dominava os horizontes culturais da sociedade nordestina.

Tal fato, pode-se perceber, favorecia sobremaneira o regime, que se apoiava no "povo estulto e crédulo", para retomar as palavras de um colonialista. Tome-se o exemplo da contrarrevolução no Ceará: através do juiz de fora presidente Manuel José de Albuquerque, que escrevia de Fortaleza a 6 de abril de 1817 sobre os eventos de Pernambuco ainda revolucionado, sabe-se que se apressaram a apresentar "votos de fiel vassalagem" mais de 120 pessoas graduadas, assinando um documento ao rei. Participou da manifestação "imenso povo, que não assinou tanto por não caber no tempo, como por muitas não saberem escrever"[93].

A manipulação do "povo" pelos agentes da repressão revestiu-se de características ideológicas absolutamente claras. A noção de "povo", no viés dos homens do sistema, surge clara nas várias manifestações deixadas por alguns zeladores da situação. O "povo" é elogiado naqueles episódios em que ajudou a defender a causa do soberano. O "povo fiel que correu" a tal defesa merecia os encômios[94], ao passo que era a "pior gentalha" aquela que se deixava conduzir pelas lideranças revolucionárias, geralmente ligadas à grande propriedade[95]. E o mais importante a ressaltar é que tanto as lideranças ligadas à oligarquia revolucionária como aos zeladores do sistema não se diferenciavam especialmente quanto à concepção de "povo". Também para os revolucionários, o "povo", inclusive os "camponeses rústicos"[96], constituía personagem secundária em toda a trama.

Algumas outras características podem ajudar a esboçar os traços gerais do homem do sistema. "Todos aqueles que forem católicos e verdadeiros portugueses"[97] poderão pertencer a tal categoria: a distinção entre nacionais e europeus deveria ser mascarada, ainda que à força. E aquele que se considerasse português e bom católico poderia juntar a essas qualidades a de delator. Na perspectiva do sistema, a denúncia não era infamante: "Não é uma infame denúncia que me obriga a isto [escrevia o Padre Gonçalo Inácio de Loiola em Campo Maior, a 15 de maio de 1817], é a causa do meu Soberano, a minha fidelidade e o desejo do sossego público."[98]

Uma ordem estável era o que desejava o padre Gonçalo, e seus esforços se coordenavam em função desse objetivo.

A utilização de ditados, de frases feitas, não era estranha a tal categoria. "Manda quem pode, deve obedecer quem serve"[99], eis um dito popular típico de vassalo integrado, submisso. E tais ditos serviam de veículos de comunicação que refletiam o ajustamento dentre as várias peças do sistema. O ideal de uma sociedade estática repousava por trás de tal formulação, uma sociedade naturalmente dividida entre dominadores e dominados. Nessa sociedade, aos governantes era conferido poder absoluto, inclusive o de pensar pelo conjunto social: "ignorantes como eu, quando pensam que se benzem quebram o nariz", escrevia o tenente-coronel Antonio Bezerra de Souza Menezes, do quartel de São Jerônimo (Ceará), a 7 de maio de 1817[100].

Com tais comportamentos rígidos, que se esgotavam em si mesmos, contrastavam hábitos pouco ortodoxos que iam se esboçando em indivíduos aos quais dificilmente se poderia aplicar o termo "revolucionário". É o caso, certamente, de um filho de João Batista Rego, preso durante a contrarrevolução. De fato, o contrarrevolucionário Antonio Dantas Corrêa, sediado em Itabaiana, espalhara uma rede de "presídios"[101] e num deles prendeu o rapaz em questão, por estar "composto de casaca e pé no chão". Em suma, em "trajes de desconfiança"[102]. Pelo que se observa, os padrões de trajar, talvez um tanto ideais, eram elaborados pelo sistema. Quando o indivíduo fugia um pouco à regra geral, era prontamente identificado como revolucionário.

A essa altura, pode-se perguntar: que era a revolução para os homens do sistema? Como suas maneiras de percepcionar incorporavam o fenômeno? As respostas a tais perguntas não podem, evidentemente, ser dadas de maneira absoluta e definitiva. Como já se afirmou anteriormente, o sistema não pode ser entendido como um bloco coeso e definitivo, embora muitos de seus zeladores assim o pensassem. Pode-se indicar, não obstante, algumas posições expressivas para que se avalie como a reação recebeu o impacto do movimento insurrecional de 1817.

Francisco da Costa Barbosa, escrevendo da Vila do Pombal a 18 de maio de 1817, entendia o movimento como uma "destruidora torrente que tem inundado os povos"[103], e à qual ele não pudera se opor num primeiro momento. João Osório de Souza Falcão continuava sentindo-se impotente em julho de 1818 em relação a "sucessos a que não está nas minhas forças obstar", e nesse sentido escrevia de Fortaleza a Bernardo Teixeira[104]. Para esse último, os movimentos eclodidos em 1817, e que não foram definitivamente abafados, pareciam uma imensa "Inconfidência". Mas há que reter a ideia, nesse passo, que nem Costa Barbosa nem Souza Falcão se sentiam, enquanto zeladores da ordem realista, em condições de fazer face ao movimento.

Se Souza Falcão entendia o movimento insurrecional como inconfidência, já o negociante ilhéu José Francisco do Rego percebia o "vulcão revolucionário" em termos de episódios simples e não de *processo*: sua explicação simplória abarcava apenas os acontecimentos em que o capitão José de Barros Lima acabara por liquidar um brigadeiro a golpe de espada[105]. Tal perspectiva não estava distante da do repressor Rodrigo José Ferreira Lobo, que escrevia ao rei a 27 de maio de 1817, informando que o culpado de tudo era o general Caetano Pinto, por deixar desenvolver-se a "liberdade malentendida", em que a "soltura de língua" ia aumentando a desordem[106]. Na perspectiva do repressor imediato, a explicação da revolução surgia de maneira simplista, situada no nível dos episódios do momento. Tal perspectiva estava próxima, por certo, daquela de Francisco Sales Barruncho, que escrevia a Vila Nova Portugal, a 26 de maio de 1817, fazendo a descrição da batalha em que Domingos José Martins fora preso: os revolucionários, nesse momento da contrarrevolução, aparecem como "amotinadores"[107].

Quando a contrarrevolução começava a ganhar vulto, a ideia de revolução ia se tornando mais clara, e a verdadeira extensão do movimento se delineava: "abominável revolução militar", eis os termos empregados pelos membros da câmara de Recife, entre os quais se destacava Caetano Lumachi de Melo[108]. Já não se tratava de movimento espontâneo, mas de conflagração cuidadosamente ocasionada[109]: a "temível guerra civil" deveria – para os vereadores – ser severamente punida, "para o exemplo das gerações presentes como futuras". Um certo progresso já se fizera, entretanto, do ponto de vista dos diagnósticos intentados: "guerra civil", "revolução militar", não um simples motim.

Como agente da Coroa, ia Ribeiro Cirne estimulando a contrarrevolução no interior da Paraíba, e nesse sentido lançava proclamações em que dizia estar a "guerra civil" superada. Qualificando a "rebelião" como o maior dos crimes, lembrando que o traço distintivo dos "portugueses" sempre fora o de fidelidade e lealdade aos seus soberanos, declarando guerra e morte para os rebeldes e seus sectários, estimulava a cristalização de alguns valores do sistema no interior dos sertões[110]. É de duvidar da eficácia da difusão dos valores do sistema nos sertões, e o próprio ouvidor e corregedor Ribeiro Cirne chegou a ser molestado por revolucionários ainda no ano de 1818[111]; a penetração no interior sertanejo da ideologia do sistema deve ter sido bastante ineficaz, da mesma forma que a penetração de qualquer outro tipo de ideologia. Mais eficaz, embora transitória, pode ter sido tal penetração nos meios frequentados pelos representantes da ordem estabelecida (burocratas, militares, pequenos comerciantes etc.).

As cenas de teatro, por exemplo, atestam com segurança essa última afirmação. Mal restabelecida Recife pela repressão contrarrevolucionária, já apareciam manifestações de sociabilidade em que a restauração era louvada. "O teatro abriu com o retrato de Sua Majestade e com o hino, o povo pediu por 4 vezes a repetição", segundo documento escrito a 15 de junho de 1817, e não assinado:

> pôs-se em pé em cima de um banco da plateia um homem conhecido de bom poeta que recitou uma oração toda de cor e bem arranjada em que mostrou que os homens em sociedade não deviam ter mais cuidados do que obedecer bem ao soberano, que se não deviam meter a falar do governo nem de políticos e melhoramentos porque já este cuidado era de quem os governava, e que da liberdade de entrarem nestas discussões é que se seguiam os motins e sublevações em que nada adquiriam senão inquietação e uma herança de infâmia e de males que transmitiam à sua família. Foi ouvido com respeito e espantoso silêncio e agradou isto muito[112].

O teatro continuaria refletindo, em Recife, as tendências de reajustamento do sistema. E quanto à frequência a tais manifestações, não se pode duvidar, era composta de elementos das camadas dominantes. No ano seguinte, o teatro continuaria comemorando os valores da ordem estabelecida, sobretudo no "dia dos felizes anos de Sua Majestade"[113]. De fato, a 17 de junho de 1818, Bernardo Teixeira escrevia ao rei, de Pernambuco, narrando as representações que registravam o natalício do rei, quando foram apresentadas "duas comédias, e um drama, este por oficiais do Erário", e aquelas por "oficiais militares".

Não obstante, algumas das manifestações orais dos revolucionários ligados às grandes propriedades também ocorriam entre elementos ligados à contrarrevolução. No Ceará, por exemplo, num documento produzido pela câmara de Fortaleza, com sentido contrarrevolucionário, apareceu a expressão: "Fidelidade, Amor e *Patriotismo* pela Real Família de Bragança."[114] A noção de patriotismo assumia, assim, dupla conotação, não se circunscrevendo, exclusivamente, aos setores revolucionários.

E essas transformações iam se acelerando de tal maneira, que o general Luís do Rego Barreto, no momento mesmo em que cuidava da restauração do sistema em 1818, já começava a pensar na possibilidade de "nova revolução em Pernambuco"[115].

Do ponto de vista da consciência social dos homens que procuravam reinstaurar o absolutismo no Nordeste, não se pode dizer que tivessem ideias claras quanto ao tipo de sociedade a ser reorganizada. A sociedade de "ordens" era vagamente visualizada e a "natureza da coisa"[116] escapava nas tentativas de elaboração de diagnósticos: seria errôneo afirmar, portanto, que os contrarrevolucionários e zeladores do sistema lutassem por um ideal social muito claro. Restabelecimento da ordem, eis a meta; mas, além disso, muito pobres eram as especulações. "Clero, nobreza e povo" raramente apareciam como critério organizatório para a restauração. Antes pelo contrário, apareciam "Câmara, Nobreza e Povo", ou "Câmara e Nobreza"[117], e até mesmo "Fidalguia, Nobreza e Povo"[118], numa redundância que não era notada pelos autores.

Uma única vez, nos *Documentos Históricos* publicados por José Honório Rodrigues, surge a referência à lei de 12 de dezembro de 1770 que autorizava a convocação da câmara, nobreza e povo: tal ocorrência verificou-se em Alagoas, após a fuga do revolucionário Borges da Fonseca[119]. No mais, quando se tentava retornar à antiga ordem, os padrões eram vagos e confusos. Será a partir do abalo representado pela insurreição de 1817 que se procurará definir cada vez mais a natureza da sociedade nordestina, até então vista como homogênea e inalterável[120].

Alguns homens do sistema conseguiam ver apenas parcelas da totalidade; e seus juízos eram via de regra balizados pela experiência passada. Paulo Fernandes Viana, por exemplo, recomendava a Vila Nova Portugal, a 6 de julho de 1817, no Rio de Janeiro, o mesmo procedimento da "Alçada que julgou o caso das minas"[121]. Em suma, a Inconfidência Mineira ainda continuava a fornecer as coordenadas para que os homens do sistema avaliassem o fenômeno "revolução". Os esforços de argumentação de Viana são dignos de registro, uma vez que defendia o inviável Reino Unido, procurando fugir às emergências de nacionalismos que desmantelariam as artificiais estruturas políticas do mundo luso-brasileiro. Para eliminar os resíduos de ideias revolucionárias, bastaria que se procedesse como em relação ao "caso das minas": morte aos principais e degredos perpétuos ou temporários para os outros, nas várias partes do Reino. E indo mais longe em suas reflexões, procura indicar a maçonaria como responsável pela revolução.

Na mesma linha situava-se Bernardo Teixeira. Não só ele indicava a Vila Nova Portugal, em 20 de novembro de 1817, as relações entre a loja principal maçônica do Rio de Janeiro (através do mestre Prates e do padre João Ribeiro) e os revolucionários de Pernambuco[122], como fazia menção a dois revolucionários mineiros em Lisboa: Simão Pires Sardinha e padre José Luís, que abraçavam o sistema republicano[123] e estariam envolvidos na trama transoceânica e atuando, como os "rebeldes constitucionais" da Espanha, na mesma orientação dos três Arruda Câmara. Já em 1819, aprofundando mais suas investigações sobre a trama liberal, Bernardo Teixeira denuncia ao rei as relações entre Felisberto Caldeira Brant Pontes e Hermógenes de Aguilar, o mesmo de "1798"[124]: o peso da Inconfidência continua a se fazer sentir por meio das ligações dos revolucionários de 1798 e 1817. E se se lembrar que José Carlos Mayrink da Silva Ferrão era o tio de Marília de Dirceu[125], bem se poderá deduzir que a insurreição nordestina de 1817 guardava profundas raízes nos movimentos sediciosos dos fins do século anterior.

Na perspectiva dos homens do sistema, o ambiente continuava inquietante após a repressão em 1817. O mesmo Bernardo Teixeira, escrevendo a 1º de setembro de 1818, deixava entrever que a revolução prosseguia brandamente em alguns setores: um padre carmelita e um sirgueiro foram detidos pelas autoridades por andarem propalando que uma "Armada da América Inglesa" se dirigia ao Brasil[126]. A ideia de que os Estados Unidos representavam um foco de irradiação revolucionária, aliás, não perturbava apenas ao conde dos Arcos; também Bernardo Teixeira se assustava com tentativas de levantes, como aquela dos presos em Fernando de Noronha, em que se tentara matar o governador e fugir para a "América Inglesa"[127].

Finalmente, era esse mesmo representante da ordem quem observava, melancolicamente, que o "espírito da rebelião se tem espalhado por todo o Brasil". "O mal abrange do formoso Brasil o corpo inteiro"[128], escrevia ao rei após encontrar em sua porta versos de inspiração liberal[129]. No final desse mesmo ano de 1819, significativamente, Bernardo Teixeira fará uma referência ao "insurgente Cochrane"[130], o que dá bom indício das transformações que se avizinhavam nos horizontes.

5. As Formas de Pensamento Reformistas

Quem viu uma coisa ser e não ser ao mesmo tempo?

PADRE FRANCISCO DE SALES,
vigário da Vila do Limoeiro, em 1817.

O PROBLEMA

A insurreição de 1817 inaugurou significativa linhagem de pensamento que, à falta de melhor termo, será classificada como reformista. Tal linhagem situa-se a meio caminho entre as formas de pensamento revolucionárias e aquelas tradicionais do sistema colonial. Na verdade, a insurreição, contendo determinações ao mesmo tempo liberais, nacionais e descolonizadoras, significou um abalo nas estruturas do Antigo Sistema Colonial português, e terminou por gerar múltiplas linhagens de reflexões: torna-se por vezes difícil ao estudioso do processo de descolonização classificar os conjuntos de ideias ou os diagnósticos realizados nos anos que se seguiram à eclosão do movimento. Em certa medida, torna-se mesmo impossível saber até que ponto os contemporâneos estiveram engajados no processo. O movimento insurrecional eclodido ganhou facilmente as ruas, o litoral, o sertão: impôs-se como uma realidade inapelável, e muitos foram os que temeram, por exemplo, que os acontecimentos da revolução da ilha de São Domingos se repetissem no Nordeste brasileiro, fazendo subir a "maré da escravaria". Da mesma forma, houve quem se inspirasse naquela revolução, desejando que o mesmo ocorresse no Brasil. Bem analisados os resultados da insurreição nordestina, entretanto, dir-se-ia estarmos em face de "imensa respiração de uma estrutura social", para lembrar a expressão feliz de Emmanuel Le Roy Ladurie em seu trabalho clássico *Les Paysans de Languedoc*.

Assim, na tentativa de esboçar uma linhagem de reflexões no "tumulto de ideias"[1] que caracterizava o Brasil às vésperas da Independência, correr-se-á o risco de simplificar demasiado as realidades mentais das primeiras décadas do século XIX. As realidades mentais referidas no presente estudo, entretanto, não se situam nem na categoria das ideias ajustadas ao sistema (embora seja evidente que o próprio sistema estava em lenta mudança), e nem são tampouco suficientemente efervescentes e virulentas – radicais, em suma – para serem catalogadas como revolucionárias. Nem do sistema, nem revolucionárias: intermediárias. Ou, mais precisamente, reformistas.

A resultante dos antagonismos entre as forças do passado colonial – ilustrado ou não – e as forças inovadoras da revolução – sobretudo as mais radicais, implicando num "sistema nivelador"[2] – será a forma *liberal*, propugnadora de emancipação gradual da escravaria, entre outras coisas. Em sua apresentação formal, guardará muitas afinidades com o reformismo ilustrado, mas dele se distanciará não apenas pela temática, mas sobretudo pelas maneiras de associar à postura liberal um vigoroso conteúdo *nacionalista*. O liberalismo brasileiro, a despeito de toda sua indisfarçável ambiguidade, conterá, assim, determinações básicas anticolonialistas, e disso se tratará mais adiante, na análise da ideologia de Muniz Tavares.

Se, nessa altura de nossas indagações, a preocupação dominante permanece sendo a de classificar as manifestações mentais dos inícios do século XIX, não se deve pensar que as dificuldades da tarefa estão sendo minimizadas. Ademais, no entrecruzamento de tendências ideológicas e utópicas verificado no Brasil, sobretudo depois da vinda da Corte, os esforços realizados pelas elites dirigentes para a compreensão do momento vivido tornam-se surpreendentes para o analista desavisado.

Algumas ideias extremamente avançadas e progressistas podem ser encontradas nas defesas elaboradas pelos principais advogados revolucionários presos em Salvador, realizadas durante os anos 1818, 1819 e 1820. Em contrapartida, às vezes, encontrar-se-ão manifestações decepcionantemente reformistas em alguns dos principais revolucionários, como é o caso de Antônio Gonçalves da Cruz (mais conhecido pela alcunha "Cabugá"). Importa deixar claro, desde logo, que tais contradições constituem-se em *dados* de uma realidade complexa: seu estudo por certo servirá para corrigir (ou ao menos chamar a atenção para) eventuais distorções – ideológicas? – produzidas pela utilização pouco inspirada de esquemas explicativos rudimentares que vêm se esforçando por definir as raízes da independência nacional.

Para estabelecer as principais peculiaridades dos pensamentos revolucionário e reformista brasileiros nos primórdios do século XIX, e indicar algumas das raízes de nosso ambíguo liberalismo, apresentaremos inicialmente formulações de Cabugá, revolucionário na prática, mas que, ideologicamente, pode ser incluído na faixa do reformismo ilustrado. Em seguida, mostraremos o papel desempenhado pelos advogados *éclairés* dos revolucionários, situados – por definição – a meio caminho entre a revolução e o sistema. E, finalmente, tentar-se-á esboçar uma análise em profundidade das maneiras de pensar do brilhante advogado baiano Aragão e Vasconcelos, reformista ilustrado, e do monsenhor Francisco Muniz Tavares, liberal pernambucano, ex-revolucionário de 1817. Ao percorrer as veredas mentais do advogado e do revolucionário, estaremos por certo procurando definir a especificidade do "liberalismo" brasileiro emergente.

CABUGÁ: REFORMISTA OU REVOLUCIONÁRIO?

As principais formulações de Antônio Gonçalves da Cruz, contidas na carta enviada ao governo dos Estados Unidos da América do Norte, datada de Washington a 16 de junho de 1817 e incluída por José Honório Rodrigues no volume CIX dos *Documentos Históricos*[3], impressionam pelo tom da narrativa: a rigor, na perspectiva de Cabugá, só houve a revolução porque o governo não soubera "mostrar-se justo fazendo em sua administração uma moderada reforma"[4]. Ainda segundo Cabugá, andavam os habitantes dos "Estados do Brasil" persuadidos de que o príncipe "adotaria um melhor e mais moderado sistema de governo, e uma administração liberal, que pudesse assegurar-lhes os bens de que eram senhores"[5]. Para evitar uma "guerra civil", a "parte mais ilustrada da nação", coadjuvada pelas "luzes que entre eles [o povo] espalharam milhares de instruídos Patriotas que até aquele momento andavam dispersos por toda a Europa" e "que naquela convulsa ocasião regressavam todos ao seio da Pátria"[6], elaborou um plano para combater as medidas despóticas do governo contra "os povos", reduzidos ao "ínfimo estado de pobreza e ignorância".

Após narrar sucintamente os episódios do dia 6 de março, menciona o representante da revolução nos Estados Unidos que "o povo saiu às ruas, todo armado, dando vivas e aclamações à liberdade da sua pátria"[7]. Refere-se, em seguida, à eleição do governo provisório, "composto dos membros mais distintos de cada uma das classes: militar, religião, comércio, agricultura e justiça, que foram todos aprovados pelo povo"[8]. Quanto à escravaria, nenhuma menção. À mesma página, refere-se apenas aos "cidadãos" e, como se sabe, os escravos não eram considerados como pertencentes a tal categoria. O viés ilustrado ainda uma vez se apresenta, ao indicar Cabugá a constituição de um Conselho "a que são admitidos todos os homens de literatura"[9]. Tal Conselho discute com os membros do governo "em diárias e contínuas sessões todas as matérias relativas aos negócios da pátria".

Quanto à Constituição, informava Cabugá no final da mesma carta, deveria ser modelada com base na dos Estados Unidos. Mas "com aquelas alterações ou modificações análogas aos costumes do país: o governo, o povo, o clero e finalmente todas as classes de cidadãos formam uma só família".

Em suma, seu ideal se consubstanciava numa república ilustrada, composta dos membros "mais distintos" de cada uma das "classes". Quanto ao problema dos escravos, nenhuma palavra. Da mesma maneira, nenhuma referência mais explícita aos motivos da revolução: apenas "pobreza", "ignorância", "despotismo". O "povo" aparece de maneira extremamente vaga, e essa é uma das principais características de sua postura reformista. A possibilidade de o governo de d. João evitar a revolução seria promovendo reformas *administrativas*[10]. Em face de uma vaga "guerra civil", não especificada, a elite "ilustrada", ajudada pelas "luzes", salva a nação da catástrofe maior, fazendo a revolução.

O formulário ilustrado está quase totalmente contido na referida carta, inclusive nas omissões. Estranhável que um governo revolucionário não se dirigisse a outro – seu modelo, segundo Cabugá[11] – em termos mais radicais e explícitos, incluindo os problemas atinentes à mão de obra escrava? Não. Nos Estados Unidos da América também não haviam silenciado as tensões internas relativas ao mesmo problema, que eclodiria vivamente quarenta anos mais tarde: assunto demasiadamente delicado para ser mencionado num primeiro contato diplomático.

Finalmente, os termos com que se refere ao "povo" são suficientemente vagos para que se entenda, de fato, que o "sistema de governo" colonialista prejudicava mais diretamente os "senhores". Entre os quais, evidentemente, se incluía o rico mulato brasileiro Cabugá.

"Reforma", "luzes", "parte mais ilustrada da nação", "homens de literatura", visão elitista do povo, a exclusão da escravaria do rol das "classes"[12] sociais: formulações reformistas emanadas de um revolucionário.

OS ADVOGADOS E A REVOLUÇÃO

O papel desempenhado pelos advogados dos revolucionários brasileiros às vésperas da Independência não tem merecido a devida atenção dos historiadores que se ocuparam daquele importante momento de elaboração da consciência nacional[13]. Representam eles, tanto por sua função social como pela formação jurídico-política de que eram portadores e pelos diagnósticos que faziam da realidade vivida, precioso indicador dos estados mentais reinantes. Se se lembrar que atuaram especialmente entre os anos 1817 e 1820 – anos de revoluções no mundo luso-brasileiro –, verificar-se-á que seus diagnósticos continham poderosa carga de efervescência revolucionária ainda quando rebatiam argumentos conducentes à justificação da revolução. Muitas foram as vezes em que meditaram sobre o significado da revolução e do ser revolucionário. Afinal, por suas funções, eram obrigados a apresentar os motivos pelos quais os indivíduos fizeram revolução: nesse sentido, funcionaram como mediadores entre a ordem estabelecida e as novas frentes de inquietação, ampliadas ponderavelmente na segunda década do século XIX.

O sistema colonial português, após 1808, vinha sofrendo alterações profundas em suas estruturas, e o ano de 1817 constitui-se num ponto de saturação das inquietações que se desenvolviam por todo o Brasil, desde as Inconfidências. Na Metrópole, o processo de crise se acentuava pela perda progressiva de sua principal colônia e pelos desacertos provocados com a invasão francesa: 1820 representou o ápice da progressão, com profundos reflexos no mundo brasileiro. Entre esses anos tormentosos é que Caetano José de Aguiar, Francisco Pires da França e Antônio Luís de Brito Aragão e Vasconcelos desenvolveram suas ações em Salvador, onde se desenrolou o processo de julgamento dos sediciosos.

Centro cultural ativo, Salvador abrigara, na passagem do século, intelectuais do porte de Luís dos Santos Vilhena[14], professor régio, e José da Silva Lisboa, posteriormente visconde de Cairu. Não é de surpreender, pois, a existência de um grupo de opinião efervescente em que pontificava o advogado baiano Aragão e Vasconcelos. Assinava só ou em conjunto com seus colegas múltiplas defesas, arrazoados e petições em que procurava meditar sobre a "natureza das cousas", com o intuito fervoroso de livrar os réus de lesa-majestade do crime máximo. Pela quantidade e qualidade do material existente assinado pelos advogados, bem se pode avaliar a imensidão da tarefa a que se dedicavam com denodo, sendo que a maior parte se produziu nos anos de 1818 e 1819.

A simples constatação da existência de material abundante produzido pelos ditos advogados já seria o suficiente para indicar alteração substancial nos padrões jurídicos do mundo luso-brasileiro. Ao se mencionar, entretanto, que à tal alteração quantitativa estavam associados novos tipos de especulação, com recorrência a autores até então defesos pela Real Mesa Censória, agora utilizados para iluminar e justificar as reflexões esboçadas, se se notar que o objeto central das reflexões dos advogados era a própria revolução, entender-se-á o quanto estavam integrados – e, ao mesmo tempo, distanciados – da ordem estabelecida. Através dos advogados, as ideias de revolução entravam para o sistema: abrandava-se a revolução, modernizava-se o sistema.

As marcas da cultura francesa estavam decididamente contidas nas formulações dos advogados, da mesma forma que se observou na análise dos escritos dos revolucionários. Não será difícil encontrar nas defesas e pareceres dos advogados Aragão e Vasconcelos e Caetano José de Aguiar vestígios expressivos da cultura francesa. Na defesa, por exemplo, do padre Miguel Carlos da Silva Saldanha, vigário do Crato (Ceará), os advogados referem-se a um banquete revolucionário do qual havia participado o vigário: "banquete lauto, concurso de convidados, copos quebrados, e uma profusão *remarcável* acompanhada de brindes e vivas"[15]. Ou, na defesa do capitão-mor Nicolau Paes Sarmento, em que os advogados atingem o ponto máximo em matéria de galicismo: falando de seu constituinte, lembram os advogados Aragão e Aguiar que o capitão, "logo que recebeu a infausta notícia da desgraça de Pernambuco, põe em prática todos os meios de se lhe opor, que apenas raia e desponta a aurora, que tem a certeza dos sucessos de Alagoas e Maceió, *surmonta* o medo e se apresenta defensor dos sagrados direitos de Vossa Magestade"[16].

A postura ilustrada dos advogados não transparece apenas pelos vestígios da língua francesa em seus escritos. A perplexidade com que mencionavam terem visto "réus com grilhões aos pés e correntes ao pescoço"[17], ou o ardor emprestado às defesas, lembrando que a "história dos tormentos dados aos réus será sempre uma compilação de provas vergonhosas"[18], estão a indicar atitude de espírito crítico em face das normas jurídicas vigentes no Reino Unido. Indo mais longe em suas posições esclarecidas, os advogados muitas vezes passaram decididamente à especulação da culpabilidade dos réus, verberando contra as imputações feitas aos constituintes e lembrando que numa revolução todos acabam por ter culpa: esse é o caso, por exemplo, dos acusadores do vigário Miguel Carlos, do Ceará, em especial o juiz Brígido José dos Santos, da vila de Icó, testemunha de acusação que passa a ser acusado de responsável por negligência. O réu Miguel Carlos, amigo do padre José Martiniano de Alencar, e a quem pesava a acusação de ter deixado publicar gazetas e cartas revolucionárias, é menos culpado – segundo os advogados – que o próprio acusador, Brígido, por ser este o juiz local. Perguntam habilmente os advogados: "Até onde devia chegar a oposição do réu? E até onde chegou? Para calcularmos os graus de uma e outra potência? Esta testemunha era o juiz e se existiu esta cena, por que não deu ele com a sua autoridade as providências para atalhar o mal?"[19]

Também ilustrada era a maneira pela qual eliminavam as opiniões populares a respeito dos réus, sobretudo quando eram desfavoráveis às causas defendidas. "A voz do povo é ordinariamente a voz da mentira", escreviam os advogados na defesa dos freis Caneca e Brayner. Citavam, para corroborar a argumentação, M. de Pitaval, advogado do parlamento francês, da "França culta e pacífica". Devia-se "proscrever como falso o oráculo popular que pretende que a voz do povo seja a voz de Deus"[20].

Entende-se perfeitamente tal visão antipopular dos advogados, que faziam a defesa do estamento dirigente nordestino, estamento de raízes nacionais. Ademais, já não haviam lembrado que Recife era "vila populosa", difícil de vigiar e controlar?[21] Como então conceder autoridade ao povo, seja nos boatos, seja na política? Vivia-se um momento em que – diziam – "a populaça fascinada só queria a novidade"[22]. A "lógica do povo"[23] não era digna de maior confiança, sobretudo num tempo de "convulsões populares"[24].

Em suma: utilizando terminologia ainda comprometida com a língua francesa, excluindo o povo das apreciações dos eventos vividos, criticando a violência dispensada a alguns réus, procurando balizar suas noções de justiça pelo "justo imaginário de Platão"[25], os advogados iam encaminhando suas indagações para o fenômeno que envolveu seus constituintes e a si próprios: a revolução.

Muitos foram os casos difíceis que se viram obrigados a defender. O de frei Caneca foi um deles. Ao réu, que fora capitão de guerrilhas, tentaram defender, procurando demonstrar que "não é o mesmo intentar, principiar ou consumar uma ação"[26]. *Meditando sobre o que significaria ser capitão de guerrilhas*, chegaram à seguinte conclusão: "Entendemos por capitão de Guerrilhas um comandante maioral ou capataz de determinado ou indeterminado número de homens que fazem a guerra de correrias que interceptam bagagens e enfraquecem o inimigo."[27]

Para defenderem Caneca, perguntam-se: "como pode haver um aparato e ações desta natureza privativas ao conhecimento de um só homem?"[28] Na linha de argumentação adotada, procuravam demonstrar que frei Caneca não tinha condições para empregar sozinho seus serviços contra o Estado[29], e não adotaria a vida "tumultuária, incômoda e perigosa", que é a vida de um revolucionário.

Apesar de ter vivido o referido frei em Recife, Goiana e Paraíba – intensamente ao que parece –, e de ser portador de condições intelectuais para perceber os tempos vividos[30], os advogados se esforçaram por provar que não dispunha o réu de elementos para ir contra a tendência de sua sociedade: nesse passo da argumentação, o "Estado" revolucionário é apresentado e aceito como *realidade possível*, e Caneca sem forças para combatê-lo (ainda que quisesse). Ser amigo do padre João Ribeiro era acusação grave que pesava sobre as cabeças de muitos revolucionários. Caneca, assim como Muniz Tavares, foi incriminado por tal amizade. O esforço dos advogados em mostrar que tais amizades eram normais foi bastante importante, obrigando-os a redimensionar o significado da sociabilidade no Nordeste, numa época de revoluções. As relações mantidas entre o réu Caneca e o padre João Ribeiro (já morto, então) foram "aquelas relações que são naturais a homens de uma mesma cidade, e da mesma profissão, mas estas relações que não passavam de uma amizade urbana não eram cultivadas pela assiduidade que acompanha a intimidade"[31].

A partir de tal constatação, avançam os advogados, perscrutando o significado da vida humana em sociedade: "Estabelecido este princípio como fundamento de culpa seria necessário que os homens vivessem isolados, que os pais se separassem dos filhos apenas estes entrassem na idade da razão."[32]

Numa palavra, os réus foram obrigados a participar da revolução, a eles "não regeu a vontade mas a coação"[33], e se revolução tentaram fazer foi através de persuasão pelas palavras e não por meio do "constrangimento pelas armas"[34].

Argumentação sofisticada, sem dúvida, mas que deixa o analista entrever a consciência social dos advogados – sobretudo Aragão e Vasconcelos e Francisco Pires da Franca –, que percebiam a existência de *crise do sistema social*. Não desconheciam os perigos de uma "guerra civil"[35]: "os princípios fundamentais do Estado perdem de fato a sua solidez"[36].

A crise no sistema social manifestava-se em diversos planos, por vários sintomas: ao defenderem o réu Inácio Francisco de Fonseca Galvão, por exemplo, lembravam que não aderira ele à revolução "porque estivesse persuadido que os atos de usurpação tivessem direito de obrigar vassalos, a quem o juramento de fidelidade constituía na restrita obrigação de conservar ilibada a sua vassalagem; cedeu para tomar as precauções até poder mostrar em plena evidência a sua vassalagem, seguro de não acender o togo de uma guerra civil"[37].

Crise do sistema social[38] que era acentuada, ainda, pelas condições impostas pela extrema penúria observada no setor das subsistências, obrigando alguns párocos a "dividir com os pobres seus paroquianos"[39] farinha e outros gêneros de primeira necessidade. Ou então nos desregramentos que se verificavam no comportamento de várias testemunhas de acusação, algumas das quais não eram dignas de crédito por estarem sempre perturbadas pelos "vapores da aguardente", como é o exemplo do cirurgião Antônio José Pinto Bandeira[40], vício que era agravado pelo fato de Bandeira viver do furto e venda de escravos roubados, comportamento que ia contra os interesses dos proprietários e do processo de produção. Da mesma forma, os caixeiros refletiam bem a crise social vivida, a ponto de serem mencionados pelos advogados: faziam exercícios militares no pátio do Convento da Ordem Terceira, em Recife[41]. Ou, ainda, manifestava-se tal crise no acirramento de ódio votado por alguns rendeiros, contrarrevolucionários restauradores, contra grandes proprietários, como é o caso do rendeiro capitão Gonçalo Luís Teles contra o vigário Miguel Carlos da Silva Saldanha[42], senhor de engenho e de loja em Pombal (Ceará).

A defesa dos grandes proprietários é a constante no processo. No caso supramencionado do vigário Miguel Carlos, os advogados Caetano José de Aguiar e Aragão e Vasconcelos não se contiveram e, indignados com a "roedora fome" do rendeiro Teles, chegaram a declará-lo "inimigo do povo"[43].

Os depoimentos de testemunhas não proprietárias raramente foram dignos de consideração. No geral, foram asperamente criticados pelos tribunos. As opiniões valorizadas por eles, pelo contrário, eram as das "pessoas da primeira classe"[44], da boa sociedade. Afinal, para elas, e em certa medida por elas, é que se fizera a revolução. As defesas realizadas englobavam todos os interesses da camada dirigente, inclusive a manutenção da escravatura. Na defesa do deão Bernardo Luís Ferreira Portugal chegaram a mencionar os advogados Pires da Franca e Aragão e Vasconcelos pequenas disputas em torno da posse de escravos que poderiam estar "minando contra a escravidão"[45]. Nesse sentido, não hesitaram em criticar a "perversidade" dos extremistas revolucionários João Ribeiro, Domingos José Martins, Domingos Teotônio Jorge e padre Roma[46], que propugnavam pela libertação da escravaria, considerando-os "quatro homens perigosos que queriam destruir a escravidão na América, e estabelecer uma perigosa filantropia e libertinagem"[47].

Concluindo, não será arriscado afirmar que as defesas realizadas pelos advogados aproximavam os revolucionários do sistema, na mesma medida em que, enquanto homens do sistema, modernizavam suas maneiras de percepcionar as realidades vividas. Como resultado final, modernizara-se o sistema, e os revolucionários reencontravam suas posições perdidas temporariamente. Frei Caneca, Muniz Tavares, Antônio Carlos, entre muitos outros, voltarão à cena no longo processo de afirmação da consciência nacional, dirigida pelas elites ligadas à grande propriedade.

REFORMISMO E "LIBERALISMO" NO BRASIL NA PRIMEIRA METADE DO SÉCULO XIX: ARAGÃO E VASCONCELOS E MUNIZ TAVARES

No longo processo de afirmação da consciência nacional a que se assistiu no Brasil no século XIX, duas personagens se apresentam como expressivas e estratégicas para o dimensionamento das modificações mentais ocorridas a partir da revolução nordestina de 1817.

O primeiro deles, Aragão e Vasconcelos, advogado reformista e ilustrado, é portador de uma visão de mundo que o situa ainda dentro dos quadros mentais do antigo regime. Extremamente lúcido e aguerrido, não hesitou em preencher seus esquemas mentais europeus com os ingredientes do mundo colonial, tentando justificar as ações subversivas dos revolucionários de 1817. Atuando numa época em que o mundo luso-brasileiro experimentava aceleração em mudanças que conduziriam à emancipação política de 1822, deixou-se premissas que informavam sua ideologia. Seus escritos resultam em um extenso conjunto de defesas redigidas no calor do momento ainda revolucionário. A repressão à revolução nordestina fora temperada pelos progressos da ideologia liberal que avultavam na antiga Metrópole; facilitavam tais mudanças do sistema as liberdades que Aragão se concedia.

Muniz Tavares, o principal historiador da revolução, escrevendo quase vinte anos após os eventos de 1817, já carregava em seus escritos os principais traços da ideologia liberal e nacionalista, distanciando-se das coordenadas mentais do reformista ilustrado.

Nessa medida, a apresentação e discussão detalhadas das ideologias do advogado baiano e do revolucionário e historiador pernambucano interessarão ao analista, uma vez que se poderá surpreender, num estudo comparativo, a emergência e as peculiaridades da ideologia liberal e nacionalista no Brasil na primeira metade do século XIX.

O Pensamento Social e Político de Aragão e Vasconcelos

> *Comoções populares não admitem razão.*
>
> ARAGÃO E VASCONCELOS

A insurreição de 1817 no Nordeste do Brasil desencadeou todo um processo de reflexão, e não apenas nos setores a ela ligados pelo engajamento da ação revolucionária ou contrarrevolucionária. Seria uma ingenuidade do observador contemporâneo querer encontrar linhas muito claras de elucubrações, ou linhagens de pensamento bem definidas e temáticas límpidas nas produções mentais que receberam, positiva ou negativamente, o impacto dessa primeira grande vaga insurrecional brasileira. Muitas foram as tentativas de justificar o movimento, assim como as de condená-lo, associando ao fenômeno adjetivos bem ao sabor do tempo.

Nesse mundo rústico do Nordeste, no qual algumas das contradições da colonização começavam a provocar ondas de insatisfações coletivas, se nem sempre se torna fácil para o analista encontrar na vida social uma lógica perfeita, muito menos ainda o será nas reflexões e nas ações dos revolucionários. Nessa medida, surgem as explicações dos processos vividos com ingredientes bibliográficos, sociais, semânticos etc. verdadeiramente surpreendentes. É o caso, em especial, do advogado principal de uma grande parcela dos revolucionários presos na cadeia de Salvador, o baiano Antônio Luís de Brito Aragão e Vasconcelos. Oferece ele exemplo modelar para que se possam avaliar as vicissitudes mentais de um representante da *intelligentsia* do Reino Unido que, às vésperas da Independência de 1822, e vivendo numa atmosfera francamente revolucionária, se desajustou em relação à ordem absolutista, mas não chegou a se integrar numa vanguarda radical, como foi o caso do revolucionário Antônio Carlos. Seu desempenho, não é necessário esclarecer, foi de importância decisiva para o abrandamento das penas dos rebeldes de 1817. Bem observados seus caminhos explicativos, trilhados para a realização das defesas dos implicados, verificar-se-á como se constituem ainda hoje num repositório fundamental para o entendimento de algumas das transformações da mentalidade luso-brasileira nas primeiras décadas do século XIX. Pelos argumentos de Aragão e Vasconcelos poder-se-á compreender, ainda, o quanto as estruturas de poder foram abaladas nessa primeira vaga revolucionária de 1817.

Aragão e Vasconcelos, ao defender os rebeldes presos em Salvador e aguardando sentença, acabou por se defrontar com os grandes temas e problemas da sociedade brasileira de seu tempo. Para entendê-la, dentro dos limites culturais e mentais do Brasil-Reino e das deformações de sua profissão, bem como de sua condição social, foi obrigado a recorrer a uma bibliografia extensíssima, que impressiona pela quantidade e qualidade, nela não faltando nem mesmo Aristóteles e Platão, Rousseau, Mably e Bentham. A formação bacharelesca de Aragão e Vasconcelos abarcava várias áreas do conhecimento, sobretudo Direito, Filosofia e Literatura.

No plano jurídico, Aragão era em especial inclinado a aceitar os ensinamentos do desembargador Pascoal José de Melo, a quem citava sistematicamente. Mas também autores ingleses, franceses, italianos e alemães aparecem nos arrazoados do tribuno. Dessa forma, não será difícil encontrar D'Aguesseau, autor do célebre discurso sobre a prevenção dos magistrados, citado juntamente com Blackstone, jurista inglês e autor de comentário à legislação anglicana. Os juristas mais citados, entretanto, serão Beccaria, Filangieri, Puffendorf, Cujácio e Martini, seguidos de Grócio, Farinado, Heinécio, Bernardi, Vattell, Bavard, Mascard, Pastoret, Raivenal, Robinet, De Felice, Naler, Fabri, Puttman, Risi, Formey, Merthiac, Coccey, Augustinus, Barbosa, Muller, Boehmer, Bow, Strycks e Thoming, entre outros. As ordenações constituíam-se, evidentemente, em ponto de referência importante para Aragão. Contudo, também os estatutos da Universidade de Coimbra são mencionados algumas vezes, bem como a Carta Régia de 20 de janeiro de 1745, escrita por Alexandre de Gusmão, em nome do rei d. João V. Os Códigos da Toscana e da Sardenha, bem como as Ordenações da Marinha de França e de Bilbao são mencionados igualmente. Não faltavam nem mesmo algumas opiniões pessoais de d. João VI para fundamentar algumas defesas.

O recurso às palavras de imperadores e de historiadores da Antiguidade é frequente: a utilização da história antiga foi característica notória do tribuno baiano. Adriano, Arcádio, Tertuliano, Quintiliano, Plínio, Papiano, Hipócrates e Tito Lívio comparecem nas fundamentações jurídicas de Aragão.

Os filósofos mais citados são Aristóteles e Brissot de Warville, em suas obras *Ética a Nicômaco, e Teoria das Leis Criminais*, respectivamente. Tais obras eram utilizadas em versão francesa. Mas também Hobbes, Bentham e Mably eram mencionados. Não se pode afirmar com segurança se a obra de Hobbes a que Aragão se referia era *Leviathan, sive de republica*, proibido pela Real Mesa Censória a 24 de setembro de 1770. Mas não há dúvida que a obra de Bentham a que se referia o advogado era o *Tratado de Legislação Civil e Penal*, utilizado em sua versão francesa, em três volumes; a Real Mesa Censória, aliás, em despacho de 20 de dezembro de 1803 permitira a consulta a essa obra por pessoas portadoras de licença especial. Não há dúvida, também, a respeito de Mably: a obra utilizada era *Dos Direitos e dos Deveres do Cidadão*. A citação de tais autores, entretanto, não chega a ser suficiente para delimitar os compromissos mentais do advogado em foco: se Aragão citava De Bonald, um dos principais pensadores franceses da contrarrevolução, por outro valorizava as formulações de Jean-Jacques Rousseau, sobretudo nos seus textos sobre a educação e sobre *O Contrato Social* (citados, entretanto, sem mencionar o autor, como se verá adiante). De resto, também Platão, Montesquieu e Buffon comparecem nos escritos do advogado, através de *Das Leis*, de *O Espírito das Leis* e do *Ensaio de Aritmética Moral*, respectivamente.

Quanto à literatura propriamente, pode-se verificar a formação clássica dominando, pelas menções sistemáticas às obras, sempre valorizadas por ele, do "Poeta Latino": Cícero, de fato, aparece citado sempre em latim, e assim vê-se no rol das citações *Pro Ligario, Pro Milone, Pro Cluentio, De Officiis, Pro Archia Poeta, Pro Sestio* e trechos vários das *Filípicas*. Outros autores valorizados eram os de *Amadis de Gaula* e de *Palmeirim*, bem como Gabriel Pereira e Cervantes.

Não foi sem alguma ironia, finalmente, que o advogado baiano usou o *Diccionário da Lingua Portugueza*, de Antônio de Morais Silva, participante discutível da revolução em Pernambuco, para fundamentar uma defesa. Testemunha de defesa desacreditada, Morais foi citado em seu dicionário por aquele que o desacreditara, a propósito do sentido da palavra "proclamação". De fato, na defesa de João Nepomuceno Carneiro da Cunha, Aragão fez prova não apenas de cultura, mas também de habilidade: utilizou, na defesa de um revolucionário, a autoridade de Morais, como dicionarista e como contrarrevolucionário.

Sua meta, exigência do próprio ofício, era justificar os sediciosos por terem eles feito a revolução. Em alguns casos, o problema foi apenas mostrar como certos indivíduos foram chamados a participar de um processo ao qual eram estranhos. Em outros casos, talvez mais complexos em face do rigor da repressão e do peso das instituições da época, Aragão abandonava decididamente a argumentação lógico-formal e procurava ir à "natureza das cousas", para mostrar que numa revolução ninguém tem culpa. Qualquer que seja o caso, os temas que dominaram o horizonte mental do brilhante advogado foram a *revolução, a sociedade* em geral, e, mais especificamente, o *povo*, esse mesmo "povo em tumulto", que "vai sempre como mar com o fluxo e o refluxo"[48].

As primeiras defesas por ele realizadas assumiram um tom francamente formalista. À medida, porém, que se foi aprofundando nos meandros dos eventos da revolução nordestina, tentando justificar seus constituintes, a postura passou a ser menos rígida e a argumentação adquiriu maior clareza e ponderabilidade.

O principal advogado dos revolucionários de 1817 impressiona pelo seu à vontade na defesa de causa tão grave, em que saíram abaladas as estruturas político-jurídicas do Reino Unido. Seria necessário lembrar que os prenúncios da Revolução de 1820 na ex-Metrópole, a corrosão do Reino Unido pelas ideias liberais e a existência de alguns pontos de apoio no próprio Conselho do rei funcionavam como fatores de segurança para o brilhante tribuno? Ademais, vivia-se num tempo de revoluções, e, como escrevia Hobbes, citado por Aragão na defesa de Inácio Cavalcanti e Albuquerque, "o estado natural é a guerra". As revoluções por certo não o assustavam: "As revoluções pretendem indenizar-se

Recife, 1858. Stahl e Cia.

da longa paciência."[49] Assim, o advogado ia assumindo o papel que lhe competia nessa sociedade que começava a se propor, por meio de seus setores dominantes, superação de seus vínculos externos, cujos sintomas mais claros de insatisfação e crise já se haviam deixado entrever nas cinco inconfidências do final do século precedente[50]. Vinda a primeira grande vaga, em março e abril de 1817 – e após o que o Nordeste não recuperou tão cedo sua tranquilidade –, grandes foram os efeitos da perda da estabilidade no sistema, e muitas foram as indagações sobre as motivações do fenômeno vivido: Antônio Luís de Brito Aragão e Vasconcelos se incumbiu, com seus colegas advogados e no plano que lhes competia, de explicar a revolução.

Suas reflexões gerais estão sempre lastreadas no estudo minucioso das ações concretas de seus constituintes durante o movimento de 6 de março. Deixam transparecer seu esforço por adequar uma bibliografia – e, portanto, sua formação intelectual – a situações típicas de área colonial-escravista. Sua visão de mundo, suas balizas mentais são, antes de tudo, as de um homem de formação europeia, embora de nascimento fosse brasileiro. Não era por acaso que na defesa do tenente-coronel José Inácio de Albuquerque Maranhão, do Rio Grande do Norte, achava "insurmontável"[51] a barreira que separava o constituinte de um seu parente. O que ocorre, como ocorreu até mesmo em textos produzidos pelo governo provisório revolucionário de Pernambuco, é que na base da formação de Aragão estavam a língua e a cultura francesas. Não será difícil, então, entender que tais galicismos eram apenas indícios mais externos de toda uma mentalidade europeizada característica das elites dominantes coloniais.

Procurando estudar – na defesa de seus constituintes – por que um indivíduo era lançado no processo revolucionário, seu raciocínio o levou a entender o homem em sociedade. Desencadeando o processo, verificou que não apenas os "ousados", mas também os "tíbios e moderados", foram obrigados a participar, ainda que indiretamente[52]. E foi assim, implicitamente, que o estudo dos comportamentos passou a preocupar Aragão, dos comportamentos e das "paixões mais fortes".

Na verdade, era o teor da vida que estava em mudança nessa época. Se o inconfidente Tomás Antônio Gonzaga tinha consciência, em 1789, que as "ideias de quietação" se opunham àquelas de "revolução"[53], Aragão, vivendo após a revolução do Nordeste e já os prenúncios da revolução liberal portuguesa, com maior razão se inquietava com a perda do "teor comum da vida"[54]. É que se instaura nessa parte do Império português o teor violento da vida[55], alterando a "maneira de pensar e sentir"[56] dos agentes do processo histórico. Vivia-se, nessa época, o teor violento da descolonização.

As reflexões de Aragão levaram-no a comparar não apenas os temperamentos dos homens (ousados, tíbios e moderados) mas também regimes diferentes[57]. E nas mudanças de regime, ou nas tentativas frustradas de mudança, procurava enxergar etapas distintas: boa parte de seus esforços foram despendidos para demonstrar as diferenças que existiam entre um "motim", uma "rebelião" e uma "insurreição", bem como as que existiam entre um "motim" e uma "revolução"[58]. Para o analista, entretanto, preocupado em surpreender mudanças nas maneiras de pensar, expressiva se torna a noção de tempo que surge em Aragão e Vasconcelos. Segundo pensa ele, já existira, antes de seu próprio tempo, um "tempo em que não eram da moda revoluções e em que cada um se julgava feliz"[59].

Aragão e Vasconcelos, pelo que se observa, inquietava-se com a dimensão temporal de seu próprio momento. Da mesma forma especulava sobre o teor da vida, sobre o temperamento dos homens, e sobre a diversidade dos regimes políticos. Que ideia, então, fazia ele da revolução?

Leitor de Brissot de Warville, que citava impetuosamente em seus arrazoados, apesar de ser autor defeso pela Real Mesa Censória[60], sabia muito bem que estava em face de um "fenômeno"[61] complexo que não podia ser explicado por causa unívoca. Tratando da revolução, citava Brissot, na sua famosa *Théorie des Lois Criminelles*: "Suponhamos que há dez indícios: aí temos somente dez efeitos, cuja causa é incerta. E como dez incertezas podem produzir uma certeza?"[62]

Declaradamente aberto às ideias de seu tempo, Aragão e Vasconcelos não procurava esconder suas fontes de argumentação filosófica e jurídica, ainda que não fosse bibliografia consentida pelo regime. Procurava ter seus "olhos desabotoados pela luz das disciplinas filosóficas", para retomarmos sua própria expressão. Embora fosse suficientemente prudente para não se comprometer de maneira irremediável[63], avançava em suas argumentações citando os "filósofos do século passado"[64], o Século das Luzes, não perdendo de vista a complexidade do homem que faz a história, nem a importância das ditas disciplinas, que não deviam ser nocivas ao "conhecimento da natureza humana"[65].

A busca da verdade, em tal personagem, transcende os limites estreitos dados pela sua profissão, para atingir o nível de uma indagação filosófica – e também revolucionária, para sua época – de importância notável. É claro que ele queria livrar os réus, seus constituintes, do peso da legislação que pendia sobre suas cabeças, mas sabia também que, em última instância, a verdade nunca seria apurada. E por quê? Porque, para ele, "o ideal da veracidade só se encontra na Utopia"[66]. Sabia muito bem, embora não dissesse tal coisa de sua própria atuação, que era muito fácil representar "uma ficção com aquelas imagens necessárias ao seu fim"[67].

Justificar a ação revolucionária não constituía tarefa difícil para o advogado ilustrado. Aragão tinha domínio de elementos da filosofia aristotélica, cujas marcas ficaram impressas nas apresentações lógico-formais do processo histórico em que viveram os revolucionários. Introduzia, porém, uma variável incontrolável, mesmo à mais rigorosa esquematização aristotélica: "Não há alguma ação humana que seja infinita; todas têm seu princípio, progresso e fim. O fim consiste em alcançar ou perder o objeto a que cada um se destina. A rebelião é uma destas ações, e, portanto, não é infinita."[68]

Introduzir a "ação humana", *in abstrato*, em indagações tão rigidamente marcadas por um esquematismo lógico, significava praticamente minar as condições para o encaminhamento da defesa de seus constituintes em termos normais. Em outras palavras, era uma forma de não aceitar sem discussão o sistema estabelecido.

Na marcha de sua argumentação, fugindo ao formalismo de Aristóteles e mesmo de Brissot, Aragão e Vasconcelos foi mais longe, e já numa etapa bem avançada do processo judicial, embora sem explicitar a citação, terminou por atingir o ponto mais fundo de sua explicação da revolução: "Nas *revoltas* a marcha ordinária nada aproveita, é antes nociva, as leis ficam sem vigor, e os princípios que até então serviam de norma são mui mesquinhos para nos aferrarmos a eles, como âncoras de salvação, *o homem volta como ao natural estado*, entregue a sua discrição, o único ponto a que deve dirigir o rumo é o restabelecimento o mais pronto e menos arriscado da *ordem social destruída*."[69]

Obrigado a recorrer a Rousseau[70] *para entender o processo vivido*, num primeiro momento Aragão propõe uma ruptura com os antigos quadros institucionais e mentais ("os princípios que até então serviam de norma são mui mesquinhos para nos aterrarmos a eles") *para explicar o homem em situação revolucionária*. O homem em situação revolucionária está como que em estado natural: eis o ponto mais fundo das especulações de Vasconcelos, e talvez um dos momentos mais significativos da difusão do rousseaunismo na história do Brasil, quando uma das ideias centrais do filósofo genebrino foi utilizada para defender réus de crime de lesa-majestade. Cumpre notar, entretanto, e posto que não se está numa "república ideal"[71], que os *limites* dados à utilização do pensamento de Rousseau surgem no passo seguinte, quando a meta a ser procurada pelo revolucionário não deveria ser a negação permanente da ordem social destruída, mas sim o seu "restabelecimento o mais pronto e menos arriscado".

E tal recuo de Aragão em toda sua argumentação torna-se bastante compreensível, quando atentarmos para o fato de estar ele a defender réus de uma revolução falhada. O movimento insurrecional, entretanto, não deve nesse passo ser pesquisado no nível das estruturas econômico-sociais, mas sim no nível da história da consciência social: *a revolução, neste caso preciso, reside na introdução formal do pensamento de Jean-Jacques Rousseau na vida político-jurídica do Brasil*, realizada por um advogado baiano.

Procurando justificar os revolucionários nordestinos de 1817, ensinava ele – em última instância – a revolução. Sob os olhos dos poderes constituídos, oficializava a presença do pensamento revolucionário de Rousseau no Brasil. À sua maneira, fornecia mais uma ferramenta para seus contemporâneos entenderem os tempos e as mudanças que viviam.

A transição pela qual passa a mentalidade brasileira às vésperas da Independência política de 1822 pode ser captada em algumas das argumentações de Aragão e Vasconcelos. De fato, desenvolvendo sua plena atividade entre a elevação do Brasil a Reino Unido e a Independência, e tendo por objeto de reflexões o fenômeno *revolução* – o "frenesi da revolução", como ele diria –, foi obrigado a rever valores e a redimensionar o seu mundo. Talvez não seja exagero situado a meio caminho entre a revolução e a contrarrevolução. A irreconciliação entre os princípios de uma e outra reflete-se nas especulações, às vezes fortuitas, é verdade, mas, ainda nesse caso, indicativas de um comportamento mental que já anuncia algumas das características básicas do pensamento "liberal" brasileiro do século passado. Características que, a essa época, talvez continuem guardando maiores afinidades com o reformismo ilustrado do que com o liberalismo propriamente dito. Suas especulações apresentam frequentemente um caráter opaco, pouco compreensível para o analista da história das mentalidades. Mas já não houve quem dissesse que um texto vale por sua opacidade, e não por sua transparência?[72]

De fato, não se encontra o principal advogado dos revolucionários totalmente integrado nos padrões político-jurídicos de seu tempo. Não se pode compará-lo a um Bernardo Teixeira, absolutista e assanhado perseguidor de revolucionários ou suspeitos de subversão. Da mesma forma, não optou pela ação radical, como fez o mais impetuoso dos Andradas, Antônio Carlos, uma das personalidades mais radicais do século XIX no Brasil e já militante na primeira revolução pernambucana.

São compreensíveis, nessa medida, os frequentes desencontros de ideias nas formulações e nos arrazoados de Aragão e Vasconcelos. "As desordens das minhas ideias"[73], como ele dizia, nem sempre se deviam à estreiteza de tempo de que dispunha para elaborar suas defesas escritas, que sem dúvida deviam prejudicar a eficácia de sua atuação. Tais desencontros devem-se antes a "uma mistura de vícios nascentes segundo a época atual", por um lado, e por outro lado à permanência de "virtudes antigas bebidas na educação"[74]. Se se quiser, à inovação na vida social e mental, solapando as bases da cultura tradicional. Começava-se, nesse momento de transição acelerada, a perceber que realidades até então tidas como estáticas podiam ser sujeitas a mudanças. O mundo mudava o seu ritmo e, nessas partes da colonização portuguesa, as primeiras manifestações de tal aceleração iam sendo conscientizadas: esboçava-se, lenta e palidamente, alguns traços da consciência nacional brasileira.

Nesse momento, no Brasil, já começavam a surgir alguns segmentos na sociedade nos quais visões menos rígidas e integradas das coisas se iam elaborando. Se os inconfidentes brasileiros entreviam algumas das peças básicas constitutivas do antigo regime português[75], representavam eles uma parcela pouco ponderável de elementos críticos em face de uma esmagadora maioria iletrada, acrítica e, por isso mesmo, integrada nos quadros da colonização europeia do século XVIII. Os valores políticos e religiosos, sociais e culturais veiculados em discussões ou cultivados em sociedades e grupos literários não eram objeto de consideração, em níveis de realidades distintas e ponderáveis. Vivia-se num *sistema*: a política era exercida por direito divino, e o rei e seus representantes atuavam revestidos desse poder supratemporal. A colonização, assim como a escravidão, era justificada com argumentos de natureza religiosa, como bem se sabe. A divisão da sociedade em ordens, a política mercantilista, a organização da produção sob a forma escravista e baseada na grande propriedade, bem como o rigorosíssimo controle das consciências e da literatura (por meio da Inquisição e posteriormente pela Real Mesa Censória), se constituíam em peças fundantes de uma mesma estruturação, cujo equilíbrio só veio a ser rompido com o surgimento de novos interesses. Fundamentados no desenvolvimento da grande propriedade na Colônia, provocaram a explicitação das contradições básicas do sistema de colonização.

No rompimento desse equilíbrio, uma visão menos integrada do mundo começa a se esboçar. Os diversos níveis da realidade delineavam-se nas consciências mais ilustradas, geralmente ligadas à grande propriedade, ao clero e à alta burocracia urbana. Surgem tais níveis de maneira por vezes simplista, e, com os veículos possíveis, uma sociedade tradicional escravista. Tais processos de conscientização nem sempre revelam linhas claras e analíticas, como aqueles que podem ser encontrados, à mesma época, nas áreas em fase de industrialização do Nordeste europeu. Uma certa opacidade e falta de matizamento constituem características irredutíveis da realidade mental do Brasil à época das revoluções liberais europeias: será difícil, para um analista pouco experimentado na história do Nordeste brasileiro, distinguir um reformista ilustrado de um radical revolucionário em 1817, assim como, mais tarde, certos comportamentos *quarante-huitards* conterão determinações tanto socialistas como liberais, ao mesmo tempo[76], sendo difícil desvendar suas peculiaridades e implicações no processo total.

A visão integrada de mundo, acima referida, começou a se desmanchar por vários fatores, que não cabe nesse passo analisar: relembre-se, apenas, da ampliação demográfica a que o Brasil assiste, sobretudo a partir de meados do século XVIII, sendo de notar que tal modificação quantitativa se reflete na dimensão qualitativa da sociedade colonial, provocando alteração nos laços de dependência, no desenvolvimento de alguns centros urbanos e criação de novas necessidades culturais, no desenvolvimento dos estratos médios – sobretudo burocráticos –, com a vinda da Corte para o Brasil em 1807, até então insignificantes, e na intensificação da presença estrangeira, facilitando o arejamento das mentes e servindo de veículo à notável revolução bibliográfica que acompanhou o roteiro das revoluções burguesas até 1814, bem como o período posterior de reação e revolução (1814-1832).

As transformações de mentalidade do sistema começavam a exigir uma atenção maior sobre o papel das ideias na explicação dos fenômenos sociais. A "lição de livros" poderia, segundo se pensava no Brasil, fazer "mal ao gênero humano", destruindo as bases em que se assentavam as relações de dominação. Vivendo intensamente tal desintegração de todo um sistema de valores, e precisamente por estar imerso nos assuntos das "comoções populares", Aragão e Vasconcelos lembrou, a propósito do deão Bernardo Luís Ferreira Portugal, que "revoluções nas letras por meio de estudos, por meio de lição de livros, estas revoluções, porém não têm feito mal ao gênero humano, porém sim bem"[77].

Tal afirmação do advogado baiano deve ser avaliada em sua periculosidade para a época, devendo ele próprio – que tinha por contemporâneo a Bernardo Teixeira – fazer a figura de elemento progressista e crítico à ordem estabelecida, e à qual mal conseguia ajustar suas ideias. Não deveria ele desconhecer que muitos dos autores citados em suas defesas e inspiradores de seus argumentos eram portadores de ideias perigosas aos olhos da repressão colonialista. Afinal, até o *Werther*, de Goethe, não fora em 1805 proibido pela Real Mesa Censória de entrar no Reino?[78] Pois a temeridade de Aragão vai mais adiante, quando mostra que não há que se vincular as "revoluções nas letras" às "revoluções em sociedades". Para ele, a revolução é uma realidade mais prática, menos literária e mais objetiva, desvinculada das "revoluções nas letras": "revoluções, porém, em sociedades, em usurpações de poder nunca se fizeram pela lição de livros, porém por dinheiro, armas e planos combinados que se não acham em livros"[79].

Assim, na ideia de revolução de Aragão os planos intelectual e prático emergem dissociados, representando uma brecha nas maneiras de percepcionar dos homens da geração que viverá a independência política.

Se cultura e revolução surgem como níveis distintos na visão de mundo do tribuno baiano, o mesmo pode ser apontado em relação à política e à religião: durante a defesa do revolucionário José de Barros Falcão de Lacerda, um dos responsáveis pela integração da Ilha de Fernando de Noronha no rastilho da revolução, Aragão e Vasconcelos faz uma reflexão muito sintomática sobre as ideias políticas e sua natureza, em confronto com as de religião. Diz que "os sentimentos políticos, as ideias adquiridas nos primeiros anos, ficam mui impressas no espírito humano, têm um grande império no homem; obram do mesmo modo que as de Religião"[80].

Se se atentar para o fato de que o vassalo leal, bem integrado e por isso mesmo sem consciência da sua situação, já possui no comportamento religioso a sua atitude política, *sem dissociar* um do outro, as reflexões de Aragão e Vasconcelos indicam a existência de uma ruptura mental, em que os sentimentos políticos e as ideias de religião funcionam em esferas diferentes, e nem sempre associadas. Suas reflexões vêm acompanhadas de uma terminologia sofisticada e crítica, onde os termos "sistema", "lógica", "sofisma", "ilustração", "veracidade", "natureza", entre muitos outros, dão uma coloração mental nova, sobretudo se se considerarem como base de referências os documentos de caráter jurídico deixados anteriormente pelas Inconfidências Mineira (1789), Carioca (1794), Baiana (1793) e dos Suassuna (1801). Mais do que isso, encontra-se nele uma nova atitude de espírito em face à realidade: seu espírito de investigação, transbordando os *estreitos limites da vida bacharelesca* da época, leva-o a indagar frequentemente sobre a "natureza das cousas". Para ele "tudo que é repugnante à natureza das cousas é inacreditável, é falso"[81].

Em suma, numa personagem como Antônio Luís de Brito Aragão e Vasconcelos já se poderá surpreender a emergência de uma mentalidade inovadora, considerados os quadros mentais ainda solidamente enraizados nas estruturas coloniais. A consideração das realidades cultural, política e religiosa como pertencentes a planos relativamente, distintos já começa a se delinear: uma capacidade de diagnóstico mais eficaz e a utilização mais cuidada de conceitos permitirá à sua geração entender melhor o tempo vivido. Geração que, de resto, foi obrigada a saber qual tipo de governo era preciso escolher: se "aristocrático, ou democrático, se vitalício, ou temporário"[82].

É evidente que os traços gerais do comportamento mental de Aragão e Vasconcelos não devem ser estendidos a todos os setores das camadas dominantes brasileiras, a não ser para idealizá-las. Pouco eram os indivíduos que sabiam ler e escrever, mesmo em Recife e Salvador. Se se considerar que essas duas cidades representavam verdadeiras exceções à regra da paisagem urbana do Nordeste, perceber-se-ão as dificuldades para qualquer discussão a propósito dos fundamentos intelectuais da Revolução de 1817. Se se adentrar para o sertão, ou se se percorrer o litoral nordestino, o que se vai notar é a presença de uma civilização rústica, em que os elementos do clero se destacavam não apenas pela sua autoridade religiosa, mas também pelos rudimentos de uma cultura clássica, por vezes associadas à força de propriedades pessoais, de terras e de escravos. Nos setores ligados à grande propriedade agrícola, nem sempre se poderá surpreender vestígios de cultura viva: é o próprio Aragão e Vasconcelos quem menciona o caso de seu constituinte Manuel Florentino Carneiro da Cunha, senhor de engenho e nomeado capitão de Ordenanças de Alhandra, ser "o único branco que sabia ler e escrever na Companhia"[83].

Para o advogado, leitor de Rousseau, Bentham, Mably, Platão e Cícero, deveriam irritar as peças acusatórias escritas por algumas testemunhas contra seus constituintes. Sua irritação raramente transparece, uma vez que tem um orgulho ilustrado pelo "Século em que vivemos"[84], e no qual alimenta sua ideologia. Mas algumas testemunhas, mais rústicas e menos bafejadas pelas Luzes do século, receberam a transbordante crítica de Aragão às vezes com violência semelhante àquela dirigida a um rústico que tinha "má letra e pior ortografia"[85].

A sociedade nordestina dessa época não estava caracterizada por uma quietação muito convincente. Além de indícios muito preciosos de movimentos messiânicos de vulto por volta de 1817[86], a existência de uma massa de população flutuante ou, como diria Vasconcelos, de um "povo rústico, ignorante e disposto a seguir à maneira dos rebanhos o exemplo dos primeiros"[87], colocava um contingente populacional expressivo sob a dependência de lideranças locais, capazes de imprimir um sentido aos movimentos da turba. Qualquer desregulamento meteorológico colocaria essa turba em marcha: Aragão e Vasconcelos, tentando justificar a participação do revolucionário potiguar Albuquerque Maranhão, vai lembrar que, ao eclodir a revolução de março de 1817, "o tempo era de extrema fome, como é constante, os homens do povo miseráveis sofriam imensas necessidades"[88].

Em tal ambiente de tensão, as lideranças naturais surgem ligadas à grande propriedade e sobretudo ao clero, cuja capacidade de organização ultrapassava os limites locais. Nessa perspectiva é que se poderá entender por que em 1817, no Nordeste brasileiro, muitos foram os padres acusados de terem sido capitães de guerrilhas. Não é apenas o caso do jovem padre Francisco Muniz Tavares, posteriormente grande historiador da revolução, mas também de muitos outros como o padre Venâncio Henriques Rezende, do Cabo, que era acusado de ser capitão de guerrilhas, bem como todos os outros padres do bispado[89].

A tensão das estruturas atingia todos os níveis, inclusive o da religião. Aragão e Vasconcelos, que teve entre seus constituintes vários elementos do clero, defendeu o mencionado padre Venâncio Henriques da acusação de ter feito "em pedaços uma imagem de Nossa Senhora"[90], e de usar espada[91].

Num momento em que os ânimos estavam exacerbados pela fome, que foi aumentada com a revolução de março, os sentimentos religiosos alimentados durante três séculos de colonização se acentuavam, e por vezes os caminhos da revolução e da religião se entrecruzavam. O padre João de Albuquerque Cavalcanti, por exemplo, inimigo do chefe revolucionário padre João Ribeiro, era acusado de ter dito, durante a revolução, que "as almas dos Patriotas subiram ao Céu e desceram ao Inferno as dos Realistas"[92]. A importância dada pelos homens do começo do século XIX brasileiro à dimensão religiosa era necessariamente primordial, uma vez que a própria estruturação de sua vida social era regida – segundo eles – por critérios religiosos. Não é de pensar, então, com Aragão e Vasconcelos, que num ambiente católico em que os ânimos estavam exacerbados pelas questões de religião, a "tolerância de qualquer culto" pregada pelo governo provisório revolucionário de 1817 se constituía num passo perigoso e inábil?

Na verdade, Aragão e Vasconcelos foi obrigado a defrontar-se com uma sociedade extremamente complexa, como era a sociedade nordestina. Para explicar a revolução e defender os réus, tornava-se necessário entender a sociedade que os produziu. Muitas foram as vezes em que recorreu ao exemplo europeu para entender o mundo sertanejo: sua formação ilustrada ajustava-se mal às realidades agrestes dessas partes do Reino Unido.

Suas dificuldades começavam pelo estabelecimento do quadro geográfico da revolução: quando queria dimensionar as áreas atingidas pelo fenômeno, não conseguia deixar de buscar como modelo a Europa. O tamanho do mundo continuava em Aragão a ser mensurado pelos padrões europeus: é por isso que, para ele, a revolução "se desenvolveu por tantas cidades, vilas e aldeias, quantas compreende um território, talvez maior que o reino mais extenso da Europa"[93].

Da mesma forma, para dimensionar o papel de Recife como foco da revolução nordestina, não conseguia deixar de se apoiar no exemplo da cidade de Paris, que, por ser "capital comoveu toda a França"[94]. Sua maneira de olhar o mundo refletia ainda a postura do europeu colonizador. Entretanto, já não se estava nesse momento em presença de uma sociedade colonial em fase de formação.

São encontradiças no Nordeste, nesse começo de século XIX, características de uma estruturação relativamente definida, embora com contornos não tão rígidos e detectáveis como aqueles da sociedade portuguesa contemporânea[95]. As fronteiras internas, de resto, permanecem abertas aos fluxos e refluxos populacionais, e, à exceção de núcleos como Crato, Icó, Pombal, Souza, Campina Grande, Garanhuns e Limoeiro, o desenvolvimento de uma urbanização significativa praticamente inexistia. Limoeiro por exemplo, a noroeste de Recife, atingido pela revolução apenas nove dias após a eclosão de 6 de março, não contava com mais de cem casas por essa época[96].

Aragão e Vasconcelos, fazendo a defesa da câmara da Vila do Limoeiro (Pernambuco), vai dar uma preciosa indicação do sistema de poderes locais que, de resto, imprimirão marcas profundas na sociedade brasileira: "só quem não viajou o centro do Brasil ignora a influência que um comandante tem sobre o povo do seu distrito, fundada na ampla liberdade de capturar até em troncos por meras suspeitas"[97].

Nessas palavras, praticamente se encontra a consciência que o litoral toma de uma ordem de coisas interiorana bem diferente, quer do ponto de vista das relações de dominação, quer do ponto de vista da concepção europeia de sociedade. Aragão sugere que a revolução é produto de uma ordem social diversa daquela que os ministros – a quem se dirige – estavam habituados a enxergar. O mundo sertanejo não pode ser medido pelas mesmas balizas do litoral, mais sujeito aos valores metropolitanos: tendo em vista o sistema de poder estabelecido, é "mui trivial o baixo sentimento de vingança, por isso que o gênero humano respira no centro da imoralidade, nos sertões é esta paixão dominante à proporção da barbaridade dos costumes"[98].

As instituições deixadas pela colonização no sertão estavam menos presentes para amortecerem as tensões que brotavam no fluir da vida social. "A morte é a ordinária expiação de qualquer ofensa, que nas cidades policiadas dariam apenas motivo a um leve ressentimento."[99]

Mas o advogado ilustrado, talvez por causa de seu viés europeizante, de sua mentalidade urbana, não estava desatento para ocorrências revolucionárias nesse ambiente rústico e permanentemente tenso: sabia enxergar, para além das inquietações nas áreas do interior, aquelas manifestações que não eram mera turbulência passageira, mas sim características permanentes do mundo sertanejo nessa época. Não era por outro motivo que dizia que movimentos novos, "além das turbulências comuns nas terras do sertão, se capeavam com a licenciosidade e loucuras do tempo"[100].

Loucuras do tempo. Loucuras que vinham de longe, provavelmente. Aragão oscila com seus argumentos e sua terminologia, de uma atitude assustada em relação aos eventos novos para uma convivência sentimental com a revolução. Das loucuras do tempo também ele participava, queria respirar "aquele gás inflamável de liberdade"[101]. Uma certa consciência de que os eventos do mundo luso-brasileiro não se dissociavam da história de outras regiões e de outros tempos animava-o em suas posições: afinal, dizia ele, "todo o mundo policiado está tratando a muitos séculos de rebelião"[102]. Como não ver, nessa formulação, uma crítica implícita ao absolutismo?

Se sabia ele enxergar para além das turbulências comuns, e que marcaram sobretudo a última fase do período colonial, podia avaliar, por outro lado, as grandes dificuldades que apresentavam a caracterização da revolução, da sociedade e, em última análise, da história de sua terra. Para que se tenha uma medida de seu modo de avaliar a revolução, bastará citar sua reflexão sobre a difusão do republicanismo nessas plagas, em 1817. As confusões, os desacertos revolucionários nos meses de março e abril daquele ano tornam-se melhor compreensíveis não pela ausência de líderes ou falta de qualidade de liderança – os exemplos de Domingos José Martins ou de Domingos Teotônio Jorge provariam o contrário –, mas pela incaracterização social e baixo nível cultural da população civil e militar que foi engolfada no processo. Não há motivos para duvidar de que grande maioria da população revolucionária atiçada pelos líderes "os seguiram mais com a ideia de libertinagem do que de partido republicano"[103].

Afinal, já se exasperava o advogado ilustrado: "o povo não sabe lógica"[104].

E por que o republicanismo, do ponto de vista cultural, difundiu-se precariamente nessas áreas? Para responder à questão, não deve o observador procurar um caminho unívoco para a solução do problema. *Na verdade, não apenas o republicanismo foi difundido muito superficialmente no Nordeste – como no resto do Brasil, a essa época –, mas também todas as outras ideologias.* Ademais, a resposta a tão complexo problema deveria ser investigada preliminarmente nas determinações básicas da própria sociedade gerada no processo de colonização, baseada na grande propriedade e na mão de obra escrava. Bem se sabe, a partir das análises de Eric Williams, que *numa sociedade escravista* o desenvolvimento tecnológico é sempre bloqueado: *o mesmo se dá com o desenvolvimento das ideias.*

A partir do último quartel do século XVIII brasileiro, as atividades intelectuais cada vez mais estiveram próximas das atividades revolucionárias. Dos inconfidentes cariocas de 1794[105], que iniciaram suas atividades com investigações sobre a natureza e resvalaram para a negação radical da ordem estabelecida, aos professores do Seminário de Olinda, que em 1817 saíram das salas de aula para as praças e fortalezas, a tendência foi límpida. As ideias mais radicais e avançadas, entretanto, sempre esbarraram nas pesadas e sólidas estruturas em que estava assentada a grande propriedade, que carecia da mão de obra escrava africana para sua existência. Serão as formas *mais atenuadas* das ideologias importadas, ou aqui elaboradas, que se *imporão* no transcorrer desse século. O sistema poderá absorver as ideias importadas que o modernizem, mas nunca as que o neguem. Nesse sentido, serão as ideias *reformistas* que prevalecerão na primeira metade do século XIX, mas não as revolucionárias. Não se quer dizer com isso que as profundas contradições existentes nos sistemas colonial e social não tenham provocado o consumo nessas plagas de obras de Raynal, Rousseau, Mably, Morely, Volney, entre outros. Pelo contrário, nas inspirações ideológicas dos movimentos contestatórios encontravam-se esses autores e outros mais. O que se deve frisar, porém, é que apenas com a mudança do regime de trabalho ou, se se quiser, apenas com a desintegração do modo de produção baseado na organização do trabalho escravo é que algumas das ideias mais progressistas das revoluções liberais do Ocidente chegarão e vingarão no Brasil. Afinal, anteriormente, já os artesãos baianos, em 1798, aspiravam por uma "República de igualdade"[106].

O período colonial brasileiro apresenta, além disso, peculiaridades em relação ao correspondente na América Espanhola[107]. O historiador José Honório Rodrigues, referindo-se ao "colonialismo estreito, que evitava escolas, imprensa e livros"[108], lembra que durante esse período no Brasil "pensava-se o menos possível"[109]. Pensava-se pouco, tendo em vista os perigos da repressão, e escrevia-se menos ainda. Ademais, tendo em conta as dimensões da terra, como as ideias se difundiriam facilmente se nem mesmo tal ocorria com as mercadorias?

A alfabetização era, mais do que nunca, reservada aos setores dominantes da sociedade: o clero, as burocracias urbanas, os grandes proprietários e os comerciantes. Não há motivos para duvidar que, talvez com exceção das Minas Gerais, até mesmo nesses segmentos sociais considerados havia uma tendência a piorar culturalmente quanto mais se adentrasse no interior brasileiro. Nessa medida, será a *oralidade* a característica básica da sociedade brasileira dos começos do século XIX, e que persistirá até o século XX. Industrialização e urbanização, eis o binômio que mudará a face do problema.

Assim, às vésperas da Independência política de 1822, encontra-se a sociedade brasileira relativamente desarmada de instrumentos intelectuais para diagnosticar o tempo vivido.

Aragão e Vasconcelos não esteve desatento a tal problema, até porque, quando necessitava recolher argumentos para suas defesas, esbarrava na imensa dificuldade acima apontada: numa civilização basicamente oral, evidências escritas escasseiam. As palavras deviam ser procuradas por seus efeitos. Defendendo alguns réus de terem cometido violências, lembrou certa vez que "violências não se cometem por palavras se a estas não se acompanham efeitos"[110]. Nesse ambiente, assumia grande importância a força da "linguagem geral"[111], da "linguagem do tempo"[112] ou a preocupação com o "cunho geral das palavras"[113], como se dizia à época.

Para o advogado em questão, as dificuldades começavam pelo método de captação e organização das palavras, sobretudo daquelas menos integradas na cultura do sistema. Ou, como

Aragão dizia, das "palavras gerais tão fáceis de se dizerem, como difíceis de se provarem, porque são coisas que escapam e que não tendo o mais ligeiro *tempo de duração* e sendo passageiras como o relâmpago, cada um as *inventa, inverte e acrescenta*"[114].

O refinamento de Vasconcelos o conduz para a esfera dos problemas da duração dos eventos. O tempo das palavras, o tempo da comunicação certamente é o problema maior para a compreensão da mentalidade de uma época. A partir de tal formulação, que denota uma sensibilidade fina para as peculiaridades sertanejas, pode-se ter uma ideia aproximada dos esforços do advogado ilustrado. Não é de admirar, pois, as dificuldades de Aragão em conceituar os fenômenos revolucionários. Muitas foram as vezes em que tropeçou com os sentidos e usos dos termos "motim", "rebelião", "revolução" e "guerra civil"[115].

Tais dificuldades, porém, devem ser entendidas dentro dos quadros mentais de sua sociedade, e de sua própria condição de representante de camada dominante numa sociedade escravista. Para que se possa bem aquilatar a visão de mundo de Aragão e Vasconcelos, escondida numa terminologia contraditória e, finalmente, a ideia que fazia da revolução, torna-se necessário acompanhá-lo em algumas das reflexões com as quais enriquece suas defesas.

Concepção Hierárquica da Sociedade

Nas concepções sociais de Antônio Luís de Brito Aragão e Vasconcelos, entrecruzam-se duas tendências básicas, quais sejam: as marcadas pela hierarquia da sociedade tradicional do antigo regime[116], ou seja, de *ordens*; e aquelas reformistas, em que, por exemplo, se propugna uma mudança de atitude em face do elemento escravo e da monarquia. Tais concepções se entrechocam uma vez que há contradições entre valores tradicionais de uma sociedade estamental-escravista e aqueles importados de regiões onde as revoluções burguesas erigiram a *sociedade de classes* como modelo a ser seguido. Na verdade, em Aragão e Vasconcelos encontra-se uma estranha mistura das duas tendências, que dará como resultado uma visão de mundo que se encontra a meio caminho entre o reformismo ilustrado e o liberalismo[117]. No plano político, tais ideias poderão ser rotuladas de reformistas, mas nunca de revolucionárias.

A linha dominante do pensamento de Aragão por certo é aquela informada pelos valores do sistema, isto é, pelos valores cristalizados segundo as linhas da hierarquia da sociedade estamental-escravista. Não será necessário explicitar que sua visão de mundo se aproximava muito mais daquela dos senhores de terra e da alta burocracia. Nesse sentido, deve ser entendida como uma visão de mundo de um segmento das camadas dominantes: o tribuno não se confunde em momento algum com o "povo rústico e ignorante"[118]. Sua maneira de discorrer sobre a organização da sociedade brasileira é regida pela hierarquia legada pela colonização. É com naturalidade que aponta, na defesa de Francisco Paes Barreto, capitão-mor da explosiva cidade do Cabo, que seu constituinte sempre se pautou pelas normas hierárquicas preservadas no ambiente rural. Era Paes Barreto "uma das pessoas principais da Província"[119], e, acusado de dar guarida em 1817 a revolucionários, foi defendido por Aragão, lembrando que sempre fora costume de seus "predecessores hospedar a toda e qualquer pessoa que por ali passava; e tanto que há casas destinadas para isso, conforme a graduação dos indivíduos"[120].

Nesse universo de Aragão e de Paes Barreto, o que conta é a "graduação dos indivíduos". E não adiantará tentar dissociar de tal visão da ordem social preconceitos de cor e de profissão. Uma das testemunhas de acusação mais frequentes no processo judicial, Zacarias Bessoni, sempre foi criticado acerbamente pelo tribuno por ter declarado que sua categoria profissional era "negociante". Para Aragão, Bessoni não era mais que um "lojista", e havia mudado de maneira indevida e presunçosa sua condição social[121].

A visão que Aragão tem do povo, denotando seus preconceitos sociais, aparece nítida nas anulações que realiza dos depoimentos de testemunhas de baixa extração social. Na defesa de Jerônimo Inácio Leopoldo de Albuquerque Maranhão, não titubeia em dizer que certa testemunha de acusação não pode ser eficaz em seu depoimento contra o réu, por ser da "plebe de pé descalço", vulnerável à persuasão de elementos melhor situados na hierarquia social e "tão material que pode ser seduzido sem dificuldades"[122]. Se a testemunha pobre e, no caso, contrarrevolucionária pode ser declarada suspeita em suas afirmações a partir de sua categoria social, já o vigário da ilha de Itamaracá, acusado de subversivo, não poderia se transformar em suspeito de "intenção sinistra, antes a natural deduzida de seu instituto"[123].

Para Aragão, as categorias sociais deviam ser portadoras de visões de mundo bem específicas e correspondentes à hierarquia. Por exemplo, um certo Francisco Xavier de Abreu, "europeu, caixeiro de uma povoação, de idade de 20 anos" deveria ser portador de "ideias iguais à sua idade, profissão e educação"[124]. Nesse sentido, a concepção hierárquica da sociedade permanece a mesma que caracterizou a sociedade mineira à época da Inconfidência de 1789. Para ficar um exemplo, bastará lembrar o comportamento daquele agricultor mineiro, "homem rústico" que, achava ele, não precisava delatar Tiradentes, dada a pouca possibilidade de consciência de situação, propiciada pela sua atividade profissional[125].

Tal concepção hierárquica da sociedade, todavia, não era peculiaridade apenas das camadas dominantes a que pertencia Aragão e Vasconcelos. Se este não titubeava em pulverizar o depoimento de um "pé descalço", por outro lado, um padre que se julgava pobre, o padre João de Albuquerque Cavalcanti, serviu-se do "pretexto de ser um homem pobre e sem partido" para não prestar juramento ao governo provisório e revolucionário[126]. Importa notar, nesse caso, que há como pressuposto o fato de a revolução ser uma manifestação de proprietários. Ainda nesse sentido, não se está longe da tendência já esboçada à época da Inconfidência Mineira. Propriedade e revolução guardavam íntimas afinidades: o comportamento rebelde já era associado à condição de proprietário. É nessa perspectiva que se podem entender as escusas daquele mineiro que se julgava "pobre" e totalmente "sem meios de poder servir cousa alguma na dita sublevação"[127].

Todavia, dentro do conjunto das defesas apresentadas por Aragão há peças jurídicas em que a defesa de uma certa hierarquia se explicita, em termos crus, insofismáveis. Já não é mais o Estado monárquico que está sendo defendido de uma "populaça" de criminosos de lesa-majestade: o que está sendo defendida é uma certa estruturação da sociedade. *A defesa passa a ser a defesa do estamento*. No caso do já mencionado Jerônimo Inácio Leopoldo de Albuquerque Maranhão, insiste Aragão em dizer que "o Réu não faz alarde de ascendência distinta, mas porque trata de exonerar-se de culpa em um ponto ou estado de coisas que os nobres têm interesse que subsista"[128].

A consciência de realidade do advogado conformava-se às estruturas da sociedade escravista em que cultivava seu ofício. A defesa do estamento acima mencionada acarretava automaticamente a atenção especial que deveriam ter as camadas dominantes para com os problemas postos pela escravatura. Sustentando que alguns de seus constituintes foram obrigados a participar do governo provisório em 1817, lembrava Vasconcelos que tal o fizeram para evitar o mal maior: uma guerra civil. E, no Brasil de 1817, uma guerra civil assumia proporções catastróficas, "pelo perigo do desenvolvimento da escravatura"[129]. Nem poderia ser diferente a posição de Aragão: seus constituintes eram, em esmagadora maioria, grandes proprietários de terras *e de escravos*. A consciência do advogado, defensor dos interesses dessa camada, não poderia – por definição – ultrapassar esses mesmos interesses. O comportamento estamental-burocrático de Aragão informa sua maneira de percepcionar a vida social, atribuindo valores positivos ao estamento e negativos ao povo. Por exemplo, para ele, "os homens de mais baixa condição são mais capazes de cometer assassinatos do que os nobres e diplomatas"[130]. O importante era, no processo revolucionário, "reprimir o furor da soldadesca e plebe amotinados"[131], uma vez que eram portadores de ideias de "libertinagem". Seus constituintes, pelo contrário, eram "homens cordatos, estabelecidos e abastados"[132].

Aos preconceitos sociais de seu estamento, reúne os preconceitos de cor. Fazendo a defesa de um acusado de participação nos eventos de 1817, Vasconcelos titubeia ao notar que seu cliente não era nobre. Contornou o problema, esforçando-se por promovê-lo através de sua educação e de sua condição de branco. Em seu arrazoado, diz textualmente que "o réu teve educação; basta constar que frequentou estudos e que bem que não seja do corpo da nobreza, é, todavia, homem branco e limpo; *o que no seu país é o mesmo que dizer homem bem criado*"[133].

Quando a nobilitação não surgia pelo nascimento, podia ser adquirida pela educação. Nesse sentido, também, poder-se-á entender a natureza classista da educação ou, se se preferir, a valorização da educação como uma outra faceta da visão hierárquica da sociedade de Aragão e Vasconcelos. Numa palavra, educação como instrumento de prestígio. Como complemento dessa postura, surge a associação entre posição social e formas de expressão adequadas. No exemplo precedente, o advogado insiste em dizer, a propósito do "homem branco e limpo", que tal "casta de gente não se exprime em termos vulgares". De maneira menos empostada, mais brejeira (e a essa época mais nacional), complementa: "termos de esterqueiras não assomam nos beiços de um brasileiro de criação"[134].

As argumentações, entretanto, sempre tendiam a fortalecer o estamento mesmo em seus momentos de fraqueza. Bem expressivo é o caso dos filhos bastardos, uma das características do desenvolvimento populacional das regiões onde a figura dominante era a do senhor de engenho. Analisando a ação do jovem revolucionário Manuel Luís de Albuquerque Maranhão, que tinha apenas dezesseis anos de idade à época da revolução, lembrava o advogado que o réu não tinha "liberdade de obrar, e todo o seu emprego é obedecer". Com tal idade, estava ainda sob o pátrio poder. Nessa sociedade patriarcal por excelência, o dever do filho era obedecer sem discussões à autoridade paterna: no caso específico do jovem Manuel Luís, Aragão foi taxativo, porque a obediência, "sendo um dos deveres principais dos filhos, *muito mais o é em um filho natural*"[135]. Assim, sua visão da sociedade incorporava, de maneira não crítica, os valores do estamento: o "filho natural" não tinha os mesmos créditos que o "filho família"[136], e tal comportamento preconceituoso da sociedade nordestina imprime suas marcas nos arrazoados da defesa.

Na perspectiva das camadas dominantes, era necessário ter reputação. Ou, como se dizia nas Minas à época de Tiradentes: "valimento". As atuações do principal defensor dos revolucionários carregavam consigo ranços estamentais, que frequentemente se manifestavam nas verificações de suspeição das testemunhas de acusação. O vigor da contestação de Antônio Luís de Brito Aragão e Vasconcelos torna-se indicativo da tensão estrutural na sociedade em que vivia, sendo proporcional aos esforços de dominação mantidos verticalmente para com o resto da sociedade. Uma das testemunhas, um certo João José de Oliveira, vivia, nessa perspectiva, "sem nenhuma reputação e separado dos homens de bem". Homens de bem, não é necessário explicitar, eram sobretudo os grandes proprietários. Tal testemunha trazia consigo as marcas de suas relações com o meio social, e seus defeitos não eram de pequena monta, envolvendo até sua atividade profissional: era "aferrado a tavolagem que consome a maior parte do tempo pelas estradas e povoações onde joga com negros e ladrões"[137]. Considerada no ângulo dos valores da sociedade estamental-escravista, a testemunha incorria em falhas de natureza racial, profissional e social. E que dizer do consumo "da maior parte do tempo pelas estradas", comportamento a que os senhores rurais não deveriam estar habituados, pela natureza mesma de sua atividade econômica?

A óptica do estamento cioso de seus interesses aparece contida nas formulações de seu advogado. Defendendo a um membro da família Carneiro da Cunha, Aragão e Vasconcelos não poupa um certo Viana, que era figura frequente no engenho do réu, e que aparece como testemunha de acusação no processo. Para Aragão, isto é, na perspectiva da camada dominante, Viana era um "ilhéu da mais baixa ralé". O que demonstra, porém, um *antagonismo social básico* entre o réu e a testemunha é que Viana vivia "do miserável tráfico de revender caranguejos, que vai comprar ao engenho do réu"[138]. Indo às minúcias do caso, Aragão defende a grande propriedade, ficando indignado com a maneira pela qual Viana estragava a lavoura dos Carneiro da Cunha com seus cavalos.

Preocupado em resguardar o prestígio de seu cliente, o senhor de engenho Manuel Florentino Carneiro da Cunha, preso nas cadeias da Bahia, o advogado não titubeia, mais uma vez, em se utilizar de argumento de límpida conotação social antipopular; "o povo", diz ele, "apenas viu um indivíduo preso, concebe desde logo má opinião dele"[139].

E se no nível das manifestações de sociabilidade para essa sociedade *ter prestígio* era questão principal, como aceitar – na óptica de Aragão – o depoimento acusatório de um tal Manuel José Corrêa, depoente "que foi esmurrado pela creoula Cosma, sua escrava"?[140]

A sociedade que o representante do estamento burocrático visualizava era a *sociedade de ordens*, característica do antigo regime. A primeira ordem era constituída pelos elementos da nobreza[141], a segunda ordem, composta de elementos do clero, que deveria, segundo Aragão e Vasconcelos, gozar do "geral e bom conceito"[142], e a terceira ordem era constituída pelo povo. Sua maneira de percepcionar a vida social da época carregava intrinsecamente os valores correspondentes a tal estruturação da realidade, com todas as implicações culturais, políticas, religiosas e ideológicas.

Entretanto, nesse momento em que o Ocidente assiste à aceleração da crise do antigo regime, à implantação do capitalismo industrial e, no mundo colonial americano, à emergência de Estados nacionais politicamente independentes, novas realidades se impõem aos velhos quadros mentais estruturados no período anterior. A sociedade passou a não ser mais entendida segundo as linhas explicativas rígidas e válidas no período anterior. O vocabulário dos homens do período dava conta das dificuldades de conceituação do real: Aragão e Vasconcelos, que teve necessidade de entender a sociedade nordestina e sua revolução para fazer a defesa dos implicados, não escapou a tal tendência. Seu vocabulário relativo à definição dos grupos sociais no Brasil indicava claramente as transformações sociais e mentais que o alcançavam. Transformações que, de resto, atingiram fundamente o mundo luso-brasileiro. Afinal, os próprios revolucionários – entre eles Caneca, Antônio Carlos, e Muniz Tavares – não discutiram a noção de *classe* na prisão, em Salvador?[143]

Frequentes vezes o advogado em foco titubeou ante a terminologia mais adequada para designar as realidades sociais. Se a sua visão de mundo estava indelevelmente marcada pela *sociedade de ordens*, tal conceituação, entretanto, não era suficiente para bem definir o objeto de suas preocupações. O termo *ordens* não era suficiente para abranger as realidades em discussão: era necessário anexar o termo *classes*. Na defesa de Francisco de Paula Cavalcanti de Albuquerque, chegou Aragão a dizer que a preservação das "*classes e ordens* da sociedade" era de suma "necessidade para a manutenção do bem geral"[144]. Ocorre que o termo *classe* sempre fora utilizado até então, predominantemente, com conotação quantitativa[145]. A insatisfação de Aragão parece se revelar ao sentir a necessidade de anexar aos termos "ordens" e "classe" a palavra *idade*, para diferenciar a utilização que faz do termo "classe". Assim, ao se referir à atividade de clubes maçons, que eram permitidos pelos governos de muitos Estados monárquicos, lembra ele que, no Brasil, "lutavam promiscuamente europeus e brasileiros de todas as *ordens, classes e idades*"[146] em tais clubes. Assim em Aragão pode-se distinguir a utilização do termo "classe" segundo um critério qualitativo, no sentido de *camada* social, diverso do critério quantitativo.

Nessa medida, não será excessivo indicar uma modificação na consciência social do advogado em questão: a sociedade que enxerga não mais é rígida em seus contornos.

Os problemas conceituais de Aragão, entretanto, não se esgotavam aí: suas dificuldades foram ampliadas para a elaboração de uma terminologia eficaz e adequada às realidades que necessita entender: Aragão foi levado, pela revolução, a introduzir mais um elemento nesse já complexo universo de conceitos. Uma parcela dos revolucionários de 1817 queria um "nivelamento impossível, não só de *ordens*, mas até de *cores*"[147]. Assim, "ordens", "classes", "idades" e "cores" eram termos que provocavam um entrecruzamento de concepções sociais divergentes nas ideias do defensor dos revolucionários. E que pensar do "sistema nivelador"[148] propugnado pela vanguarda radical de 1817? Para esse homem formado pela Universidade de Coimbra, cujos ensinamentos lhe vinham muitas vezes à lembrança[149], tal ideia só poderia ser fruto de "opiniões antipolíticas"[150].

Na verdade, o advogado em questão dava "graças ao século de luzes"[151], citava Rousseau, Maby e Bentham, e poderia até pensar numa "ideal república"[152], uma "república de lavradores". Sua visão reformista e ilustrada poderia levá-lo até mesmo a criticar – como o fez provisoriamente – os "males da monarquia" no tempo em que era governador Caetano Pinto[153]. Conceber, entretanto, um "sistema nivelador" era excessivo: como é, por exemplo, que um homem como José Carneiro de Carvalho da Cunha poderia abandonar o "estado lisonjeiro de sua nobreza e foros" e se colocar "a par do mais vil da plebe"? Em nome de valores de "liberdade e igualdade imaginárias"[154]? Da mesma forma, raciocinava o advogado sobre o revolucionário Francisco de Paula Cavalcanti de Albuquerque, acusado, entre outras coisas, de "revolucionar o sertão"[155]. O grande proprietário Francisco de Paula, julgava Aragão, "na nova ordem não podia aspirar a coisa que não fosse abaixo do que já possuía, era sua sorte, como a de todos o ser confundido na geral mistura"[156].

A "geral mistura", o "sistema nivelador", eis o que Aragão e Vasconcelos não podia entender. Na história, "enfadonha cadeia de fatos", ia buscar as coordenadas para situar os eventos de 1817.

Na história da França, encontrava os seus modelos[157], mas sua consciência era reformista e não revolucionária. "Um aniquilamento civil a par do mais vil da plebe", como dizia, "só o fizeram em tais circunstâncias, nobres já degenerados"[158]. Seus constituintes, a maior parte dos quais era proveniente da camada dos grandes proprietários agrícolas, só poderiam "perder na mudança"[159].

Tais argumentos, entretanto, não o levaram a elaborar uma visão integrada da vida social brasileira. Afinal, não se deve esquecer que, por sua posição relativa no corpo social e na estrutura de poder, foi o encarregado de fazer a justificação dos revolucionários ante o sistema. Ocorre, porém, que após 1817, e sobretudo nos anos de 1819 e 1820 (em que faz as defesas), o sistema está em mudança e os prenúncios da revolução liberal já se fazem notar. Justificar os revolucionários era sua tarefa; mas, em face de quais valores? Os do sistema? Mas o sistema está em mudança, e novas formas de governo passam a ser aventadas, inclusive a "democrática" e "temporária"[160]. Nesse sentido, muitos de seus argumentos foram os argumentos da hora.

Brasileiro de nascimento, não foi insensível aos choques de nacionalidade entre europeus e brasileiros. Como elemento que procurava transitar pelas inviáveis estruturas do Reino Unido, sempre procurou minimizar os conflitos que indicassem a tensão básica da colonização: grandes proprietários *versus* mercadores. "Nunca houve notícias de *revolução* e sim de *indisposição* de brasileiros, contra europeus, indisposição velha, e geral, ainda mesmo de bairro a bairro, indisposição de gente ordinária, e que quase sempre se termina por algumas pedradas e pancadas."[161]

Ao defender o réu Manuel do Nascimento da Costa Monteiro, entretanto, o advogado ilustrado não resiste e, no calor da argumentação, deixa-se trair pelo sentimento *nacionalista*. Passa a criticar a "ralé dos europeus (não falo da generalidade por haver grande número de homens de bem) que atacavam a honra e a propriedade dos brasileiros, e que queriam tratá-los como seus escravos, e outra espécie de gente"[162].

Finalmente, uma outra característica do nacionalismo de Aragão pode ser encontrada na estranheza, sempre manifesta, pelo fato de testemunhas de acusação europeias funcionarem sistematicamente contra réus brasileiros.

Em suma, é na confluência das tendências tradicionalistas, revolucionárias e nacionalistas das vésperas da Independência que se podem avaliar as determinações básicas do pensamento social e político de Aragão e Vasconcelos. Pelas suas atitudes em face do sistema, de um lado, e da revolução, de outro, pela utilização de suas fontes bibliográficas e pelos recursos aos ensinamentos da história, pela sua posição socioprofissional, bem como pela manipulação de uma terminologia modernizante e também – por que não dizer? – pelos seus preconceitos, situa-se ele como um *reformista e nacionalista*. E, posto que alimentava suas ideias com os ingredientes da cultura francesa (Mably, Rousseau, Brissot etc.), não será excessivo reivindicar para ele o epíteto *ilustrado*.

Noção de "Povo", Noção de "Revolução": A Medida do Reformismo

Pelo que foi apresentado nas análises anteriores, a estruturação da sociedade que Antônio Luís de Brito Aragão e Vasconcelos conseguia enxergar estava preponderantemente orientada pelas linhas das hierarquias do antigo regime.

As interferências de uma nova terminologia indicavam o quanto tal estruturação baseada num critério jurídico-religioso ia sofrendo os embates de novas constelações sociais e mentais, embates esses impulsionados pelos rumos que a burguesia comercial e, em menor escala, a industrial, começavam a impor ao Ocidente. Nas áreas coloniais do Novo Mundo, os setores ligados à grande propriedade realizavam – com outras feições – sua revolução e, se até então as linhas gerais da estratificação social, projetadas a partir das metrópoles, foram mantidas, nessas primeiras décadas do século XIX tal quadro vai ser profundamente alterado. A sociedade de ordens já não determinava mais de maneira rígida as especulações dos seres pensantes, e novas maneiras de enxergar o social emergiam. No Brasil, no qual os reflexos da revolução bibliográfica se manifestaram vivamente desde fins do século precedente, a cultura francesa predominou sobre as outras presenças culturais, fornecendo elementos intelectuais de auxílio insubstituíveis para as investigações sobre a "natureza das cousas" sociais. Se o antigo regime sofrerá os embates decisivos no último quartel do século XVIII, as áreas coloniais da América do Sul somente duas décadas mais tarde seriam atingidas decididamente pela crise que mudou a face do Ocidente.

Sob a organização jurídica da sociedade colonial nasceriam novas realidades que imporiam progressivamente os novos valores sociais, econômicos e políticos. Aragão e Vasconcelos, representante de uma elite reformista brasileira, assistiu a tais transformações e, observando os fluxos e refluxos das massas populares nessas plagas, registrou ocorrências que nada mais tinham a ver com a noção de Terceiro Estado, rígida e estática, que aprendera nos livros da Universidade de Coimbra. É verdade que os juristas da Metrópole portuguesa sempre englobaram com certa dificuldade, dentro das categorias estipuladas pelas atas das Cortes de Lamego[163], as duas novas entidades sociais básicas geradas no processo de colonização: os senhores de engenho e os escravos. Se nem mesmo um arguto observador das realidades da Colônia, como o foi Antonil, se atrevera a encaixar automaticamente os senhores de engenho dentro dos quadros da primeira ordem do Reino, por não serem da mesma qualidade social[164], que pensar dos problemas postos pela escravaria? Faria ela parte do Terceiro Estado? O Terceiro Estado constituía-se na totalidade dos vassalos leais, virtuosos e católicos que não estivessem compreendidos na nobreza ou no clero. Se havia, porém, a ideia de que "as almas dos negros não são feitas para virtude"[165], em que ordem então se poderia inseri-los? Os frequentes levantes de escravos, as inconfidências e, sobretudo, os exemplos francês e antilhano impunham o redimensionamento da questão. As velhas estruturas jurídico-religiosas continham mal a nova força social: *o povo*.

Quem era o povo, então, para o advogado dos revolucionários? O "povo" surgia nebuloso na mente de Aragão e Vasconcelos, e tal opacidade era consequência mesma de sua postura reformista. Uma distinção, entretanto, pode delimitar os contornos de tal nebulosidade terminológica: no povo *não* está incluída a escravaria, que permanece como categoria à parte. Para a sua sociedade, que mais do que patriarcal era escravista, Aragão e Vasconcelos não precisou despender grandes esforços durante a defesa do preto Joaquim Ramos de Almeida, para demonstrar que gente da cor dele tinha dificuldades em participar de "negócios de brancos"[166]. O povo era, isso sim, constituído pelos "lojistas", "caixeiros de botequim", "marchantes", "camponeses que viviam de caça"[167], a "soldadesca", os "rendeiros"[168], pequenos negociantes e até mesmo cirurgiões, sobretudo os do interior, como os "empíricos" de Goiana[169].

A nova categoria social surge ainda nebulosa no universo de Aragão, mas já com alguns atributos que permitem surpreender uma *mudança* nas visões rígidas legadas pelas estruturas coloniais: o "povo" a que se referia o advogado baiano já não correspondia, por certo, aos modelos das atas de Lamego.

Embora de maneira nebulosa, *o povo já surge por vezes como agente da história* em suas defesas: não são mais *indivíduos isolados* os culpados pelas desordens, motins ou revoluções, mas sim os "povos desordenados"[170]. Nesse sentido, entre as defesas realizadas durante a Inconfidência Mineira de 1789 e as defesas dos revolucionários de 1817, há uma mudança essencial: naquela, o advogado preocupava-se em defender os indivíduos dos rigores do sistema; em 1817, pelo contrário, os advogados esforçaram-se por mostrar que não foram alguns indivíduos isolados os culpados, mas a "massa dos povos", com seu "poder irresistível"[171]. A "massa enorme"[172], os habitantes que "fizeram massa"[173], o "furor da plebe"[174], eis o que impressionava o tribuno Aragão e Vasconcelos e talvez alguns de seus colegas.

As formulações do advogado tornam-se expressivas, na medida em que não se encontravam no Nordeste dos começos do século XIX aglomerados humanos com expressão. Na verdade, o mundo sertanejo convidava à dispersão, seja nas zonas de pastoreio, seja nas regiões em que as culturas do algodão e do açúcar se desenvolviam. Torna-se fastidioso lembrar que, ainda nesse último caso, o da economia açucareira, uma de suas características centrais era a dispersão? Onde, pois, além dos grandes centros como Salvador, Recife e Olinda poderia Aragão enxergar a "massa dos povos"? Para responder a essa questão, é necessário lembrar que, nos dias de feira, certos núcleos, como Limoeiro (Pernambuco), Crato (Ceará) e Campina Grande (Paraíba) atraíam grande quantidade de população das circunvizinhanças. População que, segundo Aragão, era composta de um "povo ignorante", "amante da novidade"[175]. Tais aglomerações periódicas, com pulsação semanal, mudavam a fisionomia dos vilarejos: era nesses momentos que se realizavam as trocas de mercadorias e das poucas ideias. O pequeno comércio a retalho e a aquisição da alimentação de subsistência eram os objetivos principais dessas feiras semanais. O comércio a retalho, permanecendo em grande parte nas mãos dos portugueses europeus, por vezes se constituía no ponto de atrito entre brasileiros e portugueses: é expressivo um episódio mencionado por Aragão e Vasconcelos durante a defesa da câmara da Vila do Limoeiro. Conta ele que "o povo da feira semanária, estabelecida aos sábados na vila, prendera um vendedor de farinha, que entojado por lhe chamarem Patriota respondeu que Patriota era o diabo, e a esse título lhe tomaram a farinha"[176].

Tal episódio transcende, entretanto, o nível superficial dos eventos, quando se observa que o conflito tinha por motivação básica uma disputa em torno de gênero de primeira necessidade, qual era a farinha. Em segundo lugar, durante um conflito por causa de subsistência alguém ser tachado de "Patriota" numa vila interiorana com pouco mais de cem casas, faz pensar que existia um estado popular de ânimos antieuropeu já esboçado a essa altura. Finalmente, talvez não tenha sido por acaso que a revolução eclodiu na Vila do Limoeiro exatamente a 15 de março de 1817, num sábado de feira.

Além disso, o episódio transcende seus próprios limites geográficos, porque o Nordeste vivia, na segunda década do século XIX, um momento de extrema penúria, agravada pelas secas de 1816 e 1817[177]. Era o próprio Aragão quem se lembrava de mencionar, na defesa do revolucionário Albuquerque Maranhão, do Rio Grande do Norte, que o "tempo era de extrema fome, como é constante", e "os homens do povo miseráveis sofriam imensas necessidades"[178]. As secas assolavam a região, era sabido que o tempo era de penúria, mas Aragão, embora defendendo um Albuquerque Maranhão, não se esquecia de mencionar que eram os "homens do povo miseráveis" os atingidos de maneira mais aguda. Nessas condições, o "povo rústico, ignorante" dispunha-se "a seguir à maneira dos rebanhos o exemplo dos primeiros"[179].

Aragão e Vasconcelos possuía suficientes noções das realidades sociais de seu tempo: se a história não era feita por indivíduos isolados, tampouco o povo era seu agente consciente. "O povo não sabe lógica", dizia ele, enfaticamente. Não pode "discorrer com princípios, fundamentos e consequências"[180].

Em suma, se o povo é "rústico", "ignorante", se "os homens do povo miseráveis sofriam imensas necessidades", se "o povo não sabe lógica", se "comoções populares não admitem razão"[181], então a revolução está justificada. Aos olhos do advogado, a revolução não foi provocada por ninguém e, portanto, seus 317 constituintes (entre presos, ausentes e mortos) não tiveram culpa em nada. Culpados foram, nesse caso, os quinhentos mil habitantes do Nordeste[182].

Viu-se, pelo que ficou dito acima, que os arrazoados do tribuno trouxeram consigo um novo sopro na concepção da vida social do Brasil após os eventos de 1817. A primeira grande tentativa de tomada de poder, de caráter republicanista, com envolvimento popular, antes da Independência de 1822, provocou uma modificação profunda nas antigas maneiras de pensar. O "povo" já não será visto como massa inerte pelas camadas dominantes. Inspirado pelos modelos revolucionários franceses, Vasconcelos chegou a dizer que "*o poder do povo é físico*"[183]. Nessa formulação, a concreção da esfera do social assume sua plenitude e talvez represente, em toda a atuação do tribuno, o ponto mais fundo de sua ruptura relativa com os antigos quadros sociais e mentais. Já não era o estatuto jurídico, nem a fundamentação religiosa que forneceriam o critério organizatório da estruturação da sociedade, mas sim o poder "físico". Os estatutos jurídicos, os rituais religiosos, o peso da tradição, já não constituíam realidades que definiam irrevogavelmente a visão de mundo de Antônio Luís de Brito Aragão e Vasconcelos. Com a Revolução de 1817, aprendera ele, "não é preciso algum ato solene para persuadir ao povo a se revolucionar"[184].

Sua consciência tão aguda não deveria deixar de registrar as múltiplas transformações pelas quais atravessava o Reino Unido. Os sintomas de mais uma vaga revolucionária liberal em Portugal, as tentativas brasileiras no sentido de maior autonomia do país, a permanente inquietação na escravaria, com o fantasma do exemplo antilhano, deveriam provocar-lhe maduras reflexões sobre o futuro do Reino. Numa época de revoluções liberais, o receio do "sistema nivelador" deveria obcecá-lo permanentemente. Receio, como ele mesmo dizia, de "uma igualdade, sim impossível, mas sempre agradável à plebe"[185].

Finalmente, como não identificar, na defesa que Aragão e Vasconcelos faz do senhor de engenho Manuel Florentino Carneiro da Cunha, as primeiras colorações das dúvidas que o pensamento liberal brasileiro reterá a propósito da ideia de revolução durante todo o transcorrer do século XIX: "E quem dirá que na presença de uma revolução, o mais horroroso dos males que podem sobrevir à sociedade, possa alguém obrar livremente?"[186]

Muniz Tavares e a Visão "Liberal" da Revolução

> He impeto de leão o ímpeto popular: a habilidade do político consiste em saber aproveital-o, e dirigir no momento sem deixal-o esfriar.
>
> Nas revoluções os jactos marchão mais rápidos do que as ideas.
>
> MONSENHOR MUNIZ TAVARES

Uma das principais fontes para o estudo das raízes do pensamento liberal brasileiro se encontra por certo na obra do ex-capitão de guerrilhas monsenhor Francisco Muniz Tavares (1793-1876). Sua *História da Revolução de Pernambuco em 1817*, cuja primeira edição apareceu em 1840[187], contém determinações de várias naturezas que marcaram o pensamento brasileiro na primeira metade do século XIX. Não seria demasiado adiantar que Muniz Tavares legou uma certa maneira de ver a vida social brasileira que, através das várias gerações de intelectuais e políticos, se perpetuou e se erigiu em ideologia. Se se quiser, já estavam contidos nela os traços essenciais da ideologia da camada dirigente nordestina que procurou novas formas de poder político em 1817 por vias revolucionárias. Como personagem histórica e como historiador, o padre Muniz Tavares constitui-se em ponto de referência fundamental para que se possam compreender não apenas as vicissitudes e as peculiaridades do liberalismo brasileiro, mas também o nacionalismo emergente às vésperas da Independência. Se a revolução liberal portuguesa de 1820 era recolonizadora, como já foi indicado anteriormente, Muniz Tavares representou, por outro lado, a feição descolonizadora do mesmo processo: são bastante conhecidas suas atuações como representante de Pernambuco às Cortes constituintes na Assembleia das Necessidades quando tinha apenas 28 anos de idade.

Detalhe da cidade do Recife em meados do século XIX.

Suas violentas críticas aos monopólios, o vigor com que defendia os interesses de seu estamento, escorado nos grandes proprietários rurais, seu comportamento compassivo em face da organização do trabalho escravo, seu virulento combate ao absolutismo sugerem uma análise mais detida de suas formulações: ao explicitar as linhas-mestras de sua ideologia, que tantas marcas legou à historiografia da revolução, estar-se-á ao mesmo tempo desvendando os caminhos do pensamento liberal brasileiro, nas suas primeiras manifestações.

Finalmente, quer pela teoria quer pela ação, as trilhas escolhidas pelo ex-capitão de guerrilhas em suas opções revolucionárias distanciam-no da linhagem reformista e ilustrada, característica de tantos de seus contemporâneos. Saber em que medida Muniz Tavares distanciava-se efetivamente de tais parâmetros constitui o escopo dessa análise.

Na verdade, múltiplas são as dificuldades para o estudo do pensamento de Francisco Muniz Tavares. A persistência de traços da Ilustração confunde-se com as novas formulações liberais, que emergiram com intensidade na vida mental brasileira após o movimento de Independência. Ademais, não se está em presença de um reformista, mas sim de um ativo propugnador de medidas descolonizadoras, que atuou no bojo da vaga liberal portuguesa de 1820. É bem verdade que Muniz Tavares não chegou a participar da revolução de 1824, e que, no final da vida, como narra Oliveira Lima, não deixava de sair em sua sege com um "lacaio seguro às alças posteriores da coberta". Não obstante, sempre permaneceu fiel, ao que parece, a alguns dos princípios aprendidos no final da segunda década do século XIX: ainda provoca a simpatia do leitor o entusiasmo com que se referia às vicissitudes da revolução por ele vivida, às vezes chegando até mesmo a criticar a inépcia de alguns organizadores de guerrilhas no combate à contrarrevolução[188], muitos dos quais eram padres como ele. Sua firmeza de posições, tantas vezes revelada, levava-o a refletir que "o homem indiferente é ordinariamente um homem vil, a vileza é sempre prejudicial"[189].

Maçom, protegido de Arruda Câmara, companheiro do padre João Ribeiro, preso na cidade de Salvador[190] durante quatro anos, representante de Pernambuco nas Cortes constituintes, guardou sempre uma verdadeira admiração pela obra do bispo ilustrado Azeredo Coutinno[191]. No melancólico panorama intelectual do

Brasil-Colônia, para Muniz Tavares se destacava muito especialmente o fundador do Seminário de Olinda: "seus pensamentos não se circunscreviam ao estreito círculo das ideias rançosas". Muitas de suas manifestações, aliás, guardarão as marcas do pensamento ilustrado da escola de Olinda, bem como da filosofia do século anterior. Não foi por acaso que uma das ideias mais caras às elites pensantes do século da Ilustração continuou ecoando nas formulações de Muniz Tavares: a ideia de progresso[192]. Por outro lado, fazendo a crítica à colonização, não esqueceria de mencionar o papel da educação nas relações de dominação vigentes, mostrando como a "instrução pública acanhada em todo o Brasil" convinha à "política dos dominadores"[193].

Para ele, dessa maneira, as ideias novas surgiam intimamente associadas à mudança de regime: tal mudança, em contrapartida, repercutiria necessariamente no conjunto social. Até mesmo na "classe pobre": por esse meio "a classe pobre entrava na participação das luzes"[194]. Visão nitidamente ideológica, já se vê: a essa questão retornar-se-á mais adiante, quando se estudar a noção de "povo" em seu ideário.

Por sua terminologia e por alguns de seus compromissos mentais, corre-se o risco de situá-lo nesta análise como indivíduo pertencente aos quadros mentais do século XVIII. Se se verificar, por exemplo, suas referências à constituição do débil governo revolucionário potiguar em 1817, notar-se-á que suas críticas se concentram no caráter pouco ilustrado do novo poder, nas "fracas luzes" dos "membros daquele governo"[195]. Quando observa os caminhos da revolução em Recife, o vocabulário que lhe vem à mente é bastante expressivo: "é a causa da liberdade" que se *ilustra*[196] através da ação de Domingos José Martins.

Sua formação por certo o colocava em situação bastante privilegiada em relação a seus contemporâneos. Sua convivência com o estudioso chefe revolucionário João Ribeiro, de quem foi discípulo, colocava-o no centro de uma intensa circulação bibliográfica que não deixou de chamar vivamente a atenção de Tollenare[197].

Por outro lado, a posição econômica e cultural privilegiada de Recife no panorama nordestino não deixou de exacerbar o bairrismo de Tavares: no fundo, na difusão da revolução, eram "jovens educados em Pernambuco"[198] os seus principais agentes. Tal regionalismo, aliás, perpassa constantemente as elucubrações do ex-capelão da Agonia do Hospital do Paraíso. Sua mentalidade ilustrada continha mal as explosões de discriminação regional, e dela os potiguares foram os principais padecentes. Durante a revolução no Rio Grande do Norte, registra o historiador, ocuparam o governo "pessoas probas", "mas indolentes por caráter, *de mui pouco saber*, e arraigadas aos velhos usos"[199]. Em Pernambuco, pelo contrário, quem fez a revolução foi sua gente melhor. "O relato do Preciso não exagerou quando disse que eram pessoas da maior capacidade. Pernambuco não continha então outras de maior saber, e é por esta razão que menos desculpáveis se tornam os erros que foram cometidos no decurso da revolução."[200]

Através de tais formulações, percebe-se ainda a forte presença dos valores da Ilustração, em que o "pouco saber" se refletiria na ação concreta. O historiador em questão não deixará de registrar, não sem certa surpresa, que o governador do Rio Grande do Norte, José Ignácio Borges, "sem herança de nome, nem de fortuna" não possuía as vantagens de "uma educação científica regular"[201]. Formação científica e ação revolucionária deveriam andar pelas mesmas trilhas, no pensar do apadrinhado de Arruda Câmara[202].

Tendo passado quatro anos após a revolução nas cadeias de Salvador, onde viveu intensa fermentação intelectual em companhia de Antônio Carlos, frei Caneca e outros, Muniz Tavares sempre manteve uma certa crença positiva na atividade intelectual, característica da mentalidade ilustrada. Fora com euforia bem à moda do século XVIII que registrara, na *História da Revolução de Pernambuco*, que a cadeia se transforma em liceu: "A habitação das trevas transformou-se em asilo da luz."[203]

Narra ele que, na sala maior da cadeia, moços e velhos passavam o dia em estudos e debates: "O maior número entregava-se ao estudo das línguas, outros dedicavam-se às Matemáticas, e alguns à Filosofia Racional e Moral, mutuamente comunicando uns aos outros os seus conhecimentos."[204]

Apesar de sua terminologia, de sua marcante admiração por Azeredo Coutinho, bem como de seu apego por alguns dos valores da Ilustração, Muniz Tavares se distanciou dos padrões reformistas. Aderindo à revolução de 6 de março, desempenhou seu papel até as últimas consequências, seja empunhando pistolas, enquanto capitão de guerrilhas[205], seja representando sua província nas Cortes portuguesas.

O estudioso de seu pensamento não deverá surpreender-se, entretanto, ao encontrar fortes incidências de uma bibliografia de inspiração liberal por detrás de toda uma fosforescente terminologia ilustrada: analisando os eventos da Revolução de 1817 em Pernambuco, Muniz Tavares não mencionará a fonte citada, mas indicará que, na "economia social, a divisão do trabalho facilita"[206]. Torna-se necessário dizer que Adam Smith é seu inspirador?

A vaga liberal das revoluções europeias atingiu profundamente o sistema colonial português. Foi no dorso dessa vaga que o Brasil assistiu ao nascimento de seu *liberalismo,* com colorações *nacionalistas* limpidamente caracterizadas. A grande propriedade, carecendo para sua subsistência da *mão de obra escrava*, imporá por muito tempo ainda o terceiro elemento definidor da história brasileira do século XIX.

Se 1817 assistiu a uma revolução descolonizadora liderada pela "aristocracia nativa"[207], sua feição nacionalista se fazia notar por manifestações em que procuravam oficializar certos usos e costumes da terra, emprestando um sabor rústico às tentativas de afirmação de novos estilos, não condizentes com as expectativas das camadas dominantes. Procurava-se o caráter brasileiro através da revolução; todavia, os escrúpulos eram grandes, no sentido de não serem alterados os ajustamentos nas relações de produção. Em suma, a revolução deveria se fazer no plano da dependência metropolitana, mas sem alterar o regime de trabalho escravo. Ou, definindo melhor, a manutenção da ordem escravocrata era uma condição essencial para o sucesso da emancipação dos grandes proprietários em relação à antiga Metrópole.

O padre, depois monsenhor Muniz Tavares, oferece, através de sua *História da Revolução de Pernambuco*, farto material para que se possam compreender as feições assumidas pela ideologia gerada nesse processo revolucionário que se estendeu desde a revolução de 6 de março até a expulsão definitiva das tendências absolutistas persistentes com d. Pedro I. Ideologia que continha componentes liberais e nacionalistas? A análise desses dois componentes na obra de Muniz Tavares permitirá entender o quanto se distancia a sua visão de mundo daquela que caracteriza os reformistas ilustrados luso-brasileiros dos fins do século XVIII e começos do XIX.

Descobrir uma coerência absoluta no pensamento social e político de Muniz Tavares torna-se tarefa arriscada, se não impossível. Vivendo num período em que a descolonização provocava acirramento dos ânimos, abrindo possibilidades nunca antes imaginadas para empréstimos culturais e políticos, o autor da *História da Revolução de Pernambuco* sofreu amplamente ao entrecruzamento das tendências ideológicas de seu tempo. Assim, não será possível ao analista surpreender um corpo doutrinário coeso e claramente articulado, mas sim fragmentos desse corpo, nos quais se esconde o traço liberal da ideologia procurada. De qualquer maneira, não há que supor a inexistência, em Muniz Tavares, de preocupação quanto à coerência de seu relato: o encaminhamento seguido em sua narração, bem como a adoção de uma postura em face do processo revolucionário, autoriza estabelecer a existência de uma linha condutora anticolonialista. Ademais, especulando sobre os meandros da revolução de 6 de março, e nela procurando vislumbrar uma racionalidade, lembrava o padre que "uma só ideia falsa desordena os planos mais bem combinados"[208].

O entrecruzamento de ideias a que o Brasil assistiu nas primeiras décadas do século XIX levou o padre ex-revolucionário a adotar algumas formulações extremamente avançadas no plano da consciência social. Mesmo se considerados os progressos dos pensamentos revolucionários europeu e estadunidense na época, surpreenderão o leitor as ideias sustentadas por Muniz Tavares, segundo as quais "o interesse de todos deve ser tratado por todos"[209], ou "pode cada um pensar como lhe apraz"[210]. Tomadas de posição representativas, que podem ser colhidas ao longo de sua obra, mas que levariam o analista *apenas* a uma faceta mais radical do autor. Na verdade, surgem tais formulações como reflexos à distância de uma postura radical assumida anteriormente por Muniz Tavares, à época da revolução e das Cortes constituintes. Tais radicalismos, entretanto, foram logo temperados ou contrabalançados pelo receio da "inconstância popular"[211], traço fundamental do liberalismo.

Na teorização da revolução vivida, que se cristalizou na *História da Revolução de Pernambuco*, bem como na prática, a preocupação de Tavares com os movimentos de massa torna-se significativa para a detecção de sua ideologia liberal. Nas duras críticas ao líder Domingos José Martins, que não hesitara em arengar as massas, inclusive escravas, define-se o liberalismo do capelão da Agonia[212]: o interesse de todos deve ser tratado por todos, sim, mas há que temer o "ímpeto popular".

A revolução desejada por Tavares não deveria acarretar um nivelamento por baixo. Sua maneira de descrever a revolução e sua visão de história continham as determinantes da mentalidade das camadas dirigentes brasileiras que orientaram o processo de independência. Suas críticas eram igualmente duras aos "deshumanos colonos do nosso solo"[213] e aos líderes "populistas" como Martins.

É exatamente nessa estreita faixa existente entre as remanescências das estruturas do Antigo Sistema Colonial português e os interesses da aristocracia rural que se desenvolverão as linhas mestras da ideologia de Muniz Tavares. Suas análises por vezes assumiram caráter normativo decidido, seja dirigindo-se diretamente ao leitor[214] contra o absolutismo, seja sugerindo algumas atitudes aos políticos, para conterem o "ímpeto popular". Nesse último caso, sobretudo, ao lembrar que a habilidade do político consiste em saber aproveitar a força das massas, para bem dirigi-la no momento conveniente sem deixá-la "esfriar"[215], pode-se avaliar o caráter contraditório do liberalismo, a um só tempo "populista" e antipopular.

A sensibilidade aguçada pela vivência da insurreição e pelo convívio com grandes proprietários rurais, como, por exemplo, os Suassuna, o levou a elaborar uma visão estamental límpida. Até mesmo uma tática de manipulação do povo foi preconizada, mercê das contradições sociais que iam se tornando cada vez mais agudas com o avançar do século. Numa perspectiva nada popular, lembrava Tavares que "as honras e riquezas atraem o ódio e a inveja; o vulgo, que parece desprezá-las, luta de contínuo para as possuir: é necessário ceder-lhe oportunamente uma parte em certas circunstâncias para não perder-se o todo"[216].

Tais ideias surgiriam despreocupadamente durante a exposição que fez dos eventos revolucionários no Rio Grande do Norte e sobre a participação de André de Albuquerque. Assim, ao discutir como Albuquerque *deveria ter agido*, Tavares se deixa trair, sugerindo uma atuação em relação ao "vulgo", com o qual não se identifica. Como se constata, a visão da realidade de Muniz Tavares não se caracteriza apenas por ser anticolonialista, mas também antipopular. Em suma: ceder habilmente às pressões do "vulgo", controlar e dirigir o "ímpeto popular", tais eram as preocupações centrais das camadas dominantes nordestinas, numa perspectiva vertical. Numa perspectiva horizontal, obter a independência política. Essas, também, as coordenadas básicas da ideologia do principal escritor contemporâneo dos acontecimentos de 1817 no Nordeste, agente da revolução e porta-voz da aristocracia rural.

Certos desdobramentos do comportamento ideológico de Muniz Tavares ilustram com precisão o caráter estamentalista de sua visão liberal dos homens em sociedade. Os preconceitos sociais ocorrentes em sua narração indicam os limites estreitos que a vida social impunha às suas demasiadamente amplas ideias liberais: o descompasso entre teoria e prática, nesse nível, assustam o leitor desavisado das contradições do pensamento liberal. A indignação com que Muniz Tavares menciona o episódio da execução dos revolucionários, durante a qual os carrascos proferiram "injúrias que o mais vil arreeiro envergonhar-se-ia de repetir"[217] condizia com seu ideal liberal de justiça, contido nas diferenças rígidas que impunha entre um marginal e um revolucionário. Para ele, os "scelerados" não podiam ser confundidos com os revolucionários, porque os primeiros, "a Sociedade *justamente* havia rejeitado do seu meio"[218].

Tais desdobramentos, finalmente, propiciam a compreensão da natureza mesma da revolução intentada. Quando se surpreende, em meio à exposição histórica do ex-capitão de guerrilhas, sua repulsa ao tratamento dispensado aos revolucionários pernambucanos presos nas cadeias da Bahia, verifica-se, na verdade, que os verdadeiros heróis de sua *História...* eram *apenas* os proprietários e os clérigos. As palavras de Tavares são surpreendentemente claras, quando menciona os incômodos que os revolucionários nordestinos, na Bahia, tiveram na prisão "logo minorados pela separação dos mais pobres, que transferidos à enchovia (*sic*), viveram misturados com os réus de polícia e os escravos negros"[219].

Seu ideal de revolucionarismo estava associado à riqueza, como bem se observa. Não se pode deixar de enxergar, entretanto, que a análise de Tavares não excluía a participação dos setores pobres. Implicitamente, e só implicitamente, sua visão de revolução já trazia as marcas antipopulares que o pensamento liberal brasileiro nutriria no transcorrer do século XIX.

O liberalismo de Muniz Tavares oscilava, no plano político, entre a crítica ao absolutismo, que concentrava numa mesma pessoa o poder de fazer as leis e de as executar, e, num outro extremo, no elogio à restrição de votos aos "proletários e criminosos"[220].

Para ele, a monarquia portuguesa representava, no século XIX, uma degenerescência: "nenhuma segurança restava ao corpo social"[221]. A nova forma de governo, a substituir a monarquia decadente, deveria imitar as "repúblicas bem constituídas", onde "o direito de votar é inerente a cada um cidadão"[222]. E é nesse passo que se atinge a consciência limite do ex-capitão de guerrilhas, quando o liberal monsenhor Muniz Tavares *nega a cidadania às baixas copiadas da sociedade*: "se a lei o restringe [o direito de votar] privando os proletários e criminosos, e com o louvável fim de estimular os homens ao trabalho, economia e virtudes"[223].

A postura liberal do ex-professor de latim do Cabo revela-se radical quando trata da origem divina do poder dos reis. Aos realistas fanáticos não poupa suas críticas por acreditarem "serem os reis emanações da Divindade"[224]. Radicalismo que é temperado quando observa que os republicanos exigiam a crença da sua opinião como infalível, constituindo-se em perigo comparável ao representado pelos realistas fanáticos.

Analisando em sua obra a ação revolucionária do governo provisório da Paraíba, obrigado, em certo momento, a radicalizar a linha republicanista, Tavares temeu pelo desvirtuamento da luta pela liberdade. "Pode cada um pensar como lhe apraz, admitir a teoria que mais lhe confaz ao seu entendimento; não pode, porém, nem deve violentar os demais a segui-lo."[225] Em suma, a revolução não devia, para ele, ir além de certos limites, violando a "bem entendida liberdade", não conseguindo perceber que uma vez iniciada a aceleração do processo, a dinâmica já não mais obedecia aos seus agentes. A visão de elemento de camada dominante surge mais uma vez em seu relato quando observa que a radicalização do processo deixaria "a plebe da cidade entregue a si mesma"[226], perigosamente sem tutelas.

A visão liberal do processo histórico implicava a necessidade de *tutelar a massa* em suas manifestações, e Muniz Tavares guardou esse traço da maneira de pensar das camadas dominantes: segundo ele, o povo ("a plebe") não pode fazer sua história sozinho.

No plano da organização do poder, o absolutista monárquico é detestável; num outro extremo, entretanto, há que combater os desacertos do republicanismo exaltado e exclusivista. *O poder não deve estar concentrado numa só pessoa, mas também não é do povo.*

Pertencente à escassa elite intelectual nordestina, o ex-revolucionário assumia a defesa do liberalismo, por vezes de maneira consciente: ao *a*ssociar as posições dos revolucionários a um certo desenvolvimento cultural, chegou mesmo a dizer que "o liberalismo está na razão direta da instrução"[227]. E mais: sua consciência de que o clero desempenharia papel preponderante na revolução o levou a relacionar o grau de instrução do mesmo à sua posição na nova ordem a ser estabelecida. Para ele, o "clero secular e regular de Pernambuco não era ignorante"[228], e tal constatação ganha em sentido quando se recorda, com Oliveira Lima, que muitos juízes de vilas e câmaras de índios eram analfabetos e por isso utilizavam-se "por escrivão e mentor algum mulato sapateiro ou alfaiate" que dirigia a seu bel-prazer os organismos a que o autor das *Revoluções* chamava "cameras de irracionaes"[229].

Menos consciente, mais ideológica é sem dúvida a maneira pela qual observa o Seminário de Olinda como foco irradiador das "sementes do liberalismo"[230]. Ideológica, uma vez que não chega a perceber que tais sementes só eram acessíveis aos "jovens cujos pais possuíam alguns bens de fortuna"[231]. As relações inextricáveis entre liberalismo, educação e propriedade não eram devidamente avaliadas pelo monsenhor. E nem poderia ser: afinal, era um representante das camadas dirigentes e sua posição na hierarquia social estava bem definida, já para o fim da vida, com o lacaio seguro às alças posteriores da coberta de sua sege. Seu vocabulário refletia bem a condição social aristocratizante: não se confundiria tampouco o monsenhor com algum "vil arreeiro"[232].

Criticando o despotismo e a opressão do governo absolutista sempre que se oferecia oportunidade[233], bem como a justiça militar arbitrária, espezinhadora e aviltante aos revolucionários[234], Tavares chegou a indicar a existência, explicitamente, da "disposição liberal da massa pensante dos Brasileiros"[235]. No jogo dos contrastes entre despotismo e liberalismo, é que situou suas reflexões, destacando o papel da maçonaria como elemento mediador no processo. Por meio, ainda, do jogo de contrastes é que veiculava suas diatribes contra os portugueses; um dos carrascos dos revolucionários não deixara de marcar a posição "Eu sou Português"[236], que tanto eriçava Muniz Tavares. Inversamente, seu liberalismo, mesclado com nacionalismo, não deixara de entender positivamente que Antônio Gonçalves da Cruz, o Cabugá, só era detestado pelos portugueses por causa de sua "affabilidade e livre maneira de pensar"[237].

A maneira de ver a hierarquia social é que revela, talvez, o traço mais distintivo da ideologia de Tavares. Ao descrever a província, as diferenças sociais contarão pouco na apreciação do ambiente. O "pobre" e o "opulento" não serão qualitativamente diversos nos horizontes de sua consciência. *Sua consciência é eficaz para registrá-los*, mas não para compreendê-los[238]. Do mesmo modo, a relativização que fazia do peso dos impostos o levou a minimizar a importância da tributação ao explicar a origem da revolução[239]. A rigor, e ainda aqui, eis um traço liberal: não percebia o monsenhor que os impostos afetavam desigualmente os setores pobres e os setores opulentos da sociedade em que viveu.

A obscuridade com a qual enxergava os contornos sociais nordestinos possuía, como contrapartida, a clareza na compreensão dos mecanismos da colonização! Na verdade, preocupou-o de maneira mais acentuada a discussão dos instrumentos da colonização – instrumentos por ele combatidos acerbamente – do que as tensões enfrentadas no plano social interno. Dessa forma, o leitor da obra de Francisco Muniz Tavares encontrará mais satisfatórias, e também mais engajadas, suas explicações dos mecanismos da crise da Companhia de Pernambuco e Paraíba no quadro da descolonização.

A crítica ao monopólio comercial exercido pela companhia pombalina, ainda em fase de liquidação à época da revolução, permite surpreender, na visão de Tavares, atitude radical em relação ao sentido da colonização. Não se situa ele na perspectiva da Metrópole, nem na do inviável equilíbrio tentado com o Reino Unido. Em sua narrativa, a companhia não emerge como simples veículo de fomento, mas sim de *colonização*:

> Alguns capitalistas em Portugal calculando sobre a fertilidade dos terrenos do Brasil e sobre a pobreza de seus possuidores, formaram com a aprovação do Marquês de Pombal uma associação, a que deram o nome

> de companhia, destinada a emprestar dinheiro e aqueles proprietários que necessitassem, com o módico juro a cinco por cento, mas no mesmo tempo com o ônus insuportável de não poderem os indivíduos que recebiam o empréstimo, vender seus produtos senão aos delegados da Companhia, os quais livres de concorrentes impunham o preço que melhor lhes convinha. O pobre em geral a tudo se sacrifica; com a alucinação do melhoramento não examina a razão do dom oferecido. Quase todos os proprietários de bens rurais em Pernambuco aceitaram a oferta, e bem que a produção não crescesse, os lucros eram sempre diminutos. Em poucos anos, a negligência dos devedores, a degradação do preço dos gêneros reunida a outras calamidades a que é sujeita a agricultura chegou a tal ponto que nem os juros do dinheiro emprestado podiam ser pagos. A dívida em tal modo fazia-se muito maior, e com ela a miséria do agricultor.[240]

A perspectiva agressiva do ex-revolucionário e historiador leva-o mais longe, na medida em que se ocupa do interesse dos grandes proprietários nacionais, bloqueados pelas estruturas econômico-políticas do sistema colonial: em sua narrativa, indicou as resistências e protestos surgidos em face de tal situação, incluindo nestes últimos os dos "muitos negociantes de Portugal excluídos do avultado ganho da Companhia"[241], que levaram o governo metropolitano a dissolver a instituição através de Ordem Régia[242]. Medida contemporizadora essa, ultrapassada pela perspectiva revolucionária de Muniz Tavares. Para ele, a solução adotada figurava extremamente insatisfatória, parecendo remédio do gênero daqueles que, escrevia, "impedem a morte deixando enlanguescer o corpo".

Significativa no estudo realizado pelo monsenhor é a indicação de que "o monopólio de poucos se tornou o monopólio de muitos, pois que os portugueses eram os únicos concorrentes ao mercado do Brasil"[243]. As linhas deixadas no processo de colonização, que se baseava no monopolismo, na grande propriedade e na mão de obra escrava, não foram apagadas com o fim do monopólio. Fim do monopólio, aliás, que não significava dissolução da companhia, mas apenas cessação (a 8 de abril de 1790) do seu comércio exclusivo. O sistema permaneceria montado, de fato, e a dependência do capital comercial metropolitano não mudara de feição. Nas palavras do historiador da revolução de 6 de março, os mercadores coloniais continuavam controlando a esfera dos preços: "o preço dos gêneros que eles importavam era sempre exorbitante, e o que davam pelos exportados não equivaliam às despesas da produção. A dívida permanecia, os juros respectivos continuavam a aumentar de tal sorte que os devedores nem ao menos sabiam precisamente a importância total de suas dívidas"[244].

A dependência externa imposta à aristocracia rural não mais estava concentrada nas mãos de um núcleo de negociantes cuja contabilidade poderia ser sistematicamente contestada: a dívida geral tornou-se difusa e incontrolável, apesar do estabelecimento de uma Junta Liquidatária para a apuração das dívidas. Os membros que a compunham eram, segundo o anticolonialista Muniz Tavares, "os mais interessados em perpetuar as dívidas contraídas para não secar-se a fonte do sórdido ganho que delas provinha"[245].

Os conflitos entre os dois setores básicos que se antagonizavam – grandes proprietários e mercadores – alcançavam expressão cada vez mais aguda à medida em que o processo de dependência dos primeiros favorecia os negócios dos segundos. Eram estes, dizia Muniz Tavares, "os legítimos senhores das terras dos devedores, aos quais deixavam as fadigas do trabalho e para si reservavam os frutos"[246].

Na base dos conflitos, estava pois o apossamento progressivo dos antigos senhores rurais provocando insatisfações que acabaram por desencadear ações coletivas de rebeldia. Ao primeiro agravamento da situação – a seca que assolou o Nordeste em 1816, por exemplo –, acentuar-se-ia o desequilíbrio na já insustentável subordinação existente.

O envolvimento do ex-capitão de guerrilhas ressurge na avaliação da dependência dos grandes proprietários, que forneciam o "sórdido ganho" dos mercadores portugueses, como se pode observar. Envolvimento que é comparável à irritação com a qual narra a contrarrevolução, iniciada por um mulato por sobrenome Bastos, "proprietário de uma engenhoca no Distrito da Vila do Pilar". O mulato Bastos e seus filhos eram, para o monsenhor, "da chusma de valentões, gente dissoluta, com quem a canalha fraternizava"[247]. Numa palavra, os mercadores monopolistas e os contrarrevolucionários, ainda que nacionais, tornavam-se igualmente objeto das iras de Muniz Tavares. Se com o "fervor popular" não se podia contar, restava apenas o "patriotismo dos ricos"[248]. "Ricos" que, de resto, eram os mais diretamente afetados pelas correntes do monopólio comercial.

Medida clara do revolucionarismo de Tavares pode ser encontrada na consciência que possuía de que a cessação do comércio exclusivo da companhia não abolira verdadeiramente uma situação penosa para a grande lavoura[249]. Pelo que se depreende, caía apenas o aparato jurídico que circunscrevia o financiamento das empresas por uns poucos portugueses, mas persistia e até ficava ampliada a sujeição colonial do Nordeste, propiciando assim condições de luta aberta de nacionalidades. Ao "monopólio de muitos", opunha-se, dessa forma, o "patriotismo dos ricos".

Em suma, é com justeza e nitidez que Francisco Muniz Tavares desvenda, no capítulo x da *História da Revolução de Pernambuco*, alguns mecanismos que aceleraram o processo de descolonização no Nordeste no final do século XVIII e começo do XIX. Mecanismos que indicavam o acirramento de tensões desembocariam em choque aberto de nacionalidades. Por sua narrativa verifica-se como, da ação pombalina de reforço e colonização, se passou à rebeldia coletiva. A clareza inusitada com que Tavares abordou a questão constitui, por si só, indício de sua postura liberal. No combate aos monopólios, os liberais sempre tiveram sua atividade mais apreciada: Muniz Tavares não fugiu à regra.

Outro aspecto que não deve ser negligenciado na avaliação do liberalismo da personagem em estudo reside na escolha de modelos externos para orientar seus raciocínios. Como se sabe, os Estados Unidos da América do Norte constituíram-se no modelo principal para muitos dos "diretores da revolução". A França, tentando superar o tempo das revoluções, não mais detinha, após 1814, a primazia no patrocínio das contestações no mundo colonial. As ex-colônias inglesas da América suplantavam-na largamente, como modelo a ser estimado e seguido. O monsenhor Tavares, que nunca poupava críticas à "péssima educação Portugueza", por não habilitar os brasileiros ao "desenvolvimento rápido da sciencia política"[250], lembrava que tal obstáculo cultural poderia ter sido superado pelos revolucionários de 1817 se houvessem utilizado o método abraçado pelos Estados Unidos. O novo governo deveria ter publicado um regulamento provisório, onde ficasse estipulado "o modo de se elegerem deputados provinciais para a constituição de um congresso, devendo as Províncias concorrerem contemporaneamente com os membros correspondentes à sua população"[251]. Definido o congresso, estabelecer-se-ia uma liga federal para decidir sobre a defesa e o "melhoramento social", decidindo também a "forma de governo que fosse julgada mais adaptada"[252]. Para Muniz Tavares, o governo provisório agira errônea e precipitadamente: a lei orgânica, que era um projeto de Constituição, não somente consumira grande tempo em sua elaboração como também era inábil. "Consagrava a liberdade de pensar ainda mesmo em matéria religiosa, e declarava serem todos os homens iguais em direitos."[253]

Um exemplar da lei orgânica foi enviado a cada uma das câmaras da província para que essas orientassem um amplo debate com os moradores dos respectivos distritos, e para que remetessem por escrito as críticas concordantes ou divergentes do governo provisório. Amplamente democrática, tal atitude revolucionária ultrapassava de muito as expectativas do monsenhor: "este modo de tratar um objeto de tanta gravidade era irregular, isolava os interesses divergindo as opiniões, e não oferecia aquela unidade que constitui a máxima força da lei"[254].

O sabor liberal da observação parece revelar as restrições de Muniz Tavares a um movimento amplamente democrático. Cumpre não esquecer, entretanto, que ele próprio era antiescravista[255]; além do que, era com o resultado prático da revolução que estava preocupado. O impacto causado pela aguda e perigosa polêmica desencadeada pela discussão da lei orgânica num ambiente rústico, dominado pelos grandes proprietários de terras e de escravos, fora de molde a *travar o processo revolucionário* por sua inadequação às condições reais apresentadas pelo mesmo ambiente. Não há motivo para duvidar que

> os adversários da causa liberal valeram-se do mesmo Projeto para mais desvairarem a pública opinião. Na discussão, a que se havia procedido nas Câmaras de algumas Vilas, os artigos que marcavam a liberdade de culto e igualdade de direitos haviam provado vivíssima oposição por serem mal interpretados. A lei não autorizava a abjuração da fé Católica, prevenia os horrores do fanatismo com o princípio salutar da tolerância religiosa. Ora, valendo-se da tendência dos devotos, clamavam os perversos com estudada hipocrisia que o intento dos Patriotas era destruir a religião, e dar liberdade aos escravos para despojarem os senhores do avultado capital, que naqueles possuíam[256].

Se a revolução proposta pelos revolucionários brasileiros em certa medida era mais radical que a estadunidense, uma vez que propunha um amplo debate que levaria a soluções das bases às cúpulas, a inviabilidade se apresentaria de imediato, quando se lembra que o processo em todo o Nordeste seria liderado pelos grandes proprietários que necessitavam da mão de obra escrava para a produção monocultora. Tal inviabilidade de pronto se manifestou, obrigando mesmo o governo provisório a um recuo, que deveu explicitar numa declaração formal, saindo pela tangente reformista do abolicionismo gradual:

Nutridos em sentimentos generosos não podem jamais acreditar que os homens por mais ou menos tostados degenerassem do original tipo de igualdade: mas está igualmente convencido que a base de toda a sociedade regular é a *inviolabilidade de qualquer espécie de propriedade*. Impelido destas duas forças opostas deseja uma emancipação que não permita mais lavrar entre eles o cancro da escravidão: mas deseja-se a lenta, regular e legal.[257]

O esforço supremo de conciliação desenvolvido pelo governo provisório pernambucano foi realizado, no mesmo documento, mal conseguindo esconder a inicial feição jacobina de suas posições rechaçadas: "Patriotas, vossas propriedades ainda as mais opugnastes ao ideal de justiça serão sagradas."[258]

As repercussões das medidas amplamente democráticas da primeira hora revolucionária foram sendo gradualmente corrigidas pela dura realidade das estruturas coloniais persistentes: a justeza de algumas opiniões de Muniz Tavares, relativamente aos impactos das proclamações revolucionárias, aos dilemas dos grandes proprietários em luta contra o monopólio comercial, e à adequação do modelo constitucional estadunidense ainda impressionam o leitor. Não deverá esquecer, entretanto, dos traços classistas encontradiços em sua obra, e captáveis em formulações sibilinas que sempre deixam interrogações a propósito da profundidade de suas ideias abolicionistas. Como se sabe, o governo provisório prometeu alforriar os escravos que viessem voluntariamente alistar-se como soldados – em atitude revolucionária radical – e tal medida foi considerada pelo monsenhor "não pouco perigosa"[259]. Resta perguntar se, também a ele, não pesava o exemplo da revolução dos escravos da ilha de São Domingos?

Para que se dimensionem as incidências do pensamento liberal na ideologia de Francisco Muniz Tavares, será importante verificar, ademais, que em seu discurso às Cortes constituintes, transcrito na *História da Revolução em Pernambuco*, o governador Luís do Rego Barreto foi um dos principais objetos de suas críticas, por ser aferrado "à abominada monarquia absoluta". Luís do Rego não fazia senão disfarçar seu despotismo, achava Tavares, não abraçando o "sistema liberal"[260]. Se Luís do Rego se esforçava por representar a Revolução Constitucionalista metropolitana em Pernambuco, já Muniz Tavares tinha nítida consciência de que a revolução portuguesa era recolonizadora[261]. Chegara mesmo a fazer esforços, com êxito, para as Cortes removerem o general de Pernambuco[262]. Os antecedentes militaristas de Luís do Rego nunca foram perdoados pelo monsenhor, sendo mencionados mais de uma vez, asperamente, em sua obra[263].

Liberal era, finalmente, a visão que Muniz Tavares possuía da sociedade brasileira, visão marcada pelas maneiras de percepcionar das altas camadas. Na sua tentativa de caracterização, chegou a mencionar o termo "democracia". O uso de tal palavra possibilita entrever a distorção que a visão liberal de Tavares projetou no termo, e que de resto não seria estranha às camadas dominantes brasileiras do século XIX:

> Os elementos aristocráticos eram quase imperceptíveis: três ou quatro casas em vão aspiravam à homenagem por velha tradição. A aristocracia nominal subsiste de privilégios, nenhum Pernambucano, nenhum Brasileiro era privilegiado; nem o Monarca sentado no trono do Rio de Janeiro havia conferido pomposos títulos de alta nobreza, nem fortunas colossais existiam; se alguma surgia, abaixava-a logo por força da lei em vigor respectivamente à sucessão, a qual ordenando partilha igual de herança entre os filhos de ambos os sexos, vinha a basear a igualdade de direitos, e por consequência a democracia.[264]

Sua concepção de democracia aparece circunscrita, como se observa, às elites proprietárias. As partilhas familiares, que pressupõem a existência de posses, seriam o discutível ponto de partida para Tavares avaliar o comportamento democrático, do qual por certo estaria excluída a "gentalha"[265]. Quanto à inexistência de "fortunas colossais" no Nordeste em 1817, pode-se duvidar seriamente. Tollenare, parecendo expressar as aflições da comunidade francesa em Recife, escrevera que um estrangeiro de recursos limitados dificilmente sobreviveria naquela cidade[266].

As lembranças da Revolução Francesa – que alimentaram vivamente os revolucionários de 1817, e sobretudo seus líderes Martins e Ribeiro – não mais eram valorizadas enfaticamente pelo liberal monsenhor Muniz Tavares. O governo provisório revolucionário, tendo adotado o tratamento de "vós", errara ao imitar o exemplo francês. A perigosa igualdade assustava o historiador da revolução. Igualdade, para ele, era apenas concebida em face à lei, e não face a pessoas: "A igualdade em presença da lei é a base da prosperidade de um Estado: em presença das pessoas é o germe da anarquia e dissolução social."[267]

Antipopular, o liberal monsenhor desconfiava abertamente do exemplo francês, porque o "povo fixa nas exterioridades particular atenção: os franceses, na efervescência de sua revolução, ainda mal avaliadores dos prejuízos fulanos, adotaram o tratamento de *tu*: não tardaram porém a suprimi-lo sem deixarem de ser livres"[268].

Se o modelo francês contara tanto para os revolucionários de 1817, mais que o modelo estadunidense, já para Muniz Tavares, escrevendo na década dos anos trinta, o modelo a ser valorizado era decididamente o estadunidense. Em sua obra pode-se avaliar o quanto a ideologia liberal se alimentava de exemplos colhidos na história das ex-colônias inglesas. Contrapondo o exemplo dos estadunidenses ao dos franceses, que mal avaliavam suas medidas democráticas, o monsenhor não deixou de mencionar o episódio vivido por George Washington, ou, como ele escrevia, o "immortal Washington": "A história nos certifica que elle não quiz abrir huma carta, que lhe dirigirão, por não conter na sobscripta o título de Excelência que lhe competia."[269]

O episódio encontrado por Muniz Tavares encaixa-se perfeitamente na visão hierárquica da sociedade, da qual era portador: não avaliava, e nem podia avaliar, que Washington, como ele, era representante de uma elite proprietária. Os revolucionários de 1817 adotaram um novo tratamento entre eles, fervilhando em suas mentes o exemplo da França revolucionária[270]; cerca de três lustros depois o ex-revolucionário Tavares já criticava o exemplo dado pelos revolucionários de 1789, e adotava decididamente o modelo estadunidense.

A mudança notada na maneira de pensar de Muniz Tavares é anunciadora da predileção que o pensamento liberal brasileiro manifestará, no transcorrer do século, pelo modelo estadunidense. Permanecerá, é bem certo, um pesado substrato da cultura francesa na formação das elites dirigentes nacionais; os exemplos históricos mais vivos, entretanto, serão buscados na grande república do hemisfério norte.

O Nacionalismo de Muniz Tavares

Seria enganoso tentar dissociar a postura liberal de Tavares de seu incontido comportamento nacionalista. O liberal e o nacionalista confundem-se, mesclam-se em maior ou menor dosagem conforme a questão abordada ou o momento vivido. Assim é que o temperamental representante de Pernambuco às Constituintes atuou com visíveis tendências *nacionalistas*, num momento em que essa postura configurava uma crítica à própria revolução liberal metropolitana, da mesma forma com que criticou a atitude de revolucionários nacionais que se situavam numa ala mais radical que a sua, como era o caso de Martins.

As variações nessa dosagem não merecem longa reflexão, uma vez que, após a vaga revolucionária europeia de 1830, houve tendência acentuada a uma maior organicidade entre liberalismo e nacionalismo. Tavares, escrevendo durante os anos trinta, constitui-se numa boa indicação de quanto as duas linhagens já andavam associadas no Brasil.

Na verdade, no caso brasileiro, tais acomodações resultavam num compromisso selado entre as elites nacionais, estribadas na grande propriedade, e grupos comerciais europeus e americanos preocupados em ampliar sua esfera de ação no mercado latino-americano. A grande propriedade rural, colocada em situação insustentável pelos grupos capitalistas portugueses, procurou novas frentes de escoamento de sua produção. O desenvolvimento da propriedade e o combate ao monopólio comercial constituíam os objetivos básicos da ação dos revolucionários à época da Independência: a derrubada formal das articulações do sistema colonial português abriu novas possibilidades de ação comercial às potências em desenvolvimento nessa época, notadamente Inglaterra, Estados Unidos e França. Na disputa entre elas, será a primeira que conseguirá manter o Brasil como mercado integrado e os grandes proprietários em sua dependência estreita, para o financiamento da produção[271]. Como se observou em capítulo anterior, nesse longo período, que vai da crise do sistema colonial português à preeminência inglesa (1827), passa-se do monopolismo absolutista ao nacionalismo constitucionalista. A produção nacional, entretanto, permanecerá na dependência externa, não tendo sido formado mercado interno expressivo.

O nacionalismo emergente revestirá com maior nitidez os comportamentos e as ideologias dos grandes senhores rurais, nutrindo-se intermitentemente nas vagas periódicas de manifestações de lusofobia, na crítica às tentativas de centralização excessiva de poder e só excepcionalmente na crítica à dependência externa. Não será exagerado afirmar, pois, que o pálido nacionalismo brasileiro no século XIX se afirmou mais na crítica ao passado colonial que na elaboração do futuro. É bem verdade que algumas características do período anterior ainda se fizeram presentes por muito tempo, como é o caso do comércio a retalhos, que permaneceria nas mãos de elementos portugueses imigrados, excitando os ânimos populares nos momentos de crise[272].

A grande dependência em que se encontrava a economia brasileira em relação a capitais estrangeiros, entretanto, raramente foi visualizada. As camadas dirigentes nacionais encontraram acomodação satisfatória na crítica ao absolutismo, aos monopólios comerciais, e na intervenção de capitais portugueses na grande lavoura. E, da mesma forma, na concordância com o financiamento estrangeiro (sobretudo inglês), que possibilitava o desenvolvimento de suas propriedades rurais, chegando a consentir na permanência da escravatura ou, na pior das hipóteses, exigindo sua abolição gradual.

Muniz Tavares, pela sua atuação concreta e por suas ideias, possibilita a compreensão de algumas das vicissitudes do nacionalismo brasileiro na primeira metade do século XIX. Pela marcante lusofobia, que o caracterizou até o fim da vida, pelo recurso peculiar que fazia à história, buscando os exemplos que melhor se ajustassem à argumentação, pelo elogio dos proprietários que seriam os verdadeiros portadores do patriotismo e pela mitologia desenvolvida e veiculada em sua obra, constitui-se em precioso ponto de partida para o estudo das raízes do nacionalismo no Brasil. Examinemos cada um desses aspectos.

Na crítica aos portugueses, que constituiriam "raça predileta"[273], "privilegiada"[274], Tavares por vezes se deixou atropelar pelo regionalismo pernambucano, censurando os potiguares por não serem portadores de radicalismo revolucionário comparável ao de seus conterrâneos. Mostrando a apatia dos habitantes do Rio Grande do Norte em relação à revolução, indicou que entre eles não se encontravam "ardentes sectários das novas ideias" e, com alguma ironia, dirá que "é já melhorado o escravo que não beija os ferros"[275]. Dessa maneira, não raras vezes, seu regionalismo se insinua nas descargas de críticas aos colonizadores, dando um matiz peculiar à ampla vaga de antiportuguesismo que se avolumava na segunda década do século XIX.

Na avalanche de adjetivos com que agraciava os portugueses, serão encontradiças algumas ocorrências que indicam claramente que o termo "português" significava por si só algo negativo, digno de nenhum apreço. É o caso, por exemplo, do capitão de milícias Madeira, "furiozo Portuguez"[276]. O termo assim utilizado não indica apenas uma nacionalidade; indica também qualidade, e qualidade negativa.

A lusofobia de Tavares expressava-se sobretudo na má posição em que colocava as personagens portuguesas na trama de sua *História da Revolução de Pernambuco*. Individual ou coletivamente, surgem as personagens sempre com adjetivos depreciativos, ou com epítetos negativos. Os pernambucanos, inversamente, são aquinhoados com valores positivos. Se o tenente-coronel Alexandre Thomaz, morto a tiros no início da rebelião de 6 de março, era "um dos Portugueses mais desprezíveis pelo seu caráter perverso"[277], o brasileiro Cabugá distinguia-se por sua "afabilidade e maneira livre de pensar", e "somente por esta razão"[278] os portugueses o detestavam, segundo Tavares.

É bem verdade que as tensões criadas pela colonização aumentavam gradualmente sua intensidade, e o ser nascido no Brasil era qualidade pouco apreciada pelo elemento colonizador. O antinovatismo, entretanto, sendo fruto natural das diferenças de gerações colonizadoras, não era fenômeno novo à época da revolução. Durante as inconfidências do século XVIII, a atitude negativa dos colonos instalados em relação aos imigrantes recém-chegados já se fizera notar[279], e produzindo atrito permanente que, de resto, pode ser indicado como uma das constantes das colonizações. Se diferenças podiam ser observadas entre colonos antigos e recém-chegados, maiores eram certamente as existentes entre colonos brancos e a escravaria, que manifestava frequentemente "pouco apreço"[280] pelos brancos colonizadores.

À época da revolução, entretanto, é de se acreditar que, segundo Tavares, também os portugueses se manifestaram extremamente agressivos em relação aos brasileiros, contestatários de seu poder. Não foi por acaso que, irascível, indicou que a "ralé portuguesa mimoseava os brasileiros" com "epítetos injuriosos"[281].

Dessa maneira, a lusofobia de Muniz Tavares emerge não poucas vezes em sua exposição, proporcionando ao analista a conclusão de que *o fenômeno que mais vivamente o impressionava era o choque de nacionalidades, não merecendo o mesmo destaque as tensões entre senhores e escravos*. Portugueses e brasileiros eram as personagens principais de sua história, sendo os últimos – e mais especificamente os pernambucanos – os heróis da trama.

Nesse momento, a revolução a que se assiste no Brasil é a da afirmação da primeira camada nacional dirigente, que não poderia prescindir da mão de obra escrava. Tal revolução estava por certo *muito aquém* da revolução desejada duas décadas antes por Manoel de Santa Anna, mulato soldado do segundo Regimento de Linha em Salvador e participante da Inconfidência dos Alfaiates (1798), para quem a revolução deveria acarretar a morte de todas as pessoas da "Governança" e o "saque dos cabedais das pessoas opulentas"[282]. Acontece, porém, que a revolução ocorrida no Brasil ao findar a segunda década do século XIX foi conduzida por proprietários. Estava-se longe da "República de igualdade" de que falava Santa Anna, e o termo "democracia" era, no máximo, associado à partilha de heranças de grandes proprietários, como se observou através da análise das elucubrações de Muniz Tavares.

Apesar do nacionalismo de Tavares nutrir-se da crítica áspera e não raro pejorativa dos portugueses, era suficientemente lúcido para enxergar no comportamento compassivo do padre Miguel Joaquim de Almeida Castro, revolucionário da primeira hora, atitude adequada em face das dificuldades da revolução no tocante aos capitais dos portugueses no Nordeste. Procurando entender a atuação de Miguelinho, de "doce caráter", mostrou que não se esquecera ele "da antipatia dos Portugueses contra Brasileiros; mas refletindo que a Pátria precisava de braços, e que com uma violenta expulsão muito se perderia em capitais, imaginando vencer a dureza com a generosidade, de propósito tratou de acarinhá-los"[283].

Mais característico que a lusofobia será o recurso que fazia à história para a alimentação de seu arsenal de argumentos nacionalistas.

Dois exemplos significativos bastarão para que se avalie a maneira pela qual elaborava sua perspectiva histórica da Revolução de 1817: o da "revolução" de 10 de novembro de 1710 em Pernambuco, onde se vislumbra manifestação do tipo nacionalista, e o da comparação entre as ditaduras romana e pernambucana.

Sobre o primeiro exemplo, relativo a episódios já estudados por Oliveira Lima, sabe-se que se trata de conflito em que se abriram amplamente divergências entre portugueses e brasileiros. Na raiz das divergências estavam interesses dos "agricultores fidalgos"[284], em contraposição aos mercadores (mascates) com negócios estabelecidos na praça de Recife. Ao quererem estes abominação através do Senado e da Câmara, enxergaram os senhores rurais, nessa atitude, sério perigo para seus negócios: tal dominação implicaria o controle das arrematações dos contratos reais e, portanto, a manipulação a seu favor da esfera dos preços dos gêneros produzidos pelos agricultores. Muniz Tavares, entretanto, em sua perspectiva liberal, e quase 120 anos após os eventos de 1710, criticava acidamente a inexistência de "justiça imparcial"[285] por parte dos colonizadores.

Sua observação do passado, é bem verdade, já não se cingia a Pernambuco. Ao discutir as "origens da revolução"[286], conseguiu superar a visão regionalista que por vezes interferia em suas narrativas, noutras passagens. Nesse passo, a perspectivação realizada amplia-se significativamente, e as origens da Revolução de 1817 não são por ele pesquisadas apenas na história de Pernambuco. Talvez com certo exagero, afirmava que "em todas as Províncias o descontentamento e as queixas eram iguais". Os exemplos sediciosos de Minas Gerais e São Paulo vêm à mente do historiador nordestino, ao mostrar que aí, no período anterior à Independência, "tinham arrebentado outrora sérios tumultos, os quais sufocados com violência no começo, enfraqueceram a força dos sublevados, e corroboraram a dos seus implacáveis adversários"[287].

Depois de deixar ao leitor a inspirada sugestão de que *os movimentos sediciosos desse período foram aproveitados para fortalecimento e aperfeiçoamento da repressão* – vale dizer, do sistema –, insere os episódios pernambucanos de 1710 nessa mesma categoria. Os conflitos entre Olinda e Recife (esta última um "ninho dos Portuguezes"), que duraram vários meses, acabaram por acarretar a mudança do governador. De caráter liberal, mas também nacionalista, são as observações a propósito da liberdade que tais eventos inspiraram a Tavares. De certa forma, para ele, estavam errados os insurgentes de Olinda: "era a vertigem do partido, e não o sincero amor *da liberdade que os guiava*"[288]. Por outro lado, também os colonizadores foram largamente aquinhoados com suas críticas. Como se sabe, os revoltosos foram perdoados, e, posteriormente, detidos e enviados para a prisão, na Metrópole.

A atitude do poder central, colonizador, foi clara: não hesitou em agir com malícia para sufocar mais esse conflito típico no sistema de colonização. Nas observações que fez a essa atitude, Muniz Tavares radicalizou sua interpretação liberal: perdoando aos sediciosos de 1710, "a tirania seguiu o seu trilho batido. O perdão era um desses laços ocultos, de que se valem na obscuridade os Príncipes fracos e imorais para atarem os imbecis que neles se confiam"[289].

Especial menção no estudo histórico que faz da revolta de 1710 em Pernambuco merece, por parte de Tavares, o revolucionário Leonardo Bezerra, "homem de temperamento forte e contumaz". O nacionalismo do monsenhor incorpora e valoriza o exemplo do pernambucano Bezerra. Preso durante treze anos, regressara ao Brasil e, fixando-se em Salvador, escrevera aos seus partidários: "Não corteis um só *quirí* das mattas; tratai de poupal-os para em tempo opportuno quebrarem-se nas costas dos marinheiros."[290]

A citação de episódio de raiz popular, onde fica preservado o caráter nacional e anticolonialista da mentalidade de Tavares, merece referência, sobretudo porque o ex-capitão de guerrilhas procurava saber em suas especulações se o Brasil – e não apenas Pernambuco – tinha "consciência da própria força"[291].

Revoltado porque "nascer Brasileiro era um título de inferioridade"[292], citando ocorrências anteriores a 1817 para mostrar a antiguidade dos antagonismos gerados na colonização, sugerindo que as sedições reforçavam paulatinamente a repressão, procurando indicar, através de exemplos visivelmente populares, a persistência dos referidos antagonismos, Francisco Muniz Tavares ia alimentando e engrossando argumentos de cunho nacionalista. Entretanto, ao mesmo tempo que procurava compreender o Brasil num mesmo conjunto de emancipações coloniais – dos Estados Unidos e da América Espanhola –, verificava, com pouco entusiasmo, que os "incentivos democráticos" impeliam aqueles processos de descolonização em direção ao republicanismo: "A gloriosa fortuna que gozavam em particular os Estados Unidos, a sua segurança, a ordem legal, indicavam aos Brasileiros a preferência daquele Governo: os Pernambucanos que anhelavam o melhoramento da Pátria, o admitiam unânimes."[293]

Da difusão da ideologia republicanista pode-se duvidar seriamente – como dos avanços de qualquer outra, como foi indicado no estudo do reformismo de Aragão e Vasconcelos –, a menos que se queiram idealizar os processos mentais do período. O idealismo de Tavares, de resto, bem como seu relativo apego ao modelo estadunidense, serão características de ponderável linhagem de liberais brasileiros do século XIX[294]. O que, entretanto, deve ser destacado, é que Tavares, além de nacionalista, continuava imbuído de ideais monarquistas. Para ele, os pernambucanos não eram "bem versados no estudo da política". Andavam errados os revolucionários brasileiros que "imaginavam que qualquer instituição caracterizada útil era aplicável a todos os povos". Em suma, julgava o monsenhor liberal, nacionalista e monarquista que, "com facilidade pode-se transplantar a lei, mas não o espírito da Nação; não pensavam os revolucionários de 1817 que no Brasil existia um trono, e ocupado por um Rei naturalmente bom, circunstância que muito diversificava a posição respectiva"[295].

Em suma: o modelo inspirado pela revolução das colônias inglesas era digno de consideração, mas, no caso brasileiro, dever-se-ia, antes, estudar o "espírito da Nação" e as circunstâncias que indicassem a especificidade nacional. As inspirações fornecidas pelas experiências revolucionárias de outras áreas não poderiam ser adotadas sem maior exame, sobretudo o das condições reais do Brasil e, mais precisamente, de Pernambuco. No exame do quadro nordestino, a sombra de um "Rei naturalmente bom" continuava a temperar o radicalismo revolucionário da óptica do monsenhor. Revolução, sim; mas com rei.

Sobre o segundo exemplo, respeitante à comparação entre as ditaduras romana e pernambucana, ocorre no passo da narração dos idos de maio de 1817, quando Recife está sendo sitiada pela esquadra de Rodrigo José Ferreira Lobo[296]. Os chefes revolucionários, sobretudo Pedrozo e os chefes dos regimentos, utilizando-se de artimanhas para uma última tentativa de mobilização para combater os representantes da Coroa, esconderam os termos integrais da proposta de rendição de Rodrigo Lobo, informando às tropas que a repressão exigia imediatamente a punição dos sediciosos: um quinto dos soldados deveria ser entregue e fuzilado incontinenti; os governadores deveriam ser presos com toda a oficialidade para serem mortos posteriormente. Assim, tentando mobilizar o terror à violência da expressão, exigiam os líderes uma redefinição da organização do poder: a concentração se realizaria em torno do governador das Armas, Domingos Teotônio Jorge. No entender dos revolucionários, a reorganização das forças seria condição necessária para o rechaçamento à contrarrevolução.

O liberal Tavares procura entender o desvio sofrido no curso da revolução, com a cessão de tanto poder a Domingos Teotônio, que se revestiria da "Autoridade de Dictador, diante do qual todas as leis se calão"[297].

O "sacrifício penoso" seria justificar "se com elle a Pátria fosse salva". Nesse passo, o nacionalismo de Tavares supera seus valores liberais: vale a pena erigir um ditador para preservar a integridade da Pátria, ainda que haja um "sacrifício temporário dos direitos individuais", porque "o bem primário das Nações é a existência; continuando esta em vigor, não deixam de vir os outros bens com o tempo, e paciência"[298].

Para justificar o desvio que a revolução foi obrigada a sofrer, às vésperas de sua derrocada, Tavares recorre aos ensinamentos da história, procurando na ação de Pedrozo, Domingos Teotônio e dos chefes dos regimentos enxergar o mesmo recurso dos "Romanos": "Se os Romanos em extremo perigo criavam por um curto período aquele monstruoso Magistrado, só tinham em vista habilitá-lo a servir-se de todos os recursos possíveis para dissipar prontamente a causa do mal."[299]

Assim, Muniz Tavares buscava nos ensinamentos do passado exemplos que servissem para corroborar seu liberalismo monarquista – não endossando integralmente o republicanismo estadunidense – ou para justificar medidas discricionárias – porém nacionalistas – que o governo revolucionário pernambucano fora obrigado a tomar. As lições do passado, manipuladas dessa maneira, indicam com nitidez os esforços da mentalidade liberal em integrar realidades por vezes antagônicas num mesmo discurso.

O nacionalismo do principal historiador da Revolução de 1817 manifesta-se mais localizado e preciso, todavia, ao mencionar o "patriotismo dos ricos"[300]. Na verdade, da aristocracia rural provêm os verdadeiros heróis de sua história. Em contrapartida, aos Realistas, Tavares considerava como "gente sem nome, e sem pátria"[301]. O bom patriota deveria ter nome, isto é, linhagem. Não foi por outro motivo, por exemplo, que Tavares observou, com visível satisfação, que ao desembarque de Rodrigo Lobo, agente da repressão, não compareceram "Pernambucanos distinctos"[302] mas sim apenas "festivos" prisioneiros que tinham sido soltos após o malogro da revolução.

Ao valorizar os agentes da revolução, Tavares conseguiu por uma vez escapar aos limites impostos pelo seu regionalismo pernambucanista, ao descrever a morte de André de Albuquerque, do Rio Grande do Norte: será a ideia de que, para além de serem nacionais e revolucionários, os membros da família de André, "mais ricos da Província"[303], padecerão o mesmo destino. E, em descrição ideológica da morte de André, o algoz surge na figura de um "infame Portuguez" de "execranda cobardia"[304].

No mesmo sentido, ao analisar a eclosão do movimento revolucionário na Paraíba, valorizou a ação dos "principais proprietários"[305] que, em sua narrativa, surgiram como líderes naturais da revolução. Os primeiros clamores surgiram no interior da província; foi em Itabaiana, a meio caminho entre Campina Grande e o litoral, que eclodiram as ações iniciais da revolução. A explicação para tal início, Tavares vai encontrar na presença de jovens educados em Pernambuco, incluindo Manoel Clemente Cavalcanti, filho do capitão de Ordenanças do distrito. Houve mobilização de multidão, que se armou de "espingardas de caça"; com o reforço dado pelo capitão André Dias de Figueiredo, a massa é induzida a marchar para a capital. André Dias de Figueiredo, João Batista Rego, Manoel Clemente Cavalcanti lideravam a multidão, que ia encontrando "por todos os lugares por onde passava o povo armado com os principais proprietários em frente, que de boa vontade os seguião"[306].

Do contágio popular que a insurreição motivou não se pode duvidar, ao menos no início do processo. A narrativa da marcha à capital não exclui episódios em que se viram envolvidos antigos representantes da ordem realista, como aquele ouvidor Alves, da Vila do Pilar, que se viu obrigado a fugir "cobrindo-se com os vestígios de certanejo para não ser descoberto"[307]. A euforia dos primeiros momentos da rebelião provocou inusitada transformação nos hábitos patriarcais da Paraíba: o "bello sexo mesmo, despindo a natural timidez, mostrou-se em seu maior esplendor tomando parte em tanto júbilo"[308].

Tal transformação, entretanto, parece ter atingido maior profundidade: pelas narrativas do monsenhor Tavares, verifica-se o peso do patriarcado, característica marcante no comportamento social do Nordeste; abalado quando os revolucionários paraibanos escolheram os governadores provisórios, fizeram "inconsideradamente arbitrária seleção [...], chamando alguns filhos de família e excluindo os pais destes que aí se achavam presentes, os quais estupefatos viram aqueles encerrarem-se em uma sala, da qual saíram, pouco após, declarando haverem nomeado seus representantes, tendo sido excluída a velha geração"[309].

Se Tavares entende por "arbitrária seleção" a atitude dos revolucionários que marginalizaram seus maiores, endossando por aí a postura patriarcalista, o mesmo não ocorre com a exclusão do povo do poder. Apreciando os eventos de 1817 na Paraíba, chegou a criticar o "atrazamento das ideias daquele tempo", mas justificou a restrição da participação popular no governo revolucionário. A lei privava "os proletários e criminosos" do direito de voto com o "louvável fim de estimular os homens ao trabalho, economia e virtudes"[310].

Menção a comportamento idêntico por parte da liderança revolucionária em Recife foi feita por Tavares ao narrar o momento da escolha do governo provisório, a 7 de março de 1817, na sala do Erário. Em meio à euforia das primeiras horas da revolução, aglomerados de "indivíduos de todas as classes indiferentes no conflito" manifestavam júbilo pelas mudanças vividas. Júbilo ao qual, de resto, "ajuntava-se geral confusão", como não deixa de lembrar o monsenhor. Os Suassunas sobressaíam na turba e, para retornar à narrativa liberal de Tavares, pondo "termo a um tal estado sempre nocivo ao bem público, o Domingos José Martins fez abrir as portas do Erário, onde o povo penetrando com a lisonjeira esperança de ser ao menos expectador [*sic*] da escolha do novo Governante, do qual dependeriam seus destinos, foi repelido pelo mesmo Martins"[311].

Martins, ainda armado, fez a seleção das pessoas que melhor lhe pareceram, encerrando-se com elas na referida sala, de onde saíram nomeados os membros do governo provisório: João Ribeiro (da "parte" do eclesiástico), Domingos Teotônio Jorge (da militar), José Luís de Mendonça (da magistratura), Manoel Correia de Araújo (da agricultura) e Domingos José Martins (do comércio).

A exclusão do povo, ou de seus representantes, na constituição do governo provisório, é visível. Não há dúvida de que o monsenhor anotava a "irregularidade manifesta"[312] de tal restrição. Porém, traindo sua posição inicial, deixava-se arrastar pelas sinuosidades da ideologia liberal, acabando por achar que, afinal, a escolha recaíra "sobre pessoas de distinto merecimento"[313].

Apesar de ter sido revolucionário e de ter convivido com João Ribeiro, Francisco Muniz Tavares preservava uma certa visão aristocratizante dos processos ocorridos em 1817. Muitos são os passos de sua *História da Revolução de Pernambuco* em que se pode surpreender o monsenhor tentando revestir os grandes proprietários rurais com foros de nobreza. Sua ideologia revela-se nitidamente elitista, e até mesmo aristocratizante, na apologia que faz dos revolucionários de 1817, referidos pelo conde dos Arcos como "bandidos" e "infames". Por exemplo, ao lembrar que descendiam as lideranças revolucionárias de "antigos Barões", o monsenhor esforçou-se na sua obra em revalorizar os elementos dessa nova elite que, "sem nadarem em riquezas roubadas ao suor do industrioso lavrador, apresentavam um coração puro, uma vida irrepreensível, único ilustre brasão que constitui a verdadeira nobreza"[314].

Para que bem se compreendam, finalmente, as características da ideologia de Muniz Tavares, torna-se desnecessário apontar algumas qualidades por ele atribuídas ao caráter do colonizado – por exemplo, a comiseração como "affecto inato nos peitos Brasileiros"[315], que alimentariam tradição liberal de idealização do brasileiro. Mais expressivo será analisar a ideia que fazia ele do *povo*, bem como verificar quanto as estruturas sociopolíticas imprimiam marcas significativas na sua maneira de percepcionar a vida social.

A primeira preocupação de Tavares implicava, com efeito, uma objeção indissociável em relação à colonização e ao absolutismo: os brasileiros dependiam de uma Metrópole absolutista, mas eram mais duramente tratados "do que seus pais, *pela reputada inferioridade de colonos*"[316]. Noutras palavras, os males do absolutismo eram mais sensivelmente sofridos pelos colonos, embora o fossem também, em menor proporção, pelos metropolitanos[317]. Colonos eram, como já foi visto, os grandes proprietários, heróis da revolução por ele historiada, não enquadráveis na categoria dos "medíocres para serem comandados e incapazes de obrar ação estrondosa ou em relação ao bem, ou ao mal"[318]. Não haviam os revolucionários, sobretudo os "oficiais influentes, querendo indicar a meta precisa da revolução, sem economizarem os prejuízos do vulgo"[319], tomado as medidas que propiciaram a eclosão do movimento?

O "vulgo", a "gentalha"[320] contavam pouco nas formulações de Tavares. A hierarquia continuava informando a visão de mundo do monsenhor, a ponto de, ao narrar a insurreição de 6 de março no quartel do Recife, em que foram mortos o comandante da artilharia brigadeiro Manoel Joaquim Barbosa ("portuguez orgulhoso, altivo, violento e severo") e seu ajudante de ordens tenente-coronel Alexandre Thomaz ("um dos Portugueses mais desprezíveis pelo seu caracter perverso, e gênio intrigante"), justificar a violenta resposta dada por Domingos Teotônio Jorge a uma admoestação coletiva feita pelo brigadeiro. Nesse episódio, em que foi iniciada a insurreição que se alastraria por outras províncias, a culpa era do brigadeiro Barbosa: "He, o que acontece ao superior, que desce da altura do seu posto para medir-se no terreno com os inferiores."[321]

Ademais, o povo aparece sempre vagamente, difuso e impreciso na *História da Revolução de Pernambuco*. Seja nas galerias das Cortes, quando Tavares era representante de Pernambuco[322], seja por meio de referências menos diretas, em que aludia à "cegueira popular"[323], o monsenhor nunca se deteve para melhor caracterizar o Terceiro Estado que, de resto, é extremamente difícil de ser caracterizado em área de colonização. Por outro lado, ao que parece, muitas foram as ocasiões em que as articulações revolucionárias permaneceram circunscritas às camadas abastadas, não sendo de duvidar que, por vezes, tenha o povo permanecido "inerte expectador"[324]. Por outro lado, se poucos foram os momentos em que o historiador se deteve para estudar a participação da escravaria na revolução – e tal desconsideração já é por si só expressiva –, não há que duvidar as conclusões a que chega. Ao examinar a situação da Paraíba e a ação do tenente-coronel José Peregrino, que para ajudar André de Albuquerque se deslocou com cinquenta soldados em direção a Goianinha[325], concluía Tavares que a força não consistia no número: "esses poucos soldados valião mais do que hum exercito de escravos"[326].

Ao criticar os ânimos populares pouco aderentes à revolução em Alagoas, não deixou de lembrar da necessidade de "pressupor do lado do povo cooperação eficaz na repulsa à Contrarrevolução: se esta falta à Pátria he perdida sem remédio"[327]. A cooperação do povo é necessária, mas a autodireção não lhe será facultada. No "Prefácio", aliás, Tavares já deixara claro seu objetivo: "patentear os feitos de um povo generoso, mas mal dirigido".

A opacidade de Tavares para dimensionar tal categoria, entretanto, não era absoluta a ponto de não perceber as diferenças de comportamento político entre o "povo da cidade" e o "do campo". Para ele, o povo do campo é "ordinariamente mais arraigado aos princípios da obediência passiva", e por esse motivo era menos suscetível de ser articulado para o combate às autoridades representativas da colonização. O "povo da cidade", pelo contrário, mostrara sua aderência à insurreição, ao sensibilizar-se pela ação da tropa que redundou na morte do brigadeiro e do ajudante de ordens[328].

Pelo que se observa, muitos preconceitos continuavam imprimindo suas marcas na visão de mundo do monsenhor no tocante ao estabelecimento do ambiente social nordestino. Um acentuado regionalismo impregnava suas observações, fazendo com que se tornasse sempre disposto a valorizar o "gênio empreendedor" dos habitantes de Pernambuco[329].

Por outro lado, a permanência de valores da Ilustração, associada ao culto da ação de Azeredo Coutinho, inspirava os diagnósticos aristocratizantes de Tavares, levando-o a pensar que "a classe pobre entrava na participação das luzes"[330].

Muito contraditória é a ideia respeitante à discutível passividade e indiferença do povo, como por exemplo em relação à prisão do padre Roma em Salvador[331]; não se coaduna tal ideia, por exemplo, com a exposição que fez da revolução na Paraíba, onde é vista com maus olhos "a plebe da cidade entregue a si mesma"[332], com "soldados indisciplinados, milicianos ignorantes"[333].

Mais claras, em contrapartida, foram as posições de Muniz Tavares no tocante ao problema do poder político. No que diz respeito à dominação da massa, a qual deveria ser controlada pelos grandes proprietários rurais, lembrava ele que era poderoso o ímpeto popular: "a habilidade do político consiste em saber aproveitá-lo, e dirigir no momento sem deixá-lo esfriar"[334]. Atitude mental revolucionária, sem dúvida, mas de elite dirigente. E por ser de elite, não era popular: era liberal.

Conclusões

Façamos a revolução antes que o povo a faça.

Um outro ANTÔNIO CARLOS, à
s vésperas da Revolução de 1930

Indicar alguns dos parâmetros da vida mental nordestina – e, em menor medida, brasileira – às vésperas da Independência, eis o objetivo da investigação realizada. Tendo em vista o método adotado, em que descrição e interpretação se confundem, não cabe aqui repetir resultados obtidos nos capítulos anteriores. Valerá mais, por certo, a partir do esforço de análise desenvolvido, arriscar algumas apreciações em dois planos: o da história das mentalidades propriamente dita e o da reflexão sobre a natureza da resolução no período considerado.

No primeiro plano, importa notar que, a despeito de se poder registrar para o período considerado uma significativa viragem mental (observável através dos empregos do termo "classe"), nos diagnósticos das situações sociais vividas interferiram variáveis e ingredientes pouco avaliáveis, se adotadas como modelos as revoluções metropolitanas de caráter burguês e nacional. Providencialismo[1], credulidade exacerbada[2] e até mesmo sebastianismo[3] compunham e coloriam o universo mental nordestino em 1817. Segundo Koster, observador atento das realidades psicossociais à época da insurreição, a credulidade geral das "classes baixas, classes do povo e mesmo de muitos indivíduos da alta sociedade" estava acima de qualquer juízo[4]. No nível das representações mentais, a consciência rústica assimilava a presença europeia no Nordeste segundo suas possibilidades. Os ingleses, por exemplo, eram imaginados como "pagãos, bichos e cavalos"[5], ainda segundo o referido viajante. E, no plano do comportamento religioso, não se tratava apenas de devoção formal às cerimônias do culto. Se aparentemente a dedicação à Igreja sobrepujava todas as outras afeições, em contrapartida comportamentos reveladores de inadvertidas riquezas da realidade insinuavam-se no nível do cotidiano, por baixo das estruturas da colonização, dando a sensação precisa de se viver no "tempo de maravilhas"[6]. E, num nível menos popular, as coisas não se passaram tão diferentemente: o próprio advogado branco dos revolucionários, Aragão e Vasconcelos, ilustrado baiano, não escaparia à regra, apreciador que era de literatura cavalheiresca, domínio do maravilhoso. Da mesma forma, o secretário do governo provisório, José Carlos Mayrink da Silva Ferrão, quando da fuga dos insurretos no momento da repressão, teria sugerido se constituísse no sertão, utopicamente, uma "ideal república de lavradores".

Nesse sentido, seria comportamento metodológico pouco inspirado utilizar rígida e aprioristicamente critérios explicativos válidos para realidades metropolitanas, bem como os resultados da investigação dos usos e sentidos da palavra "classe". Tais usos indicam, com segurança, alterações no nível da consciência social e se tornam úteis, sem dúvida, para precisar mudanças (em longo termo) de estados mentais, mas não seria correto utilizar os resultados sem considerar a especificidade da mentalidade regional, onde se entrecruzavam as manifestações acima apontadas. Ademais, não se pode deixar de levar em conta que as transformações advindas com as "importações" de ideias e de conceitos político-sociais novos se verificaram sobretudo nas elites dirigentes – reformistas ilustradas ou revolucionárias – em que se incrustava a *intelligentsia*. Embora europeizada, ou voltada para os eventos dos Estados Unidos da América do Norte, também ela não deixava de participar dos quadros mentais de seu tempo: a melhor prova está no papel desempenhado pela "Divina Providência", tão insistentemente invocada nos documentos oficiais e nas proclamações dos revolucionários[7]. Assim, quando procuramos mostrar como a sociedade se compreendia a si mesma em 1817 e explicava sua "revolução", não só os ingredientes bibliográficos utilizados pelas camadas dominantes ilustradas foram apreciados. Os valores culturais e as representações mentais do homem comum, frequentemente livre e não proprietário, foram também estudados. Afinal, para o estudo do "pensar desta gente"[8] foi necessário lembrar que o universo social não estava mais composto exclusivamente de senhores e escravos, e que os eventos de Recife não se circunscreviam aos limites urbanos, mas abrangiam vastíssima hinterlândia. Pelo que se observou, a vaga insurrecional não se circunscrevia tampouco às vilas portuárias principais do Nordeste: era o sertão que respirava, no compasso da conjuntura atlântica. O "viver no certão", de que falava o bispo Azeredo Coutinho em 1799[9], imprimia o tom dominante nos movimentos sociais e mentais estudados.

No segundo plano, que não deve ser dissociado do primeiro, a não ser para efeito de exposição, não é descabido averiguar a natureza da "revolução" no período considerado. Se revolução existiu, estava situada no nível subterrâneo da história das mentalidades: as análises realizadas no capítulo 3, respeitantes à viragem mental indicada, mostraram a emergência de novos conteúdos na composição das maneiras de percepcionar da geração que assistiu a Independência política de 1822.

Que a consciência política das elites revolucionárias ou modernizantes contava com instrumental conceitual bastante elaborado para os diagnósticos das realidades vividas não padece dúvida. Todavia, os estreitos limites sociais impostos pela organização do trabalho em moldes escravistas, mais a inadequação das visões de mundo veiculadas na farta bibliografia importada às realidades ainda largamente coloniais, diminuíam as possibilidades da realização da revolução, como a imaginaram os representantes mais radicais do movimento. Nesse sentido, e considerada a curva do processo, o termo *revolução* não será o mais adequado para denominar os eventos ocorridos em 1817. Como se observou, nenhuma alteração essencial foi notada no nível das relações de produção: pelo contrário, a independentização relativa dos setores ligados à grande propriedade pressupunha, como requisito básico, a manutenção da ordem escravocrata. Essa contingência, por assim dizer estrutural, marcaria e peculiarizaria o devir do "liberalismo" no Brasil, desde suas primeiras manifestações: em 1817, na primeira afirmação significativa de uma camada dirigente nacional, a rigidez das barreiras impostas pelos três séculos anteriores não permitiria que a ação das lideranças mais radicais, orientadas por Domingos José Martins, padre João Ribeiro e pelo ouvidor de Olinda Antônio Carlos, provocasse modificação no mundo do trabalho. A "revolução" possível pressupunha a permanência da escravidão. E nem poderiam as coisas se passar diferentemente, uma vez que os setores ligados à grande lavoura e ao comércio eram os únicos que dispunham de recursos mínimos para elaborar diagnósticos da situação e criar uma concepção de mundo minimamente integrada para opor às estruturas do sistema colonial absolutista. O mundo do trabalho, por seu lado, pulverizado entre as grandes propriedades e sem nenhum tipo de organização suprarregional, mal poderia reagir aos estímulos externos, dentre os quais se destacava o exemplo de São Domingos.

Se se pode indicar, pois, a existência de revolução profunda, ela ocorreu no plano da história das mentalidades, em especial nos setores dominantes. No entanto, tal revolução, indicadora da emergência de traços significativos de consciência social, nascia limitada e comprometia pela natureza mesma do processo vivido, qual seja, o da vitalização das elites estamentais. O radicalismo revolucionário acabou por ser temperado, no momento em que se apelou à participação dos escravos, acenando-se com a abolição: os interesses dominantes das elites senhoriais acabaram por manifestar-se em verdadeira grandeza, e dos desacertos existentes no interior dessa camada resultou o travamento do processo revolucionário.

As propriedades "ainda as mais opugnantes" foram respeitadas, mas já num momento de retração: o máximo atingido nessa *conciliação*, ocorrida no nível da aristocracia rural, foi o estabelecimento de posição *gradualista* em face da abolição. Em suma, reforma a longo prazo, e não revolução.

Por outro lado, após a repressão, e tendo em vista que o perigo da inquietação provocada pelos "jacobinos" aumentara sensivelmente, muitos diagnósticos surgiram no ângulo da monarquia contestada, no sentido de suavizar as relações no mundo do trabalho. Através de documentos como a carta de Paulo Fernandes Viana ao rei[10], pode-se inferir que o sistema procurava liberalizar-se e fazer a reforma antes que se fizesse uma revolução, preconizando a abolição *gradual* da escravatura e o recurso à imigração branca.

Nessa perspectiva, o "liberalismo" nascente, embora amiúde inspirado por bibliografia importada, surgia do abrandamento das posições dos setores revolucionários, conscientes de seus interesses, por um lado; por outro lado, e na mesma direção, brotava ele do encaminhamento de soluções reformistas a que se vira obrigada a Coroa. Tal *convergência* e aproximação eliminava qualquer possibilidade de conteúdo revolucionário radical. Nesse sentido, e a partir do estudo das formas de pensamento no Nordeste em 1817, não se torna difícil concordar com José Honório Rodrigues, para quem "as revoluções brasileiras não são revoluções, pois não visaram a uma modificação estrutural da economia, nem à mudança das relações sociais"[11].

Não será descabido lembrar, finalmente, que nesses anos o Brasil transitava das estruturas do Antigo Sistema Colonial português para o sistema colonial do imperialismo moderno, chegando a transformar-se em "protetorado" inglês até 1844. Nessa medida, todos os eventos internos se desenvolveriam dentro das molduras do imperialismo nascente. Portanto, de um ponto de vista externo, também contribuíram os interesses de agentes ingleses, com sentido bastante preciso, limitando ou evitando eventuais transbordamentos e radicalismos revolucionários à época da Independência.

Notas

1 O TEMA, A DOCUMENTAÇÃO E O MÉTODO

1. Trata-se das Inconfidências de 1789 (Minas Gerais), 1794 (Rio de Janeiro), 1798 (Bahia) e 1801 (Pernambuco).
2. Advirta-se somente que esses níveis não aparecerão na maior parte do tempo destacados entre si, embora semelhante procedimento fosse talvez desejável para efeito de exportação. Acontece, no entanto, que é necessário conjugá-los simultaneamente para que o estudo ganhe um mínimo de profundidade. Como se sabe, a decomposição da realidade é passo obrigatório da pesquisa científica, mas certamente não é o último.
3. Não é necessário explicitar que os interesses da aristocracia nativa e dos mercadores frequentemente convergiam no que diz respeito à manutenção do regime escravocrata.
4. F. Fernandes, *Sociedade de Classes e Subdesenvolvimento*, p. 33. (Grifo no original.)
5. DH, Biblioteca Nacional, Divisão de Obras Raras e Publicações, 10 v., 1953 a 1955. Cada volume é iniciado por uma "Explicação" de José Honório Rodrigues, então diretor da Divisão. O volume x é relativo à Inconfidência dos Suassunas (1801), sendo os demais respeitantes à insurreição de 1817. Quanto ao processo de 1824, seus originais estão no Arquivo Nacional do Rio de Janeiro: esse movimento, entretanto, será objeto de outra investigação.
6. Pernambuco, maços 1 (1597 a 1755) a 52 (1822-1823). Existe relação estabelecida por J.A. Gonsalves de Melo Neto.
7. Sobre a conspiração de Gomes Freire de Andrade, ver *Sentença Proferida Contra os Réus de Alta Traição, por Leitão de Moura* (Reservados da Biblioteca Nacional de Lisboa, 2074, *25 v*), bem como a *Correspondência de Lord Robert, Enviado Britânico na Corte de Lisboa, na Occasião das Desordens do General Gomes Freire* (idem). Sobre a Ilha da Madeira, ver *Sentença Proferida Contra os Réos Comprehendidos na Devassa de Alçada, que Sua Magestade Foi Servido Mandar à Ilha da Madeira* (Reservados da Biblioteca Nacional de Lisboa, 2074 idem, *26 v*).
8. Dentre as censuras, destaca-se, por exemplo, a realizada em 1807 pelo bispo J.J. da C. Azeredo Coutinho à obra do abade Vertot, *Histoire des Revolutions de Portugal* (há várias edições; dentre elas as de 1754, 1769 e 1773; em 1816 foi reeditada em Paris, pela Imprimerie Didot). Dentre as acusações anônimas, adquire importância para avaliação do papel de Gervásio Pires Ferreira, em Pernambuco: Dous Amigos

da Verdade e da Justiça, *Exposição Verídica dos Procedimentos da Junta Provisória de Pernambuco*... Para o estudo das relações entre Pernambuco e as Cortes portuguesas, ver os *Officios e Documentos Dirigidos ao Governo Pela Junta Provisória da Província de Pernambuco, Com Data de 17 de Maio e 10 de Junho Deste Anno, e Que Forão Presentes às Cortes Geraes e Constituintes da Nação Portugueza.*

9. A revista possui índice organizado e anotado por José Honório Rodrigues (o qual também organizou, de resto, o índice da *Revista do Instituto Histórico e Geográfico do Ceará*). Trata-se do v. XLIV, 1961, elaborado durante a gestão do diretor Mário Melo. Outras revistas também foram compulsadas, como a RIHGB – *Revista do Instituto Histórico e Geográfico Brasileiro*, e a do Instituto Histórico e Geográfico de São Paulo.
10. Ver F.M. Tavares, *História da Revolução de Pernambuco em 1817*, edição revista e anotada por Oliveira Lima. Contém introdução de Maximiano Lopes Machado, além de apêndice documental.
11. *Obras Políticas e Literárias, Colecionadas Pelo Comendador Antônio Joaquim de Mello.* Caneca foi fuzilado em 1824.
12. *A edição de 1821 vem acompanhada de Epitome da Gramática Portugueza.*
13. L. do R. Barreto, *Memória Justificativa Sobre a Conducta do Marechal de Campo Luiz do Rego Barreto Durante o Tempo em Que Foi Governador de Pernambuco, e Presidente da Junta Constitucional do Governo da Mesma Província, Offerecida à Nação Portugueza*; e A.L. de B. Aragão e Vasconcelos, *Memórias Sobre o Estabelecimento do Império do Brasil*, ABN, v. XLIII-XLIV, p. 1-48.
14. Ver *Notas Dominicais Tomadas Durante uma Viagem em Portugal e no Brasil em 1816, 1817 e 1818.*
15. *Reply to the Author of the Letter on South America and Mexico, by an American, Addressed to Mr. James Monroe, President of the United States.*
16. H.M. Brackenridge, *Voyage to South America, Performed by Order of the American Government, in the Years 1817 and 1818, in the Frigate Congress.* O volume I é o que mais interessa ao nosso estudo (sobretudo, p. 4-263).
17. Levantada pelo sargento-mor José Fernandes Portugal (1755-1817), carioca e um dos grandes idealistas de 1817, falecido no presídio por inanição (Ver J.H. Rodrigues, *Teoria da História do Brasil*, 2. ed., v. 2, p. 443-444, e 3. ed., p. 286-287). Além das fontes tradicionais, como J.B. von Spix; K.F. Phillip von Martius, *Reise em Brasilien auf Befehl Sr. Majestät Maximilian Joseph I. König von Baiern em den Jahren 1817-1820 gemacht und beschrieben*, e H. Koster (que fornece dados quantitativos), vale a pena referir o *Guia dos Caminhantes*, existente na Biblioteca Nacional, bem como o *Catálogo da Exposição de História do Brasil*, publicado nos ABN, v. IX, 2 tomos, sobretudo a classe I, "Geographia do Brasil".
18. ADIM – *Autos de Devassa da Inconfidência Mineira*, v. II, p. 280 e ADIM, v. VII, p. 163, 254, 262 e 266, por exemplo.
19. Por exemplo: cada grupo de indivíduos de quinze a vinte anos, de vinte a 25 anos etc., constituía uma "classe".
20. E.J. Hobsbawm, *Rebeldes Primitivos*, p. 26.

2. O NORDESTE BRASILEIRO, DA DESCOLONIZAÇÃO PORTUGUESA À DEPENDÊNCIA INGLESA

1. A expressão "descolonização do Brasil" foi empregada por Sérgio Buarque de Holanda para caracterizar as transformações ocorridas nesse período, sobretudo aquelas do reinado de d. Pedro I, "apesar da força efetiva ou presumida de chumbeiros e corcundas". Ver A Herança Colonial: Sua Desagregação, em S.B. de Holanda (dir.), HGCB, t. II, v. 1, p. 39.
2. O trabalho mais importante sobre a questão continua sendo *British Preeminence in Brazil, its Rise and Decline*, de A.K. Manchester. Ver, em especial, os capítulos III, IV e VII.
3. O ano de 1831 marca a afirmação no poder dos senhores da grande lavoura de exportação; no ano de 1827 registra-se a consolidação da posição da Inglaterra, quando ficou amplamente caracterizada a dependência econômica do Brasil.
4. C. Furtado, *Formação Econômica do Brasil*, p. 118.
5. Ver V.N. Pinto, Balanço das Transformações Econômicas no Século XIX, em C.G. Mota (org.), *Brasil em Perspectiva*, p. 131.
6. A. Quintas, A Agitação Republicana no Nordeste, em S.B. de Holanda (dir.), HGCB, t. II, v. 1, p. 215.
7. Ver o quadro de exportação do Maranhão estabelecido por Antônio Pereira do Lago e utilizado por V.N. Pinto, op. cit., p. 130.
8. O aumento de produção, obviamente, não significava que os preços se elevassem. Pelo contrário, segundo as cotações registradas pelo *Correio Braziliense* (1814-1821), o que se verifica é a tendência à queda de preços (ver gráfico B na p. 15). Sobre o assunto, aguarde-se o trabalho de Alice Aguiar de Barros Fontes (em

preparo) a respeito do *Mercado Londrino de Produtos Brasileiros (1813-1821)*, que se realiza dentro de programação mais ampla orientada por Frédéric Mauro. Os dados quantitativos que serviram de base para o estabelecimento dos gráficos A e B foram fornecidos pela autora, cuja colaboração agradeço. Os traços gerais dos gráficos A e B ressaltam, com nitidez, que os ritmos dos preços do algodão nordestino e maranhense obedecem à tendência ocidental global. Para uma visão dos movimentos de conjuntura ocidental, na qual está integrada a insurreição de 1817, ver ainda a comunicação de E. Labrousse, Elements d'un Bilan économique, *Rapports du XIIe Congrés International des Sciences Historiques*, especialmente p. 486-490.

9. Ver E.J. Hobsbawm, *Industry and Empire*, p. 121. Ao inglês Henry Koster, que serviria em 1817 como mediador entre revolucionários e forças realistas, escrevendo em 1813 e 1816, parecia que Pernambuco, em relação ao resto do Brasil, estava em primeiro plano no comércio com a Inglaterra. Fornecendo alguns números, ele mostrava que o algodão em grande parte era enviado à Inglaterra, ao passo que o açúcar continuava sendo enviado para Lisboa. (*Viagens ao Nordeste do Brasil*, p. 38.)

10. Sobre o assunto, ver *Sentença Proferida Contra os Réos de Alta Traição* (existente nos Reservados da Biblioteca Nacional de Lisboa, cota 2074, 25V), p. 1-26 ver anterior mabter p. v. 25; e *Correspondência de Lord Robert, Enviado Britânico na Corte de Lisboa, na Ocasião das Desordens do General Gomes Freire* (MS nos Reservados da Biblioteca Nacional de Lisboa). Sobre Gomes Freire, ver ainda a nota complementar D, em F.P. Santos, *Geografia e Economia da Revolução de 1820*. Um esforço recente de interpretação do período foi desenvolvido por J. Serrão, em série de artigos publicados no *Diário de Lisboa* (especialmente "Os Remoinhos da Independência", publicado em 7 de maio de 1968, p. 1, 20).

11. Tentou-se fazer embaixador a Hipólito José da Costa, junto à Corte de Saint-James. À Inglaterra ficava prometida "a mais extensa liberdade de comércio", em troca de auxílios positivos ou "ao menos segurança de não tomar o partido novo cruel opressor", escreviam a Hipólito os membros do governo provisório pernambucano em 12 de março de 1817 (*Documentos Históricos* [DH], v. CI, p. 19, 20). Nesse documento, a Inglaterra é considerada pelos revolucionários a "primeira nação da Europa", ficando solicitada a "mediação de Sua Majestade Britânica".

12. Seus representantes mais conhecidos, revolucionários em 1817, foram Domingos José Martins, Antônio Gonçalves da Cruz (Cabugá) e Gervásio Pires Ferreira. Bento José da Costa, embora fosse português de nascimento, tornara-se sogro de Martins em 1817, e seus negócios não seguiam as linhas tradicionais dos mercados portugueses: ao que parece, canalizava suas atividades mercantis para Barcelona, importando produtos manufaturados. Era também parente de Gervásio.

13. Ver B. Stein; S. Stein, *The Colonial Heritage of Latin America*, p. 147.

14. Tal caráter se mostrava francamente explicitado em agosto de 1822, num momento em que não mais era possível a manutenção de Portugal e Brasil dentro de um mesmo sistema político. "O Brasil tem desconfiado que Portugal o quer colonizar", dizia nas Cortes portuguesas o deputado Manoel Antônio de Carvalho, a 7 de agosto de 1822. Ao que redarguia o abade de Medrões: "tudo o quanto nós trabalhamos para o Brasil he inutil" (*Diário das Cortes Portuguezas*, sessão de 7 ago., p. 73).

15. A título de exemplificação ver, sobre a necessidade de se abrirem novos mercados, H. Hill, *A View of the Commerce of Brasil*.

16. Em 1801, ano da Conspiração dos Suassuna, o valor em dinheiro da exportação de açúcar representava apenas um terço do valor da do algodão. (*Arquivo Histórico Ultramarino* [AHU], Pernambuco, maço 29.)

17. São conhecidas para o período as secas de 1790, 1793, 1798, 1800, 1803 e 1816, especialmente violentas. A seca de 1798 chegou mesmo a afetar o subsídio literário, para a manutenção do Seminário, pelo que se depreende de ofício de Azeredo Coutinho a Rodrigo de Souza Coutinho, de 19 de junho de 1799. (AHU, Pernambuco, maço 18.)

18. Sobre a natureza da sociedade brasileira no período, ver a importantíssima análise de F. Fernandes, op. cit., contida na primeira parte da obra, especialmente na p. 22.

19. Recife, em 15 de janeiro de 1818. (DH, v. CIII, p. 91.)

20. Defesa geral do advogado Antônio Luís de Brito Aragão e Vasconcelos. (DH, v. CVI, p. 68.)

21. O Comércio Colonial e as Companhias Privilegiadas, em S.B. de Holanda (dir.), *História Geral da Civilização Brasileira*, v. 2, p. 333. Trabalho que esclarecerá amplamente alguns mecanismos da colonização (e da descolonização) portuguesa no Nordeste é o de J. Ribeiro Junior, *Colonização e Monopólio no Nordeste*

Brasileiro. Para iluminar nosso quadro de referências, vale a pena ser consultado o recente livro de A. Carreira, *As Companhias Pombalinas de Navegação, Comércio e Tráfico de Escravos Entre a Costa Africana e o Nordeste Brasileiro*, bem como o verbete "Companhias Comerciais", elaborado por J.B. de Macedo, em J. Serrão (dir.), *Dicionário de História de Portugal*, t. I, p. 636-644.

22. *Livros das Demonstrações*, AHMF – *Arquivo Histórico do Ministério das Finanças*.
23. DH, v. CVI, p. 145. Gervásio foi incumbido pelo governo provisório de "arrancar os fundos da Companhia e da Mesa de Inspeção".
24. Ver *História da Revolução de Pernambuco em 1817*.
25. Ver no capítulo 5, Muniz Tavares e a Visão "Liberal" da Revolução.
26. A data indicada por Tavares é 1778. Entretanto, a carta da Junta Administrativa da companhia, assinada pelo provedor e por deputados, dirigida à rainha e comunicando a finalização do prazo de vinte anos para o comércio exclusivo, é de 21 de abril de 1780. (AHU, Pernambuco, caixa 71.)
27. F.M. Tavares, op. cit., p. CLXV.
28. Ver P. Muret, *La Prépondérance anglaise (1715-1763)*, v. XI, p. 399.
29. H. Koster, op. cit., p. 541, 543.
30. F.M. Tavares, op. cit., p. CLXV.
31. AHU, Pernambuco, 1799, maço 21.
32. Ibidem, maço 18.
33. É o caso do peixe, por exemplo. (Ibidem, maço 17.)
34. Ibidem, maço 21, p. 5 do ofício.
35. Ibidem, p. 2, 3 do ofício.
36. Ibidem, p. 4. Para ficar apenas num exemplo, o monopólio do couro dificultava a fabricação de calçados.
37. Ibidem, 1800, maço 24. Em seu ofício denunciando a situação, Manoel da Cunha de Azeredo Coutinho Souza Chichorro lembrava que, "sendo muito poucos os homens desta Prasa, que posão adiantar grandes somas de dinheiro, he muito fácil darem as mãos entre si para abarcar todo o gado e fazerem hua carestia para forsarem os Povos a lhes pagar a carne".
38. Ibidem, 1801, maço 29.
39. Ibidem, 1807, maço 44. Ofício de 5 de maio.
40. Ibidem.
41. Ibidem.
42. H. Koster, op. cit., p. 331.
43. Não se trata aqui de relacionar todos os antagonismos entre as diversas categorias sociais. Caio Prado Jr. já esboçou, em sua clássica *Formação do Brasil Contemporâneo*, p. 364 e 365, a gama variada das oposições ocorrentes no interior da sociedade colonial. Ademais, antagonismos houve até mesmo entre pescadores pobres e proprietários de terras, tendo ocorrido em 1815 "um dos primeiros movimentos de rebeldia dos homens de mocambo contra os de sobrados", para retomar a frase de Gilberto Freyre, *Sobrados e Mucambos*, p. 181; obviamente não se está pretendendo passar por alto sobre o antagonismo básico ocorrente nessa sociedade, radicado na maneira mesma pela qual estava estruturada. Tal antagonismo, resultante das relações de produção, já foi devidamente estudado por Caio Prado Jr., Octávio Ianni, Fernando H. Cardoso e Emilia V. da Costa. No exterior, ressaltem-se, para os Estados Unidos, a aguda e renovadora análise de E.D. Genovese, *The World the Slaveholders Made*, bem como, em outra perspectiva, o trabalho de D.B. Davis, *The Problem of Slavery in Western Culture*, e o clássico *Capitalism and Slavery*, de E. Williams (a primeira edição é de 1944). No âmbito de nosso estudo, torna-se importante a recente contribuição de J.H. Rodrigues sobre a "Rebeldia Negra e a Abolição", *História e Historiografia*, p. 64-88. No terceiro capítulo deste livro, em "Os Limites da Consciência Social: O Mundo do Trabalho", voltaremos à discussão dos antagonismos sociais em 1817, com especial referência ao setor escravizado.
44. Gervásio Pires Ferreira tipifica essa categoria: durante o período revolucionário, unira ao Erário a administração da Companhia de Pernambuco, em ato público; possuía navio que fazia a rota da Índia a Pernambuco (DH, CVIII, p. 151) e a 26 de outubro de 1821 assumiu a presidência da junta governativa, após a Convenção de Beberibe. Bento José da Costa, sogro de Domingos José Martins (líder revolucionário e comerciante), também era negociante poderoso e grande importador de manufaturas (DH, v. CIV, p. 252), foi encarregado pelo governo provisório de administrar os bens dos europeus emigrados (DH, V, CVII, p. 186 e v. CVIII, p. 150); em 1822 fará parte do governo revolucionário (AHU, Pernambuco, maço 48). E ainda o mulato Antônio Gonçalves da Cruz, que oferecera aos comerciantes estadunidenses "por 20 anos os gêneros de Pernambuco livres de direitos" (DH, v. CII, p. 9) em troca de auxílio e reconhecimento. Que tais representantes de uma incipiente camada mercantil nacional tinham consciência das mazelas do monopolismo português – e seu desdobramento

principal, isto é, os "atravessadores" e os "retalheiros" – não parece haver dúvida: basta que se lembre que Gervásio fora encarregado pelo governo provisório de "comprar mantimentos para vender ao povo pelo mesmo preço" (DH, v. CVIII, p. 148), o que representava um golpe de morte nos revendedores que constituíam um dos fatores do encarecimento opressivo nos gêneros de primeira necessidade. Tal encarecimento provocava as iras populares: a fome, aliás, que estivera na base da *eclosão* do movimento popular insurrecional, acabou por ser a responsável também pelo *resfriamento* dos ânimos na medida em que, com o bloqueio do porto pelos zeladores do sistema, não se permitia a entrada de gêneros de subsistência.

45. Os Cavalcanti de Albuquerque, bem como a Ordem Terceira de Nossa Senhora do Carmo chegaram a participar de tais "empréstimos". (AHU, Pernambuco, maço 16.)
46. DH, v. CI, p. 13.
47. No sumário de culpa de Tomás Luís Caldas. (DH, v. CVI, p. 174.)
48. Muitos foram os motins anteriores que ficaram circunscritos apenas ao setor militar. O de 1798, na ilha de Fernando de Noronha, talvez se constitua no mais significativo, uma vez que autoridades do sistema temiam acontecesse o mesmo que na Bahia. O perigo era tanto maior "em tempo que aqui se divulga que na Bahia se espalhão alguns papéis, e se dão outras demonstrações de Sedição e revolta", escrevia Thomaz José de Mello a 8 de novembro de 1798, de Recife. (AHU, Pernambuco, maço 16.)
49. O papel secundário de outras potências europeias nesse processo de obtenção de mercados pode ser observado através da obra do historiador alemão M. Kossok, *Historia de la Santa Alianza y la Emancipación de América Latina*. Antes de estudar a política dos estados alemães em relação à América Central e do Sul (1815-1830), apresenta um esboço claro do *background* histórico das independências da América Latina (1810-1826).
50. Alguns parâmetros para a compreensão do problema foram indicados em C.G. Mota, Europeus no Brasil às Vésperas da Independência, *Anais do Museu Paulista*, t. XIX, p. 11-25.
51. Uma vez que não temos intenção de realizar discussão exaustiva sobre o assunto, remetemos o leitor aos artigos de J. Lynch, British Policy and Spanish America (1783-1808), separata do *Journal of Latin American Studies*, v. 1, n. 1, p. 1-30 e de R.A. Humphreys, British Merchants and South America Independence, *Tradition and Revolt in Latin America*, p. 106-129. Ver, ainda, R.A. Humphreys; J. Lynch (eds.), *Origins of the Latin American Revolutions, 1808-1826*. E também P. Delaunes, *Les Libérations de l'Amérique Latine*, especialmente a segunda parte; W.S. Robertson, *Rise of the Spanish-American Republics*; C.H. Haring, *The Spanish-American Republics*, especialmente capítulos XVI e XVII; e J.B. Trend, *Bolivar and the Independence of Spanish America*, especialmente o capítulo I. Particularmente renovadora é a análise de L. Bethell, *The Abolition of the Brazilian Slave Trade*, especialmente os capítulos I e II.
52. Há indícios de que Domingos José Martins estaria vinculado a Miranda e a Gomes Freire de Andrade. Sobre esse ponto, ver a "Introdução" de M.L. Machado em F.M. Tavares, op. cit., especialmente p. XXXV.
53. O papel da maçonaria já ficou convenientemente destacado por Caio Prado Junior, op. cit., p. 370 e s. Sobre esse ponto, ver ainda o verbete escrito por Joel Serrão para o *Dicionário de História de Portugal*, t. II, p. 870 a 873 e C. de Barros Barreto, Ação das Sociedades Secretas, em S.B. de Holanda (dir.), HGCB, t. II, v. 1. Ponto de partida insuperável para o estudo da maçonaria no Brasil continua sendo, entretanto, M.J. de Menezes, *Exposição Histórica da Maçonaria no Brasil.* Que um elemento como Gervásio Pires Ferreira, revolucionário em 1817, pertencia a essa instituição, não pairam dúvidas (ver, por exemplo, DH, v. CVIII, p. 161); ademais, dentre os 317 réus defendidos por Antônio Luís de Brito Aragão e Vasconcelos, 62 eram acusados de pertencerem à maçonaria. Os mais conhecidos: Antônio Carlos Ribeiro de Andrada Machado; Antonio José Vitoriano Borges da Fonseca; padre Antônio Jácome Bezerra; Bernardo Luiz Ferreira Portugal (o Defão); Francisco Paula Cavalcante; Francisco José Martins; Francisco Paes Barreto; padre Francisco Muniz Tavares; Francisco Paula Albuquerque Maranhão; Felipe Neri Ferreira; padre José Maria Brainer; José Peres Campelo Junior; João de Deus Pires Ferreira; José Mariano de Vasconcelos Bourbon; Luís Francisco de Paula Cavalcante; Manuel José Martins; Pedro da Silva Pedroso; Tomás Luís Caldas; Vicente Pereira Guimarães Peixoto; padre Venâncio Henriques de Rezende; Domingos José Martins; José de Barros Lima; padre João Ribeiro Pessoa de Melo

Montenegro; José Luís de Mendonça; padre Pedro de Souza Tenório; Antônio Gonçalves da Cruz (o Cabugá); Francisco de Carvalho Paes de Andrade.

54. DH, v. CVIII, p. 87-88.
55. DH, v. CII, p. 42. Poderiam ser multiplicados os exemplos. Dentre eles, é expressiva a rixa entre João Carlos Augusto d'Oyenhausen e um grande proprietário de gado cearense, chefe da família Feitoza. (Ver H. Koster, op. cit., p. 177.)
56. A crise da colonização portuguesa vem sendo exaustivamente pesquisada por F.A. Novais e alguns dos resultados foram publicados. Ver, por exemplo Colonização e Sistema Colonial, *Anais do IV Simpósio Nacional dos Professores Universitários de História*, n. XXXI; e também, o artigo O Brasil nos Quadros do Antigo Sistema Colonial, em C.G. Mota (org.), *Brasil em Perspectiva*, p. 47-63.
57. Tal "indução" não deve ser pensada em termos abstratos. Basta que se lembre, por exemplo, que um filho do revolucionário padre Roma, José Ignácio de Abreu e Lima (1794-1869), lutou sob o comando de Bolívar. Publicará mais tarde – em 1855 – *O Socialismo.*
58. Ver *Notas Dominicais Tomadas Durante uma Viagem em Portugal e no Brasil em 1816, 1817 e 1818*, p. 256.
59. Apud F.M. Tavares, op. cit., p. CLXXV.
60. Ver a obra clássica de J.L. Godechot, *La Grande Nation*, sobretudo o capítulo XIX.
61. Alguns textos revolucionários, entre eles a Fala de Boissy d'Anglais, foram cuidadosamente publicados por K.M. de Q. Mattoso em *Presença Francesa no Movimento Democrático Baiano de 1798.*
62. ADLSIB – *Autos de Devassa do Levantamento e Sedição Intentados na Bahia*, v. XXXVI, p. 522.
63. L.F. de Tollenare, op. cit., p. 320. Estudo detalhado de duas bibliotecas coloniais foi realizado por B. Burns, The Enlightenment in Two Colonial Brazilian Libraries, *Journal of the History of Ideas*, v. XXV, n. 3, p. 430 e s. Mas o estudo clássico de biblioteca brasileira no período colonial continua sendo o de E. Frieiro, *O Diabo na Livraria do Cônego.*
64. F.M. Tavares, op. cit., nota LVIII, p. 164, de Oliveira Lima.
65. DH, v. CI, p. 139.
66. L.F. de Tollenare, op. cit., p. 194.
67. Ibidem, p. 202.
68. Ibidem, p. 255.
69. Ele escreve de Recife, em 3 de outubro de 1817, para d. João VI: "Um destes franceses Paulo Alberto Latapie, Coronel de Infantaria do Exército Francês, convencido do estado vigoroso desta capitania, da sua perfeita tranquilidade e da ativa vigilância com que era observado, lançou mão do partido que compete a um bravo soldado. Procurou-me e fez-me a declaração franca das suas intenções e da sua última revolução, que é o que vou pôr na presença de Vossa Majestade, Este oficial estava em Filadélfia com outros empregados franceses e entretinha relações com José Bonaparte, Quando ali correu notícia da revolução desta capitania, José Bonaparte instou com ele para que viesse a Pernambuco examinar o estado das coisas, e pelas recomendações que ele lhe fez sobre a possibilidade de armar uma esquadrilha de toda e qualquer forma, conheceu que o fim do José Bonaparte era tentar com ela a remissão de Napoleão Bonaparte da ilha de Santa Elena, Nestas circunstâncias embarcaram e os outros na escuna americana Paragon, que trazia por lastro algumas armas e tendo notícia que a revolução estava acabada, desembarcou no Rio Grande para mais se certificar e conhecendo o meu nome e sabendo que estava governando esta capitania se dirigiu a ela para ter ocasião de me conhecer, ou talvez para mais cabalmente ter notícias da revolução e do estado desta capitania. Diz mais que ele está no caso de dar uma relação circunstanciada dos Estados Unidos e do modo por que os americanos pensam a respeito do Brasil." (DH, v. CII, p. 126-127.) Sobre a questão, ver ainda J.A. Ferreira da Costa, Napoleão I no Brasil, RIAHGP – *Revista do Instituto Arqueológico, Histórico e Geográfico Pernambucano*, v. X, n. 57.
70. L.F. de Tollenare, op. cit., p. 247.
71. Ibidem, p. 148.
72. Ibidem, p. 247.
73. Ibidem, p. 246.
74. Ibidem, p. 247. Embora Tollenare fosse um *expert* em questões relativas ao algodão – em Nantes, em 1802, tentara instalar uma fábrica de fiação e tecelagem desse produto; em 1813 ainda estará ligado à atividade –, no Nordeste brasileiro acabou por se interessar na compra de pau-brasil. Sobre suas atividades, ver a nota CXIII de Oliveira Lima em F.M. Tavares, op. cit., bem como o artigo de L. Bourdon, Un Français au Brésil à la veille de l'indépendence, *Caravelle*, n. 1, p. 29-49. E, subsidiariamente, C.G. Mota, Presença Francesa em Recife em 1817, *Cahiers Du Monde Hispanique et Luso Brésilien*, n. 15, p. 47-56. Interesses recíprocos entre brasileiros e franceses se entrecruzavam à época, podendo-se dar crédito à informação

fornecida por Paulo Fernandes Viana, que escrevia ao rei em 30 de abril de 1817 dizendo da disposição que tinham estes em trocar vinhos por açúcar (DH, v. CI, p. 181).

75. Segundo L.F. de Tollenare, op. cit., p. 233, Ribeiro "estará alucinado pela leitura dos nossos filósofos do século XVIII". Quanto ao "Franklin", seria ele – segundo Aragão e Vasconcelos – José Pereira Caldas. (DH, CVIII, p. 278.)
76. Trata-se de João P. Lopes Cardoso Machado, contrarrevolucionário (DH, v. CII, p. 8), e pai de Lopes Gama, célebre redator do *Carapuceiro*. Ver nota XLV de Oliveira Lima em F.M. Tavares, op. cit., p. 199.
77. H. Hill, op. cit., p. 50. Escrito em 17 de novembro de 1808, no Rio de Janeiro.
78. Carta do governo provisório de 12 de março de 1817. (DH, v. CI, p. 18 e 19.)
79. Ibidem.
80. Ibidem, v. CII, p. 9.
81. Em Recife, a 31 de julho de 1818. (Ibidem, v. CIV, p. 252.)
82. Recife, 14 de março de 1818. (Ibidem, v. CIII, p. 107-108.)
83. Ibidem, v. CVII, p. 227. Sobre as relações de Cabugá e Gervásio com os estadunidenses Joseph Bryan e o cônsul Joseph Ray, ver nota LXXXVIII de Oliveira Lima em F.M. Tavares, op. cit.
84. DH, v. CI, p. 35.
85. Ibidem, p. 155.
86. Ibidem, p. 218.
87. Ibidem, v. CII, p. 117. Na verdade, tratava-se do desembarque dos franceses bonapartistas, provenientes dos Estados Unidos.
88. Ibidem, v. CIV, p. 8.
89. Na Library of Congress (Washington, D.C.), existe o raríssimo exemplar da *Reply to the Author of the Letter on South America and Mexico, by an American, Addressed to Mr. James Monroe, President of the United States*, de autor anônimo, p. 4, em que se pode constatar a repercussão mencionada.
90. Ibidem, p. 8.
91. Ibidem, p. 9.
92. Ibidem, p. 10. E, numa perspectiva republicanista, advertia: "Não se pode ignorar que no Brasil não há constituição, nem representação, nem lei que mereça este santo nome. Todos os brasileiros são escravos, porque todos dependem da vontade de um indivíduo, que nunca pode reivindicar o caráter respeitável de uma lei. O que é propriamente chamado lei é a expressão da vontade geral". (Ibidem, p. 11.)
93. Ibidem, p. 14. O texto é límpido, permitindo que seja verificada a questão nos seus devidos termos: "Você será capaz de dizer com alguma prova, que os pernambucanos, ou os americanos de todas as províncias do Brasil, conduziram-se em direção a esses Estados Unidos em sua revolução, como o rei de Portugal?" Posições menos radicais por certo existiram, como a de H.M. Brackenridge, secretário de missão diplomática e comercial à América do Sul: "Eu disse e ainda repito que é apropriado e sábio da nossa parte nutrir-se de boa-vontade com este império em ascensão. Com seu governo monárquico, que façam o que quiserem, não estamos em busca de prosélitos para o republicanismo; é suficiente que saibamos que as nossas próprias instituições são as melhores." (*Voyage to South America, performed by Order of the American Government, in the Years 1817 and 1818, in the Frigate Congress*, v. I, p. 164.)
94. Sobre o assunto, ver J.L. Godechot, *L'Europe et l'Amérique à l'époque napoléonienne*, tendo por balizas cronológicas os anos de 1800 e 1815; e ainda J.B. de Macedo, *O Bloqueio Continental*, e E. Heckscher, *The Continental System*.
95. O trabalho mais sistemático sobre o tema é por certo o de C. Rizzini, *Hipólito da Costa e o Correio Braziliense*.
96. Não se trata apenas de serem elementos provenientes de área onde ocorria maior desenvolvimento cultural; vinham de sociedade mais claramente estratificada, então em vias de acelerada alteração nas relações de produção: tal clareza se projetava no nível dos conceitos, favorecendo os diagnósticos das realidades enxergadas pelos seus membros.
97. Nota LXXXIV de Oliveira Lima em F.M. Tavares, op. cit. Inclui documentos do conde de Palmela a Castlereagh.
98. DH, v. CIII, p. 160, 161.
99. Ver Caio Prado Jr., *História Econômica do Brasil*, p. 82, 83. Ver ainda M.C. de Andrade, *A Terra e o Homem no Nordeste*.
100. Sobre a abolição do tráfico, ver C. Prado Jr., *Evolução Política do Brasil e Outros Estudos*, p. 83 e s.
101. DH, v. CIII, p. 112.
102. Carta do governo provisório de Pernambuco para Castlereagh, de 12 de março de 1817. (DH, v. CIX, p. 261.) Nesse documento, a Inglaterra é considerada a "Nação a mais respeitável do mundo".
103. Informação de João Paulo Bezerra ao rei, em 8 de maio de 1817. (Ibidem, v. CI, p. 205.)
104. Citado por Oliveira Lima, nota LXXXIV, em F.M. Tavares, op. cit.

105. *Correio Braziliense ou Armazém Literário*, v. v, p. 56.
106. Sobre Hipólito, além do trabalho definitivo de C. Rizzini, op. cit., ver a nota LXXXIII de Oliveira Lima em F.M. Tavares, op. cit.
107. G.S. Graham; R.A. Humphreys (eds.), *The Navy and South America (1807-1823)*, p. 187.
108. Ibidem, p. 188. Encerrava a carta denotando temor das "hostilidades que atrairiam cardumes de corsários para esta costa e provocariam danos incalculáveis ao comércio brasileiro, cuja marinha fraca e ineficiente é muito pouco capaz de proteger".
109. Ibidem, p. 200.
110. H. Koster, op. cit., p. 204-205.
111. Ibidem, p. 234.
112. "É um homem de talento, muito dedicado no tocante aos seus deveres, entusiasta de dotar de condições melhores o povo que lhe haviam dado para administrar. Lamento dizer que ele foi transferido para o governo insignificante de São Miguel, um dos Açores." Ibidem, p. 112.
113. Ibidem.
114. Ibidem, p. 167.
115. Ibidem, p. 182, nota 19. O referido Martins era Domingos José Martins.
116. Ibidem, p. 345.
117. "Esforça-se pessoalmente pelo desenvolvimento da civilização nas classes abastadas da sua freguesia, evitando discórdia entre elas." Ibidem.
118. 10 de novembro de 1823, capítulo IV. O comércio da praça da Bahia, escrevia Mariscal, estava todo ele também nas mãos dos portugueses europeus. "Este comércio comprava aos estrangeiros suas mercadorias e fazia vir de Inglaterra as Máquinas, e utensílios para as serventias dos Engenhos, mas quase tudo era fiado."
119. H. Koster, op. cit., p. 83.
120. Ibidem, p. 60.
121. Ibidem, p. 135.
122. Ibidem, p. 303. O realismo de Koster por certo contrastava com o ambiente: "É preciso pensar que vivemos no seio de um povo inteiramente devotado às formas e cerimônias do seu culto, cuja dedicação às suas Igrejas sobrepuja todas as outras afeições [...] Podemos estabelecer relações comerciais com esse povo mas nos devemos contentar em ser estimados na proporção da nossa utilidade." (p. 489.)
123. Ibidem, p. 132.
124. Ibidem, p. 327.
125. Ibidem, p. 145. Para a agricultura do Nordeste, especialmente o algodão, Koster dedica capítulo particular. Sobre as máquinas de descaroçar o algodão, verifique-se como recuaram para o interior: dos arredores de Recite para Goiana, Limoeiro e Bom Jardim, ver p. 452. Como apêndice à obra de Koster, ver os estudos de Arruda Câmara.
126. Ibidem, p. 72. As últimas páginas do livro retomam essas ideias. Pelo que se percebe, os gêneros de primeira necessidade eram taxados pesadamente, o mesmo ocorrendo com demais artigos comerciais. A existência de justiça imparcial era por ele reclamada. "A abolição de todos os monopólios" (p. 564), igualmente reclamada, fornece elemento importante para que se compreenda que as estruturas do comércio colonial não ficaram eliminadas com a abertura dos portos, quando se procurava levar à prática os tratados de 1810. A ação econômica esbarrava nos interesses estratificados durante a colonização portuguesa. Que nesse trânsito do antigo sistema colonial do período mercantil para o sistema colonial do imperialismo moderno o Brasil esteve à beira de convulsão profunda, atestam-no as palavras de outro comerciante inglês, John Luccock, no prefácio de suas *Notas Sobre o Rio de Janeiro e Partes Meridionais do Brasil*: "A rapidez com que os melhoramentos se processam no Brasil é maravilhosa, requerendo mão firme para governar a nau do estado. Queira Deus que El-Rei possa ter bastante descortínio para evitar o escolho de encontro ao qual tantas nações se quebraram – o amor das conquistas inúteis – assim como o não menos perigoso rodamoinho que ameaça levar o País ao vórtice da Revolução", c. 1819.
127. "Já há dez anos que prego e vocês com os olhos fechados" (DH, v. CIX, p. 31). Deixamos de lado as costumeiras considerações a propósito dos antecedentes longínquos do movimento, que poderiam ser procurados já na Guerra dos Mascates, no começo do século anterior. Da mesma maneira, não é nosso propósito narrar pormenorizadamente os episódios de 1817. Existe uma farta bibliografia sobre o assunto, na qual se destacam, além da clássica *História da Revolução de Pernambuco em 1817*, já citada anteriormente, os trabalhos de: M. de O. Lima, *Dom João VI no Brazil (1808-1821)*; A.S. Quintas, *A Gênese do Espírito Republicano em Pernambuco e a Revolução de 1817*; o capítulo inserido na HGCB, "A Agitação Republicana no Nordeste"; U. de C.S. Brandão, *A Confederação do Equador*; e M.E.G. de Carvalho, *Os Deputados Brasileiros nas Cortes Geraes de*

1821. São importantes as notas introdutórias "Explicação" de J.H. Rodrigues a cada volume dos DH da Biblioteca Nacional. Não deve ser dispensada, ainda, a leitura de M. de O. Lima, *O Movimento da Independência*, especialmente os capítulos V e VI.

128. DH, v. CIV, p. 50. Acusado, também, de elogiar Bonaparte.
129. Ver para 1816 (Alagoas, DH, v. CIV, p. 49) e para fevereiro de 1817 (Recife, DH, v. CIII, p. 48).
130. DH, v. CIII, p. 91.
131. Ver L. do R. Barreto, *Memória Justificativa Sobre a Conducta do Marechal de Campo Luiz do Rego Barreto...*
132. Sobre a Confederação do Equador, ver U. de C.S. Brandão, op. cit, bem como o capítulo de A. Quintas na HGCB. Tais leituras podem ser suplementadas com o trabalho de L. Delgado, *Gestos e Vozes de Pernambuco.*
133. Ver M.C. de Andrade, As Sedições de 1831 em Pernambuco, *Revista de História*, v. XIII, n. 28.
134. Ver A.S. Quintas, *O Sentido Social da Revolução Praieira.*
135. J. Nabuco, *O Abolicionismo*, p. 50 e s.
136. Ver o discurso lido a 27 de agosto de 1831, por Francisco Luís de Souza, intitulado "Lembranças das Revoluções de Pernambuco de 1817 a 1821", existente na Coleção Porto Seguro (Ministério das Relações Exteriores) e referido por Oliveira Lima na nota LI em F.M. Tavares, op. cit.
137. A Constituição francesa de 1795 serviu de principal modelo: atente-se para o fato de o governo provisório ter sido constituído por cinco membros.
138. DH, v. CVI, p. 174.
139. Ibidem, p. 73.
140. Ibidem, v. CII, 80. Como Gomes Freire de Andrade, foi queimado e depois de morto, sendo suas cinzas lançadas ao mar.
141. Ibidem, v. CVI, p. 76.
142. Suas palavras conservadoras no patíbulo contrastam fortemente com os termos do *Preciso*, cópia manuscrita, 1817, 52-X-2, p. 6.
143. Está publicado na íntegra em DH, v. CIV, p. 16 a 23. Seu autor principal parece ter sido Antônio Carlos.
144. Ibidem, p. 21.
145. Ibidem, p. 23.
146. Ibidem, v. CI, p. 13. Vale a pena referir, ainda, a existência dos "Novos Impostos do Ano de 1815" relativos ao Banco do Brasil. (Ibidem, v. CII, p. 144.)
147. Ver a nota LXV, de Oliveira Lima, em F.M. Tavares, op. cit., na qual outras medidas menores são indicadas, além das aqui citadas.
148. DH, v. CI, p. 48-49.
149. Apud A. Quintas, A Agitação Republicana no Nordeste, HGCB, t. II, v. 1, p. 220.
150. DH, v. CII, p. 8.
151. Ibidem, v. CIV, p. 57.
152. Ibidem.
153. Ibidem, v. CV, p. 118.
154. G.S. Graham; R.A. Humphreys (eds.), op. cit., carta de Bowles a Croker, p. 187.
155. Ibidem.
156. Ibidem, p. 192.
157. Ibidem, p. 193. (Grifo nosso.) Observava atentamente, além do "espírito revolucionário" desenvolvido no Brasil, as relações entre a Corte do Rio de Janeiro e o governo de Buenos Aires. E sobre a conspiração contra a dinastia Bragança, dizia estar "muito amplamente extensa.
158. Não seria improvável supor a existência de discriminações entre a velha aristocracia rural a que pertencia o Suassuna e a camada de comerciantes nativos representada por Domingos José Martins.
159. A. Quintas, A Agitação Republicana no Nordeste, HGCB, t. II, v. 1, p. 222.
160. O documento original encontra-se na Coleção Lamego, MS 49, no Instituto de Estudos Brasileiros da Universidade de São Paulo.
161. Cópias existentes na Bibliografia da Ajuda (Lisboa) em manuscritos (cota 1817; 52-X-2, n. 83).
162. DH, v. CII, p. 77 e 78. A sentença foi executada às dez horas da manhã do dia 10 de julho de 1817. O cadete Antônio Henriques, depois de morto, teve o cadáver queimado e as cinzas lançadas ao mar, como já indicamos.
163. Ver A. Quintas, A Agitação Republicana no Nordeste, HGCB, t. II, v. 1, p. 223. Perfaziam estes últimos o total de 117 prisioneiros.
164. A deputação pernambucana foi composta por Domingos Pires Ferreira, Inácio Pinto de Almeida e Castro, Felix Tavares Lira, Manoel Zefirino dos Santos, Francisco Muniz Tavares e Pedro de Araújo Lima. Quase todos participaram direta ou indiretamente de 1817. Antônio Carlos iria posteriormente, por São Paulo. Sobre o assunto, ver M.E. Gomes de Carvalho, op. cit., especialmente o capítulo VI.
165. Ver seu discurso nas Cortes contra o governador em F.M. Tavares, op. cit., p. CCLXXXIII e s.
166. M. de O. Lima, *O Movimento da Independência*, capítulo V, p. 84 e s.
167. O livro das sessões existe no Instituto Arqueológico, Histórico e Geográfico de Pernambuco. Ver M. de O. Lima, *O Movimento da Independência*, p. 93.

168. O caráter nacionalista e lusófobo do movimento é claro: segundo observadores portugueses anônimos, esse "desenvolto procedimento não era de se estranhar em Gervásio Pires Ferreira, o qual nas mesmas ocasiões em que apparecião no Recife Europeos Fugidos, e espancados das Povoações do interior, aonde se tinhão estabelecido, e aonde haviao sido insultados, maltratados e perseguidos por quadrilhas de mulatos, e pretos, instrumentos do seu carniceiro rancor contra Portuguezes Europeos, tinha a impudencia de affirmar ao ex-governador de Armas, que nada havia contra os Europeos. Dous Amigos da Verdade e da Justiça, *Exposição Verídica dos Procedimentos da Junta Provisória de Pernambuco em Todo o Tempo do Ex-Governador, José Maria de Moura, e na Entrada do seu Successor*, p. 2.
169. A. Quintas, A Agitação Republicana no Nordeste, HGCB, tomo II, v. 1, p. 226. O mulato Pedroso chegara nesse ano de Lisboa, onde fora anistiado pelas Cortes.

3 AS FORMAS DE PENSAMENTO REVOLUCIONÁRIAS

1. Para que se perceba a complexidade do universo social e mental nordestino nos começos do século XIX bastará indicar a persistência do sebastianismo em certos movimentos populares. Ver em L. do Rego Barreto, *Memória Justificativa Sobre a Conducta do Marechal de Campo Luiz do Rego Barreto...*, p. 17, a descrição do episódio da Pedra do Rodeador, explorado e manipulado por "caudilhos", segundo ele.
2. DH, v. CVI, p. 201.
3. Ibidem, p. 243.
4. Ibidem.
5. Ibidem, p. 196.
6. Ibidem.
7. Ibidem, p. 242. Refere-se aos rebeldes pernambucanos. Parece, não obstante, ter mantido articulações com o padre Martiniano e seus companheiros. Participou da expedição do Icó.
8. Disse ele: "Ah! Ladrões que me desampararam por isso eu não defendo a Pátria, dando a última gota de sangue." (Ibidem, p. 238.)
9. Ibidem, p. 229.
10. Ibidem, p. 225.
11. Ibidem, p. 227.
12. Seu radicalismo por certo atingia outras esferas mais privadas: "separou-se de sua mulher porque esta não gostava da rebelião". (Ibidem.)
13. Ibidem.
14. Ibidem, p. 206.
15. "Nada era melhor que a revolução", dizia José Gonçalves Medeiros, paraibano preso a 10 de dezembro de 1817, e que sabia da revolução às vésperas da eclosão. (Ibidem, p. 230).
16. Ver nos setores revolucionários, por exemplo, a forma de expressão do padre Antônio de Albuquerque sobre o coronel André de Albuquerque, que não prendera o governador em Goianinha. Para ele, "o coronel era um falto de espírito porque tinha a rola na mão e a deixou fugir". (Ibidem, p. 240.)
17. Além do episódio já mencionado à nota 13, relativa à tropa dançante de Amaro Coutinho, vale mencionar movimentos paralelos de tipo messiânico; ver L. do Rego Barreto, *Memória Justificativa...*, p. 15.
18. À guisa de exemplo, leia-se o documento assinado por Manuel da Cunha Pereira, datado do Boqueirão do Ceará a 2 de maio de 1817, onde se observa a dimensão sertaneja das formas de pensamento revolucionário. (DH, v. CI, p. 192-193.)
19. A expressão aparece num documento contrarrevolucionário, provavelmente escrito por um espião da Coroa, datado de Pernambuco, em 16 de outubro de 1817. (Ibidem, v. CIII, p. 102.)
20. Que essa etapa não se esgota em si mesma, prova-o na prática o estudo de J.M. Goulemot, Le Mot révolution et la formation du concept de révolution politique, *Annales Historiques de la Revolution Française*, n. 190, p. 417-444, em que procura definir as linhas mestras da história da palavra "revolução" no final do século XVII na França. Nesse artigo, pode-se verificar que a frequência da palavra não diz tudo; é necessário apresentar e investigar o conteúdo semântico. A sondagem de Goulemot se situa na linha de pesquisas inspirada por Lucien Febvre e Robert Mandrou e, mais recentemente, por J. Dubois, *Le Vocabulaire politique et social en France de 1869 à 1872*. Cumpre registrar aqui o interesse despertado por essa linha de investigação: recentemente, constituiu-se um grupo de estudos sobre o vocabulário da Revolução Francesa, na perspectiva da lexicologia política. A existência de inventários completos está permitindo, com o auxílio de computadores, por exemplo, o estudo comparativo do vocabulário revolucionário com os de épocas precedentes. Nesses estudos, procura-se obter, ainda, a imagem completa do léxico dos agentes principais da Revolução, para que se perceba a maneira

pela qual "traduziam" as relações vividas com as realidades econômicas, políticas e sociais: a análise lexicológica torna-se, assim, o ponto de partida para o estudo das ideologias. Ver M. Tournier et al., Le Vocabulaire de la révolution, *Annales Historiques de la Révolution Française*, n. 195, p. 108 e s.

21. Para uma discussão metodológica da história das fisiologias coletivas, ver R. Mandrou, Mentalités, psychologies collectives, histoire culturelle, *La France aux XVIIe XVIIIe siècles*, p. 270-290; F. Mauro, Pour une psychologie économique et sociale, *Le XVIe siècle européen*, p. 344-349.
22. A expressão é de Louis Wirth.
23. DH, v. CII, p. 246.
24. A propósito de determinado revolucionário, referiam: "o que este falsário publicamente dizia nós o não podemos publicar pois somos vassalos leais". (Ibidem.) Notar, à mesma página, que a organização social do trabalho pode ser criticável, mas não o rei.
25. Ver *Marília de Dirceu*, p. 153.
26. Carta ao Patriota Carneiro da Cunha, apócrifa, s.d., n. 1. (DH, v. CII, p. 170.)
27. À guisa de exemplo, ver ibidem, v. CI, p. 193.
28. Ibidem, p. 192. Manuel Januário era irmão do capitão-mor Antônio Ferreira Cavalcanti.
29. Ibidem, p. 193.
30. Crato ou Crateús?
31. DH, v. CI, p. 193 (*sic*).
32. Ibidem, p. 203. Escrita a 7 de maio de 1817, no quartel de São Jerônimo.
33. Por exemplo: "manda quem pode, deve obedecer quem serve". (Ibidem.)
34. Ibidem, *fine*.
35. Ibidem, p. 203-204.
36. Ibidem, p. 264-265. Carta de 19 de junho de 1817.
37. O destinatário é Flávio da Costa Rumeo, e o ano não está indicado, mas é certamente 1817. Ver ibidem, p. 155.
38. Ibidem, p. 154.
39. Ibidem.
40. Ibidem.
41. Ibidem, p. 155.
42. Ibidem.
43. No sentido a elas atribuído por M.I. Pereira de Queiroz, *Réforme et révolution dans les sociétés traditionnelles*.
44. DH, v. CII, p. 63.
45. Ibidem.
46. Ibidem.
47. Sobretudo os enfeixados em DH, v. CIV, p. 211-225.
48. Ibidem, p. 215.
49. Ibidem.
50. Ibidem, p. 223.
51. Ibidem, p. 218.
52. Ibidem.
53. Ibidem.
54. Ibidem, p. 215. Em sentido arquitetônico.
55. Ibidem, p. 212.
56. Nestes, onde predomina a escravaria, as tensões são bastante conhecidas para Pernambuco, Paraíba e Alagoas. Sobre a inquietação provocada pelos escravos no Maranhão, ver ibidem, v. CII, p. 118.
57. Constitui-se um dos poucos exemplos em que o escrivão explicita as críticas ao rei. Para ele, o réu "dilacerava o Nosso Soberano com palavras injuriosas", tratando-o por "pai João". Dizia o réu que "o havia comprar e tinha para ele um bom chicote e que a sua coroa dela se não fazia conta pisava-se com os pés" (ibidem, p. 246), "segundo várias testemunhas".
58. Ibidem, p. 13. Trata-se da conhecida carta ao Compadre.
59. Ibidem, p. 12.
60. Ibidem, p. 13.
61. Por José de Ó Barbosa, mulato alfaiate, e seu genro Joaquim de tal, "junto gozando de uma grande influência sobre o vulgo", por exemplo. (Ibidem, v. CVII, p. 247.)
62. Por exemplo, ibidem, v. CII, p. 10.
63. Ibidem, p. 12.
64. Ver V.N. Pinto, Balanço das Transformações Econômicas no Século XIX, em C.G. Mota (org.), *Brasil em Perspectiva*.
65. "Não tendo podido jamais obter do Maranhão senão respostas evasivas e alegações de receios da escravatura daquela Capitania", Ofício n. 11 do governador da capitania do Ceará, de 13 de agosto de 1817. (Ibidem, p. 118.)
66. Ibidem, v. CIV, p. 79. Note-se que se tratava de um Cavalcante e não um Cavalcanti.
67. Ibidem.
68. Ibidem, p. 70. (Grifos nossos.)
69. Maceió.
70. Ibidem, p. 69.
71. Notar como o termo "pátria" foi incorporado pelo sistema, e como no exemplo citado a conotação torna-se regional: a "pátria" de Cristóvão é Massaió. (Ibidem, p. 69.)
72. Ibidem.
73. Ibidem, p. 68.
74. Ibidem, p. 69.
75. Ibidem, p. 70. (Grifos nossos.)
76. Ibidem.
77. Ibidem, p. 75. Aparece nítida a ideia, à mesma página, que os "caboclos" não são

sempre manipulados pelos grandes proprietários, mas *também* pelos representantes da Coroa. À p. 67, os "caboclos de Atalaia" foram mobilizados pelos "filhos da Europa" para a contrarrevolução.

78. Ibidem. Segundo Cristóvão, "os caboclos quando descem fazem desordens e matam a torto e direito".
79. Ibidem, p. 72.
80. Ibidem, p. 73.
81. Ibidem, p. 75.
82. Ibidem, p. 76.
83. Ibidem, p. 69.
84. Ver, sobretudo, ibidem p. 70, 71, 72, 76 e 78.
85. Ibidem, p. 77.
86. Ibidem, p. 78.
87. Ibidem.
88. L. dos S. Vilhena, *Recopilação de Notícias Soteropolitanas e Brasílicas, Contidas em XX Cartas*, v. 1, p. 13.
89. Ver C.G. Mota, Mentalidade Ilustrada na Colonização Portuguesa: Luís dos Santos Vilhena, *Revista de História*, n. 72, p. 405-416.
90. F.M. Tavares, *História da Revolução de Pernambuco de 1817*, p. 315-329 (apêndice). Ver o item d desse mesmo capítulo.
91. DH, v. CIV, p. 4.
92. Ibidem, v. CIII, p. 127.
93. Ibidem.
94. Ibidem.
95. Ibidem.
96. Ibidem, p. 128. As inquietações do general Luís do Rego Barreto, por outro lado, com a notícia de "nova revolução em Pernambuco", indicam o estado de ânimos no Nordeste em 1818. Ver a carta ao rei, escrita a 19 de março de 1818. (Ibidem, p. 260.)
97. Ibidem, p. 127.
98. Ibidem, v. CI, p. 9. Documento assinado pelo deão Portugal e outros, em Olinda a 8 de março de 1817.
99. É o caso, por exemplo, do general Rego Barreto. (Ibidem, v. CIII. p. 259.)
100. Ver o documento assinado por Francisco Xavier Monteiro da França e outros datado da Paraíba a 29 de março de 1817. (Ibidem, v. CI, p. 67).
101. Ibidem, p. 98.
102. Ibidem. (Grifo nosso.)
103. Ibidem, v. CII, p. 41.
104. L.S. Vilhena, op. cit., v. 1, p. 256, 257. Sobre o desenvolvimento do militarismo na Colônia, ver C.G. Mota, Mentalidade Ilustrada na Colonização Portuguesa: Luís dos Santos Vilhena, *Revista de História*, n. 72, especialmente p. 407.
105. DH, v. CI, p. 116. Carta datada da Vila do Pilar, a 12 de abril de 1817.
106. Ibidem, p. 135-136. Escrita em São Paulo.
107. Assinada pelo padre Antonio Pereira de Albuquerque e outros. (Ibidem, p. 72.)
108. Ibidem, v. CIII, p. 91. Escrita a 15 de janeiro de 1818.
109. ADLSIB, v. XXXVI, p. 294. Queria ele, para além do mais, saquear os cabedais das pessoas opulentas.
110. Carta de Angico Torto, de André Dias de Figueiredo, de 29 de março de 1817. (DH, v. CI, p. 66.)
111. Ibidem, p. 39; ibidem, p. 226. (Carta de Luís Paulino ao conde dos Arcos, datada de 24 de maio de 1817.)
112. Carta anônima oficial ao rei, Recife, 14 de abril de 1817. (Ibidem, p. 128.)
113. Trata-se de Luís Malheiro de Melo, Bahia, 20 de março de 1817. (Ibidem, p. 39.) Ver ainda o depoimento do comerciante francês Vigneaux sobre o papel dos pretos na revolução. (Ibidem, p. 64-65.)
114. Documento assinado pelo padre João Ribeiro e outros, a 31 de março de 1817. (Ibidem, p. 73.)
115. Sobre o assunto, ver C.R. Boxer, *Relações Raciais no Império Colonial Português (1415-1825)*.
116. DH, v. CI, p. 3 (*sic*). Proclamação feita na casa do governo a 9 de março de 1817. A questão das subsistências também esteve presente em outros momentos de tensão no período colonial, notadamente na Inconfidência de 1798, na Bahia, movimento de cunho eminentemente popular: ver, a título de exemplo, a referência feita pelo artesão Lucas Dantas a um pasquim "que por esse tempo, segundo elle dizia, tinha aparecido, a respeito do preço da carne", ADLSIB, v. XXXVI, p. 320.
117. L.-F. de Tollenare, *Notas Dominicais Tomadas Durante uma Viagem em Portugal e no Brasil em 1816, 1817 e 1818*, p. 210, 211, 234. Ver, ainda, a posição de frei Caneca: padre que fosse contrarrevolucionário era infame, em princípio. (DH, v. CI, p. 184.)
118. DH, v. CI, p. 9-10.
119. Ibidem, p. 9. Note-se: o termo utilizado é *regeneração*, e não rebelião nem, muito menos, revolução. Ver, no mesmo sentido, p. 11, a comunicação aos "Pastores da Segunda Ordem" feita pelo governo do bispado.
120. Ibidem.
121. Ibidem.
122. Ibidem, p. 10.
123. A amostragem foi realizada nos dois principais núcleos documentais publicados, respeitantes à Inconfidência Mineira, ADIM, e à "Revolução de 1817", DH. No primeiro núcleo, que perfaz um

total de 3.207 páginas, encontram-se apenas duas ocorrências significativas (isto é, com conotação de camada social): em ADIM, v. I, p. 25 e ibidem, v. III, p. 308. No segundo núcleo, que perfaz um total de 2.397 páginas, encontram-se 21 ocorrências significativas, cujas localizações são as seguintes: DH, v. CI, p. 17 (o mesmo documento encontra-se repetido à p. 101); ibidem, p. 125; ibidem, v. CII, p. 107; ibidem, v. CIII, p. 84; ibidem, v. CIV, p. 95, 107, 223; ibidem, v. CV, p. 97, 123, 140; ibidem, v. CVI, p. 70; ibidem, v. CVII, p. 233, 234, 236, 240, 243, 245, 250; ibidem, v. CVIII, p. 240; ibidem, p. 250; e ibidem, v. CIX, p. 265. Não foram computadas as múltiplas ocorrências do termo "classe" que não possuíam conotação de camada social como, por exemplo, aquelas referentes à "classe de delito" (DH, v. CII, p. 208); "réus da classe do crime nas monarquias" (ibidem, p. 91); "três classes de documentos" (ibidem, v. CVI, p. 97); "classe de conjecturas" (ibidem, v. CIX, p. 155); "classe geral dos cidadãos honrados" (ibidem, v. CIX. p. 256) etc. Nas páginas seguintes, procuramos analisar com detalhe algumas ocorrências que nos pareceram indicadoras de um novo estado mental no Nordeste.

124. A título de comparação, confrontem-se ADIM, v. II, p. 280 e ADIM, v. VII, p. 163, 254, 262 e 266 com DH, v. CII, p. 91 e DH, v. CV, p. 208.
125. ADIM, v. I, p. 25 e ADIM, v. III, p. 308, respectivamente.
126. Ver C.G. Mota, *Atitudes de Inovação no Brasil: 1789-1801.*
127. ADIM, v. I, p. 25.
128. Ibidem, p. 308. Ver, nesse sentido, a inquirição do mesmo Basílio de Brito, tenente-coronel do 19º Regimento de Cavalaria Auxiliar de Paracatu. (Ibidem, p. 104.)
129. A.J. Antonil, *Cultura e Opulência do Brasil*, p. 139.
130. DH, v. CI, p. 93. Ver, noutro contexto, "Fidalguia, Nobreza e Povo". (Ibidem, p. 260.)
131. Ibidem, p. 94. "A Câmara adiantando-se com a nobreza a receber os braços do Governador o levantaram em braços no ar e romperam em repetidos gritos 'Viva o Rei do Reino Unido', 'Viva o Nosso Governador'. Toda essa maravilhosa cena foi acompanhada de lágrimas."
132. Ibidem, p. 92. Numa outra referência oficial ao evento, a palavra "patriotismo" foi discretamente omitida. (Ibidem, p. 141).
133. Trata-se de documento apócrifo, como se sabe. Ver S.B. de Holanda, *Raízes do Brasil*, p. 54, inclusive nota 73.
134. DH, v. CI, p. 85, 93, 94, 141, *passim.*
135. Ibidem, v. CIV, p. 95. Ver também p. 107, no mesmo sentido.
136. Ibidem, v. CI, p. 15.
137. Ibidem, v. CII, p. 153.
138. Ibidem, v. CI, p. 118-120. Não assinado.
139. Ibidem, p. 119.
140. O advogado Mendonça fora chamado de traidor e quase terminou assassinado pelo capitão e revolucionário da primeira hora Pedro Pedroso. O *Preciso* configura a adesão de Mendonça ao movimento sedicioso.
141. DH, v. CV, p. 97. (Grifo nosso.)
142. Ibidem, p. 98. Não se fala em direito natural, mas sim em "direitos sociais".
143. Ibidem. (Grifo nosso.)
144. Ibidem, p. 97. (Grifo nosso.)
145. Ibidem.
146. Ibidem, p 100. A referência diz respeito explicitamente aos Suassuna.
147. Ibidem, p. 96.
148. Ibidem, v. CIV, p. 107, 109, 110.
149. Ver o documento datado do Rio, 4 de maio de 1817.
150. Mato Grosso.
151. DH, v. CII, p. 107.
152. Uma das facetas apenas da repressão. Mais ilustrado, e vivendo um momento em que a Revolução de 1820 se anunciava, o general Rego se diferenciava dos repressores brutais da primeira hora.
153. Ibidem, v. CIII, p. 82.
154. Ibidem, p. 260. A carta é de 1º de março de 1818.
155. Ibidem, p. 84.
156. Ibidem, v. CV, p. 123. Escrito no Ceará a 6 de abril de 1817.
157. Ibidem, v. CIV, p. 213. Ver os comentários de José Honório Rodrigues na "Explicação" ao v. CIV, p. VIII, IX.
158. Ibidem, v. CIV, p. 233.
159. Ibidem, p. 219.
160. Ibidem, p. 218.
161. Ibidem, p. 215.
162. Ver, por exemplo, em ibidem, p. 45, o ofício de 9 de abril de 1817 do governo provisório assinado por Almeida Castro para Morais.
163. Ibidem, v. CVII, p. 245.
164. O clero não merece respeito por parte do autor da carta, e sim apreensão: "é o ramo mais pernicioso [...] que tem o Estado nesta cidade". (Ibidem.)
165. Ibidem, p. 245.
166. Objetividade de colonizador, é óbvio. Escrevia ele na mesma carta, ao tratar do clero: "Talvez não seja prudência tratar com tanta liberdade esta gente que nós portugueses consideramos muito melindrosa." (Ibidem, p. 246.)
167. Ibidem, p. 245.

3

168. Ibidem. Nesse passo, uma crítica é feita pelo autor ao "General", grande batalhador, porém mau administrador de víveres. Trata-se, sem dúvida, de Luís do Rego Barreto.
169. Ibidem.
170. Ibidem, p. 246.
171. Ibidem.
172. Ibidem.
173. Ibidem.
174. A explicação mais satisfatória do problema da lusofobia foi dada por C. Furtado, *Formação Econômica do Brasil*, p. 114-120 (inclusive nota 82).
175. DH, v. CVII, p. 246.
176. Note-se: "revolta" e não "revolução". (Ibidem, p. 247.)
177. Ibidem.
178. "Eu não deixo de chamar pelo fim deste flagelo que já não é útil senão a maldade", escrevia ele. E mais: "esta Devassa não acaba mais ou não acaba bem". (Ibidem, v. CIII, p. 81.)
179. Ver A. Ruy, *A Primeira Revolução Social Brasileira: 1798;* K.M. de Q. Mattoso, *Presença Francesa no Movimento Democrático Baiano de 1798;* K. Maxwell, The Generation of the 1790's and the Idea of Luso-Brazilian Empire (Comunicação).
180. DH, v. CVII, p. 247.
181. Ibidem. Mais uma vez surge o contraste entre a ação repressiva absolutista e a ação repressiva liberal, personalizadas por Rodrigo Lobo e Luís do Rego, respectivamente.
182. DH, v. CVII, p. 247.
183. Ibidem.
184. Ibidem.
185. Verdadeiro espião: "Eu para melhor entrar na amizade destes sujeitos tenho até mandado fazer obras por eles, e procuro todos os meios de merecer-lhes sua estima, e inteira confiança." (Ibidem.)
186. *Proclamação aos Habitantes de Pernambuco...*, MS 49, Lamego.
187. DH, v. CVII, p. 248.
188. Ibidem.
189. Ibidem, v. CVI, p. 101. Ver o mesmo documento repetido em ibidem, v. CI, p. 101-102.
190. Ibidem, v. CIV, p. 95.
191. F.M. Tavares, op. cit., p. 115. Sobre o sentido de tal atitude, ver a interpretação de S.B. de Holanda, op. cit., p. 55. A Antônio Carlos não faltavam motivos para participar do movimento: em primeiro lugar, tendo em vista que fora "chamado pelo novo Governo Provisório, e fui tratado com o maior respeito e distinção" (DH, v. CI, p. 126); em segundo lugar, tendo em vista a adesão quase geral à revolução – "se alguns vacilam, o geral é aterrado à nova ordem" (ibidem); em terceiro lugar, porque andava sem condições financeiras – "a lista civil tem sido mal paga, que é o mesmo que dizer-te que estou pobre", (carta de 14 de abril de 1817 a José Bonifácio).
192. DH, v. CI, p. 125.
193. Ibidem.
194. Uma edição integral do texto francês, existente na Bibliothèque Sainte-Geneviève (MS 3434), foi preparada pelo prof. Léon Bourdon, *Notes dominicales prises pendant un voyage en Portugal et au Brésil en 1816, 1817 et 1818*, publicada em 1973. Sobre o assunto, ver seu artigo Un Français au Brésil à la veille de l'indépendance: Louis-François de Tollenare (1816-1818), *Caravelle*, n. 1, p. 29-49. E subsidiariamente, C.G. Mota, Presença Francesa em Recife em 1817, *Cahiers du Monde Hispanique et Luso Brésilien*, n. 15, p. 47-56.
195. L.F. de Tollenare, *Notas Dominicais...*, p. 84.
196. Ibidem, p. 85.
197. Ibidem.
198. Ibidem, p. 90.
199. Ibidem.
200. Ibidem. Ver, por exemplo, o episódio da serraria, p. 92.
201. Ibidem, p. 93.
202. Ibidem.
203. Ibidem.
204. Ibidem, p. 94.
205. Ibidem.
206. Ibidem.
207. Ibidem, p. 95.
208. Ibidem.
209. Ibidem.
210. Ibidem, p. 97.
211. Ibidem, p. 95.
212. Ibidem, p. 97.
213. Ibidem, p. 96.
214. Ibidem, p. 97.
215. Ibidem.
216. Ibidem, p. 96. Adiante, dirá que conheceu um "senhor de engenho que não se afastava só a um quarto de légua da sua casa, por causa da inimizade e perfídia dos moradores".
217. Ver a referência de Tollenare aos pretos quilombolas nas proximidades de Sibiró. Ibidem, p. 97.
218. Ibidem, p. 99.
219. Ibidem, p. 99-100.
220. Ibidem, p. 100.
221. Ibidem, p. 101: "A reunião de que falo mereceria séria atenção do governo como meio de civilização."

222. Estudo introdutório de Maximiliano L. Machado e 133 notas ao texto feitas por M. de Oliveira Lima.-
223. Eliminado na edição de 1969, realizada sob a orientação de Costa Porto.
224. F.M. Tavares, op. cit., p. 315-329.
225. O total perfazia 103. Ver ibidem, p. 327.
226. O velho "coronel Suassuna" teve um filho homônimo, presidente da província de Pernambuco e depois senador do Império. Em *Um Estadista do Império*, Joaquim Nabuco escreve que o "filho soffrera com o pae e fora criado por elle na tradição dos ricos senhores de engenho pernambucanos". Ver t. I, p. 27.
227. A instâncias de Cipriano Barata, ao que parece. Ver F.M. Tavares, op. cit., p. 321.
228. Ibidem, p. 323.
229. Ibidem, p. 321.
230. Ibidem, p. CCLXX.
231. Ibidem, p. 321.
232. Ibidem, p. 320, nota 12.
233. O narrador não esquece de mencionar o fato de ser o capitão Boaventura o mesmo que "em 1836, tomou parte na Rebelião da Bahia (da Sabinada) e que tendo por isto respondido a um conselho de guerra, teve a pena de morte. Remetido, no entanto, para a ilha de Fernando, ficou sob os auspícios do Snr. Rego Barros, então Prezidente de Pernambuco, retido na fortaleza do Brum a título de doente onde foi visitado, obsequiado e mimozeado, por todos os Pernambucanos que tinhão estado prezos na Bahia". (Ibidem, nota 17.)
234. Ibidem, p. 324. (Grifo nosso.)
235. Ibidem.
236. Ibidem.
237. Durante a inspeção feita pelo major Monteiro de Barros, Antônio Carlos dera, mais uma vez, a medida de seu comportamento radical: preso num dos segredos da cadeia, o Andrada não poupara "coices contra a porta". Prossegue o narrador: "Aberta a porta do segredo, um novo orador apareceu que com a sua proverbial eloquência fez a história dos nossos sofrimentos, sem esquecer o bloqueio do carcereiro para evitar que a verdade chegasse à presença do Conde." (Ibidem, p. 323.)
238. Ibidem, p. 325.
239. Certamente após 1836. Ibidem, p. 324, nota 17.
240. Ibidem, p. 325, nota 19.
241. Ibidem, p. 325-326, nota 19.
242. Ibidem, p. 326 (*sic*). Nessa categoria foi incluído o autor da narrativa.
243. Thomaz Lins Caldas e Francisco Rocha Paes Barreto.
244. O autor designa, ironicamente, por Conselho Áulico, a equipe presidida por Antônio Carlos.
245. F.M. Tavares, op. cit., p. 326.
246. Ibidem.
247. Ibidem, p. 327.
248. Ibidem. O narrador indica à nota 22 que os eclesiásticos eram os mais desunidos entre os presos.
249. A liberalização do sistema, da qual a Revolução de 1817 era um forte indício, penetrava até o interior da cadeia de Salvador. A libertação viria a 10 de fevereiro de 1821. A situação dos prisioneiros melhorou substancialmente: não estavam longe os tempos em que Antônio Carlos e o futuro senador Alencar se encontrariam com Bernardo Teixeira nas Cortes de Lisboa em igualdade de condições.
250. Ibidem, nota CXIV de Oliveira Lima, p. 252.
251. DH, v. CII, p. 264.
252. Documento assinado por Antônio Carlos. Ver F.M. Tavares, op. cit., nota CVI de Oliveira Lima.
253. Ibidem, nota XLIV, de M. de Oliveira Lima. (Grifo nosso.)
254. Ibidem. Oliveira Lima se refere a uma provável "democracia racial", situando Arruda Câmara como "precursor do mais vehemente abolicionismo", em oposição a Antônio Carlos.
255. A título de exemplo, DH, v. CIII, p. 87.
256. Por sugestão do mineiro José Carlos Mayrink da Silva Ferrão, ao que parece. (Ibidem, v. CVII, p. 219.)
257. F.M. Tavares, op. cit., nota LI de Oliveira Lima, p. 140.
258. Ibidem, nota LI, p. 141.
259. DH, v. CIII, p. 110. Ver, também, ibidem, p. 90-92. A carta de Morais ao tio, escrita em Recife a 11 de julho de 1817, revela claramente os sentimentos dos "negociantes desta praça". (Ibidem, v. CII, p. 39.)
260. Ibidem, v. CI, p. 61. Relativa aos antagonismos entre proprietários de gado e de lavoura.
261. Frei J. do Amor Divino Caneca, *Obras Políticas e Literárias*, p. 370.
262. DH, v. CII, p. 41.
263. Ibidem, v. CIII, p. 119, ofício de Pernambuco, de 17 de março de 1818. Sobre o "sistema nivelador", tratar-se-á do sentido a ele emprestado pelo advogado dos revolucionários Aragão e Vasconcelos, em capítulo seguinte.
264. Ibidem.
265. Ibidem, v. CII, p. 226. Por pouco não matou a Antônio José de Medeiros, europeu: "desarmou de sua espada de prata com que o dito servia no Regimento montado". Notícia dada a 21 de julho de 1817, em Taipu, por A.F. Bastos da Costa.

266. Ibidem, p. 185. "Muito povo", (p. 184); "grande troço de gente", "multidão de povo" (p. 186), segundo um mestre de música, observador dos episódios de 1817.
267. Ibidem, p. 191-192, por exemplo. Ver elemento da "plebe de pé descalço". (Ibidem, v. CIX, p. 100.)
268. Ibidem, v. CIII, p. 136.
269. Ibidem, p. 140.
270. A 19 de maio de 1817. (Ibidem, v. CII, p. 264.)
271. L.F. de Tollenare, op. cit., p. 101.
272. DH, v. CIII, p. 259.
273. L.F. de Tollenare, op. cit., p. 97, por exemplo. Ver manifestação de consciência pré-política de um escravo, num momento de tensão, à p. 100 (nota 1).
274. Para a compreensão da estrutura da sociedade escravista no século XIX brasileiro, dentro da problemática proposta, ver a importante obra de O. Ianni, *As Metamorfoses do Escravo*, sobretudo os capítulos "Requisitos Estruturais da Sociedade de Castas" e "Efeitos Cumulativos das Tensões Sociais".
275. DH, v. CII, p. 223, por exemplo.
276. Ibidem, v. CI, p. 45. Deve-se lembrar que também Tollenare não via distinção entre "gado" e "escravaria".
277. Ibidem, v. CVIII, p. 201.
278. Em RIHGB, v. XLVII, p. 1-18.
279. A íntegra do ofício dos MS da correspondência com a Corte, arquivo da antiga Capitania de Pernambuco, encontra-se em G. Freyre, *Nordeste*, p. 227, 228, Apensos.
280. DH, v. CVIII, p. 184, 201.
281. Ibidem, V. CI, p. 39, 128.
282. Ibidem, p. 39.
283. Vale lembrar que os insurretos deviam transitar entre dois abismos: de um lado, a escravaria inquieta; de outro, os repressores absolutistas.
284. Ibidem, p. 65.
285. Ibidem, p. 39, 64.
286. Ibidem, p. 226.
287. Ibidem.
288. Ibidem, p. 96.
289. "Que Deus não permita", dizia ele. (Ibidem, v. CVI, p. 45.)
290. Ibidem, p. 78.
291. Ibidem, p. 161.
292. Ibidem, v. CI, p. 128.
293. Segundo L.F. de Tollenare, op. cit., p. 93, nos engenhos mais importantes, o número de escravos era de 140 a 150. Todavia, adverte ele que não se pode estimar a importância dos engenhos pelo número de escravos, tendo em vista a instituição dos lavradores.
294. DH, v. CIX, p. 222.
295. Ibidem, p. 4.
296. Ibidem, v. CII, p 10.
297. Ibidem, v. CV, p. 232.
298. Ibidem, v. CVII, p. 242, por exemplo.
299. Ibidem, v. CVI, p. 239. Na defesa do advogado Aragão.
300. Ibidem, v. CVIII, p. 258.
301. Ibidem, v. CII, p. 12.
302. Ibidem, p. 10.
303. Ibidem.
304. Ibidem, v. CVII, p. 246.
305. Edição comemorativa, p. CCV.
306. Ibidem. (Grifos nossos.)
307. J.H. Rodrigues, em seu discurso de posse na Academia Brasileira de Letras, *Revista de História*, n. 81, p. 6-7, aponta o crescimento da popularidade dessa palavra em 1821.
308. J.B. de Carvalho, em *As Ideias Políticas e Sociais de Alexandre Herculano*, contribui para a conceituação de liberalismo (sobretudo no capítulo I, O Liberalismo e a Democracia). Sobre as noções de "insurreição", "revolta" e "revolução", por volta de 1820, ver F.P. Santos, *Geografia e Economia da Revolução de 1820*, nota A, p. 149.
309. F.M. Tavares, op. cit., p. CCVI.
310. A íntegra do parecer encontra-se em DH, v. CII, p. 155-157.
311. Ver K. Maxwell, op. cit.
312. Na verdade, o regime vinha se liberalizando. L.F. de Tollenare, op. cit., p. 257, a 6 de julho de 1817, indica que "o rei estava a ponto de expedir um édito sobre a tolerância dos cultos, quando ocorreu a revolução. Teme-se que este último acontecimento não suspenda o efeito desta medida e de outras igualmente liberais".
313. R.F. de Tollenare, op. cit., p. 233.
314. Ibidem, p. 211. A 30 de março do mesmo ano, o comerciante conservador dissera a João Ribeiro que deveria ele "publicar uma gazeta para doutrinar o povo, que nada compreende do que se lhe vai fazer. Assegurei-lhe que um grande número de indivíduos da classe média não se considerava em revolta contra o rei, crendo somente haverem expulso um mau governador, e esperavam receber um melhor da Corte do Rio de Janeiro". "Convém deixá-los neste erro", respondeu o padre. Tollenare confessava "nada compreender da sublimidade ou da obscuridade de semelhante política". E completava: "o padre João Ribeiro tem modificado muito as suas ideias sobre o governo popular" (p. 206).
315. Frei J. do Amor Divino Caneca, op. cit., p. 368.

4 AS FORMAS DE PENSAMENTO AJUSTADAS

1. DH, v. CVIII, p. 256. Na defesa de José Maria de Vasconcelos Bourbon. Sobre os grandes teóricos da contrarrevolução, onde se inclui De Bonald, ver o trabalho clássico de J. Godechot, *La Contre-révolution: Doctrine et action 1789-1804*, especialmente o capítulo VI.
2. DH, v. CVI, p. 96.
3. F.M. Tavares, *História da Revolução de Pernambuco em 1817*, nota CII.
4. Não deixa de ser curioso notar que membros do governo provisório temessem que a contrarrevolução se utilizasse da escravaria e "recomendava por isso ao mesmo tempo a máxima vigilância sobre as famílias que tivessem desertado a capital, retirando-se para suas propriedades". (Manuel de Oliveira Lima, nota LV, em F.M. Tavares, op. cit.) Na perspectiva dos revolucionários, mais perigosos seriam os escravos do que os lavradores e moradores.
5. Ver o ofício do cônsul geral encarregado dos negócios da França, de 1º de maio de 1817, traduzido e publicado em RIAHGP, n. 65.
6. "chegados a Boston a pedir socorro para arruinarem essa praça; afortunadamente não foram, sendo que ali tomaram dez mil armas com o dinheiro que traziam, isso foi o benefício de quem as tinha para vender; [...] daqui foram para Washington; felizmente não foram atendidas suas proposições; depois ajuntavam-se a fazer sociedades com os revolucionários espanhóis, dando o tal Cruz [Cabugá] ordens aos ditos espanhóis que mandem os seus corsários para a costa do Brasil, para tomar sumacas de algodão, que dizem que entre Paraíba e Parnaíba [*sic*] saem muitas [...] e que querem ver se podem introduzir guerrilhas entre as praças Paraíba e Parnaíba, para ajudar os do seu partido, que estão fugidos pelo mato". (DH, v. CII, p. 181.)
7. Ibidem, p. 182.
8. L.-F. de Tollenare, *Notas Dominicais Tomadas Durante uma Viagem em Portugal e no Brasil em 1816, 1817 e 1818*, p. 234.
9. Além de frei Caneca, estava envolvido frei Bento do Monte Carmelo, da mesma Ordem, prior e superior do Convento da Piedade, preso a 30 de abril de 1817 no cárcere do Convento de Recife. (DH, v. CI, p. 182-188.)
10. Ibidem, v. CIV, p. 257-259. Ver "lavradores", inclusive. , Louis-François de Tollenare não deixou de notar a existência, perto de Parnaíba (Maranhão), do grande proprietário Simplício Dias da Silva, "um dos mais opulentos particulares do Brasil. Calcula-se em 1.800 o número dos seus escravos; organizou com eles um regimento e às vezes causou inquietação ao governo que tentou persegui-lo [...] O Sr. Simplício viajou na França e na Inglaterra, e ali ocupa-se das belas-artes, vive com um luxo asiático, mantém músicos com grande dispêndio, acolhe os estrangeiros, gosta dos franceses, vive nos seus domínios como um homem poderosamente rico; mas, não conspira. Influiria sem dúvida muito em favor do partido ao qual se ligasse, se o seu partido recorresse à revolução". (Op. cit., p. 168).
11. L.-F. de Tollenare, op. cit., p. 226.
12. Ibidem.
13. DH, v. CII, p. 79. O radicalismo e a determinação desse revolucionário, que devem ter perturbado a visão de mundo dos homens do sistema, se manifestaram na hora de sua execução. Ao olhar a tropa que estava formada para o ato final, o sacerdote advertiu-lhe "que olhasse antes para a imagem de Cristo que tinha nas mãos, consta que lhe respondera o padecente que era a última vez que via tropas e que se tivesse à sua disposição uma divisão semelhante não estaria naquele lugar". (Ibidem, p. 79-80.)
14. Ibidem, p. 83. Ver a carta a Vila Nova Portugal datada de Recife a 18 de julho de 1817.
15. Ver a carta datada de Natal a 2 de setembro de 1817, de J. Inácio Borges a Rego Barreto. (Ibidem, p. 109.)
16. Ibidem, p. 119.
17. O qual levara "um tiro de bacamarte pela frente do qual caiu redondamente do cavalo..." (Ibidem, p. 196.)
18. Ibidem, v. CVIII, p. 115, na defesa de Felipe Neri Ferreira.
19. Ibidem, p. 77, 115.
20. Ibidem, p. 80.
21. Várias testemunhas (cerca de treze), que participaram de processos como acusadores de vários revolucionários, formavam o "conluio da rua do Queimado", composto de lojistas, mercadores de louça, caixeiros, e no qual figurava o lojista Zacarias Maria Bessoni. Indício expressivo de estrutura social tensa pode ser encontrado na defesa que Aragão e Vasconcelos fez de Felipe Neri Ferreira. Referindo-se a uma testemunha de acusação, diz que fora criada "na cocheira do General Caetano Pinto, coberto de miséria, agora vinga-se do necessário desprezo que inspirava sua insignificância". (Ibidem, p. 120.)

4

22. Ibidem, v. CIII, p. 128.
23. Ibidem. Note-se: *de* colonos e não *dos* colonos.
24. Ibidem, p. 127.
25. Ibidem, v. CIV, p. 182. Recife, a 10 de maio de 1818.
26. Ibidem, p. 261.
27. Ibidem, v. CI, p. 266 e ibidem, v. CII, p. 92. Ver o documento assinado no Rio de Janeiro a 18 de julho de 1817.
28. Ofício de 5 de junho de 1818. (Ibidem, v. CIII, p. 172.)
29. Ibidem, p. 36: "partem comigo algumas centenas de homens deste sertão, soldados escolhidos, fiéis, que estão ansiosos por se empregarem e distinguirem no serviço de Sua Majestade". Tal arregimentação fazia-se necessária porque Goiana ainda permanece resistindo à contrarrevolução.
30. Ibidem, v. CII, p. 261.
31. Ibidem, v. CI, p. 257.
32. Ibidem.
33. Indignava-se Rodrigo Lobo com o fato de Caetano Pinto ser conhecido por "Mãe Maria".
34. Trata-se de um arrazoado para a elaboração da minuta do alvará, não assinado. (Ibidem, p. 118- 120.)
35. Comunicado de 28 de maio de 1817, do Brejo de Areia. (Ibidem, v. CII, p. 244.)
36. Ibidem, especialmente p. 242.
37. Ibidem, v. CI, p. 205. Datada de 8 de maio de 1817.
38. Ibidem, v. CII, p. 232. Significativamente, na relação enviada, dentre oito desertores cinco eram "pardos" e três eram brancos. A comunicação oficial é datada de 15 de outubro de 1817.
39. Ibidem, p. 233.
40. Ibidem, p. 236. Comunicação de Antônio José da Silva, no quartel a 26/V/1817.
41. Ibidem, p. 249.
42. Em carta ao rei, Bahia, a 9 de maio de 1817. (Ibidem, v. CI, p. 207.)
43. L.F. Tollenare, op. cit., p. 235 (a 19 de junho de 1817).
44. Comunicação do ajudante de ordens do governo, Manuel Anselmo Coutinho, a 5 de julho de 1817, em Itabaiana.
45. DH, v. CI, p. 140. O conde da Barca era secretário de Estado encarregado dos Negócios Estrangeiros e da Guerra.
46. Ibidem, v. CIII, p. 162-163.
47. Ibidem.
48. Ibidem, v. CIV, p. 187. Ceará, no caso.
49. Ver a narrativa do português Cardoso Machado, autor da Carta ao Compadre, de 15 de junho de 1817. (Ibidem, v. CII, p. 11.)
50. Ibidem, v. CIII, p. 34.
51. Ibidem, v. CII, p. 19. Bernardo escrevia ao rei a 4 de agosto de 1817, de Pernambuco.
52. Ibidem.
53. Ibidem, v. CIII, p. 32.
54. Ibidem, v. CI, p. 41. Proclamação, da Bahia, a 29 de março de 1817.
55. Ibidem, v. CII, p. 73.
56. Ibidem, p. 74.
57. Ibidem, p. 75.
58. Ibidem, v. CIV, p. 109.
59. Ibidem, v. CII, p. 237.
60. Ibidem, v. CIV, p. 94. Uma boa amostragem de como esses indígenas absorviam os valores do sistema pode ser vista em ibidem, v. CII, p. 266-267. Trata-se de uma carta aparentemente escrita por oficiais índios, e nela os revolucionários são designados por "os tais judeus", os "Provisórios do Inferno".
61. Ibidem, v. CIII, p. 97.
62. Ibidem, p. 73.
63. Ver, por exemplo, ibidem, v. CIV, p. 194.
64. Ver a correspondência de Souza Falcão com Vila Nova Portugal nesse sentido. (Ibidem, v. CIII, p. 104, 118.)
65. Ibidem, v. CV, p. 89.
66. Carta a Tomás Antônio Vila Nova Portugal de 14 de abril de 1818. (Ibidem, v. CIV, p. 8.)
67. Constava que Mayrink auxiliara aos revolucionários, favorecendo-lhes a fuga. (Ibidem, v. CIII, p. 113-114.)
68. Ibidem, p. 81.
69. Ver sua carta furiosa a Bernardo Teixeira sobre o absurdo do embarque de um réu de oitenta anos, a 8 de setembro de 1818. (Ibidem, v. CIV, p. 243-245.)
70. Ibidem, v. CII, p. 83.
71. Ibidem.
72. Ibidem, p. 84.
73. Ibidem, p. 85.
74. Ibidem.
75. Ibidem, p. 89.
76. Ibidem, v. CVI, p. 131, 133.
77. Ibidem, v. CIII, p. 81.
78. Ibidem.
79. É sabido que houve tendência, dentre os sediciosos, segundo a qual o movimento de 1817 visava apenas a substituição de Caetano Pinto.
80. Note-se, "rebelião" e não "revolução". (Ibidem, v. CIV, p. 200.) Trata-se, no exemplo citado, do ouvidor de Fortaleza, Manuel José de Albuquerque (2/VI/1817).
81. Ibidem, p. 119.
82. Ibidem, p. 125.
83. Ibidem, p. 113.
84. Ibidem.

85. Ibidem, p. 115.
86. Ibidem, v. CII, p. 246.
87. Ibidem, v. CIII, p. 24.
88. Ibidem, v. CII, p. 93.
89. Ibidem, p. 95.
90. Ibidem, p. 93.
91. C. Prado Jr., *Formação do Brasil Contemporâneo*, capítulo "Administração", p. 296-339.
92. DH, v. CIV, p. 97-98.
93. Ibidem, v. CI, p. 85, 90.
94. Ibidem, v. CV, p. 12.
95. Ibidem, p. 10, por exemplo.
96. Ibidem, p. 11.
97. Ibidem, v. CI, p. 158. Num documento escrito a 24 de abril de 1817, no quartel de São Jerônimo (Ceará).
98. Ibidem, p. 219.
99. Ibidem, p. 203.
100. Ibidem.
101. No sentido de tocaias, vigilâncias nas estradas.
102. Ibidem, v. CIII, p. 22 (a 26 de maio de 1817).
103. Ibidem, p. 17.
104. Ibidem, v. CIV, p. 207.
105. Ibidem, v. CII, p. 59.
106. Ibidem, v. CI, p. 230.
107. Ibidem, p. 228-229.
108. Ibidem, p. 252. Recife, Câmara, a 4 de junho de 1817.
109. Ibidem, p. 253.
110. Ibidem, v. CIII, p. 37, 40. Proclamações em Souza e Acauá, a 14/V/1817 e 21/V/1817. Terminava a proclamação aos habitantes de Souza: "firmai o vosso juramento de morrer e viver por El-Rei com o grito: Viva El-Rei nosso Senhor e toda a sua Real Família, e todos os seus leais vassalos, Viva! Viva! Viva!"
111. Ibidem, p. 162-163.
112. Ibidem, v. CI, p. 262.
113. Ibidem, v. CIV, p. 196.
114. Ibidem, v. CI, p. 92-93. O termo surge duas vezes no mesmo documento, datado de 8 de abril de 1817. (Grifo nosso.)
115. Ibidem, v. CIII, p. 260. Em ofício ao rei.
116. Ibidem, v. CI, p. 119.
117. Ibidem, p. 85, 92-95. Ver o uso correto, excepcionalmente à p. 141.
118. Ibidem, p. 260.
119. Vila de Alagoas, a 31 de março de 1817, documento assinado por Antônio David e Souza Coutinho. (Ibidem, p. 77.)
120. Tais reflexões se fizeram mais agudas, vale frisar, nos setores que contestavam o regime e o sistema, isto é, nos setores ligados à revolução. Em certo sentido, frei Caneca pode ser tomado como consciência mais avançada a respeito da natureza da sociedade nordestina à época.
121. Ibidem, v. CII, p. 27.
122. Ibidem, v. CIII, p. 105.
123. Ibidem, v. CIV, p. 156. Carta de Pernambuco, a 30 de abril de 1818.
124. Ibidem, v. CV, p. 82-83. Ofício da Bahia, a 2 de janeiro de 1819.
125. Uma análise de estilo permitirá verificar que não era grande a distância entre Ferrão e Cláudio. Aquele, de "variadíssimas manhas", segundo Bernardo Teixeira, tivera "confidencia íntima com todos os mais principais dos conspiradores antigos e modernos". (Ibidem, v. CIII. p. 87, 89). Possuía, como Cláudio, preocupação marcada com os "bens de fortuna". (Ibidem, v. CVII, p. 196.) E suas construções enfáticas muito se aproximam das do inconfidente. Escrevendo desculposo: "A minha pátria não são os penhascos de Vila Rica que me viram nascer." (Ibidem, v. CVII, p. 199.) Ou, ainda: "Não tenho finalmente, Excelentíssimo Senhor, não tenho crime algum." (Ibidem.)
126. Ibidem, v. CV, p. 21.
127. Ofício ao rei, de Pernambuco, a 17 de junho de 1818. (Ibidem, v. CIV, p. 197.)
128. Ibidem, v. CV, p. 86, a 3 de março de 1819.
129. Provavelmente de autoria de Lúcio de Matos, porteiro da Livraria Pública.
130. Ibidem, p. 92.

5 AS FORMAS DE PENSAMENTO REFORMISTAS

1. A expressão é de Aragão e Vasconcelos e de Caetano José de Aguiar, advogados dos réus de 1817. (DH, v. CV, p. 142.)
2. Ver, por exemplo, ibidem, v. CVIII, p. 7-8. Na defesa de Francisco de Paula Cavalcanti de Albuquerque, realizada por Aragão e Vasconcelos, surge a ideia de nivelamento de ordens e "até de cores", de que estavam imbuídos os revolucionários mais radicais.
3. DH, v. CIX, p. 262-265. Cabugá não tivera notícia ainda do fracasso da revolução intentada.
4. Ibidem, p. 263.
5. Ibidem.
6. Ibidem. O comerciante Cabugá, de resto, fundara loja maçônica em Pernambuco, num plano que incluía Domingos Teotônio Jorge e outros (ibidem, v. CVII, p. 233) e, ao que consta, era pessoa de "muitas correspondências". (Ibidem, p. 235.) Era mulato. (Ibidem, v. CII, p. 9.)

7. Ibidem, v. CIX, p. 264.
8. Ibidem, p. 265.
9. Ibidem.
10. Tal ideia surge duas vezes na carta, em ibidem p. 263.
11. O governo provisório revolucionário de Pernambuco, entretanto, escrevia a 12 de março para lorde Castlereagh, referindo-se à Inglaterra como a "Nação mais respeitável do Mundo". (Ibidem, p. 261.)
12. O termo aparece também duas vezes na carta, em ibidem, p. 265, referindo-se à hierarquia social em que não estão incluídos os escravos.
13. Exceção feita a José Honório Rodrigues, que deixou indicada nas introduções aos *Documentos Históricos* (v. CI a CIX) da Biblioteca Nacional a vigorosa atuação do advogado Aragão e Vasconcelos. Para a Inconfidência Mineira, certamente a tentativa de revolução mais estudada do período colonial brasileiro, apenas existem o artigo de M. Arrudão, O Advogado de Tiradentes, publicado no Suplemento Literário de *O Estado de S. Paulo* (5 set. 1964, p. 2), e a pequena referência aos honorários do advogado dr. José de Oliveira Fagundes pela defesa dos presos da Inconfidência. (RIHGMG – *Revista do Instituto Histórico e Geográfico de Minas Gerais*, v. VI, p. 353-354.)
14. Até cerca de 1804, quando voltou para a Metrópole.
15. DH, v. CV, p. 228. (Grifo nosso.)
16. Ibidem, p. 233.
17. Ibidem.
18. Ibidem. "O homem metido em tormentos não é o mesmo homem", completavam eles.
19. Ibidem, p. 229-230. O padre Miguel Carlos recebera, em 1814, atestado de vigário zeloso (verdadeiro Pastor) passado pelo padre J. Ferreira de Castro, que foi feito vigário geral pelo bispo Azeredo Coutinho. (Ibidem, p. 233.)
20. Ibidem, p. 214.
21. Ibidem, p. 223. Ver também no Crato o povo na praça. (Ibidem. p. 230.)
22. Ibidem, p. 154. Ver a referência à "gentalha do campo" à p. 127.
23. Ibidem, p. 216.
24. Ibidem, p. 221. Defesa de frei Caneca.
25. Ibidem, p. 154.
26. Ibidem, p. 218.
27. Ibidem, p. 219.
28. Ibidem.
29. Ibidem, p. 222.
30. Frei Caneca foi professor de Filosofia Racional e Moral, de Retórica, de História Natural e de Teologia.
31. Ibidem, p. 221.
32. Ibidem.
33. Ibidem, p. 226.
34. Ibidem, p. 225.
35. Ibidem, p. 140, 142, 146.
36. Ibidem, p. 141.
37. Ibidem, 145-146.
38. Sobre a ideia de crise de sistema social, ver N.G. Reis Filho, *A Evolução Urbana do Brasil.*
39. DH, v. CV, p. 203 Na mesma página, a presença da seca que assolava o Nordeste naqueles anos.
40. "Os vapores da aguardente já desterraram da sua miserável cabeça os limitados conhecimentos de cirurgia." (Ibidem, p. 139.)
41. Ibidem, p. 217-218.
42. Ibidem, p. 233.
43. Ibidem. *V*er também ibidem, p. 237.
44. Ibidem, p. 140. No caso, referem-se à Vila de Limoeiro.
45. Ibidem, p. 199.
46. O "infame" Roma, segundo diziam. (Ibidem, p. 158.)
47. Ibidem, p. 199.
48. Defesa da câmara da Vila do Limoeiro. (Ibidem, v. CVII, 161.)
49. "É só a organização social que peia este animal bravio." (Ibidem, v. CVIII, p. 214.) As citações são de Hobbes, utilizadas na defesa.
50. Referimo-nos às Inconfidências do Curvelo (1777), Mineira (1789), Carioca (1794), Baiana (1798) e Pernambucana (1801). Paralelamente à Inconfidência Mineira de 1789, também se desenvolve em Goa (Índia) um movimento sedicioso, do qual os mineiros rebeldes tinham notícia. Ver as inquirições das 52ª e 53ª testemunhas da Devassa, os José de Resende Costa (pai e filho), em ADIM, v. I, p. 212, 215.
51. DH, v. CVI, p. 6.
52. Ibidem, v. CVIII, p. 214.
53. Nos Autos de Perguntas a Gonzaga. (ADIM, v. IV, p. 252.)
54. DH, v. CVIII, p. 7. Defesa de Francisco de Paula Cavalcanti de Albuquerque.
55. A expressão foi utilizada por J. Huizinga, *O Declínio da Idade Média.*
56. DH, v. CVIII, p. 7; J. Huizinga, op. cit.
57. Por exemplo, em DH, v. CVI, p. 14 e 71 surge explícita a noção de regime "democrático".
58. Ibidem, v. CVIII, p. 34, por exemplo.
59. "Vivendo em paz à sombra do Governo Político em que nascer." (Ibidem, p. 273.)
60. Ver M.A.S. *Marques*, Catálogo de Livros Defesos Neste Reino..., *A Real Mesa Censória e a Cultura Nacional*, p. 118-206.

61. Ver o termo por ele aplicado à revolução em DH, v. CIX, p. 224.
62. Ibidem, v. CV, p. 207. O advogado possuía muito provavelmente a edição de 1777, em dois volumes, impressa em Amsterdã. De Brissot estavam proibidas também a *Bibliothèque du Législateur*, bem como *De la verité*, e, de uma maneira geral, "todas as mais obras deste A. que tractão da liberdade dos Povos". (Ver M.A.S. de Marques, op. cit.)
63. Sabia usar da "prudência que nos obriga a vergar aos tempos".
64. "Graças ao século de luzes! Enquanto reis filosofando querem que a Legislação [...] tome por empresa antes evitar que punir os delitos." (DH, v. CIX, p. 197.)
65. Ibidem, v. CVIII, p. 8.
66. Ibidem, v. CIX, p. 60. Defesa de Luís Francisco de Paula Cavalcanti. Vale lembrar, ainda aqui, que um dos temas favoritos de Brissot era o problema da "Verdade". E que pensar do termo "Utopia"? Thomas Morus, *Idée d'une république heureuse ou L'utopie*, era autor proibido pela Real Mesa Censória, e certamente o advogado baiano tinha conhecimento de sua obra. No plano da prática revolucionária, por outro lado, durante a fuga para o interior, em maio de 1817, queriam os remanescentes fundar no interior do sertão uma república ideal. Manifestação de utopismo? Não há fontes que autorizem avançar na resposta a tal indagação. (DH, v. CVII, p. 219.) Mas vale mencionar, também, que A. Cândido, *Formação da Literatura Brasileira*, v. I, p. 73, estudando as manifestações literárias do final do período colonial no Brasil, indicou a existência de raízes de um comportamento que será tipificador do intelectual brasileiro: o "apelo à utopia", para superar o abismo existente entre "a magnitude das tarefas e a pobreza de recursos".
67. DH, v. CIX, p. 10.
68. Na defesa de José Pereira Caldas. (Ibidem, v. CVIII, p. 263.) Ver o prosseguimento dos raciocínios lógico-formais, p. 264-267, sobre a não culpabilidade do réu.
69. Ibidem, v. CIX, p. 60. (Grifos nossos.)
70. Note-se, Rousseau era absolutamente proibido no Brasil. Os inconfidentes cariocas de 1794, liderados por Manuel Inácio da Silva Alvarenga, eram seus leitores, bem como de Mably e Raynal. Sousa Caldas, estudante em Coimbra e que sofreu pelas ideias avançadas, segundo Antonio Cândido passou por uma "fase Rousseau" muito acentuada, chegou a escrever uma "Ode ao Homem Natural", baseada no *Discurso Sobre a Origem e os Fundamentos da Desigualdade Entre os Homens*. Encarcerado pela Inquisição, foi simpatizante da Constituinte francesa. (Ver A. Cândido, op. cit., v. 1, p. 117, 204, 251.) Ver, ainda, para a verificação das relações entre rousseaunismo e anticolonialismo o trabalho de B. Lewin, *Rousseau y la Independencia Argentina y Americana*, especialmente p. 7-29.
71. Noção utópica, como já foi visto, talvez inspirada aos revolucionários por José Carlos Mayrink Ferrão. (DH, v. CVII, p. 219.)
72. T. Todorov, Formalistes et futuristes, *Tel Quel*, *n.* 26, p. 42.
73. DH, v. CIX, p. 46. Na defesa do réu Antônio Germano Cavalcanti de Albuquerque Maranhão.
74. Ibidem, p. 20.
75. Ver C.G. Mota, *Atitudes de Inovação no Brasil: 1789-1801*, capítulo I.
76. Tais dificuldades apresentadas pela ambiguidade – vale dizer riqueza – da história da consciência social e política têm barrado a certos historiadores brasileiros a elaboração de metodologia mais inspirada e eficaz para a compreensão dos mecanismos de tomada de consciência.
77. DH, v. CV, p. 197.
78. M.A.S. Marques, op. cit., "Catálogo de Livros Defesos Neste Reino..."
79. DH, v. CV, p. 197, assinado juntamente com o advogado Francisco Pires da Franca.
80. Ibidem, v. CVIII, p. 203.
81. Ibidem, p. 205.
82. Ibidem, v. CVI, p. 71. Defesa Geral.
83. Ibidem, p. 41.
84. Ibidem, v. CVIII, p. 210. Ver a ideia de "Século Áureo do Brasil" em Vasconcelos. (Ibidem, v. CVI, p. 52.)
85. Ibidem, v. CIX, p. 40. Trata-se de uma testemunha de acusação ao revolucionário João Nepomuceno Carneiro da Cunha.
86. Ver R. Ribeiro, O Episódio da Serra do Rodeador (1817-1820), *Revista de Antropologia*, v. 8, n. 2, p. 133-144.
87. DH, v. CIX, p. 138.
88. Ibidem, v. CVI, p. 11.
89. Ibidem, p. 25.
90. Ibidem, p. 29.
91. Ibidem, p. 28.
92. Ibidem, v. CIX, p. 9.
93. Ibidem, v. CVI, p. 53, Defesa Geral.
94. Ibidem, p. 88, Defesa Geral.
95. Ver A. Silbert, *Le Problème agraire portugais au temps des premières Cortès libérales (1821-1823)*, sobretudo p. 37-39; F.P. Santos, *Geografia e*

5

Economia da Revolução de 1820; J. Serrão, *Dicionário de História de Portugal*, verbete "Povo".
96. DH, v. CVII, p. 147.
97. Ibidem.
98. Ibidem, v. CIX, p. 122.
99. Ibidem, refletindo sobre a Paraíba.
100. DH, v. CIX, p. 172.
101. Ibidem, v. CVI, p. 92.
102. Ibidem, p. 93.
103. Ibidem, p. 63.
104. Ibidem, p. 58.
105. Ver A. Cândido, Literatura e Consciência Nacional, *Suplemento Literário de Minas Gerais*, Edição Especial do 3º aniversário (IV), n. 158, ano IV, p. 9.
106. Ver C.G. Mota, verbete "Brasil, A Ideia de Revolução no...", em J. Serrão (dir.), *Dicionário de História de Portugal*, p. 387, fascículo 67.
107. S.B. de Holanda, *Raízes do Brasil*. Ver nota sobre a cultura na América Espanhola e no Brasil, p. 85-96.
108. DH, v. CIX, p. IX. "Explicação" de José Honório Rodrigues.
109. Ibidem, p. VIII. "Explicação" de José Honório Rodrigues.
110. Ibidem, p. 138.
111. Ibidem, p. 155.
112. Ibidem, p. 223.
113. Ibidem.
114. Ibidem, p. 148. (Grifos nossos.)
115. À guisa de exemplo, ver ibidem, v. CVI, p. 52, 60. À p. 60, especialmente, surge a noção de guerra civil associada à participação da escravatura.
116. Sobre a noção de antigo regime, sobretudo na obra de Pierre Goubert, ver as observações críticas de C. Behrens, Looking for the Ancien Régime, *New York Review of Books*, v. III, n. 12, p. 32-34.
117. Não se deve esquecer que o advogado era também leitor de Bentham.
118. DH, v. CIX, p. 138.
119. Ibidem, *v.* CVIII, p. 31.
120. Ibidem, p. 40.
121. Ibidem, p. 37.
122. Ibidem, v. CIX, p. 110.
123. Ibidem, p. 103.
124. Ibidem, p. 170.
125. ADIM, v. III, p. 320. "Não fez elle testemunha caso [...] por ser [...] homem rústico, occupado unicamente na sua agricultura e lavoura."
126. DH, v. CIX, p. 3.
127. ADIM, v. V, p. 129. No mesmo sentido, ibidem, v. III, p. 335.
128. DH, v. CIX, p. 112.
129. Ibidem, V. CVI, p. 60.
130. Ibidem, p. 96.
131. Ibidem, p. 60.
132. Ibidem. p. 63.
133. Ibidem, v. CIX, p. 214. (Grifo nosso.)
134. Ibidem.
135. Ibidem, p. 162.
136. "Filho família" era, por exemplo, João de Albuquerque Maranhão Júnior. (Ibidem, p. 145.)
137. Ibidem, p. 23.
138. Ibidem, v. CIV, p. 47. O engenho estava situado próximo de Alhandra.
139. Ibidem, p. 45.
140. Ibidem, v. CIX, p. 24.
141. Por exemplo, o senhor de engenho José Carneiro de Carvalho da Cunha podia gozar do "estado lisonjeiro de sua nobreza e foros". (Ibidem, p. 202.)
142. Ibidem, p. 176.
143. Ver F.M. Tavares, *História da Revolução de Pernambuco de 1817*, Apêndice.
144. DH, v. CVIII, p. 7. (Grifo nosso.)
145. Por exemplo, os indivíduos da classe dos 20 aos 25 anos, dos 25 aos 30 anos etc.
146. Ibidem, v. CIX, p. 78. Na defesa de Manuel Nascimento da Costa Monteiro, "filho de pais nobres", (p. 74). (Grifo nosso.)
147. Ibidem, v. CVIII, p. 7. Na defesa de Francisco de Paula Cavalcanti de Albuquerque. (Grifos nossos.)
148. Ibidem, p. 8.
149. Ver, por exemplo, sua invocação durante a defesa do cadete José Jerônimo de Albuquerque Maranhão. (Ibidem, v. C, p. 161.)
150. Ibidem, v. CIX, p. 202.
151. Ibidem, p. 197.
152. Ibidem, v. CVII, p. 219.
153. Ibidem, v. CVI, p. 68.
154. Ibidem, v. CIX, p. 202.
155. Ibidem, v. CVIII, p. 14.
156. Ibidem, p. 8.
157. Ibidem, v. CVI, p. 88. Defesa Geral.
158. Ibidem, v. CIX, p. 193.
159. Ibidem.
160. Ibidem, v. CVI, p. 71.
161. Ibidem, v. CIX, p. 77. (Grifos nossos.)
162. Ibidem, p. 79. Nesse mesmo passo, Aragão menciona que os brasileiros revolucionários estavam acompanhados de seus escravos, e não em sentido figurado.
163. Sobre tais atas, ver H. da G. Barros, *História da Administração Pública em Portugal nos Séculos XII a XV*, v. III, p. 301-303. Sobre a revalorização das atas à época da revolução nordestina, ver S.B. de Holanda, op. cit., p. 54.

164. A.J. Antonil, *Cultura e Opulência do Brasil*: "bem se pode estimar no Brasil o ser Sr. de engenho quanto proporcionadamente se estimam os títulos entre os fidalgos do Reino" (p. 139).
165. DH, v. CVI, p. 21. Na defesa de Clemente Estevão de Lima, preto, tambor do Regimento dos Henriques.
166. Ibidem, v. CIX, p. 224. Ver, noutro passo, que "há ordinariamente muito pouca consideração para com a gente de cor preta" (p. 220).
167. Ibidem, v. CVI, p. 70.
168. Por exemplo, ibidem, v. CVIII, p. 31.
169. Ibidem, p. 216.
170. Ibidem, v. CVI, p. 91. Defesa Geral. Note-se que a defesa já não é de inconfidentes, mas de "revolucionários".
171. Ibidem, p. 102. Defesa Geral.
172. Ibidem, p. 96. Defesa Geral.
173. Ibidem, p. 100. Defesa Geral.
174. Ibidem, p. 58.
175. Ibidem, v. CVII, p. 147.
176. Ibidem, p. 153.
177. Ibidem, v. CIX, p. 228: "um tempo o mais impróprio possível em que toda aquela capitania estava entregue à fome pela cruel seca que abrasava os campos".
178. Ibidem, v. CVI, "Explicação".
179. Ibidem, v. CIX, p. 138.
180. Ibidem, v. CVI, p. 58.
181. Ibidem, v. CIX, p. 138.
182. Ibidem, v. CVI, p. 100: "se uns são criminosos todos igualmente são pois todos fizeram massa e sustentaram a rebelião".
183. Ibidem, p. 88. Defesa Geral. (Grifos nossos.)
184. Ibidem, p. 86.
185. Ibidem, v. CVIII, p. 20.
186. Ibidem, v. CVI, p. 44.
187. Typographia Imparcial de L.F. Roma, Recife. Não há precisão quanto à época exata em que foi escrita a obra. Muito provavelmente sua realização se situa entre 1832 (quando chegou da Itália, onde fora secretário da legação brasileira junto à Santa Sé) e 1840. A edição mais autorizada e completa é a terceira, de 1917, comemorativa do Centenário, revista e anotada por Manuel de Oliveira Lima, a qual contém um estudo introdutório de Maximiliano L. Machado, de 1883. A edição de 1969, realizada em Recife pelo Governo do Estado, trata-se de reedição do texto de 1917 modernizado e não contém o estudo de Maximiliano L. Machado, nem o apêndice de documentos.
188. F.M. Tavares, op. cit., p. CCXXV.
189. Ibidem.
190. Foi embarcado para a Bahia, juntamente com outros revolucionários detidos, a 11 de junho de 1817. (DH, v. CV, p. 112-113.)
191. F.M. Tavares, op. cit., p. LXXIX.
192. Ibidem. À página LXXXI, escreve obscuramente que o "espírito humano no progresso do melhoramento he illimitado".
193. Ibidem, p. LXXIX.
194. Ibidem, p. LXXX.
195. Ibidem, p. CLXXXVI.
196. Ibidem, p. XCVII: "a causa da liberdade illustrou-se".
197. L.F. de Tollenare, *Notas Dominicais*, p. 198, 320.
198. F.M. Tavares, op. cit., p. CXXVII.
199. Ibidem, p. CXXXVI. (Grifos nossos.)
200. Ibidem, p. CXV.
201. Ibidem, p. CXXXI.
202. Sobre as tentativas de adaptação da cultura "ilustrada" europeia à realidade brasileira pela geração que participou da Independência, ver M.O. da Silva Dias, Aspectos da Ilustração no Brasil, RIHGB, v. 278, p. 105-170; S.A. Siqueira, A Escravidão Negra no Pensamento do Bispo Azeredo Coutinho, *Actas do V Colóquio Internacional de Estudos Luso-Brasileiros*, Coimbra, v. III, p. 5-71, separata; e K. Maxwell, The Generation of 1790's and the Idea of Luso-Brazilian Empire (Comunicação).
203. M. de Oliveira Lima, Proêmio, em F.M. Tavares, op. cit., p. VII.
204. F.M. Tavares, op. cit., p. CCLXXI.
205. Autos de perguntas feitas ao padre Francisco Muniz Tavares. (DH, v. CIV, p. 37.)
206. F.M. Tavares, op. cit., p. CCXXIII: "na economia social a divisão do trabalho facilita e aumenta a produção na economia militar a divisão, ou separação da força".
207. O termo é emprestado a A.K. Manchester, The Rise of the Brazilian Aristocracy, *Hispanic American Historical Review*, v. XI, p. 163-168. J.H. Rodrigues, *Aspirações Nacionais*, p. 56, emprega terminologia semelhante ao se referir à "aristocracia rural".
208. F.M. Tavares, op. cit., p. CXVII.
209. Ibidem, p. CCIII.
210. Ibidem, p. CXCIII.
211. Ibidem, p. C.
212. Ibidem. Ver, por exemplo, p. CCXXVII, a habilidade discutível de Domingos José Martins para evitar a contrarrevolução.
213. Ibidem, p. CCVII.
214. Ibidem, p. CCLIII: "Leitor, aprende como são tratados os Vassallos de hum Rei absoluto."
215. Ibidem, p. CLXXXVI.
216. Ibidem.

5

217. Ibidem, p. CCLVI.
218. Ibidem, p. CCLX. (Grifo nosso.)
219. Ibidem, p. CCLXX. Os próprios presos andavam inquietos com suas diferenças sociais. Como se verificou anteriormente, chegaram até mesmo a discutir a noção de *classe* na cadeia de Salvador.
220. Ibidem, p. CXXX.
221. Ibidem, p. LXXVIII.
222. Ibidem, p. CXXX.
223. Ibidem. Fica clara aí a atitude do monsenhor em relação ao regime eleitoral vigente.
224. Ibidem, p. CXCIV.
225. Ibidem.
226. Ibidem. Trata-se da capital da Paraíba.
227. Ibidem, p. CXX.
228. Ibidem.
229. Ibidem, nota IX de Oliveira Lima, à p. 32. A nota IX é muito importante para que se perceba a divisão político-administrativa de Pernambuco, à época da revolução. O papel dos ouvidores-corregedores, dos juízes de fora, dos ordinários etc., fica bem estabelecido.
230. Ibidem, p. CXXV.
231. Ibidem. Note-se a distância entre a data de elaboração da *História...* (1830-1840) e os eventos narrados (1817); é significativo o amadurecimento do ideário liberal, a que já fizemos referência noutro contexto.
232. Sobre o aristocratismo de certas formas de pensamento revolucionário no Brasil-Colônia, ver *Lira I*, de Tomás Antônio Gonzaga, em que uma posição semelhante à de Tavares pode ser surpreendida. Constituem, ambas, expressões de uma mesma postura.
233. F.M. Tavares, op. cit., p. XCII, XCIII, por exemplo, no caso de Antônio Henriques.
234. Ibidem, p. CXLVIII e CXLIX.
235. Ibidem, p. CCI.
236. Ibidem, p. CCLVI.
237. Ibidem, p. LXXX.
238. Ibidem, p. CLXIV.
239. Ibidem, p. CLXIV e CLXV.
240. Ibidem.
241. Ibidem, p. CLXV.
242. A Ordem Régia citada por Muniz Tavares diz respeito apenas à Companhia do Grão-Pará e Maranhão. Sobre o fim do monopólio da Companhia de Pernambuco e Paraíba, o que se pode verificar pela carta da Junta Administrativa da companhia à rainha, datada de Lisboa a 21 de abril de 1780, é a cessação *regulamentar* do prazo de vinte anos para seu comércio exclusivo. A rigor, a companhia só será finalmente liquidada no século XX (!). Assim, a companhia entrou em fase de liquidação, continuando a comerciar – e bastante – para saldar seus compromissos. Importa notar que já se encontram, a essa época, comerciantes nacionais (por intermédio dos diretores da companhia no Brasil) lutando contra os diretores da companhia em Lisboa. Sobre o assunto, ver J. Ribeiro Junior, *Colonização e Monopólio no Nordeste Brasileiro*. Não parece haver dúvida de que a companhia permaneceu na base de muitas inquietações da primeira metade do século XIX: registre-se, apenas, que ainda depois da Independência, Pedro I autorizava, pela Portaria de 22/1/1824, José Antonio Soares Leal a fazer a cobrança das dívidas do Brasil, e que, na relação dos devedores à administração da companhia em Pernambuco, "cujas dívidas se reputão cobráveis com juros contados até 30 de dezembro de 1830", encontra-se o nome de Antônio José Vitoriano Borges da Fonseca, cuja dívida se elevava, em 1830, a 19:840$755, ex-senhor do engenho de Camaratuba (na Paraíba), executado por causa dessa mesma dívida. Ver *Copiador das Ilhas: Relação dos Devedores em Pernambuco, 1763-1842*, AHMF, livro 116, fólio 51.
243. F.M. Tavares, op. cit., p. CLXV.
244. Ibidem.
245. Ibidem.
246. Ibidem. Portugueses houve que transferiram seus capitais para a grande lavoura, como é o exemplo de João Alves, senhor do engenho Pacatuba, e que atuou vivamente na contrarrevolução na Paraíba. (Ibidem, p. CXCIII.)
247. Ibidem, p. CXCII.
248. Ibidem, p. CLXVII.
249. Pelo contrário, tal cessação em nada parece ter alterado a situação dos grandes senhores rurais. Não só nunca chegaram a suplantar a dependência como ainda viram aumentadas as dívidas acumuladas, por causa dos juros que sobre elas incidiam. E tais juros deveriam representar cifras ponderáveis, uma vez que, pelo que se pode avaliar do decreto do governo provisório revolucionário relativo à companhia (item 2), os lavradores que conseguissem pagar mensalmente no prazo de dois anos o capital de suas dívidas, ficariam "*ipso facto* desobrigados do pagamento dos furos vencidos". Ver a íntegra do decreto revolucionário em F.M. Tavares, op. cit., p. CLXV, CLXVI.
250. F.M. Tavares, op. cit., p. CCIII.
251. Ibidem.
252. Ibidem.
253. Ibidem, p. CCIV.

254. Ibidem.
255. Ibidem, p. CCVI. "A escravatura he o mais terrível dos flagelos", escrevia.
256. Ibidem, p. CCIV.
257. Ibidem, p. CCV. Ver a íntegra da proclamação. (Grifo nosso.)
258. Ibidem.
259. Ibidem, p. CCIX.
260. Ibidem, p. CCLXXXIV. Integra do discurso à p. CCLXXXV.
261. Ibidem, CCLXXXV.
262. Ibidem, p. CCLXXXIV. Discurso pronunciado nas Cortes portuguesas.
263. Por exemplo, ibidem, p. CCLXV-CCLXVI.
264. Ibidem, p. LXXXI.
265. Ibidem, p. CCLV. Ver a ocorrência do termo.
266. L.F. de Tollenare, op. cit., p. 248.
267. F.M. Tavares, op. cit., p. CXIV.
268. Ibidem.
269. Ibidem (*sic*).
270. Oliveira Lima, numa de suas brilhantes anotações à obra do monsenhor, lembra que "os exemplos da Revolução Francesca pejavam as cabeças dos nossos Patriotas muito mais do que os feitos cívicos de Washington ou as primeiras proezas estratégicas de Bolívar" (nota LI, p. 140).
271. Ver F. de S. y Mariscal, *Ideas Geraes Sobre a Revolução no Brasil e Suas Consequências,* ABN, v. 43-44, capítulo IV.
272. Os mecanismos foram explicitados no capítulo 2, "O Nordeste Brasileiro, da Descolonização Portuguesa à Dependência Inglesa".
273. F.M. Tavares, op. cit., p. CCXLVI.
274. Ibidem, p. CCXXVI.
275. Ibidem, p. CXXV.
276. Ibidem, p. XCVII.
277. Ibidem, p. XCI.
278. Ibidem, p. CLVI.
279. Sobre o problema da absorção dos *newcomers*, ver o brilhante ensaio de B. Stein; S. Stein, The Eighteenth Century, *The Colonial Heritage of Latin America*, especialmente p. 117.
280. A expressão é de L. dos S. Vilhena, *Recopilação de Notícias Soteropolitanas e Brasílicas, Contidas em XX Cartas*, v. 1, p. 136.
281. F.M. Tavares, op. cit., p. XCVII.
282. ADLSIB, V. XXXVI, p. 294.
283. F.M. Tavares, op. cit., p. CIX, CX.
284. Ibidem, nota XXII de Oliveira Lima, para maior compreensão do fenômeno (por ele designado de *revolução*, exageradamente), também estudado por Fernandes Gama, Ferrer, Codeceira e Lopes de Almeida.
285. Ibidem, p. LXXXIII.
286. É o título do capítulo II em F.M. Tavares, op. cit.
287. F.M. Tavares, op. cit., p. LXXXIII.
288. Ibidem, p. LXXXIV. (Grifo nosso.)
289. Ibidem.
290. Apud F.M. Tavares, op. cit., p. LXXXIV.
291. Ibidem.
292. Ibidem, p. LXXXIII.
293. Ibidem, p. LXXXV.
294. Ver o exemplo de Tavares Bastos, estudado por J.H. Rodrigues, Discurso de Posse na Academia Brasileira de Letras, *Revista de História*, n. 81, p. 11.
295. F.M. Tavares, op. cit., p. LXXXV.
296. Rodrigo Lobo julgava-se, pela declaração feita a bordo da fragata Thetis a 18 de maio de 1817, em condições de "poder entrar no Recife com a espada na mão a fim de castigar muito à minha vontade a todo, e qualquer Patriota, ou infiel vassalo que são *synonimos*, por terem atropellado o sagrado das leis de El-Rei Nosso Senhor". *Insinuações, ou Condições Oferecidas...*, MS da Biblioteca da Ajuda de Lisboa (52-X-2; n. 83).
297. F.M. Tavares, op. cit., p. CCXXXVII.
298. Ibidem.
299. Ibidem.
300. Ibidem, p. CLXVII.
301. Ibidem, p. CCXLIII.
302. Ibidem, p. CCXLVII.
303. Ibidem, p. CLXXXVIII: "Outras casas dos seus parentes mais ricos da Província soffrêrão igual calamidade."
304. Ibidem. "O povo, e tropa, o sorprehendêrão no leito, e com tom ameaçador perguntarão-lhe: 'Quem vive?' Estupefacto elle respondeu humildemente 'Viva El-Rei'. Não obstante esta resposta, intimarão-lhe a prisão. Obedecia sem articular palavra, quando hum infame Portuguez, official de milícias, com execranda cobardia o apunhalou. Ainda semi-vivo o transportarão a cadêa, o carregarão de ferros, e alli em poucas horas expirou em total abandono; o seu corpo desfigurado, envolvido em numa esteira, foi lançado no cemitério."
305. Ibidem, p. CXXVIII.
306. Ibidem. Reunidas as forças de Pilar e Itabaiana, perfazia-se mais de mil homens. Ver nota LXIII, de Oliveira Lima.
307. Ibidem, (*sic*) "e teve a fortuna de chegar salvo à fazenda da Canhaú pertencente a um certo Padre Luís José, que acostumado a proteger os desvalidos não recusou recebel-o, e occultal-o".
308. Ibidem, p. CXXIX.
309. Ibidem.
310. Ibidem, p. CXX.
311. Ibidem, p. CVI.

312. Ibidem, p. CVII.
313. Ibidem.
314. Ibidem, p. CLXXVI.
315. Ibidem, p. CL. Ou então: "nos peitos Americanos he innato o amor da independência, e liberdade" (p. CXXXV).
316. Ibidem, p. CCXXIII. (Grifos nossos.)
317. Vale relembrar as palavras de L. dos S. Vilhena, *Recopilação de Notícias Soteropolitanas*, v. I, p. 289: "não é das menores desgraças o viver em colônias, longe do soberano, porque nelas a lei que de ordinário se observa é a vontade do que mais pode".
318. F.M. Tavares, op. cit., p. CXXII.
319. Ibidem, p. CV.
320. Ibidem, p. CCLV.
321. Ibidem, p. XCC. Ver também p. CLXXVII, sobre a "repreensível insubordinação" contrarrevolucionária nas Alagoas.
322. Ibidem, p. CLXXXIII.
323. Ibidem, p. CXCVII, referindo-se aos episódios que envolveram Xavier de Carvalho, na Paraíba.
324. Ibidem, p. CXXXIV (*sic*). Em tais casos, dizia Tavares, "a inércia he agoiro sinistro".
325. No Rio Grande do Norte. Além dos soldados, iam duas peças de "artilharia ligeira".
326. Ibidem, p. CXXXIV. Tavares nunca esteve com boa disposição para tratar da participação dos pretos na revolução: à p. CCXII, chega a mencionar os "pretos recentemente alistados, que mais de embaraço que de utilidade servião".
327. Ibidem, p. CLXXXVI.
328. Ibidem, XCIX. E cumpre notar que permanecera favorável à tropa num momento em que o governador Caetano Pinto ainda dominava a principal fortaleza.
329. Ibidem, p. LXXVII.
330. Ibidem, p. LXXX (ver nota XII, de Oliveira Lima).
331. Ibidem, p. CXLVIII: "Indifferença" da qual é de se duvidar, sobretudo se se atentar para o fato de terem os repressores obrigado os revolucionários presos a desembarcar à noite em Salvador, inversamente do que "a gentalha desejava" (p. CCLV).
332. Ibidem, p. CXCIV.
333. Ibidem, p. CXCV.
334. Ibidem, p. CCXXII.

CONCLUSÕES

1. Ver, por exemplo, a já citada *Proclamação aos Habitantes de Pernambuco...*, MS 49, Lamego.
2. H. Koster, *Viagens ao Nordeste do Brasil*, p. 302-303.
3. Ver L. do R. Barreto, *Memória Justificativa Sobre a Conducta do Marechal de Campo Luiz do Rego Barreto...*, p. 17.
4. H. Koster, op. cit., p. 303.
5. Ibidem, p. 489.
6. A expressão é de H. Koster, op. cit., p. 327. Lembramo-nos aqui do prólogo em A. Carpentier, *O Reino Deste Mundo*, em que afirma ser tudo maravilhoso na história americana, "uma história impossível de se situar na Europa, e que, todavia, é tão real como qualquer feito exemplar daqueles consignados para edificação pedagógica, nos manuais escolares. Mas o que é a História da América senão toda uma crônica da Realidade Maravilhosa?"
7. À guisa de exemplo, ver o texto conciliador do padre Miguelinho em nome do provisório, em que a "Divina Providência" aparece por três vezes. Sobre a revolução, diz: "A Providência, que dirigia a obra, a levará a bom termo". Apud A. Bandeira, *O Brazil Heroico em 1817*, p. 43-44. E também DH, v. CI, p. 51, 101.
8. DH, v. CII, p. 102, em documento contrarrevolucionário.
9. Em ofício a d. Rodrigo de Souza Coutinho, datado de Recife em 23 de março de 1977 (AHU, Pernambuco, maço 17, p. 8, *sic*). Escrevia o bispo ilustrado: "não á um Homem capaz, e de probidade que se queira sujeitar a viver nos sertões no meio de gente tão bruta". Sobre o teor da vida nordestina nos últimos momentos do século XIX, vale a pena reproduzir a frase com a qual o bispo iniciava seu ofício a d. Rodrigo: "A dezordem nesta terra está já tão arraigada que até parece ser necessário deixa-la continuar no mesmo estado, assim como a un enfermo já muito arruinado, quanto mais remédios se lhe aplicão tanto maior perigo corre sua vida ou se lhe aproxima sua morte."
10. DH, v. CII, p. 155-157.
11. J.H. Rodrigues, *Aspirações Nacionais*, p. 12.

Fontes Utilizadas

ABREVIATURAS

ABN	*Anais da Biblioteca Nacional.*
ADIM	*Autos de Devassa da Inconfidência Mineira.*
ADLSIB	*Autos de Devassa do Levantamento e Sedição Intentados na Bahia.*
AHMF	*Arquivo Histórico do Ministério das Finanças* (Lisboa).
AHRF	*Annales Historiques de la Revolution Française.*
AHU	*Arquivo Histórico Ultramarino* (Lisboa).
DH	*Documentos Históricos.*
HAHR	*Hispanic American Historical Review.*
HGCB	*História Geral da Civilização Brasileira.*
NYRB	*New York Review of Books.*
RH	*Revista de História* (São Paulo).
RIAHGP	*Revista do Instituto Arqueológico, Histórico e Geográfico Pernambucano.*
RIHGB	*Revista do Instituto Histórico e Geográfico Brasileiro.*
RIHGMG	*Revista do Instituto Histórico e Geográfico de Minas Gerais.*

MANUSCRITAS

Arquivo Histórico Ultramarino (Lisboa). "Pernambuco". Maços 1 (1597 a 1755) a 52 (1822-1823).

Copiador das Ilhas: Relação dos Devedores em Pernambuco, 1763-1842. Arquivo Histórico do Ministério das Finanças (Lisboa), livro 116, fólio 51.

Correspondência de Lord Robert, Enviado Britânico na Corte de Lisboa, na Occasião das Desordens do General Gomes Freire. Reservados da Biblioteca Nacional de Lisboa.

Insinuações, ou Condições Oferecidas Pelas Quais Devo Entrar em Pernambuco. Biblioteca da Ajuda (Lisboa), MS (cota 1817; 52-X-2, n. 83).

Livro das Demonstrações. Arquivo Histórico do Ministério das Finanças (*Lisboa*).

IMPRESSAS

ANÔNIMO. *Reply to the Author of the Letter on South America and Mexico, by an American, Addressed to Mr. James Monroe, President of the United States.* Philadelphia: Hurtel, 1817.

ANTONIL, André João. *Cultura e Opulência do Brasil.* Apresentação de Alice P. Cannabrava. São Paulo: Companhia Editora Nacional, 1967. (Col. Roteiro do Brasil.)

AUTOS de Devassa da Inconfidência Mineira. Org. de Rodolfo Garcia. Rio de Janeiro: Biblioteca Nacional, 1936-1938., 7 v.

AUTOS de Devassa do Levantamento e Sedição Intentados na Bahia. Org. de Luís Henrique Dias Tavares. Salvador, 1959. V. 35-36.

BARRETO, Luís do Rego. *Memória Justificativa Sobre a Conducta do Marechal de Campo Luiz do Rego Barreto Durante o Tempo em Que Foi Governador de Pernambuco, e Presidente da Junta Constitucional do Governo da Mesma Província, Offerecida à Nação Portugueza.* Lisboa: Desiderio Marques Leão, 1822.

BRACKENRIDGE, Henry Marie. *Voyage to South America, Performed by Order of the American Government, in the Years 1817 and 1818, in the Frigate Congress.* Baltimore: Toy, 1819. 2 v.

CANECA, Frei Joaquim do Amor Divino. *Obras Políticas e Literárias, Colecionadas pelo Comendador Antonio Joaquim de Melo.* Recife: Typ. Mercantil, 1875.

CASAL, Manuel Aires de. *Corografia Brasílica ou Relação Histórico-Geográfica do Reino do Brasil.* Rio de Janeiro: Impressão Regia, 1817. 2 tomos.

CATÁLOGO da Exposição de História do Brasil. *Anais da Biblioteca Nacional.* Rio de Janeiro, 1881, v. IX. 2 tomos.

COLLECÇÃO de Legislação Portugueza das Cortes de 1821 a 1823. Lisboa: Imprensa Nacional, 1944.

CORREIO Braziliense ou Armazém Literário: 1808-1822. Londres: W. Lewis, Paternoster-Row. Dir. Hipólito da Costa.

DIÁRIO das Cortes Portuguezas. s. 1. n. d.

DIAS, Augusto da Costa. *Discursos Sobre a Liberdade de Imprensa no Primeiro Parlamento Português (1821): Textos Integrais.* Lisboa: Portugália,1966.

DOCUMENTOS Históricos. Biblioteca Nacional, Divisão de Obras Raras e Publicações, 1953-1955, 10 v. Disponível em: <http://hemerotecadigital.bn.br/acervo-digital/documentos-historicos/094536>.

DOCUMENTOS vários, publicados na *Revista do Instituto Arqueológico, Histórico e Geográfico Pernambucano.* Org. de José Honório Rodrigues. Ver volume índice n. XLIV, 1961.

DOUS AMIGOS da Verdade e da Justiça. *Exposição Verídica dos Procedimentos da Junta Provisória de Pernambuco em Todo o Tempo do Ex-Governador, José Maria de Moura, e na Entrada do Seu Sucessor.* Lisboa: Impressão de João Baptista Morando, 1822.

FERREIRA, Silvestre Pinheiro. Memórias Políticas Sobre os Abusos Gerais e Modo de os Reformar e Prevenir a Revolução Popular, Redigidas Por Ordem do Príncipe Regente no Rio de Janeiro em 1814 e 1815. *Revista do Instituto Histórico e Geográfico Brasileiro*, v. XLVII, 1884.

GONZAGA, Tomás Antônio. *Marília de Dirceu*. Lisboa: Sá da Costa, 1961.

_____. *Obras Completas*. Edição crítica de Rodrigues Lapa. Rio de Janeiro: Companhia Editora Nacional, 1942.

GRAHAM, Gerald Sanford; HUMPHREYS, Robert Arthur (eds.). *The Navy and South America (1807-1823): Correspondence of the Commanders-in-Chief on the South American Station*. London: Navy Records Society, 1962.

GRAHAM, Maria. *Diário de uma Viagem ao Brasil e de uma Estada Nesse País Parte dos Anos de 1821, 1822 e 1823*. Tradução e notas de Américo Jacobina Lacombe. São Paulo: Companhia Editora Nacional, 1956. (Série Brasiliana.)

HILL, Henri. *A View of the Commerce of Brasil*. Salvador: Editora do Banco da Bahia, [s.d.]. (Edição bilíngue.)

KOSTER, Henry. *Viagens ao Nordeste do Brasil*. Tradução e notas de Luís da Câmara Cascudo. São Paulo: Companhia Editora Nacional, 1942.

LEITÃO DE MOURA, Luiz Gomes. *Luiz Gomes Leitão de Moura, Cavalleiro Professo na Ordem de Christo, Desembargador da Relação do Porto [...] Escrivão Nomeado Para o Juizo da Inconfidencia, [...] Contra os Réos de Alta Traição* [...]. Lisboa: Impressão Régia, 1817.

LEITÃO DE MOURA, Luiz Gomes. *Luiz Gomes Leitão de Moura, Cavalleiro Professo na Ordem de Christo, Desembargador da Relação do Porto [...] Escrivão Nomeado Para o Juizo da Inconfidencia, [...] Contra os Réos de Alta Traição* [...]. Lisboa: Impressão Régia, 1817.

LEITÃO DE MOURA, Luiz Gomes. *Luiz Gomes Leitão de Moura, Cavalleiro Professo na Ordem de Christo, Desembargador da Relação do Porto* [...] *Escrivão Nomeado Para o Juizo da Inconfidencia,* [...] *Contra os Réos de Alta Traição* [...]. Lisboa: Impressão Régia, 1817.

LUCCOCK, John. *Notas Sobre o Rio de Janeiro e Partes Meridionais do Brasil Tomadas Durante Uma Estada de Dez Anos Nesse País, de 1808 a 1818*. São Paulo: Martins, [s. d.].

MATTOSO, Kátia M. de Queirós. *Presença Francesa no Movimento Democrático Baiano de 1798*. Bahia: Itapuã, 1969.

NABUCO, Joaquim. *O Abolicionismo*. São Paulo: Companhia Editora Nacional, 1938.

_____. *Um Estadista do Império: Nabuco de Araújo – Sua Vida, Suas Opiniões, Sua Época*. São Paulo: Companhia Editora Nacional, 1936. 2 tomos.

OFFICIOS e Documentos Dirigidos ao Governo Pela Junta Provisória da Província de Pernambuco, Com Data de 17 de Maio e 10 de Junho Deste Anno, e Que Forão Presentes às Cortes Geraes e Constituintes da Nação Portugueza. Lisboa: Imprensa Nacional, 1822.

PROCLAMAÇÃO *aos Habitantes de Pernambuco*. Capitão João Maria Monteiro, a bordo da fragata Pérola, 1817. (MS 49, *Lamego*, do Instituto de Estudos Brasileiros da USP.)

SENTENÇA *Proferida Contra os Réos Comprehendidos na Devassa de Alçada, Que Sua Magestade Foi Servido Mandar à Ilha da Madeira*. Reservados da Biblioteca Nacional de Lisboa.

SIERRA Y MARISCAL, Francisco de. *Ideas Geraes Sobre a Revolução no Brasil e Suas Consequências*. Anais da Biblioteca Nacional, n. 43-44, 1920-1921.

SILVA, Antonio de Morais. *Diccionário da Lingua Portugueza*. Lisboa: Typ. Lacerdina, 1821. Acompanhado de *Epítome da Gramática Portugueza.*

TAVARES, Francisco Muniz. *História da Revolução de Pernambuco em 1817.* Revista e anotada por Oliveira Lima. Introd. de Maximiano Lopes Machado. Recife: Imprensa Industrial, 1917. (Possui apêndice documental.) Disponível em: <https://bd.camara.leg.br/bd/handle/bdcamara/33359>.

TOLLENARE, Louis-François de. *Notas Dominicais Tomadas Durante uma Viagem em Portugal e no Brasil em 1816, 1817 e 1818*. Bahia: Livraria Progresso, 1956. Disponível em: <http://objdigital.bn.br/acervo_digital/div_obrasgerais/drg114650/drg114650.pdf>.

VASCONCELOS, Antonio Luis de Brito Aragão e. Memórias Sobre o Estabelecimento do Império do Brasil. *Anais da Biblioteca Nacional,* v. XLIII-XLIV.

VILHENA, Luís dos Santos. *Recopilação de Notícias Soteropolitanas e Brasílicas, Contidas em* XX *Cartas*. Bahia, Imprensa Official do Estado, 1921. 3 v.

Referências

ANDRADE, Manuel Correia de. As Sedições de 1831 em Pernambuco. *Revista de História*, v. XIII, n. 28, 1956.

_____. *A Terra e o Homem no Nordeste*. Prefácio de Caio Prado Jr. 2. ed. São Paulo: Brasiliense, 1964.

ARRUDÃO, Matias. O Advogado de Tiradentes. *O Estado de S. Paulo*, São Paulo, 5 set. 1964. (Suplemento Literário.)

BANDEIRA, Alípio. *O Brazil Heroico em 1817.* Rio de Janeiro: Imprensa Nacional, 1918.

BARRETO, Célia de Barros. Ação das Sociedades Secretas. In: HOLANDA, Sérgio Buarque de (dir.). *História Geral da Civilização Brasileira.* São Paulo: Difel, 1962. Tomo II, v. 1.

BARROS, Henrique da Gama. *História da Administração Pública em Portugal nos Séculos XII a XV.* 2. ed. Lisboa: Sá da Costa, 1945.

BEHRENS, C.B.A. Looking for the Ancien Régime. *The New York Review of Books*, New York, v. III, n. 12, jan. 1970.

BETHELL, Leslie. *The Abolition of the Brazilian Slave Trade.* London: Cambridge University Press, 1970.

BOXER, Charles R. *Relações Raciais no Império Colonial Português (1415-1825)*. Rio de Janeiro: Tempo Brasileiro, 1967.

BOURDON, Léon. Un Français au Brésil à la veille de L'indépendence: Louis-François de Tollenare (1816-1818). *Caravelle*, n. 1, 1963. Université de Toulouse II – Le Mirail. Institut Pluridisciplinaire de L'Amérique Latine à Toulouse.

BRANDÃO, Ulysses de Carvalho Soares. *A Confederação do Equador*. Recife: Officinas Graphicas da Repartição de Publicações Officiaes, 1924.

BURNS, Bradford. The Enlightenment in Two Colonial Brazilian Libraries. *Journal of the History of Ideas*, v. XXV, n. 3, jul.-sept., 1964.

CÂNDIDO, Antonio. *Formação da Literatura Brasileira: Momentos Decisivos.* 2. ed. revista. São Paulo: Martins, 1964. 2 v.

____. Literatura e Consciência Nacional. *Suplemento Literário de Minas Gerais.* Belo Horizonte, 6 set. 1969. Edição especial do 30 aniversário (IV).

CARPENTIER, Alejo. *O Reino Deste Mundo.* Rio de Janeiro: Civilização Brasileira, 1966.

CARREIRA, Antônio. *As Companhias Pombalinas de Navegação, Comércio e Tráfico de Escravos Entre a Costa Africana e o Nordeste Brasileiro.* Porto: Imprensa Portuguesa, 1969.

CARVALHO, Joaquim Barradas de. *As Ideias Políticas e Sociais de Alexandre Herculano.* Lisboa: Tip. Garcia & Carvalho, 1949.

CARVALHO, Manuel Emílio Gomes de. *Os Deputados Brasileiros nas Cortes Geraes de 1821.* Porto: Chardron, 1912.

COSTA, José Augusto Ferreira da. Napoleão I no Brasil: Tentativa de Evasão do Prisioneiro de Santa Helena Concertado Entre os Emigrados Franceses nos Estados Unidos e os Agentes da Revolução Pernambucana de 1817. *Revista do Instituto Arqueológico, Histórico e Geográfico Pernambucano,* v. 10, n. 57, 1903.

DAVIS, David B. *The Problem of Slavery in Western Culture.* Ithaca: Cornell University Press, 1966.

DELAUNES, Philippe. *Les Libérations de l'Amérique Latine.* Lausanne: Rencontre, 1969.

DELGADO, Luiz. *Gestos e Vozes de Pernambuco.* Recife: Universidade Federal de Pernambuco, 1970.

DIAS, Maria Odila da Silva. Aspectos da Ilustração no Brasil. *Revista do Instituto Histórico e Geográfico Brasileiro,* v. 278, jan.-mar., 1968.

DUBOIS, Jean. *Le Vocabulaire politique et social en France de 1869 à 1872.* Paris: Larousse, 1962.

FERNANDES, Florestan. *Sociedade de Classes e Subdesenvolvimento.* Rio de Janeiro: Zahar, 1968.

FURTADO, Celso. *Formação Econômica do Brasil.* Rio de Janeiro: Fundo de Cultura, 1959.

FONTES, Alice Aguiar de Barros. *O Mercado Londrino de Produtos Brasileiros,* (em preparo), São Paulo.

FREYRE, Gilberto. *Sobrados e Mucambos.* 2. ed. Rio de Janeiro: José Olympio, 1951. (Coleção Documentos Brasileiros.)

____. *Nordeste: Aspectos da Influencia da Canna Sobre a Vida e a Paizagem do Nordeste do Brasil.* Rio de Janeiro: José Olympio, 1937.

FRIEIRO, Eduardo. *O Diabo na Livraria do Cônego.* Belo Horizonte: Itatiaia, 1957.

GENOVESE, Eugene D. *The World the Slaveholders Made.* New York: Pantheon Books, 1969.

GODECHOT, Jacques Léon. *L'Europe et l'Amérique a l'époque napoléonienne, 1800-1815.* Paris: PUF, 1967.

____. *La Contre-révolution: doctrine et action 1789-1804.* Paris: PUF, 1961.

____. *La Grande nation: l'expansion révolutionaire de la France dans le monde de 1789 à 1799.* Paris: Aubier, 1956. 2 v.

GOULEMOT, Jean-Marie. Le Mot *révolution* et la formation du concept de révolution politique (fin XVIIe siècle). *Annales Historiques de la Révolution Française,* n. 190, oct-dec., 1967.

HARING, Clarence Henry. *The Spanish-American Republics.* 4. ed. New York: Harcourt, 1963.

HECKSCHER, Eli Filip. *The Continental System*. Oxford: The Clarendon Press, 1922.

HOBSBAWM, Eric John. *Industry and Empire: 1750 to the Present Day*. New York: Pantheon Books, 1968.

____. *Rebeldes Primitivos: Estúdio Sobre las Formas Arcaicas de los Movimientos Sociales en los Siglos XIX y XX*. Barcelona: Ariel, 1968.

HOLANDA, Sérgio Buarque de. *Raízes do Brasil*. 5. ed. Apresentação de Antonio Candido. São Paulo: José Olympio, 1969.

____. A Herança Colonial: Sua Desagregação. In: HOLANDA, Sérgio Buarque de (dir.). *História Geral da Civilização Brasileira*. São Paulo: Difel, 1962. Tomo II, O Brasil Monárquico, v. 1.

HUIZINGA, Johan. *O Declínio da Idade Média*. Tradução portuguesa de Augusto Abelaira. Lisboa: Ulisseia, 1960.

HUMPHREYS, Robert Allen. British Merchants and South America Independence. *Tradition and Revolt in Latin America and Other Essays*. London: Weidenfeld and Nicolson, 1969.

HUMPHREYS, Robert Allen; LYNCH, John (eds.). *The Origins of the Latin American Revolutions, 1808-1826*. New York: Knopf, 1965.

IANNI, Octavio. *As Metamorfoses do Escravo*. São Paulo: Difel, 1962.

KOSSOK, Manfred. *Historia de la Santa Alianza y la Emancipación de América Latina*. Buenos Aires: Sílaba, 1968.

LABROUSSE, Ernest. Eléments d'un bilan économique: la croissance dans la guerre. *Rapports du XII.e Congrès International des Sciences Historiques*. Viena: Ferdinand Berger & Söhne, 1965. Tomo I.

LADURIE, Emmanuel Le Roy. *Paysans de Languedoc*. Paris: Flammarion, 1969.

LEWIN, Boleslao. *Rousseau y la Independencia Argentina y Americana*. Buenos Aires: Eudeba, 1967.

LIMA, Manuel de Oliveira. *Dom João VI no Brazil (1808-1821)*. Rio de Janeiro: Typ. do Jornal do Commercio, 1908. 3 v.

____. *O Movimento da Independência: O Império Brasileiro (1821-1889)*. 2. ed. São Paulo: Melhoramentos, [s. d.].

LUKÀCS, Georg. *Histoire et Conscience de Classe: Essais de dialictique marxiste*. Tradução de Kostas Axelos. Paris: Minuit, 1960. (Trad. brasileira: *História e Consciência de Classe: Estudos Sobre a Dialética Marxista*. São Paulo: WMF Martins Fontes, 2009.)

LYNCH, John. British Policy and Spanish America: 1783-1808. *Journal of Latin American Studies*, 1969, v. 1, n. 1.

MACEDO, Jorge Borges de. *O Bloqueio Continental*. Lisboa: Delfos, 1962.

____. Companhias Comerciais. In: SERRÃO, Joel (dir.). *Dicionário de História de Portugal*. Lisboa: Iniciativas Editoriais. Tomo I.

MANCHESTER, Alan Krebs. *British Preeminence in Brazil, its Rise and Decline: A Study in European Expansion*. 2. ed. New York: Octagon Books, 1964.

____. The Rise of the Brazilian Aristocracy. *Hispanic American Historical Review*, 1931, v. XI, n. 2.

MAURO, Frédéric. *Le XVIe siècle européen*. Paris: PUF, 1966.

MANDROU, Robert. *La France aux XVIIe et XVIIIe siècles*. Paris: PUF, 1967.

MANNHEIM, Karl. *Ideologia y Utopia: Introducción a la Sociologia del Conocimiento*. Ciudad de México: Fondo de Cultura Económica, 1941.

____. *Essays on Sociology and Social Psychology*. 2. ed. London: Routledge and Kegan Paul, 1959.

MARQUES, Maria Adelaide Salvador. *A Real Mesa Censória e a Cultura Nacional: Aspectos da Geografia Cultura Portuguesa no Século XVIII*. Coimbra: Coimbra Editora, 1963. Anexo: "Catálogo de Livros Defesos Neste Reino, desde o Dia da Criação da Real Mesa Censória Até o Presente. Para Servir no Expediente da Casa da Revisão (1768-1814)".

MAXWELL, Kenneth. The Generation of the 1790's and the Idea of Luso-Brazilian Empire. Comunicação apresentada no Seminário da *Newberry Library*, em nov. 1969. (Exemplar mimeografado.)

MENEZES, Manoel Joaquim de. *Exposição Histórica da Maçonaria no Brasil*. Rio de Janeiro: Empreza Nacional do Diario, 1857.

MORUS, Thomas. *Idée d'une république heureuse ou L'utopie*. Tradução de Nicolas Guedeville. Amsterdam: F. L'Honoré, 1730.

MOTA, Carlos Guilherme. *Atitudes de Inovação no Brasil: 1789-1801*. Prefácio de Vitorino Magalhães Godinho. Lisboa: Livros Horizonte, 1970.

____. Presença Francesa em Recife em 1817, *Cahiers du Monde Hispanique et Luso Brésilien*, n. 15, 1970.

____. Europeus no Brasil às Vésperas da Independência: Um Estudo. *Anais do Museu Paulista*, 1965. Tomo XIX.

____. A Ideia de Revolução no Brasil. In: SERRÃO, Joel (dir.), *Dicionário de História de Portugal*, 1969. Fascículo 67. Ver Macedo.

____. Mentalidade Ilustrada na Colonização Portuguesa: Luís dos Santos Vilhena. *Revista de História*, São Paulo, n. 72, 1967.

MOTA, Carlos Guilherme (org.). *Brasil em Perspectiva*. 2. ed. São Paulo: Difel, 1969.

MURET, Pierre. *La Prépondérance anglaise* (1715-1763). Paris: PUF, 1949. (Collection Peuples et Civilisations.)

NOVAIS, Fernando A. O Brasil nos Quadros do Antigo Sistema Colonial. In: MOTA, Carlos Guilherme (org.). *Brasil em Perspectiva*. 2. ed. São Paulo: Difel, 1969.

____. Colonização e Sistema Colonial: Discussão de Conceitos e Perspectiva Histórica. *Anais do IV Simpósio Nacional dos Professores Universitários de História*, São Paulo, n. XXXI, 1969. (Coleção da Revista de História, dirigida por Eurípides Simões de Paula.)

PINTO, Virgílio Noya. Balanço das Transformações Econômicas no Século XIX. In: MOTA, Carlos Guilherme (org.). *Brasil em Perspectiva*. 2. ed. São Paulo: Difel, 1969.

PRADO JR., Caio. *Evolução Política do Brasil e Outros Estudos*. 2. ed. São Paulo: Brasiliense, 1957.

____. *Formação do Brasil Contemporâneo*. 7. ed. São Paulo: Brasiliense, 1963.

____. *História Econômica do Brasil*. 4. ed. São Paulo: Brasiliense, 1956.

QUEIROZ, Maria Isaura Pereira de. *Réforme et révolution dans les sociétés traditionnelles*. Paris: Anthropos, 1968.

QUINTAS, Amaro Soares. A Agitação Republicana no Nordeste. In: HOLANDA, Sérgio Buarque de (dir.). *História Geral da Civilização Brasileira*. São Paulo: Difel, tomo II, v. 1, 1962.

____. *A Gênese do Espírito Republicano em Pernambuco e a Revolução de 1817: Contribuição ao Estudo da História da República*. Tese para concurso. Recife: Imprensa Industrial, 1939.

____. *O Sentido Social da Revolução Praieira*. Rio de Janeiro: Civilização Brasileira, 1967.

REIS, Arthur Cezar Ferreira. O Comércio Colonial e as Companhias Privilegiadas. In: HOLANDA, Sérgio Buarque de (dir.). *História Geral da Civilização Brasileira*. São Paulo: Difel, v. 2, 1962.

REIS FILHO, Nestor Goulart. *A Evolução Urbana do Brasil*. São Paulo: Pioneira, 1968.

RIBEIRO JUNIOR, José. *Colonização e Monopólio no Nordeste Brasileiro: A Companhia Geral de Pernambuco e Paraíba, 1759-1780*. São Paulo: Hucitec, 1976.

RIZZINI, Carlos. *Hipólito da Costa e o Correio Braziliense*. São Paulo: Companhia Editora Nacional, 1957. (Série Brasiliana.)

RIBEIRO, René. O Episódio da Serra do Rodeador (1817-1820): Um Movimento Milenar e Sebastianista. *Revista de Antropologia*, v. 8, n. 2, dez. 1960.

ROBERTSON, William Spence. *Rise of the Spanish-American Republics: As Told in the Lives of Their Liberators*. 3. ed. New York: Free Press, 1967.

RODRIGUES, José Honório. *Aspirações Nacionais: Interpretação Histórico-Política*. 4. ed. rev. Rio de Janeiro: Civilização Brasileira, 1970.

____. Discurso de Posse na Academia Brasileira de Letras. *Revista de História*, São Paulo, n. 81, 1970.

____. Rebeldia Negra e a Abolição. *História e Historiografia*. Petrópolis: Vozes, 1970.

____. *Teoria da História do Brasil*. 3. ed. São Paulo: Companhia Editora Nacional, 1969.

RUY, Affonso. *A Primeira Revolução Social Brasileira: 1798*. 3. ed. Rio de Janeiro: Laemmert, 1970.

SANTOS, Fernando Piteira. *Geografia e Economia da Revolução de 1820*. Lisboa: Europa-América, 1962.

SERRÃO, Joel. Maçonaria. *Dicionário de História de Portugal*. Lisboa: Iniciativas Editoriais, 1968, tomo II. Dicionário de História de Portugal, dirigido por Joel Serrão foi publicado entre 1963 e 1971 em 6 volumes. Ver menção ao livro em outros autores nas referências.

____. Povo. *Dicionário de História de Portugal*. Lisboa: Iniciativas Editoriais, 1968.

____. Os Remoinhos da Independência. *Diário de Lisboa*, 7 maio 1968.

SILBERT, Albert. *Le Problème agraire portugais au temps des premières Cortès libérales (1821-1823) d'après des documents de la Commission de l'agriculture*. Paris: PUF, 1968.

SIQUEIRA, Sônia A. A Escravidão Negra no Pensamento do Bispo Azeredo Coutinho: Contribuição ao Estudo da Mentalidade do Último Inquisidor Geral. *Actas do V Colóquio Internacional de Estudos Luso-Brasileiros*. Coimbra: Gráfica de Coimbra, 1965. V. III.

SPIX, Johann Baptist von; MARTIUS, Karl Friedrich Philipp von. *Reise em Brasilien auf Befehl Sr. Majestät Maximilian Joseph I. König von Baiern em den Jahren 1817-1820 gemacht und beschrieben*. 3 v. Stuttgart: F.A. Brockhaus, 1966. (Trad. brasileira: *Viagem Pelo Brasil: 1817-1820*. 4. ed. Belo Horizonte/São Paulo: Itatiaia/Edusp, 1981).

STEIN, Barbara H.; STEIN, Stanley J. *The Colonial Heritage of Latin America: Essays on Economic Dependence on Perspective*. New York: Oxford University Press, 1970.

TODOROV, Tzvetan. Formalistes et futuristes. *Tel Quel*, Paris, n. 26, 1968.

TOURNIER, Maurice et al. Le Vocabulaire de la Révolution: Pour un inventaire systématique des textes. *Annales Historiques de la Révolution Française*, n. 195, janv. -déc. 1969.

TREND, John Brande. *Bolivar and the Independence of Spanish America*. New York: Harper and Row, 1968.

WILLIAMS, Eric. *Capitalism and Slavery*. New York: Capricorn Books, 1966.

FSC
www.fsc.org
MISTO
Papel produzido
a partir de
fontes responsáveis
FSC® C133282

Este livro foi impresso em São Bernado do Campo,
nas oficinas da Paym Gráfica e Editora, em abril de 2022
para a Editora Perspectiva e Edições Sesc.